EX LIBRIS
PREMOREL HIGGONS

NOBILIAIRE
UNIVERSEL
DE FRANCE
OU RECUEIL GÉNÉRAL
DES GÉNÉALOGIES HISTORIQUES

DES MAISONS NOBLES DE CE ROYAUME

PAR

M. DE SAINT-ALLAIS

AVEC LE CONCOURS

DE M. DE COURCELLES, L'ABBÉ DE L'ESPINES, DE SAINT-PONS
ET AUTRES GÉNÉALOGISTES CÉLÈBRES

TOME QUATRIÈME

PREMIÈRE PARTIE

PARIS
LIBRAIRIE BACHELIN-DEFLORENNE
3, QUAI MALAQUAIS, 3

MDCCCLXXIII

NOBILIAIRE UNIVERSEL

DE FRANCE.

NOBILIAIRE UNIVERSEL

DE FRANCE,

ou

RECUEIL GÉNÉRAL

DES GÉNÉALOGIES HISTORIQUES

DES MAISONS NOBLES

DE CE ROYAUME,

Par M. de Saint-Allais, auteur des Généalogies historiques des Maisons souveraines de l'Europe.

Ce volume contient, outre les généalogies de plusieurs maisons distinguées, une dissertation générale sur l'ancienne noblesse, les anoblissements et l'origine des armoiries, l'explication des titres de chevalier, d'écuyer, de damoiseau et d'homme d'armes; l'état des anciens grands vassaux de la couronne, des anciens ducs et pairs de France, des grands d'Espagne, avec les dates des érections desdits duchés; et le catalogue général des familles de France admises dans l'ordre de Malte, depuis son institution jusqu'à nos jours.

TOME QUATRIÈME.

A PARIS,

Au Bureau du NOBILIAIRE UNIVERSEL DE FRANCE, rue de la Vrillière, n° 10.

———

Réimprimé en 1872-1873,

A LA LIBRAIRIE BACHELIN-DEFLORENNE.

3, Quai Malaquais.

IMPRIMERIE DE E. CORNILLAC

A CHATILLON-SUR-SEINE (CÔTE-D'OR)

NOBILIAIRE UNIVERSEL,

OU

RECUEIL GÉNÉRAL

DES GÉNÉALOGIES HISTORIQUES

DES MAISONS NOBLES

DE FRANCE,

Formant les matériaux du DICTIONNAIRE UNIVERSEL
de la NOBLESSE.

Du nom de NOBLE.

PRESQUE tous les auteurs se sont accordés jusqu'à présent sur les explications qu'ils ont données sur le mot de NOBLE.

Nobilitas nihil aliud est quam cognita virtus : la noblesse n'est autre chose qu'une vertu connue, dit Cicéron, dans ses épîtres.

Varron prétend que *noble* signifie *connu.* Porphire affirme que la *noblesse* représente le mérite des ancêtres et leur vertu éclatante : *Nobilitas nihil aliud est quam claritas splendorque Majorum, honor virtutis præmium.* C'est le contraire de l'obscurité des ignobles ou inconnus, appelés paysans, c'est-à-dire, gens du pays ou de la campagne.

Les Romains nommaient *Paganos,* ceux qui ne portaient pas les armes. On appelait Roturiers, ceux qui avaient été vaincus et mis en route ou déroute. On les nommait encore *Villains* de *Villa.* RUSTIQUES à *rure,* et *ruptarii,* parce qu'ils ouvraient et rompaient la terre par le labourage.

Les Latins ont aussi formé le nom qu'ils ont donné à la noblesse *nobilitas quasi noscibilitas;* cette qualité de noble étant une marque de distinction qui fait connaître les personnes.

Plusieurs autres auteurs font dériver le mot de Noblesse à *noscendo,* du verbe connaître ; car Nobles, disent-ils, *sunt quasi noscibiles aut notabiles ,* n'y ayant rien de plus éclatant et de plus notable que la noblesse.

Quant à moi, sans plonger mes lecteurs dans l'abîme des recherches, sur l'origine des mots de *noble* ou de *noblesse,* je dirai qu'ils ne doivent être autre chose, dans le siècle éclairé où nous vivons , que la dénomination d'une classe de citoyens, qui par ses vertus, sa religion et son dévouement au prince et à la patrie, tient le premier rang parmi la nation.

Plusieurs cartulaires nous apprennent que, du temps de Charlemagne, on reconnaissait quatre sortes de personnes.

1.º Les nobles, *nobiles,* les grands, les seigneurs. Cette qualité de noble était d'une si grande distinction, qu'elle était souvent donnée aux personnes des rois. On trouve dans l'histoire de Richard II, roi d'Angleterre, qu'après avoir été arrêté prisonnier et détrôné en 1399, par Henry, comte d'Erby, son cousin, il disait en se plaignant : *Hé ! que dira le noble roi de France?*

Non-seulement cette qualité de noble est souvent répétée dans les épitaphes des rois, mais encore dans les traités et les anciens titres. Les princes du sang l'ont prise dans un grand nombre d'actes. Thibaut, comte de Champagne, est qualifié *noble homme,* dans un titre de 1232.

2.º Les hommes libres, *ingenui ,* qui étaient d'une condition libre, de temps immémorial, nés dans le pays où ils demeuraient. Il y avait parmi eux trois sortes de rangs ; celui des magistrats, à qui leur âge et leurs fonctions faisaient donner le nom de pères et de sénateurs ; celui des officiers d'armée qui furent nommés chevaliers, parce qu'ils combattaient à cheval ; et celui du peuple, dans lequel étaient compris les soldats et les artisans.

3.º Les lites, *lites,* les serfs, les habitants de la campagne et les laboureurs. Il y avait trois sortes de serfs. Les premiers étaient ceux qui devaient la taille à leur seigneur , et cette taille était de deux espèces ; l'une se payait à sa volonté, tantôt plus grande, tantôt plus petite, et l'autre était fixe.

4.º Les esclaves, proprement dits, qui ne faisaient pas

en quelque façon partie de la république, mais étaient des corps, *corpora*, vivants dans la dépendance absolue de leurs maîtres, qui les vendaient et les échangeaient, comme ils faisaient de leur bétail.

En France, sous le règne de Louis le Hutin, les habitants de plusieurs petites villes, et presque tous ceux de la campagne, étaient encore serfs ; l'on n'avait alors que peu ou point changé l'état où ils s'étaient trouvés au commencement de la monarchie, lorsque les Francs les ayant assujettis par leurs armes, ne leur avaient conservé la vie que pour profiter de leurs travaux, en les réduisant à un honteux esclavage.

Les peuples Français étaient pour la plupart gens de corps, gens de main-morte, gens de proüeste, assujettis en tout à la puissance de leurs seigneurs. Il n'y avait que les grandes villes qui eussent conservé leur liberté. Mais les moindres villes, les bourgs et les villages étaient demeurés dans leur premier état; et quoiqu'il fût permis aux habitants d'avoir quelques terres, en quoi ils différaient des esclaves pris à la rigueur, cependant eux et leurs enfants ne pouvaient point sortir du domaine du seigneur où ils étaient nés, ils ne pouvaient s'établir ailleurs, ni s'y marier, sans encourir les peines portées par la loi de ce qu'on appelait *fors-fuïage* et *fors-mariage ;* c'est-à-dire, des mariages faits hors de la terre du seigneur sans sa permission. Ils ne pouvaient disposer de leurs biens en faveur des églises sans le consentement de leurs seigneurs.

C'est là l'état où était la France au treizième siècle et même encore au quatorzième; non pas d'une manière tout à fait uniforme, y ayant divers usages et diverses dérogations, autorisés par les seigneurs en différentes seigneuries. Les affranchissements ont commencé en France dès le règne de Louis le Gros. Et Philippe le Bel rendit la liberté à divers villages. Depuis le quatorzième siècle les affranchissements devinrent presque généraux.

Du titre d'Ecuyer.

Le nom d'Ecuyer vient de ce que les nobles portaient des écus et armoiries, qui sont des marques de noblesse, comme les images des aïeux l'étaient parmi les Romains. Et Budée prétend que les armes de nos gentilshommes ont succédé à ces images. Pline nous apprend que c'é-

tait la coutume de son temps de faire graver des figures
sur les boucliers : *Scutis continebantur imagines.*

Autrefois l'écu était si considéré, qu'on punissait ceux
qui le quittaient, et non ceux qui quittaient leurs lances;
parce que l'écu servait comme de rempart et de défense
dans l'armée; c'est pourquoi le noble qui portait l'écu,
était joint au chevalier combattant dans les tournois pour
lui servir de second, et pour lui conserver son écu bla-
sonné de sa devise; ce fut sans doute pour cette raison
que les écuyers furent appelés *Scutarii.* Le grand écuyer
de France est appelé dans les anciennes chartres latines,.
Scutifer et *Armiger* parce qu'il portait l'écu du roi.

La qualité d'écuyer est encore appliquée à ceux qui
avaient du commandement sur l'écurie; mais on qualifiait
ceux qui avaient ces charges, écuyers d'écurie.

La fonction de porter des boucliers étant toute militaire, et par conséquent exercée par des nobles, cette
qualité a toujours exprimé la noblesse de celui qui l'a
portée, même depuis que les boucliers ou écus ne sont
plus en usage à la guerre.

La qualité d'écuyer ne se donnait cependant pas indif-
féremment à tous les nobles; et jusqu'au commencement du quinzième siècle elle dénotait un ancien gentilhomme. Les barons, les plus grands seigneurs, et même
des princes du sang se sont qualifiés écuyers dans leur
jeune âge, jusqu'à ce qu'ils fussent parvenus à l'ordre
de chevalerie; ils étaient dans une subordination si grande
à l'égard des chevaliers, qu'ils ne faisaient point de diffi-
culté, non-seulement de leur céder les places d'honneur
en tous lieux, de ne se point couvrir en leur présence,
et de n'être point admis à leur table, de leur obéir;
mais aussi de les servir et de porter leur écu ou bouclier.

Ils ne pouvaient sceller leurs actes comme les chevaliers, lesquels pouvaient être représentés à cheval, armés
de toutes pièces. Il y a des exemples sous le treizième
et quatorzième siècles, par lesquels il paraît qu'ils re-
mettaient à autoriser des actes de leur sceau, quand ils seraient parvenus à la chevalerie.

Ils ne pouvaient porter d'éperons dorés, mais seulement blanchis. Les habits, les éperons dorés et les ornements de fourrures étaient réservés aux chevaliers. Le
roi Charles VIII, en 1486, leur permit les habits de soie,
à l'exception des velours.

Un écuyer n'était jamais qualifié de messire, ni sa

femme de madame; on l'appelait seulement demoiselle ou damoiselle, quand même elle aurait été princesse ; au lieu qu'aussitôt que son mari était devenu chevalier, il pouvait être appelé messire et monseigneur, et son épouse, dame.

Il y avait des écuyers qui n'avaient pas assez de biens pour parvenir à la chevalerie. C'est ce qui obligeait souvent les rois à établir une pension à ceux qu'ils faisaient chevaliers, et qui n'avaient pas de quoi soutenir cette dignité.

Les écuyers n'avaient en temps de guerre que la demi-paye des chevaliers, à l'exception des écuyers-bannerets ; ces derniers se trouvant seigneurs de bannière, et en état de mener leurs vassaux à la guerre, parmi lesquels il y avait quelquefois des chevaliers, avaient la paye de chevaliers-bacheliers, qui était la demi-paye des chevaliers-bannerets.

Cette grande subordination servait à les exciter d'un violent désir de se rendre dignes de la chevalerie, non-seulement par des actions de valeur et de bonne conduite, mais aussi par celles de la vertu, qui était essentielle pour faire un parfait chevalier.

Des Damoiseaux.

Le mot de Damoiseau est un diminutif de dom, *dominus*, qui signifie seigneur ; les noms de dame et de demoiselle s'appliquent aux femmes ; le premier à celles qui sont mariées, ou qui sont de la plus haute condition ; et le dernier aux filles, excepté celles qui sont du sang royal.

La qualité de damoiseau est fort ordinaire en Gascogne. Elle a été usitée dans la maison de Sarbruche, et à d'autres seigneurs qui ont possédé la seigneurie de Commercy.

Nos anciens titres nous apprennent que les damoiseaux se nommaient en latin *domicelli*. Aimery de Poitiers est qualifié damoiseau par Philippe le Bel, en 1297. *Fidelis Aimericus domicellus*, etc. Mahère, ou Mathieu de Lorraine, fils de noble prince le duc Thiébaut II, prend ordinairement le nom de noble damoiseau, dans les titres de 1309, 1317 et 1319, etc.

Des Valets ou Varlets.

Le terme de valet a été autrefois un titre honorable. Les fils des empereurs étaient appelés varlets ou valets.

Dans le Poitou, les valets étaient aussi considérés que les écuyers dans les autres provinces; le nom de valet n'était donné qu'à ceux qui apprenaient la profession des armes.

Fauchet et Pasquier nous apprennent que les écuyers-tranchants étaient appelés varlets.

Duchesne, dans l'histoire de la maison de Richelieu, rapporte un titre de l'an 1201, dans lequel Guillaume du Plessis se qualifie valet, qui signifie, dit l'historien, la même chose qu'*écuyer* ou *damoisel;* et il ajoute cette particularité, que les nobles, qui s'intitulaient *valets,* donnaient à connaître par là qu'étant issus de chevaliers, ils prétendaient à l'ordre de chevalerie obtenu par leurs pères. Il cite ensuite plusieurs titres anciens, où un particulier qualifié *valet* se dit fils d'un chevalier.

Quelques auteurs dérivent le mot de valet du mot hébreu *valad,* qui signifie *un enfant;* d'autres de *bar*, qui veut dire fils et que les Espagnols ont reçu des Sarrasins, et l'ont changé en *varo,* d'où l'on a fait varolet, et par syncope *varlet,* comme on disait autrefois, et comme il se lit encore dans les anciens hérauts d'armes.

Ducange dit qu'on a appelé *valeti* les enfants des grands seigneurs qui n'étaient pas faits chevaliers, et qu'on a donné ce titre d'abord à des officiers honorables, comme valets-tranchants, valets-échansons, valets-servants de salle, etc.

Ce nom est demeuré aux tranchants du roi, depuis appelés *écuyers-tranchants,* et ces charges d'écuyers-tranchants ont été exercées par les plus grands seigneurs du royaume.

Il y a plusieurs valets. Le premier valet de chambre du roi est un officier considérable qui couche au pied de son lit, et qui est toujours dans sa chambre et garde sa cassette. Les autres valets de chambre habillent le roi, et servent par quartier aux offices de sa chambre.

Des Chevaliers-Bannerets.

Quoique le caractère de la noblesse soit uniforme, et qu'il soit en quelque façon vrai de dire qu'un gentilhomme n'est pas plus gentilhomme qu'un autre, il y a cependant toujours eu divers degrés entre les nobles qui ont composé différents ordres entre eux; car les uns ont été plus relevés que les autres, à raison des dignités qui leur étaient conférées par le prince; les autres par les prérogatives que les qualités et les titres de chevaliers leur donnaient : de sorte que l'on a toujours remarqué trois degrés et trois ordres de noblesse.

Le premier est celui de *baron*, qui comprenait tous les gentilshommes qui étaient élevés en dignité, tant à cause des titres qui leur avaient été accordés, qu'à cause de leurs fiefs, en vertu desquels ils avaient droit de porter la bannière dans les armées, et d'y conduire leurs vassaux. C'est pourquoi ils sont ordinairement reconnus sous le nom de bannerets, et souvent sous le terme général de *barons;* ce qui a fait dire à *Divœus*, que *barones vocari solent ii proceres, qui vexillum in bellum efferunt.* Le second ordre était celui des bacheliers, ou des simples chevaliers, et le troisième celui des écuyers.

Dès la première race des rois de France, les nobles se séparèrent de leurs inférieurs, portèrent de longs cheveux à l'exemple des princes de la maison royale, pour marque de leur ancienne liberté.

Les bannerets étaient des gentilshommes qui avaient de grands fiefs qui leur donnaient droit de porter la bannière; ils étaient obligés de soudoyer cinquante arbalétriers qui devaient les accompagner.

Selon M. du Tillet, le banneret était celui qui avait autant de vassaux gentilshommes qu'il en fallait pour lever bannière, et faire une compagnie de gendarmes ou gens à cheval, entretenus à sa table et soudoyés à ses dépens. Il devait avoir un château avec vingt-quatre chefs de famille qui lui prêtassent hommage.

Pour parvenir à cette dignité, il ne suffisait pas d'être puissant en fiefs et en vassaux, il fallait encore être gentilhomme de nom et d'armes. Dans une bataille ou un tournoi, le banneret s'y trouvait, et faisait présenter, par un héraut, le panon de ses armes au roi, ou aux maréchaux de l'armée en l'absence du prince, et demandait la permission de lever bannière, selon son rang de réception.

On croit que le terme de bannière est dérivé de ban, qui signifie proclamation publique d'aller à la guerre.

Le droit de lever bannière était très-honorable, et la cérémonie s'en faisait avec pompe.

Selon un ancien cérémonial, un banneret devait avoir cinquante lances, outre les gens de trait, les archers et les arbalétriers qui lui appartenaient, savoir : vingt-cinq pour combattre et autant pour garder sa bannière, et chaque homme d'armes avait à sa suite deux chevaux.

Les bannerets étaient ordinairement connus sous ce nom comme sous le titre de barons ; et comme ils avaient souvent la qualité de chevalier, c'est ce qui les a fait appeler chevaliers-bannerets.

Il y avait aussi des écuyers-bannerets qui possédaient des fiefs avec le droit de bannière ; mais n'ayant pas encore reçu l'honneur de la chevalerie, ils ne pouvaient s'en attribuer le titre.

Dans les commencements, le titre de banneret était personnel, et celui qui l'avait ne tenait cet honneur que de son épée et de sa bravoure ; mais il devint dans la suite héréditaire, passant à ceux qui possédaient la terre ou le fief d'un banneret, bien qu'ils n'eussent pas l'âge nécessaire, et qu'ils n'eussent donné aucune preuve de leur valeur pour mériter cette qualité. Cet ordre fut changé à cause du ban et arrière-ban, parce que, lorsqu'il était assemblé, chaque banneret était tenu de servir son seigneur souverain ; ainsi ce devoir, qui était personnel, devint purement réel, suivant le fief et la nature de son inféodation.

Il y avait des terres de *haubert* et de bannière, comprises sous le nom de *militiæ* ou de *haubert ;* d'autres appelées fiefs et terres nommées *baculariæ*, ou de bachélerie ; d'autres enfin appelées *vavassories*. Le vavasseur avait des vassaux, mais la seigneurie dépendait d'un autre seigneur.

Il y avait, entre le banneret simple et le banneret-chevalier, cette différence que celui-ci acquérait cette qualité par sa vertu, ses faits héroïques, et souvent aux dépens de son sang dans les armées ; et que l'autre ne l'avait qu'à cause du fief auquel était attachée la bannière.

C'est une erreur de croire qu'il n'y eut point de différence entre le baron et le banneret ; le contraire se prouve par les arrêts du 2 et 7 juin 1401, qui contiennent que messire Guy, baron de Laval, soutint à messire Raoul de Coëtquen, qu'il n'était point baron, mais seulement banneret, et qu'il avait levé la bannière, dont on se moquait, en l'appelant chevalier au drapeau quarré.

Le banneret avait souvent des supérieurs bannerets. Le vicomte de Thouars avait sous lui trente-deux bannières.

Le banneret avait le privilége du cri de guerre, que l'on appelle cri d'armes, qui lui était particulier, et qui lui appartenait privativement à tous les bacheliers et à tous les écuyers, parce qu'il avait droit de conduire ses vassaux à la guerre, et d'être chef de troupes et d'un nombre considérable de gendarmes; et en 1283, Philippe le Hardi fit un réglement, portant qu'un chevalier qui aurait 3,000 l. de terre ou plus, ou un banneret, pourrait avoir trois paires de robes par an, et que l'une des trois serait pour l'été.

La paye du chevalier-banneret était différente de celle du chevalier-bachelier, comme la paye de celui-ci l'était de celle de l'écuyer,

Les bacheliers étaient du second ordre, c'est-à-dire inférieurs en dignité aux barons et aux bannerets; ceux-ci recevaient l'investiture par la bannière quarrée, et le bachelier par un panon qui se terminait en queue, qui était l'enseigne avec laquelle il conduisait ses vassaux.

Le bachelier n'ayant ni assez de biens ni assez de vassaux pour les mener à la guerre à ses dépens, marchait et combattait sous la bannière d'autrui, et tâchait de mériter le titre de banneret.

Ces bannerets et ces bacheliers tombèrent durant les divisions du royaume, arrivées sous Charles VIII; on leur ôta la liberté de faire la guerre de leur propre autorité; ils perdirent le commandement des armées et en même temps la qualité de bannerets. C'était néanmoins une très-belle et très-honorable milice, à laquelle tous les hommes braves aspiraient.

L'écuyer était le dernier étage des nobles, car souvent les écuyers étaient à la suite des chevaliers-bannerets et des bacheliers, portant leurs écus, et c'est de là sans doute qu'il étaient appelés écuyers, *scutiferi* et *scutarii*.

Du Noble de race.

La noblesse de race se forme sur un certain nombre de degrés. Pour être parfaite, il faut, selon Plutarque, qu'elle remonte jusqu'au bisaïeul : *Nobilitatem eam tueor, eam orno, quæ à majoribus veluti per gradus ad nos delata et avos et proavos in memoriam revocat.*

Celui qui est anobli acquiert la noblesse, mais non la race ; elle a, selon son auteur, la puberté en ses enfants, l'adolescence en ses petits-fils, et la maturité en ses arrière-fils. *C'est 'la troisième génération, dit un auteur, qui purifie le sang et la race, et qui efface tous les vestiges de roture.*

L'histoire nous apprend que l'empereur Sigismond, ayant été supplié par un paysan de l'anoblir, il lui répondit qu'il pouvait bien l'enrichir, mais non lui donner la noblesse, c'est-à-dire la race. *Possem divitem efficere, nobilem haud possum.*

La noblesse naissante, dit Barthole (1), est une grâce accordée par le prince à celui qu'il élève au-dessus du commun des citoyens ; mais la noblesse naissante n'est pas parfaite, et elle n'acquiert la race qu'au quatrième degré. *Non perficitur usque àd quartum gradum.*

Ceux qui sont les plus portés à favoriser la noblesse de race, conviennent qu'elle doit commencer au bisaïeul, se continuer au second degré, puis au troisième ; et que ceux qui sont au quatrième deviennent véritablement nobles.

Cette noblesse se vérifie en deux manières, par titres et par témoins ; la dernière preuve est spécialement reçue, lorsqu'il y a eu troubles, incendies, guerres, ou d'autres accidents.

On justifie qu'on est de race noble : 1.° quand les prédécesseurs ont été réputés nobles, ou, en cas de dérogeance, quand on prouve les degrés supérieurs, et que les ancêtres ont porté la qualité de nobles, d'écuyers et de chevaliers.

2.° Quand on prouve que ses auteurs ont vécu noblement ; que le père et l'aïeul ont porté les armes, et ont eu des charges convenables aux nobles, comme des offices de bailli ou de sénéchaux ; qu'ils ont eu des justices et des fiefs ; qu'ils ont porté des armoiries qui leur étaient pro-

(1) *Lib. de Dignit., Cap.* 12.

pres ; et enfin qu'ils ont. eu de temps en temps des sentences déclaratives de noblesse , données sur des titres et avec connaissance de cause.

Je dis donc que celui-là est véritablement noble de race, qui a les degrés nécessaires , c'est-à-dire qui a trois degrés de noblesse au-dessus de lui , et qui est en état, s'il a de la noblesse maternelle , de faire voir huit quartiers ; mais je dis en même temps que, quand il pourrait remonter au delà de cette noblesse de race, il ne pourrait être pour cela gentilhomme de nom et d'armes, comme plusieurs se l'imaginent , parce qu'il n'y a que la multiplicité des siècles , la première introduction des noms et armes, et l'ancienne investiture héréditaire des fiefs , qui donnent cette prérogative.

Des Gentilshommes.

Le mot de gentilhomme vient de *gentilis homo*. Quelques-uns disent qu'il vient de *gentil* ou *payen*, à cause que les anciens Francais qui conquirent la Gaule, qui était déjà chrétienne , furent appelés gentils par les originaires, parce qu'ils étaient encore payens. D'autres disent que, sur le déclin de l'empire , il y eut deux compagnies composées d'hommes distingués par leur bravoure, l'une appelée *gentilium* et l'autre *scutariorum;* que de là sont venus les noms de *gentilhomme* et d'*écuyer.*

Il vient peut-être aussi de *gentil ,* parce qu'une gentille action signifie une action noble et glorieuse. Un auteur croit que ces noms de gentils et d'écuyers nous sont restés de la milice romaine, parce que c'était aux gentils et aux écuyers , comme aux plus braves soldats , que l'on distribuait les principaux bénéfices et les meilleures portions de terre, qu'on donnait pour récompense aux gens de guerre. Les Gaulois, qui avaient vu , durant l'empire des Romains , les écuyers et les gentils , entre les autres soldats , emporter sur les frontières les plus belles terres, commencèrent (comme il est à présumer), en conséquence de ce qu'ils avaient vu observer entre les Romains , à appeler gentilshommes ceux qu'ils virent être pourvus de pareils bienfaits par les rois.

La qualité de gentilhomme a été autrefois si honorable , que les rois juraient foi de gentilhomme, parce que cette qualité semble renfermer toutes les vertus qui rendent la loi inviolable ; encore aujourd'hui , un bon gentilhomme croirait ne pouvoir plus mériter. cette belle qualité, s'il manquait à sa parole, lorsqu'il l'a engagée sous ce titre.

François I*er*, dans une assemblée des notables en 1527, dit qu'il était né *gentilhomme* et non roi, qu'il parlait à gentilshommes, et qu'il en voulait garder les priviléges.

Henri IV relève ainsi la qualité de gentilhomme. *Si je faisais gloire*, disait-il en faisant l'ouverture des états de Rouen, *de passer pour un excellent orateur, j'aurais apporté ici plus de belles paroles que de bonnes volontés ; mais mon ambition tend à quelque chose de plus relevé que de bien parler. J'aspire aux glorieux titres de libérateur et de restaurateur de la France : déjà, par la faveur du ciel, et par le conseil de mes fidèles serviteurs, et par l'épée de ma brave et généreuse noblesse, dont je ne distingue point mes princes, la qualité de* GENTILHOMME *étant le plus beau titre que nous possédions, etc.*

Du Gentilhomme de nom et d'armes.

Les maisons de nom et d'armes se sont formées dans le commencement des fiefs, des surnoms et des armoiries, et se sont rendues remarquables. par les cris de guerre et par les exploits militaires ; l'exercice des armes n'étant alors permis qu'à ceux qui vivaient noblement. Comme l'établissement des monarchies ne s'est fait que par les armes, ceux qui ont été les premiers élevés sur le trône ont eu besoin d'être secondés par des hommes braves, grands et généreux pour les y soutenir et les défendre.

S'il était juste que les plus grands et les plus vaillants fussent reconnus pour souverains, il l'était aussi que celui que ces héros avaient élu pour roi, les distinguât du peuple par des marques illustres.

C'est delà qu'est venue cette ancienne et parfaite noblesse des rois, et celle des vaillants hommes qui leur prêtaient les mains pour les couronner. Et c'est pour ces raisons que nous appelons gentilshommes de nom et d'armes, ceux qui sont d'une si ancienne race, que le commencement nous en est inconnu. L'on peut dire que cette noblesse vient de ceux qui sont nés de famille libre, et dont. la race a été de tout temps exempte de roture, et a joui d'une pleine liberté.

Un gentilhomme de nom et d'armes, selon Jean Scohier, est celui qui porte le nom de quelque province, bourg, château, seigneurie, ou fief noble, qui a des armes particulières quoiqu'il ne soit pas seigneur de ces terres. Car tel est seigneur d'une terre qui n'a rien aux armes qui appartiennent à un autre qui n'a rien en la seigneurie, vu que les armes ne se peuvent donner à une terre ou seigneurie que par la concession du prince.

Dans tous les pays de l'Europe, il y a des gentilshommes de nom et d'armes; c'est-à-dire, une noblesse de si haute antiquité qu'on n'en peut montrer l'origine, et qui prouvent une possession de temps immémorial, par une suite de personnes distinguées par leur valeur et leurs exploits, par des marques distinctives de leurs maisons, comme par la couleur de leur livrée, ou par certains cris de guerre, ou par le nom de leur seigneurie, possédée de père en fils sans interruption; et enfin par les armes ou sceaux affectés à leur famille dans le temps que ces marques d'honneur ont commencé à être fixées dans l'Europe.

La parfaite noblesse, selon Chassanée, est proprement l'ancienne et immémoriale, et dont on ne peut prouver par écrit quand elle a commencé, ni de quel prince elle a reçu son être.

Froissard, parlant de quelques chevaliers, dit qu'ils sont gentilshommes de nom, parce que leur noblesse est aussi ancienne que leur nom, qui les a toujours distingués des autres hommes, et depuis plusieurs siècles des anoblis; et gentilshommes d'armes, non-seulement parce qu'ils ont été les premiers dans les états conquis, où ils ont laissé des marques de leur valeur, mais principalement parce que les armoiries suivent naturellement les noms.

Le duc Philippe de Bourgogne, surnommé *le Bon*, voulant honorer les premiers de ses états du collier de l'ordre de la toison d'or qu'il avait institué, donna commission au sieur Coël, homme très-riche en manuscrits, de voir et d'examiner quelles étaient les maisons les plus anciennes et les plus illustres du pays : il répondit, après avoir consulté tous ses recueils et ceux de la maison de Bourgogne, que c'était celles *de nom et armes*.

Un ancien manuscrit, intitulé *Ars heraldica*, dit que celui-là est noble de nom et d'armes, qui porte l'écu qui convient à son nom, et qui est de la famille à laquelle ce nom et ces armes sont affectés.

André du **Chesne**, historiographe de France, écrit que

les gentilshommes de nom et d'armes, sont ceux qui peuvent montrer que le nom et les armes qu'ils portent, ont été portés par leurs aïeux,, et qu'ils ont toujours fait profession de cette qualité, dont on ne peut découvrir l'origine.

Il y a de la différence entre le gentilhomme de nom et d'armes, et le gentilhomme de quatre lignées. Le premier est noble de temps immémorial, et le dernier n'a besoin que de quatre quartiers des aïeux paternels et maternels. On exigeait cette noblesse des gentilshommes qui aspiraient aux honneurs, pour les obliger à ne prendre alliance que dans les familles nobles, à peine de déchoir des principales prérogatives des nobles ; parce que c'était interrompre sa noblesse de quatre lignées, et obscurcir la noblesse de nom et d'armes. *Lex erat* (dit Denis d'Halicarnasse) *ne Patriciis cum Plebeiis licita essent connubia.*

François Coutier, baron de Souhey, dit que celui-là est gentilhomme de nom et d'armes, qui subsiste par soi-même, qui est noble sans déclaration du roi, dont la noblesse et la réputation viennent des armes, et qui en fait profession. Il met encore au nombre des gentilshommes de nom et d'armes, celui qui possède un fief, dont les tenants le desservent par pleines armes affectées au nom de sa famille, et qui ne sont ni d'adoption, ni de concession.

Le père Menestrier est d'avis que le gentilhomme de nom et d'armes, est celui qui a un nom de famille et des armoiries qui le distinguent des autres, parce qu'il y a des gentilshommes qui n'ont ni l'un ni l'autre. Il ajoute que le gentilhomme de nom et d'armes, est celui dont le nom et les armes sont connus par les tournois, par des témoins qui sont du même ordre, et par les registres des hérauts, dans lesquels sont inscrits les noms et les armoiries des plus illustres familles, et encore° par les titres, quartiers paternels et maternels, sans aucun reproche de roture.

Le troisième sens qu'il dit qu'on peut donner à cette qualité, est que les gentilshommes de nom et d'armes sont ceux qui avaient droit de porter bannière dans les armées, d'y représenter leurs armoiries et d'y crier leurs noms pour rallier les troupes, et que par là ces gentilshommes de nom et d'armes se distinguaient des autres leurs inférieurs.

Il dit enfin que nul ne pouvait se présenter pour combattre dans les tournois, qu'il ne fût reconnu gentilhomme de nom et d'armes, par d'autres gentilshommes de pareille qualité qui en rendaient témoignage ; d'où est venue la coutume de justifier la noblesse par la déposition des témoins, qui était reçue dans les ordres de chevalerie, et dans les grands chapitres.

On peut donc conclure de toutes ces opinions, que la noblesse de nom et d'armes est celle qui est d'origine inconnue, formée avec l'hérédité des fiefs et le commencement des noms. D'abord elle éclata par le cri du nom dans les armées, et par les armes érigées en trophée dans les combats sanglants, et en temps de paix dans les joûtes et les tournois. Toutes ces marques d'honneur ont paru dès l'institution de la grande noblesse en l'état qu'elle est, et elles font connaître la différence du gentilhomme de nom et d'armes avec les anoblis. Car, comme disait un ancien, *qui autem jus gentilitatis et majorum imagines nullas habent, hi terræ filii et à terra orti et homines novi vocitabantur.*

Celui qui est anobli peut à la vérité, avec le temps, devenir gentilhomme, mais jamais gentilhomme de nom et d'armes, puisqu'il n'a pas l'ancienneté requise ; et c'est cette ancienneté qui fait la différence entre les gentilshommes de nom et d'armes et les nouveaux anoblis. Et quoiqu'un gentilhomme se soit signalé par des faits héroïques, ou qu'il se soit distingué par des charges honorables, il n'est pas pour cela gentilhomme de nom et d'armes. Mal à propos croirait-on donc que tous les gentilshommes seraient égaux.

La qualité de gentilhomme de nom et d'armes imprime dans son sujet, un caractère si adhèrent, qu'il serait aussi difficile de s'en dépouiller que de sa propre essence. Quoique l'intérêt puisse le porter quelquefois à accepter une adoption dans une famille anoblie, et à en prendre le nom et les armes, il ne laisse pas néanmoins de conserver sa noblesse originelle. Les lois civiles ne peuvent jamais lui ravir son caractère, quoiqu'il en quitte les marques extérieures, pendant qu'il jouit de cette adoption, qui ne peut abolir les droits de sa naissance.

Il n'en est pas de même du simple anobli ; il ne peut jamais acquérir dans l'adoption ou dans l'alliance d'une ancienne maison, la qualité de gentilhomme de nom et d'armes ; car cette qualité ne peut se communiquer que par la naissance, et elle ne passe jamais aux étrangers, ne pouvant compâtir par aucun moyen avec l'anoblissement. Les anoblis étant adoptés par d'anciennes maisons, sont obligés par les lois d'en porter le nom et les armes ; mais la raison naturelle leur défend d'en prendre le titre. Le prince même ne peut faire un gentilhomme de nom et d'armes ; non plus qu'un noble de race.

Il faut donc avouer que la noblesse de cet ordre est le comble de la grandeur humaine. Plus elle vieillit, plus elle acquiert de force et de vigueur.

De l'Homme d'armes.

Charles VII, en 1445, établit les compagnies d'ordonnance de cent hommes d'armes. Ce corps de troupes réglées, permanent, et soldé en paix comme en guerre, n'était composé que de gentilshommes.

Chaque homme d'armes avait avec lui trois archers, un écuyer et un page.

Le président Henault parle ainsi des hommes d'armes, dans son histoire chronologique de France, sous la date de 1600.

« Edit portant réglement sur le fait des tailles, par
« lequel le roi déclare que la profession des armes n'a-
« noblirait plus celui qui l'exercerait , et même qu'elle
« ne serait pas censée avoir anobli parfaitement la per-
« sonne de ceux qui ne l'avaient exercée que depuis l'an
« 1563, c'est-à-dire, depuis l'époque des guerres de re-
« ligion en France. Cet article demande d'être éclairci.
« Tous les *hommes d'armes* étaient gentilshommes du
« temps de Louis XII, c'est-à-dire, tous ceux qui com-
« posaient les compagnies d'ordonnance ; mais il ne faut
« pas entendre par les gentilshommes d'alors, les gen-
« tilshommes issus de race noble ; il suffisait pour être
« réputé tel, qu'un homme né dans le tiers-état fît uni-
« quement profession des armes , sans exercer aucun
« autre emploi : il suffisait à plus forte raison , que
« cet homme né dans le tiers-état eût acquis un fief noble
« qu'il *desservait par service compétent* , c'est-à-dire ,
« qu'il suivît son seigneur en guerre, pour être réputé
« gentilhomme ; ainsi donc alors on s'anoblissait soi-
« même, et on n'avait besoin ni de lettres du prince,
« ni de posséder des offices pour obtenir la noblesse.

» Un homme extrait de race noble, et le premier noble
» de sa race, s'appelaient également gentilshommes de
» nom et d'armes (1). Cette noblesse ainsi entendue subsista
» en France jusqu'au règne de Henri III ; alors la noblesse
» acquise par la possession des fiefs, et celle acquise
» par la profession des armes cessa d'être noblesse ; l'ar-
» ticle cent cinquante-huit de l'ordonnance de Blois, rap-
» portée à l'année 1579, supprima la noblesse acquise
» par les fiefs, et l'édit de Henri IV, supprima celle ac-
» quise par les armes : depuis ce temps le gentilhomme
» n'est plus celui qui a servi à la guerre, ni qui a ac-
» quis des seigneuries ou fiefs nobles, mais celui qui
» est extrait de race noble, ou qui a eu des lettres d'a-
» noblissement, ou enfin qui possède un office auquel la
» noblesse soit attachée. On peut être surpris que Henri
» IV, qui devait tant à ses braves capitaines, reconnût
» si peu leurs services militaires. Louis XV, par son édit
» de la noblesse de 1750, a prouvé le cas qu'il en faisait,
» et éternisé son règne par cette nouvelle loi, ainsi que
» par l'établissement d'une école militaire. »

Des Anoblis par lettres-patentes.

Les anoblissements par lettres-patentes ne sont pas
fort anciens. Le premier que nous connaissons en France
est du treizième siècle, sous le règne de Philippe III, surnommé le Hardy, en faveur de Raoul, l'orfèvre. Ils n'ont
commencé à être fréquents que sous Philippe le Bel ; et en
Lorraine nous ne trouvons aucune lettre d'anoblissement
avant les dernières années du règne de Charles II ; ce qui
nous fait présumer que René Ier, est celui qui a commencé
à anoblir dans ses Etats ceux qu'il a jugés dignes de cet
honneur, soit en considération des services rendus à l'Etat
par leur capacité, ou en récompense de quelques actions
de bravoure dans le militaire.

Dérogeance.

Ceux qui étant nobles se font marchands ou artisans,
sergents ou huissiers, ou qui exploitent les fermes d'autrui,

---

(1) Cette opinion de M. le président Hénault a été combattue il
y a quelques années.

ou prennent d'autres emplois qui ne conviennent qu'aux roturiers, dérogent à leur noblesse, et en perdent tous les priviléges ; mais ils peuvent, après avoir quitté le trafic et la marchandise, ou quelque autre emploi dérogeant qu'ils *auraient* embrassé, s'en faire relever, en obtenant du prince des lettres de réhabilitation.

Professions que peuvent exercer les nobles.

Comme la pauvreté accompagne souvent la vertu, et que la noblesse ne donne pas de quoi vivre, pour ne pas exposer les nobles qui pouvaient se trouver dans la disette, à la misère, ou à la honte de se faire roturiers pour gagner leur vie, il leur était permis de faire, sans déroger, quelque profession honnête, comme d'avocat, médecin, notaire, d'enseigner les sciences, même de labourer les terres, pourvu qu'ils ne cultivassent que celles qui leur appartenaient.

Enfin il leur a été permis pour des raisons de commerce, de pouvoir, sans déroger, faire trafic sur mer, pourvu qu'ils ne vendissent point en détail. Edit du mois d'août 1669, vérifié au parlement et à la cour des aides. *Ferrière en son introduction à la pratique.* Mais une ordonnance du 4 juin 1668, dit positivement que les notaires, même avant l'année 1560, seront censés avoir dérogé à la noblesse, et exercé une profession roturière.

Des Armoiries.

Les Armoiries sont des marques de noblesse et de dignité, figurées sur les écus et sur les enseignes, pour connaître les familles nobles et distinguer les races.

Leur origine vient des tournois, parce que les chevaliers qui devaient s'y trouver, prenaient diverses marques pour se reconnaître parmi eux, et ils les portaient sur leurs boucliers et cottes-d'armes ; c'est pour cette raison qu'elles furent nommées armes ou armoiries.

Les armes des chevaliers qui venaient aux tournois ou allaient à la guerre, étaient représentées en or ou en argent avec diverses couleurs sur leurs écus. On y employait l'émail pour résister aux injures du temps, ce qui a fait donner le nom d'*émaux*, aux métaux, couleurs et fourrures qui entraient dans ces armoiries.

Il y avait aussi les habits caractéristiques des factions,

ou quadrilles des tournois, c'est-à-dire, des chevaliers qui se distinguaient par les vêtements blancs, rouges, bleus et verts, qui sont l'argent, le gueules, l'azur et le sinople de nos armoiries.

Domitien, au rapport de Suétone, y ajouta une cinquième faction vêtue d'or et une sixième vêtue de pourpre.

Le sable, ou la couleur noire, fut introduit dans les tournois, par les chevaliers qui portaient le deuil, ou qui voulaient faire connaître quelque sensible déplaisir qu'ils avaient reçu.

L'hermine et le vair servaient aussi aux habits de tournois.

La plupart des pièces de l'écu, comme les pals, les chevrons, les sautoirs, sont des pièces des anciennes lices et bannières, où se faisaient les tournois.

Les rocs et les annelets sont venus des joûtes et des courses de bagues.

Les bandes et les fasces, des écharpes qu'on y portait.

Les chevaliers prenaient aussi pour devises des figures d'animaux, ou d'autres symboles, et affectaient souvent de se faire nommer chevaliers du cygne, du lion, de l'aigle, du soleil, de l'étoile, etc.

Enfin ceux qui ne s'étaient trouvés en aucun tournoi, n'avaient point d'armoiries, quoiqu'ils fussent gentilshommes.

Les armoiries ne devinrent en usage qu'au dixième ou onzième siècle ; car de tous les tombeaux des princes, des seigneurs et des gentilshommes faits avant ce temps-là, il n'y en a aucun où l'on remarque des armoiries. Les plus anciens n'ont que des croix et des inscriptions gothiques, avec la représentation de ceux qui y sont enterrés. Clément IV, qui mourut en 1268, est le premier de tous les papes qui ait des armoiries sur son tombeau à Viterbe ; et s'il y a quelques tombeaux qui paraissent plus anciens que le dixième ou onzième siècle, et qui aient des armoiries, on reconnaîtra en les examinant soigneusement qu'ils ont été refaits.

Les sceaux et les monnaies sont encore une preuve de cette vérité ; car on n'y voit point d'armes que depuis le onzième siècle. Louis le Jeune, qui régnait vers l'an 1150, est le premier des rois de France qui ait eu un contre-scel d'une fleur de lys, et il choisit cet emblème par allusion à son nom de *Loÿs*, qui approche de celui du lys ou bien parce qu'on le nommait *Ludovicus florus*. Le plus ancien sceau des comtes de Flandres, où l'on voit des armoiries, est celui de Robert le Frison, attaché-à un acte de l'an 1072, et aucun auteur au-dessus du onzième siècle n'a fait mention de l'art du blason.

Il faut donc considérer comme fable, tout ce qui est dit par certains écrivains, qui prétendent que les armoiries sont aussi anciennes que le monde, et qui en distribuent gratuitement aux enfants de Seth, Caïn et de Jacob ; aux Grecs, aux Perses et aux Romains.

Elles ne prennent leur origine véritable que dans les tournois, ainsi que je l'ai déjà dit, et dans les voyages de la Terre-Sainte, parce que les principaux seigneurs qui se croisèrent, se distinguèrent alors par ces marques d'honneur.

Les *Croix* de tant de formes et de couleurs différentes ont été choisies par les croisés.

Les *Merlettes* marquent encore les voyages d'outre-mer, parce que ce sont des oiseaux qui passent les mers tous les ans. On les a représentées sans bec et sans pieds, pour signifier les blessures qu'on avait reçues.

Les *Lions* indiquent aussi les voyages faits en Syrie et en Egypte contre les barbares.

Souvent encore les armoiries ont des rapports symboliques ; ainsi on a donné des lions à ceux qui avaient du courage et de la valeur ; des aigles à ceux qui avaient de la sagacité et de l'élévation d'esprit ou de cœur, etc.

Il y a encore les *Armes parlantes.* Ce sont celles où il y a quelques pièces ou meubles qui font allusion au nom de la famille ; et celles-ci sont en très-grand nombre.

Les armes les plus simples et les moins diversifiées *sont les plus belles et les plus nobles,* je veux dire que moins il y a de pièces dans l'écu, plus les armoiries sont distinguées.

Or, combien de gens sont dans l'erreur, en croyant se faire d'une maison plus ancienne ou plus considérable, lorsqu'ils chargent leur écu d'une infinité de pièces ?

Signification des Emaux, lesquels sont au nombre de neuf, dont deux métaux qui sont :

1.° L'Or ou *jaune,* qui signifie richesse, force, foi, pureté, constance ; dans la gravure on le représente par un nombre infini de petits points ;

2.º L'ARGENT, on le représente tout *blanc*; il signifie, blancheur, innocence, virginité.

Cinq couleurs qui sont :

1.º L'AZUR ou *bleu*; il signifie royauté, majesté, beauté, sérénité; il est représenté par des lignes horizontales dans la gravure;

2.º LE GUEULES ou *rouge*; il signifie courage, hardiesse, intrépidité; il est représenté par des lignes perpendiculaires;

3.º LE SINOPLE ou *vert*; il signifie espérance, abondance, liberté. Il est représenté par des lignes diagonales à droite;

4.º LE SABLE ou *noir*; il signifie science, modestie, affliction; il est représenté par deux lignes horizontales et perpendiculaires, croisées les unes sur les autres;

5.º LE POURPRE ou *violet*; il signifie dignité, puissance, souveraineté; il est représenté par des lignes diagonales à gauche;

Et deux fourrures qui sont :

1.º LE VAIR et L'HERMINE ; ils signifient grandeur, autorité, empire.

Le *Vair*, est un fond d'azur, chargé de petites pièces d'argent, en forme de cloches renversées : il y a quatre cloches d'argent renversées à la première et troisième tire (rang), et trois et deux demie aux deuxième et quatrième tire.

2.º L'HERMINE, se représente par l'argent chargé de mouchetures de sable.

On ajoute la couleur de *Carnation*, pour les parties du corps humain, telles que le visage, les mains et les pieds;

Et la *Couleur naturelle* pour les arbres, plantes, fruits et animaux, lorsqu'ils paraissent comme la nature les produit.

Ce que je viens de dire sur la *Noblesse*, est suffisant pour le plan que je me suis prescrit; quant à ce qui concerne le *Blason*, c'est un travail que je remets à une époque un peu plus éloignée.

TABLEAU HISTORIQUE

DES

GRANDS VASSAUX DE LA COURONNE,

DE LA PAIRIE ET DES PAIRS DE FRANCE,

Depuis l'institution de la Monarchie jusqu'à ce jour.

La faiblesse des rois de France successeurs de Charlemagne, les força, pour s'attacher des créatures, de démembrer la monarchie, et de donner à titre de gouvernements, toutes les provinces du royaume ; de sorte qu'à la fin du neuvième siècle, l'état de la monarchie française se trouvait à peu près semblable à celui où nous avons vu l'empire d'Allemagne jusqu'en 1795. Elle avait un chef et des membres qui en composaient le corps. Le prince était très-puissant, lorsqu'il était uni avec eux, et très-faible lorsqu'il ne s'agissait que de ses intérêts particuliers.

Ces membres étaient les grands vassaux de la couronne. Ils étaient possesseurs des provinces de la monarchie, et en jouissaient à titres héréditaires ; et il était tel de ces vassaux, qui, par l'étendue de son fisc et par le nombre de ses sujets, était plus puissant que le roi.

Mais par une politique aussi juste que bien entendue, nos rois de la troisième race, et surtout ceux de l'auguste maison de Bourbon, ont réuni à leur couronne ces grands fiefs, dont l'existence nuisait non-seulement à l'unité de la puissance royale, mais encore fatiguait les peuples et les rendait esclaves de leurs gouverneurs, tandis qu'ils ne devaient être que les sujets du roi.

Etat des Grands Vassaux de la couronne de France, avant la réunion des grands fiefs.

Les ducs de France, comtes de Paris.
Les comtes de Vermandois.
Les comtes et ducs de Valois.
Les comtes de Ponthieu.
Les comtes de Boulogne.
Les comtes de Calais et d'Oye.
Les princes de Sedan.
Les comtes et ducs d'Orléans.
Les comtes et ducs d'Anjou.
Les comtes du Maine.
Les comtes de Blois, Chartres et Touraine.
Les comtes de Dunois.
Les comtes de Nevers.
Les comtes et ducs de Berry.
Les comtes et ducs de Vendôme.
Les ducs de Normandie.
Les comtes d'Evreux.
Les comtes du Perche.
Les comtes et ducs d'Alençon.
Les comtes de Champagne.
Les ducs de Bourgogne.
Les comtes d'Auxone.
Les comtes de Tonnerre.
Les comtes de Sémurois.
Les comtes de Sens.
Les comtes de Mâcon.
Les comtes de Dijon.
Les comtes de Châlons.
Les comtes de Charolais.
Les ducs de Bretagne.
Les comtes de Penthièvre.
Les ducs de Guyenne.
Les ducs de Gascogne.
Les comtes de Foix.

Les vicomtes de Béarn.

Les comtes d'Albret.

Les rois de Navarre.

Les comtes d'Armagnac.

Les comtes de Bigorre.

Les comtes d'Angoulême.

Les comtes de Périgord.

Les vicomtes de Limosin.

Les comtes de Querci.

Les comtes de Fezensac.

Les comtes d'Astarac,

Les comtes de Pardiac.

Les comtes de Fezensaguet.

Les comtes de Rouergue.

Les vicomtes de Turenne.

Les vicomtes de Turenne.

Les comtes d'Auvergne.

Les dauphins d'Auvergne.

Les rois d'Aquitaine.

Les comtes de Toulouse.

Les comtes de Carcassonne, Béziers et Nîmes.

Les comtes de Montpellier.

Les rois d'Arles et de Bourgogne.

Les comtes de Lyonnais.

Les comtes de Forez.

Les comtes de Beaujolais.

Les comtes et ducs de Bourbonnais.

Les comtes de Mont-Luçon.

Les comtes de la Marche.

Les comtes de Bresse.

Les comtes de Vienne.

Les dauphins de Viennois.

Les comtes de Valentinois.

Les comtes de Diois.

Les marquis de Saluces.

Les comtes de Provence.

Les comtes de Forcalquier.

Les princes d'Orange.

Les comtes de Marseille.

Les comtes de Flandres.

Les comtes d'Artois.
Les comtes de Bourgogne.
Les ducs de Lorraine.
Les ducs de Bar.

Epoques des réunions des grands fiefs à la couronne de France.

Sous Charles le Chauve.

	Ans de J.-C.
Le royaume d'Aquitaine en	866.

Sous Lothaire Ier.

Le comté de Quercy en	960.

Sous Hugues Capet.

Le comté de Paris en	987.
Le comté d'Orléans en	987.

Sous Robert le Pieux.

Le comté de Sens en	1017.
Le comté de Chartres en	1019.
Le comté de Touraine en	1019.
Le comté de Champagne en	1019.
Le comté de Brie en	1019.

Sous Henri Ier.

Le comté de Touraine en	1045

Sous Philippe Ier.

Le duché de Gascogne en	1070.
Le comté de Dijon en	1082.
Le comté de Valois en	1097.

Sous Louis VI dit le Gros.

Le comté de Diois en	1116.

Le comté du Maine en   1127.
Le comte de Fezensac en   1140.

Sous Philippe II, Auguste.

Le comté d'Alençon en   1195.
La terre d'Auvergne en   1198.
Le comté d'Artois en   1199.
Le comté d'Evreux en   1200.
Le comté de Touraine en   1203.
Le comté du Maine en   1203.
Le comté d'Anjou en   1203.
Le duché de Normandie en   1205.
Le comté de Poitou en   1206.
Le comté de Forcalquier en   1209.
Le comté de Valois en   1215.
Le comté de Vermandois en   1215.

Sous Louis IX (Saint).

Le comté de Carcassonne en   1229.
Le comté de Béziers en   1229.
Le comté de Nîmes en   1229.
Le comté de Marseille en   1230.
Le comté de Charolais en   1230.
Le comté de Montluçon en   1238.
Le comté du Perche en   1240.
Le comté de Mâcon en   1245.
Le comté de Châlons en   1247.
Le royaume d'Arles et de Bourgogne en   1254.
Le comté de Boulogne en   1261.
Le comté de Viennois en   1261.
La ville de Vienne en   1266.

Sous Philippe III, le Hardi.

Le marquisat de Provence en   1272.
Le comté de Toulouse en   1272.
Le comté de Semur en   1280.
Le comté d'Ossonne en   1280.
Le comté d'Alençon en   1283.
Le comté de Chartres en   1284.

La vicomté de Béarn en	1290.
Le comté de la Marche en	1303.
Le comté d'Angoulême en	1307.
Le comté de Bigorre en	1307.
Le comté de Lyon en	1310.
Le comté de Rouergue en	1312.

Sous Charles IV, le Bel.

Le comté de Charolais en	1327.

Sous Philippe VI, de Valois.

Le comté de Champagne en	1328.
Le comté de Brie en	1328.
Le comté de Valois en	1328.
Le comté d'Anjou en	1328.
Le comté du Maine en	1328.
Le comté de Chartres en	1329.
Le dauphiné de Viennois en	1349.
Le comté de Montpellier en	1350.

Sous Charles V, le Sage.

Le comté d'Auxerre en	1365.
Le duché de Valois en	1375.
Le duché d'Orléans en	1375.
Le comté de Ponthieu en	1380.

Sous Charles VI.

Le comté de Forez en	1382.
Le comté de Dunois en	1382.
Le comté de Blaisois en	1391.
Le comté de Beaujolais en	1400.
Le comté de Fezensaguet en	1403.
Le comté de Pardiac, en	1403.

Sous Charles VII.

Le comté de Tonnerre en	1424.
Le comté de Valentinois en	1434.
Le comté de Comminges en	1444.
Le comté de Penthièvre en	1445.

Le comté de Périgord en   1460.
La vicomté de Limoges en   1460.

Sous Louis XI.

Le duché de Berry en   1465.
Le duché de Normandie en   1468.
Le duché de Guienne en   1474.
Le duché de Bourgogne en   1477.
Le comté de Boulogne en   1477.
Le comté de Pardiac en   1477.
Le comté de la Marche en   1477.
Le duché d'Anjou en   1480.
Le comté du Maine en   1481.
Le comté de Provence en   1481.

Sous Louis XII.

Le duché d'Orléans en   1498.
Le duché de Valois en   1498.
Le comté de Foix en   1501.

Sous François I.

Le comté d'Angoulême en   1515.
Le comté d'Astarac en   1521.
Le duché de Bourbonnais en   1523.
Le duché d'Auvergne en   1523.
Le comté de Clermont en   1523.
Le comté de Forez en   1523.
Le comté Beaujolais en   1523.
Le comté de la Marche en   1523.
Le duché d'Alençon en   1525.
Le comté du Perche en   1525.
Le comté d'Armagnac en   1525.
Le comté de Rouergue en   1525.
Le dauphiné d'Auvergne en   1531.

Sous Henri II.

Le duché de Bretagne en   1547.
L'évêché de Metz, Toul et Verdun en   1555.
Le comté de Calais en   1558.
Le comté d'Oye en   1558.

Sous Henri III.

Le comté d'Evreux en	1583.

Sous Henri IV, le Grand.

La vicomté de Béarn en	1589.
Le royaume de Navarre en	1589.
Le comté d'Armagnac en	1589.
Le comté de Foix en	1589.
Le comté d'Albret en	1589.
Le comté de Bigorre en	1589.
Le duché de Vendôme en	1589.
Le comté de Périgord en	1589.
La vicomté de Limoges en	1589.
Le comté de Bresse en	1601.

Sous Louis XIII, le Juste.

Le comté d'Auvergne en	1615.
La principauté de Sédan en	1642.

Sous Louis le Grand.

Le comté d'Artois en	1659.
Le comté de Flandres en	1659.
Le comté de Nivernois en	1665.
Le comté de Bourgogne ou Franche-Comté en	1678.
La principauté d'Orange en	1700.
Le comté de Dunois en	1707.
Le duché de Vendôme en	1712.

Sous Louis XV, le Bien-Aimé.

Le duché de Lorraine en	1735.
Le duché de Bar en	1735.
La vicomté de Turenne en	1738.

DE LA PAIRIE

ET DES PAIRS DE FRANCE,

JUSQU'EN 1790.

Dans l'origine tous les Francs étaient *Pairs* : sous Charlemagne tous les seigneurs et tous les grands l'étaient encore. La pairie dépendant de la noblesse de sang, était personnelle, l'introduction des grands fiefs fit les pairies réelles et les arrière-fiefs formèrent des pairies subordonnées ; il n'y eut *plus de Pairs* relativement à la couronne du roi, que les barons du roi nommés *Barons du royaume* ou *Pairs de France*, mais il y en avait bien plus de douze , et chaque baron avait lui-même *ses Pairs*.

L'origine de la pairie réelle remonte aussi loin que celle des fiefs; mais les pairies ne devinrent héréditaires que comme les fiefs auxquels elles étaient attachées : ce qui n'arriva que vers la fin de la seconde race et au commencement de la troisième.

L'établissement des fiefs ne fit qu'introduire une nouvelle forme dans un gouvernement, dont l'esprit général demeura toujours le même ; la valeur militaire fut toujours la base du système politique ; la distribution des terres et des possessions, l'ordre de la transmission des biens, tout fut réglé sur le plan d'un système de guerre. Les titres militaires furent attachés aux terres mêmes, et devinrent avec ces terres la récompense de la valeur ; chacun ne pouvait être jugé que par les seigneurs des fiefs de même degré.

La pairie était alors une dignité attachée à la possession d'un fief, qui donnait droit d'exercer la justice conjointement avec *ses Pairs*, ou pareils, dans les assises du fief dominant, soit pour les affaires contentieuses, soit par rapport à la féodalité.

Tout fief avait des pairies, c'est-à-dire, d'autres fiefs mouvants de lui, et les possesseurs de ces fiefs servants qui étaient censés égaux entre eux, composaient la cour du seigneur dominant, et jugeaient avec, ou sans lui, toutes les causes dans son fief.

Il fallait quatre *Pairs* pour rendre un jugement. Si le seigneur en avait moins, il en empruntait de son seigneur suzerain. Dans les causes où ce seigneur était intéressé, il ne pouvait être juge; il était jugé par *ses Pairs*. C'est de cet usage de la pairie que viennent les hommes de fief en Hainaut, Artois et Picardie.

On trouve, dès le temps de Lothaire, un jugement rendu en 929, par le vicomte de Thouars avec *ses Pairs*, pour l'église de Saint-Martin de Tours.

Le comte de Champagne avait *sept Pairs*; celui de Vermandois six; le comte de Ponthieu avait aussi les siens, et il en était de même dans chaque seigneurie : cette police des fiefs forme le second âge du droit de la pairie, laquelle, depuis cette époque, devint réelle; c'est-à-dire, que le titre de *Pairs* fut attaché à la possession d'un fief de même valeur que celui des autres vassaux.

Il se forma dans la suite trois ordres ou classes, savoir : de la religion, des armes, et de la justice. Tout officier royal devint le supérieur et le juge de tous les sujets du roi, de quelque rang qu'ils fussent; mais dans chaque classe les membres du tribunal supérieur conservèrent le droit de ne pouvoir être jugés que par leurs confrères, et non par les tribunaux inférieurs qui ressortissent devant eux. De là vint cette éminente prérogative qu'avaient *les Pairs de France*, de ne pouvoir être jugés que par la Cour de parlement, suffisamment garnie *de Pairs*, parce qu'alors le parlement était considéré comme la cour des Pairs, c'est-à-dire, le tribunal seul compétent pour juger les Pairs du royaume.

Quoi qu'il en soit, on entendait communément par le terme d'*Anciens Pairs de France*, les *douze Barons* auxquels seuls le titre de *Pairs de France* appartenait du temps de Louis VII, dit le Jeune, ce qui n'est fondé cependant que sur ce que les douze plus anciens *Pairs* connus, furent ceux qui assistèrent, sous Louis VII, au sacre de Philippe Auguste, le premier novembre 1179, dans l'ordre suivant :

PAIRS LAÏQUES.

Le duc de Bourgogne; Hugues III.

Le duc de Normandie; Henri le Jeune, roi d'Angleterre;

Le duc de Guienne ; Richard d'Angleterre, frère du précédent ;

Le comte de Champagne ; Henri Ier.

Le comte de Flandres ; Philippe d'Alsace.

Le comte de Toulouse ; Raymond.

PAIRS ECCLÉSIASTIQUES.

L'archevêque duc de Reims ; Guillaume de Champagne.

L'évêque duc de Laon ; Royer de Rosay.

L'évêque duc de Langres ; Manassès de Bar.

L'évêque comte de Beauvais ; Barthélemi de Montcornet.

L'évêque comte de Châlons ; Gui de Joinville.

L'évêque comte de Noyon ; Baudouin.

Dans la suite les rois de France ayant réuni les grands fiefs héréditaires à leur couronne, et voulant illustrer des familles de leur royaume qui avaient rendu d'éminents services et à leur personne et à l'Etat, érigèrent de nouvelles Pairies, et en augmentèrent le nombre à leur volonté.

Ainsi la Pairie devint la première dignité de l'Etat.

Les Pairs furent les grands du royaume, et les premiers officiers de la couronne ; ils composaient la cour du roi, c'est-à-dire, son premier tribunal, que par cette raison on appelait la *Cour des Pairs*. Depuis que le parlement et la cour du roi ont été unis ensemble, le parlement a toujours été considéré comme la cour des Pairs.

Anciennement les *femelles* étaient exclues des fiefs par les mâles ; mais elles y succédaient à leur défaut, lorsqu'elles étaient rappelées à la succession par leurs père et mère ; elles succédaient même ainsi aux plus grands fiefs, et en exerçaient toutes les fonctions.

Les pairs de France furent créés pour soutenir la couronne, comme les électeurs ont été établis pour le soutien de l'Empire ; c'est ainsi que le procureur-général s'en expliqua les 19 et 26 février 1410, en la cause des archevêque et archidiacre de Reims.

Nos rois, faisaient souvent signer des chartres et ordonnances par les Pairs, soit pour les rendre plus authentiques, soit pour avoir leur consentement aux dispositions qu'ils faisaient de leur domaine, et aux règlements qu'ils publiaient lorsque leur intention était que ces règlements eussent aussi leur exécution dans les terres de leurs barons ou pairs.

Mais la principale cause pour laquelle les Pairs de France ont été institués, a été pour assister le Roi de leurs conseils dans ses affaires les plus difficiles, et pour lui aider à rendre la justice dans sa cour, de même que les autres pairs de fiefs y étaient obligés envers leur seigneur : les Pairs de France étaient juges naturels des nobles du royaume en toutes leurs causes réelles et personnelles.

Les Pairs se tenaient près de la personne du Roi, lorsqu'il tenait ses Etats généraux ; et comme ils étaient les plus anciens et les principaux membres du parlement, ils y avaient entrée, séance et voix délibérative en la grand'-chambre, et aux chambres assemblées toutes les fois qu'ils jugeaient à propos d'y venir, n'ayant pas besoin pour cela de convocation ni d'invitation.

La place des Pairs, aux audiences de la grand'chambre, était sur les hauts siéges, à la droite.

L'âge pour la séance des Pairs laïques au parlement, est fixé à 25 ans.

Aux lits de justice, les *Pairs* laïques précédaient les évêques *Pairs*.

Au sacre du Roi, les *Pairs* faisaient une fonction royale ; ils y représentaient la monarchie, et y paraissaient avec l'habit royal, et la couronne en tête ; ils soutenaient tous ensemble la couronne du roi, et c'étaient eux qui recevaient le serment que le monarque faisait d'être le protecteur de l'Eglise et de ses droits et de tout son peuple.

Outre ces fonctions qui étaient communes à tous les Pairs, ils en avaient encore chacun de particulières au sacre ; c'est ce que je vais déduire plus bas.

Etat des Pairs de France, avec leurs fonctions au sacre de nos Rois.

Les six Pairs ecclésiastiques en 1790.

1.º L'Archevêque duc de REIMS, qui avait la prérogative d'oindre, sacrer et couronner le Roi.

Titulaire : Alexandre-Angélique de Talleyrand-Périgord, né en 1737.

2.º L'Evêque duc de LAON, qui portait la Sainte-Ampoule au sacre du Roi.

Titulaire : Louis-Hector-Honoré-Maxime de Sabran, des comtes de Forcalquier.

3.º L'Evêque duc de LANGRES, qui portait le sceptre.

Titulaire : César-Guillaume de la Luzerne, né en 1738.

4.º L'Evêque comte de BEAUVAIS; il portait et présentait le manteau royal.

Titulaire : François-Joseph de la Rochefoucauld.

5.º L'Evêque comte de CHALONS; il portait l'anneau royal.

Titulaire : Anne-Antoine-Jules de Clermont-Tonnerre.

6.º L'Evêque comte de NOYON; il portait la ceinture ou baudrier.

Titulaire : Louis-André de Grimaldi, prince de Monaco.

L'Archevêque de Paris, duc de Saint-Cloud, était Pair ecclésiastique; mais le rang de cette pairie se réglait par celui de son érection qui datait seulement de 1622.

Titulaire : Antoine-Eléonore-Léon Leclerc de Juigné.

Les six anciens Pairs laïques.

1.º Le duc de BOURGOGNE; il porte la couronne royale, et ceint l'épée au roi;

2.º Le duc de GUIENNE; il porte la première bannière quarrée;

3.º Le duc de NORMANDIE, porte la seconde bannière;

4.º Le comte de CHAMPAGNE, porte l'étendard de la guerre;

5.º Le comte de TOULOUSE, porte les éperons;

6.º Le comte de FLANDRES, porte l'épée du roi.

Ces Pairs n'existant plus depuis la réunion des grands fiefs à la couronne, étaient ordinairement représentés par les personnages les plus considérables du royaume, au sacre des rois.

Etat des Pairs de France avant 1790.

Les Princes du Sang, ayant·atteint l'âge de vingt ans, étaient *Pairs nés.*

Les Princes légitimés, étaient aussi *Pairs nés.*

Les Pairs Ecclésiastiques, que je viens de mentionner.

Les Ducs et Pairs laïques, dont l'ordre va suivre par date d'érection.

Ducs et Pairs héréditaires.

I. Uzès. Erection de la vicomté d'Uzès, et autres terres en duché, pour hoirs mâles, avec clause de réunion à la couronne à défaut de descendants mâles, mai 1565, enregistrement à Toulouse, 26 mars 1566. Erection du même duché en pairie, janvier 1572, enregistrement au parlement de Paris, et première réception, 3 mars même année; dévolution du duché-pairie de Montausier, par succession féminine, 17 mai 1590.

Titulaire : François-Emmanuel de Crussol, duc d'Uzès.

II. Elbeuf. Erection du marquisat d'Elbeuf en duché-pairie, pour descendants mâles et femelles, avec dérogation à la clause de réunion à la couronne, novembre 1581 ; enregistrement et première réception, 29 mars 1582 ; succession en ligne collatérale, 12 mai 1748; extinction de cette branche en 1763, et succession en ligne collatérale, même année.

Titulaire : Charles-Eugène de Lorraine, duc d'Elbeuf, prince de Lambesc.

III. Montbazon et Guémené. Erection des baronnies de Montbazon et Sainte-Maure en comté, février 1547, c'est-à-dire 1548 ; érection du même comté en duché-pairie pour hoirs mâles, avec dérogation à la clause de réunion à la couronne, mai 1588 ; enregistrement, 27 avril 1589, mort de l'impétrant, premier novembre suivant ; confirmation pour un frère cadet et descendants mâles, avec rang du jour de la première érection, mars 1594; enregistrement et première réception, 15 mars 1595 ; érection de la seigneurie de Guémené en principauté, septembre 1570, enregistrée au parlement et à la chambre des comptes de Bretagne, même année.

Titulaire : Jules-Hercule-Mériadec de Rohan, duc de Montbazon, pair de France, prince de Guémené, chef des nom et armes de Rohan.

IV. THOUARS OU LA TRÉMOILLE. Erection de l'ancienne vicomté de Thouars en duché, pour hoirs, successeurs et ayant-causes, tant mâles que femelles descendants et collatéraux, juillet 1563 ; enregistrement, 21 octobre suivant ; pairie pour hoirs mâles seulement, avec dérogation à la clause de réunion à la couronne, août 1595 ; enregistrement et première réception, 7 décembre 1599 ; dévolution du comté de Laval-au-Maine et de la baronnie de Vitré, en Bretagne, et prétention au royaume de Naples, par succession des comtes de Laval, de la maison de Montfort, et par extinction de diverses lignes aînées, décembre 1605.

Titulaire : Jean-Bretagne-Charles-Godefroy de la Trémoille, duc de Thouars, pair de France, prince de Tarente, prince héréditaire de BOUILLON.

V. SULLY. Erection de la baronnie de Sully en duché-pairie, pour hoirs et descendants mâles, en ligne masculine, avec dérogation à la clause de réunion à la couronne, et à la fixation du nombre des pairs laïcs, février 1606 ; enregistrement, 25 du même mois ; première réception, 9 mars suivant ; succession en ligne collatérale, 24 décembre 1710 et 2 février 1729. Arrêt du conseil d'état, qui juge le titre ducal dévolu à un aîné, par préférence à un cadet, quoique héritier plus proche, 13 mars 1730 ; dévolution de la principauté souveraine d'Henrichemont et de Boisbelle, ensemble des marquisats de Conty, vicomté de Breteuil et autres terres, par succession de la première branche ducale, à défaut de mâles.

Titulaire : Maximilien-Gabriel-Louis de Béthune, duc de Sully.

VI. LUYNES. Erection du comté de Maillé en duché-pairie, sous le nom de Luynes, pour hoirs et successeurs mâles, avec dérogation à la clause de réunion à la couronne, août 1619 ; enregistrement et première réception, 14 novembre suivant ; acquisition du duché-pairie de Chevreuse, 15 octobre 1655 ; lettres-patentes contenant approbation de l'acquisition et confirmation du duché, seulement pour enfants tant mâles que femelles, héritiers ;

successeurs et ayant-causes, avec nouvelle érection en tant que de besoin, décembre 1667; enregistrement, 16 mars 1668; concession faite au nom du roi, du comté de Montfort-l'Amaury, en échange de la ville de Chevreuse, et autres terres dépendantes du duché, premier février 1692. Lettres-patentes portant confirmation de l'échange et union du comté de Montfort au château de Dampierre, chef-lieu du duché, avec même extension, à tous hoirs mâles et femelles, successeurs et ayant-causes, même mois de février 1692; enregistrement au parlement, 28 même mois, et en la chambre des comptes, 5 mars suivant.

Titulaire: Louis-Joseph-Charles-Amable d'Albert, duc de Luynes, en Touraine, pair de France, duc de Chevreuse.

VII. BRISSAC. Erection de la seigneurie de Brissac en Anjou, en comté, décembre 1560; érection du même comté en duché-pairie, pour hoirs et successeurs mâles, avec dérogation à la clause de la réunion à la couronne, avril 1611; enregistrement et première réception, 8 juillet 1620; succession en lignes collatérales, 29 décembre 1698 et 28 avril 1732.

Titulaire: Louis-Hercule-Timoléon de Cossé, duc de Brissac, pair de France, marquis de Thouarcé.

VIII. RICHELIEU. Erection de la seigneurie en duché-pairie, pour héritiers, successeurs et ayant-causes, mâles et femelles, à perpétuité, avec dérogation à la clause de réunion à la couronne, août 1631; enregistrement, 4 janvier suivant, et première réception, 5 du même mois; legs testamentaire de ce duché à Armand-Jean de Vignerod, petit-fils d'une sœur du cardinal de Richelieu, avec substitution de Fronsac, et charge du nom et armes seules de du Plessis, 13 mai 1642. Dévolution du duché de Richelieu par succession ouverte, 4 décembre suivant et première réception 15 janvier 1657; décret du sénat de Gênes, qui, pour services signalés rendus à la république, ordonne que Louis-François du Plessis, duc de Richelieu, et son fils, seront inscrits dans le livre d'or des nobles Génois; que leurs descendants mâles jouiront à perpétuité des mêmes prérogatives que les autres nobles, et qu'ils pourront joindre à leurs armes celles de la république, 17 octobre 1748. Sentence du châtelet de Paris, qui permet jonction des armes de la républiqne de Gênes avec celles de du Plessis, nonobstant la clause du testament du cardinal de Richelieu, contenant défense de toutes jonctions d'autres armes, et sur avis des parents appelés à la substitution, portant que cette jonction n'y était point contraire, 20 janvier 1750. Diplôme des doges, gouverneurs et procurateurs de la république de Gênes, contenant attestation de l'exécution du décret précédent, faite avec les suffrages des deux conseils, et approbation de toute la république de Gênes, 7 janvier 1751. Lettres-patentes portant permission d'accepter la concession, et d'en jouir ainsi que des armes, conformément au règlement donné par le juge d'armes, même mois, enregistrement au parlement et ailleurs, le… ; successsion des duchés-pairies, août 1788.

Titulaire : Louis-Joseph-Antoine du Plessis-Richelieu, duc de Richelieu, de Fronsac, pair de France, noble Génois.

IX. Fronsac. Acquisition du duché-pairie de Fronsac, 16 juin 1633; nouvelle érection en tant que de besoin pour successeurs, héritiers et ayant-causes, mâles et femelles, à perpétuité, avec rang du jour de la première érection, juillet 1634; enregistrement sans aucune restriction, 5 du même mois; legs testamentaire de ce duché, avec substitution à Armand-Jean de Vignerod, petit-fils d'une sœur du cardinal de Richelieu; possession, 2 mai 1674, et première réception même an.

Voyez l'article précédent.

X. Albert et Château-Thierry. Cession faite au nom du roi, des duchés-pairies de Château-Thierry, ensemble des comtés d'Auvergne, d'Evreux et Beaumont en Périgord, baronnie de la Tour en Auvergne, et autres terres en échange de la principauté de Sédan et Raucourt, avec extension à tous hoirs, successeurs et ayant-causes, tant mâles que femelles, à perpétuité, et clause de continuation des mêmes titres, dignités et prééminences, et même de la pairie, sous une seconde foi et hommage, 20 mars 1651; lettres-patentes contenant ratification de l'échange et continuation des deux titres du duché et de la pairie y jointe, avec rang du jour des premières érections, avril suivant. Premier arrêt du parlement, qui fixe le rang au jour de l'enregistrement, et du serment à faire en la cour. Autre arrêt contenant enregistrement de l'échange, avec restriction du rang des deux duchés et de la pairie, au jour de la date de cet arrêt même, et à charge qu'il sera obtenu nouvelles lettres du roi, 20 février 1652. Lettres-patentes contenant rétablissement et érection, en tant que de besoin, pour enfants, héritiers, successeurs et descendants, tant mâles que femelles, à perpétuité, avec rang du jour du précédent arrêt du parlement, et dérogation à toute clause de réunion à la couronne, même mois de février 1652. Confirmation des mêmes lettres, avec même clause du rang du jour du même arrêt du parlement, août 1662; enregistrement et première réception, 2 décembre 1665. Vente de la vicomté de Turenne au roi, 8 mai 1738.

Titulaire : Godefroy-Charles-Henri de la Tour d'Auvergne, duc souverain de Bouillon, prince d'Empire, duc d'Albret et de Château-Thierry.

XI. ROHAN-CHABOT. Erection de la vicomté de Rohan en duché-pairie, pour descendants mâles, avec dérogation à la fixation du nombre des pairs, avril 1603; enregistrement et première réception, 7 août même an. Extinction, 13 avril 1638; mariage de l'héritière de la terre avec Henri de Chabot, et substitution du nom seul de Rohan aux enfants à naître de ce mariage, 6 juin 1645. Rétablissement et nouvelle érection du duché-pairie, en tant que de besoin, pour descendants mâles, avec dérogation à la fixation du nombre des pairs, décembre 1648; enregistrement et première réception, 15 juillet 1652. Arrêt du conseil d'état, qui confirme la substitution des noms et armes pleines de Rohan, 26 août 1704; substitution graduelle à l'infini des principales terres de la maison, et lettres-patentes sur même objet, juin 1708; enregistrement, 15 juillet suivant.

Titulaire : Louis-Marie-Bretagne-Dominique, duc de Rohan, en Bretagne, pair de France.

XII. PINEY OU LUXEMBOURG. Erection de la terre de Piney et autres en duché, pour François de Luxembourg, comte de Ligny, et baron de Tingry, ensemble pour ses successeurs et ayant-causes, tant mâles que femelles, septembre 1576, et enregistrement, 19 septembre 1577; érection du même duché en pairie, avec pareille extension

à tous hoirs, successeurs et ayant-causes, mâles et femelles, à perpétuité, octobre 1581 ; enregistrement, 29
décembre suivant, et première réception, 30 du même
mois; succession en ligne féminine, 23 mai 1616; premier
mariage de l'héritière, et substitution des nom et armes,
6 juillet 1620 ; et lettres-patentes pour réception du mari,
comme duc et pair, 10 du même mois ; entérinement des
lettres et réception, avec rang du jour de la première érection, 8 février 1621 ; mort du mari, 25 novembre 1630 ;
second mariage de l'héritière 1633 ou 1634, et titre de
duc conféré au second mari, mais sans confirmation de
la part du roi, ni réception. Cession du duché par un
unique fils du premier mari, à une fille unique du second,
pour mariage avec François-Henri de Montmorency, à
charge de jonction des noms et armes de Luxembourg,
mars 1661 ; lettres-patentes portant confirmation de la
substitution et du duché-pairie, pour hoirs, mâles et
femelles, avec réversion à la maison de Gesvres, à défaut
de postérité, même mois ; opposition à la préséance, 17
janvier 1662. Arrêt du parlement, qui entérine les lettres-
patentes, et ordonne par provision que François-Henri de
Montmorency n'aura rang que du jour de sa réception,
20 mai suivant, et réception, 22 du même mois; rang
fixé définitivement à ce jour, par l'édit de 1711 ; érection
de Tingry en principauté, janvier 1587 ; aliénation, premier avril 1640.

Titulaire : Anne-Charles-Sigismond de Montmorency-
Luxembourg.

XIII. GRAMONT. Substitution des nom et armes de Gramont à Antoine d'Aure, vicomte d'Aster, par Claire de
Gramont, sa mère, en 1551 ou 1552. Erection de la terre
de Guiche en comté, sous le nom de Gramont, décembre
1563. Brevet portant promesse d'érection en duché-pairie,
13 décembre 1543 ; lettres-patentes contenant érection
pour successeurs mâles, novembre 1648 ; enregistrement
et première réception en lit de justice, 15 décembre 1663;
succession en ligne collatérale, 10 mai 1741 ; dévolution
du duché d'Humières, par succession féminine, 6 novembre 1751.

Titulaire : Antonin, duc de Gramont en Guienne, pair
de France, prince de Bidache dans la basse Navarre,
vicomte d'Aster et de Louvigny, baron de Lesparre.

XIV. Villeroy. Erection de la terre de Villeroy en marquisat, janvier 1605; brevet portant promesse d'érection en duché-pairie, 15 décembre 1648; lettres-patentes contenant érection pour hoirs et successeurs mâles, septembre 1651; enregistrement et première réception en lit de justice, 15 décembre 1663; dévolution du duché-pairie de Retz, par succession féminine, janvier 1716.

Titulaire : Gabriel-Louis-François de Neufville, duc de Villeroy.

XV. Mortemart. Erection de la terre et marquisat de Mortemart en duché-pairie, pour hoirs et successeurs mâles, décembre 1650; enregistrement et première réception en lit de justice, 15 décembre 1663; succession en ligne collatérale, premier août 1746.

Titulaire : Victurnien-Jean-Baptiste-Marie de Rochechouart, duc de Mortemart, prince de Tonnay-Charente.

XVI. Saint-Aignan. Erection de la baronnie de Saint-Aignan en comté, avril, avant Pâques 1537, c'est-à-dire, 1538; érection du même comté, en duché-pairie, pour hoirs mâles, décembre 1663; enregistrement et première réception en lit de justice, 15 même mois; création de grandesse d'Espagne, pour hoirs et successeurs, avec assiette sur le comté de Buzançois, en Berry, 25 avril, 3 juin, 24 septembre et 14 octobre 1701. Lettres-patentes du roi, portant confirmation, février 1702, et enregistrement en la chambre des comptes, 14 même mois; cession du duché-pairie en ligne collatérale, 2 décembre 1716.

Titulaire : Marie-Paul-Victoire de Beauvilliers, duc de Saint-Aignan.

XVII. Tresmes ou Gesvres. Erection de la seigneurie de Gesvres en baronnie, janvier 1597, et de la même baronnie en marquisat, janvier 1626; érection de la seigneurie de Tresmes en comté, janvier 1610; brevet portant exécution d'une promesse faite par Louis XIII, peu avant sa mort, d'ériger ce comté en duché-pairie, 21 août 1643; lettres-patentes d'érection pour hoirs et successeurs mâles, novembre 1648; lettres de surannation, 11 décembre 1663; enregistrement et première réception en lit de justice, 15 même mois; mutation du nom de duché de Tresmes en celui de Gesvres, juillet 1670; enregistrement, 2 août suivant; lettres-patentes qui conservent

à la maison de Gesvres le droit aux nom et armes de Luxembourg, et la succession au duché-pairie de Piney, et
en vertu de la même substitution primordiale, mars 1661,
et enregistrement 22 mai 1662; succession en ligne collatérale, 19 septembre 1757.

Titulaire : Louis-Joachim-Paris Potier, duc de Tresmes,
pair de France, marquis de Gesvres.

XVIII. Noailles. Erection de la seigneurie d'Ayen en
comté, en mars 1593, en faveur de Henri, sieur de
Noailles; érection du même comté en duché-pairie, sous
le nom de Noailles, pour héritiers et successeurs mâles
légitimes, avec dérogation à la fixation du nombre des
pairs, décembre 1663, et première réception en lit de
justice, 15 du même mois.

Titulaire : Louis, duc de Noailles, ci-devant duc
d'Ayen, marquis de Maintenon, comte de Nogent-le-
Roy, au pays Chartrain.

XIX. Aumont. Erection du marquisat d'Isles en duché-
pairie, sous le nom d'Aumont, pour descendants mâles,
avec dérogation à la fixation du nombre des pairs, novembre 1665; enregistrement et première réception en lit
de justice, 2 décembre même année; substitution des noms
et armes de Rochebaron et de Villequier, le...

Titulaire : Louis-Marie-Guy d'Aumont, duc d'Aumont-
Rochebaron, pair de France.

XX. Béthune-Charost. Erection de la seigneurie de
Charost et autres en duché-pairie, sous le nom de Béthune-
Charost, pour hoirs et descendants mâles, mars 1672;
enregistrement 9 août 1690, et première réception 11 du
même mois; séparation de cette branche de celle de Béthune, comtes de Selles, 5 février 1605.

Titulaire : Armand-Joseph de Béthune, duc de Charost
en Berry, pair de France, baron d'Ancenis.

XXI. Saint-Cloud. Erection de la seigneurie de Saint-
Cloud et autres y jointes, en duché-pairie, pour l'archevêque de Paris, avril 1674; enregistrement au parlement,
18 août 1690; première réception, 19 même mois; changement du siége du duché sur la terre de Bois-le-Vicomte.

Titulaire : Antoine-Éléonore-Léon Leclerc de Juigné.

XXII. Harcourt. Erection de la terre de la Motte et autres en marquisat, sous le nom de la Motte-Harcourt, août 1593 ; acquisition de l'ancien marquisat de Thury, 16... érection des mêmes terres et autres en duché, sous le nom de Harcourt, pour enfants et descendants mâles, novembre 1700 ; enregistrement au parlement de Paris, 18 mars 1701, et à Rouen, 30 juillet même année ; érection du même duché en pairie, avec même clause, novembre 1709 ; enregistrement 28 février 1710, et première réception, 9 août suivant ; érection de la baronnie de Beuvron en marquisat, août 1593 ; enregistrement au parlement de Rouen, 17 septembre 1746 ; autre érection de la seigneurie de Meilleraye en marquisat, avril 1698 ; aliénation, 1731, acquisition de l'ancien comté de L'isle-bonne... Succession en ligne collatérale, 10 juillet et 26 septembre 1750.

Titulaire : François-Henri, duc d'Harcourt, pair de France.

XXIII. Fitz-James. Lettres de naturalité, 17 décembre 1703 : acquisition de la seigneurie de Warty et autres, en.... érection de la même terre en duché-pairie, sous le nom de Fitz-James, pour enfants mâles du second lit, et leurs descendants mâles, mai 1710 ; enregistrement, 23 même mois, et première réception, 11 décembre suivant.

Titulaire : Jean-Charles, duc de Fitz-James.

XXIV. Chaulnes. Mariage d'Honoré d'Albert, maréchal de France, avec Charlotte-Eugénie d'Ailly, comtesse de Chaulnes, avec clause des nom et armes d'Ailly, et acquisition du comté de Chaulnes, ensemble de la Vidamé d'Amiens et autres terres par ce mariage, 13 janvier 1620 ; érection du comté de Chaulnes en duché-pairie, pour hoirs et successeurs mâles, janvier 1621 ; enregistrement, 6 mars suivant, et première réception, 9 du même mois ; extinction et succession en ligne collatérale, avec charge des nom et armes d'Ailly, 4 septembre 1698 ; nouvelle érection pour hoirs et descendants mâles, octobre 1711 ; enregistrement et première réception, premier décembre même année.

Titulaire : Marie-Joseph-Louis d'Albert d'Ailly, duc de Chaulnes, pair de France.

XXV. Rohan-Rohan. Erection de la baronnie de Fontenay en duché-pairie, pour hoirs et successeurs mâles, avec dérogation à la fixation du nombre des pairs, juillet 1626, non enregistrée; extinction, dévolution en ligne féminine, 9 octobre 1642; dévolution de la maison de Chabot avec le duché de Rohan et la seigneurie de Soubise, par mariage, 6 juin 1649; réversion avec la même seigneurie de Soubise, par autre mariage d'une fille de Rohan-Chabot, 17 avril 1663; nouvelle érection en duché-pairie, sous le nom de Rohan-Rohan, pour enfants et descendants mâles, octobre 1714; enregistrement et première réception, 18 décembre suivant; érection de la seigneurie de Soubise en principauté, mars 1667; enregistr. aux parlements de Paris et de Bordeaux, même année; dévolution du duché-pairie de Ventadour et de celui de Joyeuse, par successions féminines, 28 septembre 1717, 31 juillet 1724.

Titulaire : Charles-Louis de Rohan, duc de Rohan-Rohan, pair de France.

XXVI. Villars-Brancas. Brevet contenant promesse d'érection d'une terre en duché-pairie, 18 octobre 1626; érection de la baronnie d'Oise et des terres de Villars et Champtercier en duché, sous le nom seul de Villars, pour hoirs et successeurs mâles, avec clause de réunion à défaut de la ligne masculine, septembre 1627; enregistr. au parlement d'Aix, 23 juillet 1628; érection du même duché en pairie, pour hoirs et successeurs mâles, avec dérogation à la clause de réunion, juillet 1651, et enregistr. à Aix, 15 février 1657; lettres de surannation adressées au parlement de Paris, 2 septembre 1716; enregistrement 5, et première réception, 7 du même mois.

Titulaire : Louis de Brancas, duc de Brancas, pair de France.

XXVII. Valentinois. Erection de la baronnie de Thorigny en comté, pour Jacques Goyon, sire de Matignon, depuis maréchal de France, septembre 1565, enregistr. le 28 mai 1566; dévolution de l'ancien duché d'Estouteville, et de droit à la principauté de Neufchâtel en Suisse, et par succession de la duchesse de Nemours, et par représentation d'Eléonore d'Orléans-Longueville, femme de Charles Goyon, sire de Matignon, comte de Thorigny, fils et successeur du premier maréchal de Matignon, 16 juin 1707 ; brevet contenant approbation du mariage entre Jacques-François-Léonor Goyon de' Matignon, comte de Thorigny, et Louise-Hippolyte Grimaldy, fille aînée et présomptive héritière d'Antoine, prince de Monaco, duc de Valentinois, pair de France, à charge de substitution des nom et armes de Grimaldy, avec mutation des nom et armes de Goyon-Matignon en ceux de Grimaldy, et promesse de continuation du duché-pairie de Valentinois, pour n'avoir rang que du jour de la future réception, sous condition de retour au même prince de Monaco, s'il lui naissait des enfants mâles, et de jouissance des honneurs pour le gendre, sa vie durant, soit dans ce cas, soit en cas de prédécès de sa femme, des enfants mâles, 24 juillet 1715 ; célébration de mariage, 20 octobre même année ; lettres-patentes portant mutation du nom de Goyon-Matignon en celui de Grimaldy, avec continuation du duché-pairie, et nouvelle érection, en tant que de besoin, pour enfants et descendants mâles, décembre suivant ; enregistrement, 2 septembre 1716, et première réception, 14 décembre suivant ; démission en faveur du fils, le...

Titulaire: Honoré-Charles-Maurice-Anne de Grimaldy ; duc de Valentinois, prince héréditaire de Monaco.

XXVIII. Nivernais. Acquisition du duché-pairie de Nevers et de la baronnie de Donzy par le cardinal Mazarin, 11 juillet 1659 ; lettres-patentes portant confirmation et continuation du duché-pairie pour héritiers, successeurs et ayant-causes, conformément à la première érection du mois de janvier 1538, c'est-à-dire, 1539, en même forme et avec mêmes prérogatives, rang et préséance, octobre 1660, non registrées ; testament et codicille, qui instituent Philippe-Jules Mancini, fils d'une sœur, héritier des duchés de Nevers, baronnie de Donzy et biens d'Italie, à charge de jonction des nom et armes de Mazarin, 6 et 7 mars 1661 ; succession ouverte, 9 du même mois ; lettres-patentes, portant nouvelle confirmation pour hoirs, successeurs et ayant-causes en mêmes termes que la première, janvier 1576, et ordonnance de soit montré au procureur-général du parlement, pour l'enregistrement, 31 décembre suivant ; lettres de surannation, 29 avril 1692 ; nouvelle expédition avec clause de conformité à l'édit du mois de mai 1711, pour le rang, 24 août 1720 ; enregistrement, 31 décembre suivant ; première réception, 14 janvier 1721 ;

dévolution de grand d'Espagne et de la principauté de Vergague en Italie, par succession d'aïeul maternel et de mère, 11 janvier 1738; vente de cette principauté, avec réserve des titres honorifiques, 1750.

Titulaire : Louis-Jules Barbon Mancini Mazarini, duc de Nivernois et Donziois.

XXIX. Biron. Erection des baronnies de Biron, terres de Montault, Mont-Ferrand et autres en duché-pairie, sous le nom de Biron, pour hoirs mâles, juin 1598; enregistrement et première réception, 30 même mois; extinction, 31 juillet 1602; nouvelle érection pour enfants et descendants mâles, premier février 1723; enregistrement et première réception en lit de justice, 30 même mois; dévolution du duché de Lauzun, par succession féminine, 19 novembre suivant; succession au titre de Biron, par mort de neveu, 27 mai 1739.

Titulaire : Charles-Antoine-Armand de Gontaut, duc de Biron, pair de France.

XXX. Aiguillon. Acquisition du duché-pairie d'Aiguillon, par Madeleine de Wignerod, veuve d'Antoine de Beauvoir du Roux, seigneur de Combalet, et nièce du cardinal de Richelieu, en 1636 ou 1637; nouvelle érection pour la même, ensemble pour ses héritiers et successeurs tant mâles que femelles, tels qu'elle voudrait les choisir, janvier 1618; et enregistrement au parlement, 19 mai suivant; testament en faveur de Marie-Thérèse de Wignerod-Duplessis, sa nièce, sœur d'Armand-Jean, premier duc de Richelieu, et de Jean-Baptiste-Amador, marquis de Richelieu, mars 1675; et ouverture de succession à son profit, premier avril suivant; mort de la même Marie-Thérèse de Wignerod-Duplessis, sans alliances, et succession ouverte, au profit de Louis, marquis de Richelieu, son neveu, 18 décembre 1704; mort de celui-ci, et succession ouverte au profit d'Armand-Louis, comte d'Agénois, son fils, 22 octobre 1730; requête de ce dernier au parlement, à fin de réception en la dignité de duc et pair, à lui dévolue par succession, 10 janvier 1731; opposition des ducs, le même mois et février suivant; arrêt du parlement, prononçant main-levée des oppositions, et ordonnant réception avec rang du jour de la prestation du serment, conformément à l'édit de 1711, 10 mai suivant; première réception ou serment, 26 du même mois; décret du conseil du sénat de Gênes, qui a reçu Emmanuel-Armand de Wignerod-Duplessis; avec le maréchal, duc de Richelieu et leurs descendants, au corps des nobles Génois, et ordonne que leurs noms seront inscrits dans le livre d'or, 17 octobre 1748; inscription de celui du même Emmanuel-Armand, même jour.

Titulaire : Armand-Désiré de Wignerod-Duplessis, appelé d'abord comte d'Agénois, titré duc de Richelieu, pair de France, le..... noble Génois.

XXXI. FLEURY. Erection des terres de Rocozel et de Ceilhes en marquisat, sous le nom de Rocozel, septembre 1724; érection du même marquisat, de la baronnie de Pérignan et autres terres, en duché-pairie, sous le nom de Fleury, pour enfants et descendants mâles, en ligne directe, mars 1736; enregistrement au parlement de Paris, 14 même mois; première réception, mai suivant.

Titulaire : André-Hercule de Rosset de Rocozel, duc de Fleury, pair de France, premier gentilhomme de la chambre du roi.

XXXII. DURAS. Dévolution de la seigneurie de Duras, en vertu du testament d'oncle maternel, 19 mai 1324; de celles de Rozan, par succession de mère, 25 juin 1504; et de celles de Lorges, par pactes de mariage, 22 janvier, 12 avril, 20 mai 1603, la dernière, cédée depuis pour partage de cadet; érection de Duras en marquisat, février 1609, et de Rozan en comté, octobre 1625; érection des mêmes marquisat et comté en duché-pairie, pour hoirs, successeurs et ayant-causes, issus de loyal mariage, à charge d'extinction du titre, défaut d'hoirs mâles, mai 1668, non registrée; autre érection en duché seulement, pour enfants et descendants mâles, février 1689; enregistrement, premier mars même année; démission du titre, mai 1733; et érection du duché en pairie, en faveur du démissionnaire, pour enfants et descendants mâles, décembre 1755; enregistrement et première réception, 12 février 1757.

Titulaire : Emmanuel-Félicité de Durfort, duc de Duras, pair de France.

XXXIII. LA VAUGUYON. Erection des seigneuries de

Broutay, Tregarenteuc, du Plessis-Montville, Buelenquel-
leneuc et autres y jointes en vicomté, décembre 1656;
et enregistrement au parlement, 18 juillet 1657; les mêmes
terres vendues depuis; dévolution du comté de la Vauguyon, ensemble des baronnies de Tonneins dessous Ville-
leton, Grateloup et la Gruère, et de la châtellenie de
Saint-Megrin, tant en vertu de testament d'aïeul maternel, à charge de jonction des noms et armes de Stuer
et de Caussade, que par succession de mère, 17 août
1671 et 13 octobre 1693; le comté de la Vauguyon vendu
depuis; acquisition du bourg de Saint-Pierre de Tonneins, vulgairement appelé *Tonneins dessous*, 18 mars
1756, et du marquisat de Challonges, 20 avril 1758;
union et érection des mêmes baronnies de Tonneins et
autres, et du marquisat de Challonges en duché-pairie,
sous le nom de la Vauguyon, pour hoirs et descendants
mâles sans mutation du nom de Tonneins, chef-lieu
du duché, août même année; enregistrement, 15 décembre
suivant, première réception, 11 janvier 1759.

Titulaire : Paul-François de Quélen Stuer de Caussade,
duc de la Vauguyon, pair de France.

XXXIV. Choiseul. Séparation des barons de Beaupré
d'avec les seigneurs d'Aigremont, vers 1430; extinction
de ces derniers vers 1720.

Dévolution de la baronnie de Stainville et autres terres,
en vertu du testament d'oncle maternel, à charge de
jonction des nom et armes de Stainville, le..... enregistrement à la chambre des comptes de Bar, 24 octobre
1717; union de cette baronnie avec les seigneuries de
Mesnil-sur-Saux, Lavinecourt et Montplonne, et érection
en marquisat, 27 avril 1722; érection de ce marquisat
et terres y jointes en duché, sous le nom de Choiseul,
pour enfants et descendants mâles, novembre 1758; enregistrement, 29 même mois; érection du même duché
en pairie, décembre suivant; enregistrement, 12 janvier
1759; première réception, 25 même mois; translation
des titres et dignité de duché-pairie, sur Amboise, sous le
nom de Choiseul-Amboise, 10 février 1762; enregistrement, 16 même mois; assurance de la succession de ce
duché, après la mort du duc de Choiseul, au comte de
Choiseul-Stainville, son neveu, 29 mai 1782; possession,
8 mai 1785.

Titulaire : Claude-Antoine-Gabriel de Choiseul-Beaupré, duc de Choiseul-Stainville, pair de France.

XXXV. CHOISEUL-PRASLIN. Séparation des seigneurs de Chevigny d'avec les seigneurs d'Aigremont, aujourd'hui éteints, vers 1490; érection de la terre de Montgomer près Chinon en Poitou, en duché-pairie, pour hoirs et successeurs mâles, 2 novembre 1762; mutation d'assise et transport du titre de duché sur la terre de Vilars près Melun, août 1764.

Titulaire : Renaud-César-Louis de Choiseul, duc de Praslin, pair de France.

XXXVI. LA ROCHEFOUCAULD. Erection de la baronnie de la Rochefoucauld en comté, avril 1528; érection du même comté en duché-pairie, pour successeurs mâles, avril 1622; enregistrement, 4 septembre 1631, et première réception, 24 juillet 1637; extension du duché-pairie aux filles du duc et à leurs descendants mâles, mais pour n'avoir rang que du jour de la première réception à venir, 5 février 1732; enregistrement, 12 mars suivant; dévolution du duché de la Roche-Guyon par succession féminine, premier août 1674; nouvelle érection pour enfants et descendants, tant mâles que femelles, novembre 1679; enregistrement, 27 mars 1681; dévolution du duché dans la branche de la Rochefoucauld-Roye, 4 mars 1762; nouvelle réception, 24 avril 1769.

Titulaire : Louis-Alexandre, duc de la Rochefoucauld-Roye, pair de France, duc de la Roche-Guyon.

XXXVII. CLERMONT-TONNERRE. Erection de la terre de... en duché-pairie, le... 1775; réception en parlement, 13 mars 1782.

Titulaire : Jules-Henri, duc de Clermont-Tonnerre, pair de France, connétable, premier baron et premier commis-né des états de la province de Dauphiné.

XXXVIII. AUBIGNY. Premier don de la seigneurie d'Aubigny-sur-Niere, à Jean Stuard, seigneur baron de Ruley, en Ecosse, connétable de l'armée écossaise, au service de France, etc., avec restriction à ses descendants mâles, 26 mars 1422, c'est-à-dire, 1423; réversion au domaine du roi, 1672; nouveau don à Louise-Renée de Keroualle de Penancoet, duchesse de Portsmouth, pour un de ses fils, au choix du roi d'Angleterre, et pour descendants mâles, avec clause de réunion à la couronne, décembre 1673 ; enregistrement au parlement, 14 avril 1674, et en la chambre des comptes, 26 mars 1683 ; érection en duché-pairie, pour la même duchesse, ensemble pour Charles Lenox, lord, duc de Richemont, son fils, et pour descendants mâles, janvier 1684 ; enregistrement, premier juillet 1777.

Titulaire : Charles Lenox, duc d'Aubigny en Berry, pair de France, lord, duc de Richemont au comté d'York, en Angleterre, et de Lenox, en Ecosse.

XXXIX. Coigny. Erection de la seigneurie de Coigny en comté, en 1650 ; érection du même comté en duché-pairie pour enfants et descendants mâles, février 1747 ; enregistrement, 18 avril suivant ; érection du même duché en pairie, 1787.

Titulaire : Marie-François-Henri de Franquetot, duc de Coigny, pair de France.

DUCS HÉRÉDITAIRES, NON PAIRS.

Après avoir traité des pairies, je vais rapporter les duchés simples, dont la plupart ont été héréditaires. Ceux qui en étaient revêtus jouissaient des mêmes honneurs que les ducs et pairs, quand les lettres étaient registrées, à l'exception des prérogatives attachées à la pairie.

Tous ces duchés sont rangés par l'ordre chronologique de leurs érections, soit que leurs lettres-patentes aient été enregistrées au parlement de Paris ou dans quelques autres parlements, soit qu'elles n'aient eu aucun enregistrement. On ne fera mention que des seuls duchés qui existaient en 1789.

I. Chevreuse. *Voyez Luynes.*

II. Chatillon-sur-loing ou Bouteville. Dévolution de la seigneurie de Châtillon-sur-Loing et autres, par legs testamentaire et mort de tante paternelle, 24 juillet 1695 ; érection des mêmes terres en duché, pour enfants et descendants mâles, février 1696, et enregistrement, 3 mars suivant ; permission du roi, pour changer le titre de duc de Châtillon en celui de Bouteville, après l'érection de Mauléon en duché-pairie, sous le nom de Châtillon, mars 1736 ; succession à ce duché, 1785.

Titulaire : Anne-Henri-René-Sigismond de Montmorency-Luxembourg, duc de .Bouteville, premier baron chrétien de France.

III. BROGLIE. Erection de la terre, seigneurie et baronnie de Ferrières en Normandie, en duché, sous le nom de Broglie, pour hoirs mâles, juin 1742; enregistrement au parlement et chambres des comptes de Paris, 20 août et 16 novembre suivant; enregistrement au parlement et chambre des comptes de Normandie, premier février 1744 et 25 mai 1745 ; concession du titre de prince du Saint-Empire, pour descendants mâles et femelles, par diplôme du 28 mai 1759.

Titulaire : Victor-François de Broglie, duc de Broglie.

IV. ESTISSAC. Séparation de la branche ducale de la Rochefaucauld, août 1572; substitution aux noms et armes de Roye et de Roucy, novembre même année; brevet portant concession du titre et des honneurs de duc, octobre 1737 ; acquisition du duché de Villemor et terres y jointes...... nouvelle érection en duché, sous le nom d'Estissac, pour enfants et descendants mâles, août 1758 ; enregistrement au parlement, 5 septembre suivant.

Titulaire : François-Alexandre-Frédéric de la Rochefoucauld, duc de Liancourt et d'Estissac, chef du nom et armes de la maison.

V. LAVAL. Séparation des seigneurs de Montmorency, novembre 1230; possession de la seigneurie de Laval au Maine, par cession de mère, et adoption du nom de Laval, 1240 ou 1250; séparation des sires de Laval, dont la succession passe en 1423 ou 1424, aux sires de Montfort et de Kergorlay, depuis comtes de Laval, et postérieurement dans la maison de la Trémouille, août 1295; et de la branche des seigneurs de Loué, depuis marquis de Nesles et comtes de Juigny, dont les biens ont passé par diverses successions féminines dans la maison de Mailly, octobre 1499 ; partage de la branche de la seigneurie de la Macheferrière, avec deux tiers de celle de Lesay, dont le troisième y est joint par acquisition; érection de la même terre de Lesay en marquisat, janvier 1642, et mutation du nom de Lesay en celui de Laval-Lesay, octobre 1643; dévolution du marquisat de Magnac, première baronnie du comté de la Marche, par succession d'une branche de la maison de Salignac-Fénelon, octobre 1683 ; union de la baronnie d'Arnac et autres terres voisines au même marquisat de Magnac, et érection du tout en duché, sous le nom de Laval, pour enfants et descendants mâles, en ligne directe et légitime, selon l'ordre de primogéniture, avec extension aux enfants et descendants mâles de feu Joseph-Pierre, comte de Montmorency-Laval, unique fils du dernier maréchal de Montmorency-Laval, octobre 1758 ; enregistrement, 29 novembre suivant.

Titulaire : Guy-André-Pierre de Montmorency-Laval, chef du nom et armes de sa maison, duc de Laval, et en cette qualité, premier baron de la province de la Marche, marquis de Laval-Lesay, en Poitou, baron d'Arnac, etc.

VI. Cambray. Diplôme de l'empereur Henri II, contenant don à l'église de Cambray, du comté de cette ville, avec faculté à l'évêque de le retenir pour l'usage de son église ; d'élire un comte, et d'en faire ce qu'il jugera convenable, onzième jour avant les kalendes de novembre, c'est-à-dire, 22 octobre 1007 ; autre diplôme de l'empereur Conrard II, portant confirmation de tous les priviléges conférés à la même église, par ses prédécesseurs, et de tous les dons faits par les empereurs et rois Pepin, Charlemagne, Louis, Arnoult et Otton : savoir, entre autres, de la cité de Cambray, avec ses justices, du comté de tout le Cambrésis et du Neufchâteau, aujourd'hui appelé Cateau-Cambrésis, jour des kalendes de janvier, c'est-à-dire, premier janvier 1461 ; diplôme de l'empereur Maximilien Ier, qui, du consentement des princes, comtes, barons et nobles de l'empire, érige la cité et le domaine de Cambray en duché, avec faculté à l'évêque de s'intituler duc de Cambray et comte de Cambrésis, et d'ajouter l'aigle impériale à ses armes particulières, 28 juillet 1510 ; bulle du pape Paul IV, qui distrait l'évêché de Cambray de la province ecclésiastique de Reims, malgré protestation de la part de l'archevêque, et l'érige en archevêché, 22 mai 1562, réduction de la ville et de la citadelle, sous l'obéissance du roi, par capitulation, portant conservation de tous ses priviléges et prérogatives, 5 et 17 avril 1677 ; cession de la même ville et pays de sa dépendance à Nimègue, 17 septembre 1678 ; consentement de l'archevêque de Reims à l'érection antérieure du siége de Cambray en archevêché, moyennant réunion de l'abbaye de Saint-Thierry, près Reims, à son archevêché, 1696.

Titulaire : Ferdinand-Maximilien-Mériadec, prince de Rohan de Guémené, archevêque, duc de Cambray.

VII. MONTMORENCY. Acquisition du duché-pairie de Beaufort, par Charles-François-Frédéric de Montmorency-Luxembourg, 18 mars 1688; lettres portant approbation de l'acquisition et nouvelle érection en duché seulement, pour enfants et descendants mâles et femelles, à perpétuité, en mai suivant; enregistrement, 13 juillet même année; mutation du nom de duché de Beaufort en celui de duché de Montmorency, sur motif de changement du nom de duché-pairie de Montmorency en celui d'Enghien, octobre 1689, enregistrement, 2 janvier 1690.

Titulaire : Anne-Léon, duc de Montmorency-Fosseux, premier baron de France, et premier baron chrétien, prince souverain d'Aigremont, baron libre de l'empire et des deux Moldaves, comte de Gournay, Tancarville et Creuilly, marquis de Seignelay, Crevecœur, Lourey, etc., connétable héréditaire de la province de Normandie.

VIII. BEAUMONT. Séparation de la branche ducale de Piney-Luxembourg, janvier 1695; brevet de duc héréditaire, 7 janvier 1665; première réception, 1769.

Titulaire : N..... de Montmorency, comte de Luxembourg, prince de Tingry.

IX. LORGES. Séparation de la maison de Durfort-Duras, janvier 1665; cession de la seigneurie de Lorges, par partage, le..... cette terre fut vendue depuis; acquisition de la baronnie de Quentin et autres en Bretagne, 29 septembre 1681; érection de la même baronnie en duché, pour enfants et descendants mâles, mars 1691; enregistrement au parlement de Paris, 21 même mois, et à Rennes, 12 octobre suivant; mutation du nom de duché de Quentin en celui de Lorges, avec consentement du seigneur propriétaire de la terre de Lorges, et pour enfants, postérité ayant-causes, possédants le duché, novembre 1706; enregistrement à Paris, 7 décembre même année; don du duché de Randan, par une tante paternelle, mai 1733, et dévolution de la propriété par son décès, 17 mai 1640; nouvelle érection du duché de Lorges, pour enfants et descendants mâles, 25 mars 1773 ; enregistrement au parlement de Bretagne, 4 mai suivant; extinction de la première branche ducale, en décembre 1775; succession par mariage, la même année.

Titulaire : Jean-Laurent de ᵒDurfort-Civrac, duc de Lorges.

X. Croy. Erection de la terre de Croy en Picardie, en duché, pour hoirs et descendants mâles, 4 juillet 1598, nouvelle érection et assise du duché, sur les terres et seigneuries de Croy, Wally, Conty, le Bosquet et fief du vieux Tilloy, leurs appartenances et dépendances, pour ne composer à l'avenir qu'un seul et même corps de duché, sous le nom de duché de Croy, dont le chef-lieu sera la terre de Wally, par lettres-patentes du mois de novembre 1773, registrées au parlement, 13 décembre 1774; création de grandesse par Charles V, diplôme qui en confirme les dispositions, 28 juin 1772.

Titulaire : Anne-Emmanuel-Ferdinand-François de Croy, duc de Croy, grand-d'Espagne de la première classe, prince d'empire, chef de nom et d'armes de sa maison.

XI. Villequier. *Brevet de duc héréditaire, janvier 1759, réception, 1774.*

Titulaire : Louis-Alexandre-Céleste d'Aumont, duc de Villequier.

XII. Chastelet. Erection des terres et seigneuries de Circy en duché héréditaire, 2 février 1777.

Titulaire : Louis-Marie-Florent, duc de Chastelet-d'Haraucourt.

XIII. Polignac. *Brevet de duc héréditaire, 20 le septembre 1780.*

Titulaire : Jules, comte de Polignac, marquis de Manciny.

XIV. Maillé. *Brevet de duc héréditaire le... 1784.*

Titulaire : Charles-René de Maillé de la Tour-Landry, duc de Maillé.

XV. LEVIS. *Brevet de duc héréditaire, avec les hon-neurs du Louvre, 26 avril 1784.*

Titulaire : Pierre-Marc-Gaston de Levis, duc de Levis.

XVI. SAULX-TAVANES. *Brevet de duc héréditaire, 29 mars 1786:*

Titulaire : Charles-Francois-Casimir de Saulx-Tavanes, duc de Saulx, marquis de Thil-le-Châtel et d'Arc sur-Tille, comte de Beaumont, baron de Lux, de Bourberin, de Saulx-Leduc, baron d'Aulnay, en basse Normandie.

XVII. LA FORCE. *Brevet de duc héréditaire, le ...1787.*

Titulaire : Nompart, duc de Caumont la Force, marquis de la Force.

DUCS A BREVET.

LAURAGUAIS. *Brevet de duc, en janvier 1755.*

Titulaire : Louis-Léon-Félicité de Brancas, duc de Lauraguais.

AYEN. *Brevet de duc, en mars 1755.*

Titulaire : Jean-Louis-François-Paul de Noailles, duc d'Ayen.

GONTAUT. *Brevet de duc, le 25 août 1758.*

Titulaire : Charles-Antoine-Armand de Gontaut, duc de Gontaut.

DURAS. *Brevet de duc, au mois de... 1770.*

Titulaire : Emmanuel-Céleste de Durfort, duc de Duras.

LESPARRE. *Brevet de duc, au mois de ...*

Titulaire : Louis-Antoine-Armand de Grammont, duc de Lesparre.

LAUZUN. *Brevet de duc au mois de ....*

Titulaire : Armand-Louis de Gontaut, duc de Lauzun.

CROY. *Brevet de duc, le....*

Titulaire : Anne-Emmanuel-Ferdinand de Croy,

LAVAL. *Brevet de duc le 13 juillet 1783.*

Titulaire : Anne-Alexandre-Sulpice-Joseph de Montmorency, duc de Laval.

CHABOT. *Brevet de duc, au mois de...*

Titulaire : Germain-Louis-Antoine-Auguste de Rohan-Chabot, duc de Chabot.

POIX. *Brevet de duc, au mois de ...*

Titulaire : Louis-Philippe-Marc-Antoine de Noailles , prince et duc de Poix.

NARBONNE, *Brevet de duc, au mois de....*

Titulaire : Jean-François, duc de Narbonne-Lara.

LA TOUR-D'AUVERGNE. *Brevet de duc , au mois de juillet 1772.*

Titulaire : Nicolas-François-Jules , comte de la Tour-d'Auvergne.

LA TOUR D'AUVERGNE. *Brevet de duc, le 1er août 1772.*

Titulaire : Godefroy-Maurice-Marie-Joseph, comte de la Tour-d'Auvergne, fils.

GUINES. *Brevet de duc, le ...*

Titulaire : Adrien - Louis de Bonnières, comte de Guines et de Souastres, gouverneur de Maubeuge, lieutenant-de-roi de la province d'Artois.

MAILLY. *Brevet de duc, le....*

Titulaire : Louis-Marie, duc de Mailly.

CRUSSOL. *Brevet de duc, le ....*

Titulaire : Marie-François-Emmanuel de Crussol, duc de Crussol.

BROGLIE. *Brevet de duc, au mois de....*

Titulaire : Auguste-Joseph de Broglie, prince de Revel, duc de Broglie.

GUICHE. *Brevet de duc, le....*

Titulaire : Antoine-Louis-Marie de Gramont, duc de Guiche.

PRASLIN. *Brevet de duc, le....*

Titulaire : Antoine-César de Choiseul, comte de Praslin.

GAND. *Brevet de duc , le....*

Titulaire : Guillaume-Louis-Camille , comte de Gand et du Saint-Empire.

COIGNY. *Brevet de duc, le....*

Titulaire : François-Marie-Casimir de Franquetot , marquis de Coigny.

CASTRIES-CHARLUS. *Brevet de duc, le.... 1784.*

Titulaire : Armand-Nicolas-Augustin de la Croix , comte de Charlus, duc de Castries.

COSSÉ. *Brevet de duc le .... 1784.*

Titulaire : Hyacinthe-Hugues-Timoléon , marquis de Cossé , duc de Cossé.

BEUVRON. *Brevet de duc, le.... 1784.*

Titulaire : Anne-François de Harcourt , duc de Beuvron.

GRANDS D'ESPAGNE.

Les seigneurs français honorés du titre de *grands d'Espagne ,* par convention faite entre les deux couronnes , jouissent en France des honneurs des ducs , ainsi que nos ducs jouissent en Espagne des honneurs des grands.

EGMONT. Première érection de Grandesse , pour Charles , comte d'Egmont, vers 1520 ; extinction ou privation , 4 juin 1568 ; rétablissement vers 1680 ; mort du dernier mâle de la ligne , et succession ouverte au profit d'une sœur mariée à Nicolas Pignatelli , duc de Bisache , 15 septembre 1707 ; consulte à Madrid, où le même Nicolas Pignatelli , est déclaré grand d'Espagne , aux droits de sa femme , 27 mars 1708 ; mort de l'héritière, et succession ouverte au profit de son fils , 4 mai 1714 , et prise de possession , 1717 ; succession en ligne collatérale, 3 juillet 1753.

Titulaire : Casimir Pignatelli d'Egmont , duc de Bisache , au royaume de Naples, prince de Gavre au comté d'Alost en Flandres , marquis de Renty en Artois, et de Longueville dans le Hainaut français, comte de Barlaimont, duc titulaire de Juliers et de Gueldres.

SALM-KIRBOURG. Diplôme de création le.... 1520 ; avénement à la Grandesse, le .... 1778.

Titulaire : Frédéric-Jean-Othon, prince de Salm.

HAVRECH. Diplôme de création le .... 1528 ; avénement à la Grandesse, 1761.

Titulaire : Joseph-Anne-Auguste-Maxime de Croy, duc d'Havrech.

NASSAU-SIÉGEN. Diplôme de création donné par Charles V vers 1520, au comte de Nassau, dit *le Vieux*, sixième aïeul du prince de Nassau-Siégen, en faveur duquel la Grandesse a été renouvelée en 1783.

Titulaire : Charles-Henri Nicolas Othon, prince de Nassau-Siégen.

BUZANÇOIS. Création de Grandesse pour hoirs et successeurs, avec assiette sur le comté de Buzançois en Berry, 25 avril 1701 ; conservation de Grandesse, et Grandesse et réception, 28 juin 1765.

Titulaire : Charles-Paul-François de Beauvilliers, comte de Buzançois, grand d'Espagne.

OUDEAUVILLE. Diplôme de création, le .... 1703 ; assiété le ....

Titulaire : N...

TESSÉ. Diplôme de création, novembre 1704 ; lettres-patentes portant confirmation, avec assiette sur la terre de Vernie au Maine, septembre 1705 ; enregistrement, même année ; réception, 1742.

Titulaire : René-Mans de Froulay, comte de Tessé au Maine, baron d'Ambrières et de Vernie, seigneur châtelain de Froulay.

CROY. Diplôme de création le ....; 1706 ; assiété sur..., succession, 1784.

Titulaire : Anne-Emmanuel-Ferdinand-François de Croy-Solre.

CHIMAY. Diplôme de création de grandesse, 3 avril 1708 ; lettres-patentes portant confirmation et assiette sur... succession en ligne collatérale, par mort de frère, 4 février 1742.

Titulaire : Philippe - Gabriel - Marie d'Alsace- Hennin-Liétard, prince de. Chimay et du Saint-Empire.

NIVERNOIS. Diplôme de création, 1709 ; succession d'aïeul maternel et par mort de mère, 11 janvier 1738.

Titulaire : Louis-Jules Barbon Mancini Mazarini, duc de Nivernois, grand d'Espagne.

GHISTELLES. Diplôme de création, en faveur de Guillaume de Melun, prince d'Epinoy, chevalier de la Toison d'Or, par Philippe V, du. . . . ; succession à la Grandesse, par mariage, 9 octobre 1758.

Titulaire : Philippe - Alexandre - Emmanuel - Francois-Joseph, prince de Ghistelles, marquis de Saint-Floris, de la Vieille-Chapelle et de Croix.

MOUCHY. Diplôme de création, 5 mars 1712 ; lettres-patentes portant confirmation avec assiette sur la terre de Lamotte - Tilly, décembre suivant; enregistrement, 6 septembre 1713 ; diplôme de translation sur la terre de Mouchy-le-Châtel, 7 mai '1749 ; lettres-patentes de confirmation, octobre suivant; enregistrement, 7 mai 1750.

Titulaire : Philippe de Noailles, maréchal duc de Mouchy, grand d'Espagne.

ROBECQUE. Diplôme de création, avril 1713 ; lettres-patentes portant confirmation avec assiette sur . . . succession paternelle , 1745.

Titulaire : Anne - Louis - Alexandre de Montmorency, prince de Robecque, grand d'Espagne.

PÉRIGORD. Diplôme de création , 1er octobre 1714 ; lettres-patentes de confirmation et assiette, le . . . . ; mort du titulaire et succession en ligne féminine, 24 février 1757.

Titulaire : Gabriel - Marie de Talleyrand , comte de Périgord.

VALENTINOIS. Premier diplôme de création pour Louis de Rouvroy, duc de Saint-Simon, avec faculté d'asseoir la Grandesse sur une terre en Espagne, et de la céder à Arnaud de Rouvroy, marquis de Ruffec, son second fils, 22 janvier 1722, et démission du titre le même jour ; décret portant permission de faire l'assiette sur une terre en France, au choix du roi, 1723; nouveau diplôme contenant approbation de la cession faite au marquis de Ruffec, duc de Saint-Simon, avec pouvoir d'en disposer par testament, don entre-vifs ou autre, à son gré, en faveur du même marquis, et de ses frères, sœurs ou descendants de tels parents, alliés ou même étrangers, que le duc voudrait, de la dignité et majorat accordés sous le titre et dénomination ordonnés en France, 18 juin même année; érection du fief de Rasse, situé dans la ville de la Rochelle, en comté, pour enfants et descendants mâles et femelles; à défaut de mâles, l'ordre de primogéniture observé, 4 mai 1728; lettres-patentes contenant approbation et confirmation de la substitution perpétuelle du comté de Rasse, et union de la Grandesse à ce comté, avec cession de la jouissance des honneurs, sur le seul fondèment de la vocation à la substitution, même mois, et enregistrées au parlement, 25 février 1730, en la chambre des comptes, 20 mai suivant, avec clause qu'en cas de succession en ligne féminine, l'héritière sera tenue de prendre de nouvelles lettres du roi; mort du cessionnaire, et ouverture de succession au profit de la fille unique d'un frère aîné prédécédé, 20 mai 1754.

Titulaire : Honoré-Charles de Grimaldi, duc de Valentinois, grand d'Espagne, prince de Monaco.

ROUAULT. Diplôme de création, 17 septembre 1722; lettres de confirmation et assiette sur.....; mort du dernier titulaire, et succession en ligne féminine, 3 novembre 1777.

Titulaire : Joachim-Valery-Thérèse-Louis, marquis de Rouault-Gamaches, seigneur du Fayel-Lignere-les-Roye.

HAUTEFORT. Diplôme de création, mars 1723; confirmation et assiette....; acquisition du marquisat de Villacerf, 1737; succession en ligne féminine, 3 février 1761.

Titulaire : Armand-Charles-Emmanuel, comte de Hautefort.

SAINT-SIMON. Diplôme de création, 21 janvier 1722; dévolution, 1er février suivant; succession, 1774.

Titulaire : N... de Rouvroy, marquis de Saint-Simon.

BEAUVAU. Diplôme impérial, par lequel Marie de Beauveau, marquis de Craon et d'Harouel, et son fils aîné sont créés princes de l'empire, 13 novembre 1722; autre diplôme portant création de grandesse d'Espagne pour les mêmes, 8 mai 1727; lettres-patentes de confirmation 17....

Titulaire: Charles-Just, prince de Beauveau, marquis de Craon et d'Harouel, baron d'Autrey, prince d'Empire.

BRANCAS-CERESTE. Diplôme de création, 15 février 1730; prise de possession à Madrid, 14 mai suivant; lettres-patentes de confirmation, avec assiette sur.... succession en ligne collatérale, 3 février 1753; permission du roi, pour prendre le titre de duc de Cereste, 16 février 1785.

Titulaire: Louis-Paul, marquis de Brancas, duc de Cereste, grand d'Espagne.

LA MARCK. Diplôme de création, 8 décembre 1740; assietté sur succession en ligne féminine, 18 juin 1748.

Titulaire: Louis-Ingelbert-Marie-Raimond-Auguste-Pierre de Ligne, duc souverain d'Aremberg, prince de l'empire, grand d'Espagne, chevalier de la Toison d'Or, comte de La Marck.

CAYLUS. Diplôme de création, le... 1774, assietté sur... succession, 1783.

Titulaire: Joseph-Louis Robert de Lignerac, duc de Caylus, grand d'Espagne, grand-bailli d'Epée, lieutenant-général, commandant pour le roi dans la Haute-Auvergne.

OSSUN. Diplôme de création, 15 décembre 1765; assiette sur le marquisat d'Ossun.

Titulaire: Charles-Pierre-Hyacinthe d'Ossun, comte d'Ossun.

MONTBARREY. Diplôme de création de prince du S. Empire, 5 mars 1774; consentement du roi pour prendre ce titre.... avril suivant; diplôme de création de grandesse d'Espagne, 1780; assiette sur....

Titulaire: Alexandre-Marie-Eléonor de Saint-Mauris, prince de Montbarrey.

CRILLON-MAHON. Diplôme de création, 30 mars 1782 ; assiette sur....

Titulaire : Louis de Balb-Berton, duc de Crillon et de Mahon.

ESTAING. Diplôme de création pour services rendus, 30 mars 1782 : assietté...

Titulaire : Charles-Théodat, comte d'Estaing.

GAND. Diplôme de création, le.... 1785 ; assiette sur...

Titulaire : Charles-François-Gabriel, vicomte de Gand, comte du Saint-Empire, gentilhomme d'honneur de monseigneur comte d'Artois.

ESCLIGNAC. Diplôme de création, le....

Titulaire : N... de Preissac-Fezensac, marquis d'Esclignac.

GRANDS D'ESPAGNE DE LA PREMIÈRE CLASSE.

EN 1815.

M. le prince de Poix, de la maison de Noailles, pair de France, capitaine des gardes-du-corps du roi.
M. le duc de Valentinois, pair de France.
M. le duc de Brancas, pair de France.
M. le comte de Lamarck, prince d'Aremberg.
M. le prince de Montmorency.
M. le prince de Beauveau.
M. le duc de Noailles, pair de France.
M. le prince de Chalais.
M. le duc de Saint-Aignan, pair de France.
M. le marquis de Saint-Simon.
M. le duc d'Oudeauville, pair de France.
M. le duc de Crillon.
M. le comte de Caylus.
M. le duc de Laval-Montmorençy, pair de France.
M. le vicomte de Gand.
M. le duc d'Esclignac.
M. le duc de Narbonne.

DE LA PAIRIE

ET DES PAIRS DE FRANCE,

EN 1814.

Sa Majesté Louis XVIII, dans la Charte constitutionnelle qu'il a donnée au royaume en 1814, a établi l'Etat de la pairie en France, sur les bases suivantes :

De la chambre des Pairs.

Art. 24 » La chambre des pairs est une portion essentielle de la puissance législative.

25. » Elle est convoquée par le roi en même temps » que la chambre des députés des départements. La ses-» sion de l'une commence et finit en même temps que » celle de l'autre.

26 » Toute assemblée de la chambre des pairs qui » serait tenue hors du temps de la session de la chambre » des députés, ou qui ne serait pas ordonnée par le » roi, est illicite et nulle de plein droit.

27. » La nomination des pairs de France appartient » au roi. Leur nombre est illimité; il peut en varier » les dignités, les nommer à vie, ou les rendre héré-» ditaires selon sa volonté.

28. » Les pairs ont entrée dans la chambre à vingt-» cinq ans, et voix délibérative à trente ans seulement.

29. » La chambre des pairs est présidée par le chan-» celier de France, et, en son absence, par un pair » nommé par le roi.

30. » Les membres de la famille royale et les princes » du sang sont pairs par le droit de leur naissance; » ils siégent immédiatement après le président, mais » ils n'ont voix délibérative qu'à vingt-cinq ans.

31. » Les princes ne peuvent prendre séance à la cham-» bre que de l'ordre du roi exprimé, pour chaque session,

» par un message, à peine de nullité de tout ce qui
» aurait été fait en leur présence.

32. » Toutes les délibérations de la chambre des
» pairs sont secrètes.

33. La chambre des pairs connaît des crimes de haute
» trahison et des attentats à la sûreté de l'Etat, qui
» seront définis par la loi.

34. » Aucun pair ne peut être arrêté que de l'au-
» torité de la chambre, et jugé que par elle en matière
» criminelle.

47. » La chambre des députés reçoit toutes les pro-
» positions d'impôt; ce n'est qu'après que ces propo-
» sitions ont été admises qu'elles peuvent être portées
» à la chambre des pairs.

48. » Aucun impôt ne peut être établi ni perçu,
» s'il n'a été consenti par les deux chambres et sanc-
» tionné par le roi.

50. » Le roi convoque chaque année les deux chambres;
» il les proroge et peut dissoudre celle des députés des
» départements; mais, dans ce cas, il doit en convoquer
» une nouvelle dans le délai de trois mois.

53. » Toute pétition à l'une ou à l'autre des chambres
» ne peut être faite et présentée que par écrit. La loi
» interdit d'en apporter en personne à la barre. »

*Liste nominative des cent cinquante-quatre pairs que
Sa Majesté a nommés à vie le 4 juin 1814, pour
composer la chambre des Pairs de France.*

M. l'archevêque de Reims.
M. l'évêque de Langres.
M. l'évêque de Châlons.
M. le duc d'Uzès.
M. le duc d'Elbœuf.
M. le duc de Montbazon.
M. le duc de la Trémoille.
M. le duc de Chevreuse.
M. le duc de Brissac.
M. le duc de Richelieu.
M. le duc de Rohan.
M. le duc de Luxembourg.
M. le duc de Grammont.
M. le duc de Mortemart.

M. le duc de Saint-Aignan.
M. le duc de Noailles.
M. le duc d'Aumont.
M. le duc d'Harcourt.
M. le duc de Fitz-James.
M. le duc de Brancas.
M. le duc de Valentinois.
M. le duc de Fleury.
M. le duc de Duras.
M. le duc de la Vauguyon.
M. le duc de Praslin.
M. le duc de la Rochefoucauld.
M. le duc de Clermont-Tonnerre.
M. le duc de Choiseul.
M. le duc de Coigny.
M. le prince de Bénévent.
M. le duc de Croy.
M. le duc de Broglie.
M. le duc de Laval-Montmorency.
M. le duc de Montmorency.
M. le duc de Beaumont.
M. le duc de Lorges.
M. le duc de Croy d'Havré.
M. le duc de Polignac.
M. le duc de Lévis.
M. le duc de Maillé.
M. le duc de Saulx-Tavanne.
M. le duc de la Force.
M. le duc de Castries.
M. de Noailles, prince de Poix.
M. le duc d'Oudeauville.
M. le prince de Chalais.
M. le duc de Serent.
M. le duc de Plaisance.
M. le prince de Wagram.
M. le maréchal duc de Tarente.
M. le maréchal d'Elchingen.
M. le maréchal duc d'Albuféra.
M. le maréchal duc de Castiglione.
M. le maréchal comte de Gouvion-Saint-Cyr.
M. le maréchal duc de Raguse.
M. le maréchal duc de Reggio.
M. le maréchal duc de Conegliano.

M. le maréchal duc de Trévise.

M. le comte Abrial.

M. le comte de Barral, archevêque de Tours.

M. le comte de Barthelemy.

M. le cardinal de Bayanne.

M. le comte de Beauharnais.

M. le comte de Beaumont.

M. le comte Bertholet.

M. le comte de Beurnonville.

M. le comte Barbé-Marbois.

M. le comte Boissy-d'Anglas.

M. le comte Bourlier, évêque d'Evreux.

M. le duc de Cadore.

M. le comte de Canclaux.

M. le comte Casa-Bianca.

M. le comte Chasseloup-Laubat.

M. le comte Cholet.

M. le comte Clément de Ris.

M. le comte Colaud.

M. le comte Colchen.

M. le comte Cornet.

M. le comte Cornudet.

M. le comte d'Aboville.

M. le comte d'Aguesseau.

M. le maréchal de Dantzick.

M. le comte Davous.

M. le comte Demont.

M. le comte de Croix.

M. le comte Dedelay-d'Agier.

M. le comte Dejean.

M. le comte d'Embarrère.

M. le comte Depère.

M. le comte Destutt de Tracy.

M. le comte d'Harville.

M. le comte d'Haubersaert.

M. le comte d'Hédouville.

M. le comte Dupont.

M. le comte Dupuy.

M. le comte Emmery.

M. le comte Fabre de l'Aude.

M. le comte Fontanes.

M. le comte Garnier.

M. le comte Gassendi.

M. le comte Gouvion.
M. le comte Herwin.
M. le comte de Jaucourt.
M. le comte Journu-Aubert.
M. le comte Klein.
M. le comte de Lacépède.
M. le comte de Lamartillière.
M. le comte Lanjuinais.
M. le comte Laplace.
M. le comte de Fay de la Tour-Maubourg.
M. le comte Lecouteulx-Canteleu.
M. le comte Lebrun de Rochemont.
M. le comte Legrand.
M. le comte Lemercier.
M. le comte Lenoir-Laroché.
M. le comte de l'Espinasse.
M. le comte de Malleville.
M. le comte de Montbadon.
M. le comte de Montesquiou.
M. le comte Pastoret.
M. le comte Péré.
M. le maréchal comte Pérignon.
M. le comte de Pontécoulant.
M. le comte Porcher de Richebourg.
M. le comte de Rampon.
M. le comte Redon.
M. le comte de Sainte-Suzanne.
M. le comte de Saint-Vallier.
M. le comte de Ségur.
M. le comte de Sémonville.
M. le maréchal comte Serrurier.
M. le comte Soulès.
M. le comte Shée.
M. le comte de Tascher.
M. le comte de Thevenard.
M. le comte de Valence.
M. le maréchal duc de Valmy.
M. le comte de Vaubois.
M. le comte Vernier.
M. le comte de Villemanzy.
M. le comte de Vimar.
M. le comte Volny.
M. le comte Maison.

Nota. Il faut déchirer la page 67 du tome IV, et y substituer toutes celles-ci.

M. le comte Dessolle.

M. le comte Victor de Fay de la Tour-Maubourg.

M. le duc de Feltre.

M. le comte Belliard.

M. le comte Curial.

M. le comte de Vioménil.

M. le comte de Vaudreuil.

M. le bailly de Crussol,

M. le marquis d'Harcourt.

M. le marquis de Clermont-Gallerande.

M. le comte Charles de Damas.

S. Exc. Mgʳ le chancelier de France, Charles-Henri Dambray, présida la chambre des pairs en 1814, jusqu'en mars 1815.

———————

Les Français vivaient heureux et paisibles en 1814, sous le gouvernement du meilleur des rois, lorsque tout à coup Napoléon Bonaparte, échappé de l'île d'Elbe, ramena au sein de la mère-patrie l'effroi, la désolation et la mort.

Le Roi, obligé par cet événement de s'éloigner de la France, ajourna à un temps plus calme les séances de la chambre des pairs, qui dès lors cessa toutes ses fonctions. Mais l'usurpateur, qui avait besoin de fasciner les yeux du peuple, institua une autre chambre, sous le titre de *pairs héréditaires*, et la composa de la majeure partie de ses sectaires les plus dévoués. Cette institution ne dura qu'un moment : les victoires des armées alliées, et les vœux bien sincères de la pluralité des Français, ayant replacé sur le trône S. M. Louis XVIII, l'ancienne chambre fut appelée par le Roi à reprendre ses fonctions, et fut augmentée d'un nombre considérable de pairs.

Je donne ici littéralement les ordonnances qui ont paru à cette occasion.

ORDONNANCE DU ROI.

LOUIS, par la grâce de Dieu, Roi DE FRANCE ET DE NAVARRE,

A tous ceux qui ces présentes verront, Salut.

Il nous a été rendu compte que plusieurs membres de la chambre des Pairs ont accepté de siéger dans une soi-disant chambre des Pairs, nommés et assemblés par l'homme qui avait usurpé le pouvoir dans nos Etats, depuis le 20 mars jusqu'à notre rentrée dans le royaume.

Il est hors de doute que des Pairs de France, tant qu'ils n'ont pas été rendus héréditaires, ont pu et peuvent donner leur démission, puisqu'en cela ils ne font que disposer d'intérêts qui leur sont purement personnels. Il est également évident que l'acceptation de fonctions incompatibles avec la dignité dont on est revêtu, suppose et entraîne la démission de cette dignité, et par conséquent les Pairs qui se trouvent dans le cas ci-dessus énoncé, ont réellement abdiqué leur rang, et sont démissionnaires de fait de la pairie de France.

A ces causes, nous avons ordonné et ordonnons ce qui suit :

Art. 1ᵉʳ. Ne font plus partie de la chambre des Pairs, les dénommés-ci-après :

M. le comte Clément-de-Ris,
M. le comte Colchen,
M. le comte Cornudet,
M. le comte d'Aboville (1),
M. le maréchal duc de Dantzick,
M. le comte de Croix,
M. le comte Dedelay-d'Agier,
M. le comte Dejean,
M. le comte Fabre de (l'Aude),

---

(1) M. le comte d'Aboville a été solennement rétabli dans sa dignité de pair, en vertu de l'article 2, par l'ordonnance du Roi, en date du 14 août 1815.

M. le comte de Gassendi,

M. le comte Lacépède,

M. le comte Latour-Maubourg,

M. le duc de Praslin,

M. le duc de Plaisance,

M. le maréchal duc d'Elchingen,

M. le maréchal duc d'Albuféra,

M. le maréchal duc de Conégliano,

M. le maréchal duc de Trévise,

M. le comte de Barral, évêque de Tours,

M. le comte de Boissy-d'Anglas (1),

M. le duc de Cadore,

M. le comte de Canclaux,

M. le comte de Montesquiou,

M. le comte de Pontécoulant,

M. le comte Rampon,

M. le comte de Ségur,

M. le comte de Valence,

M. le comte Belliard.

2. Pourront cependant être exceptés de la disposition ci-dessus énoncée, ceux des dénommés qui justifieront n'avoir ni siégé ni voulu siéger dans la soi-disant chambre des Pairs, à laquelle ils avaient été appelés, à la charge par eux de faire cette justification dans le mois qui suivra la publication de la présente ordonnance

3. Notre président du conseil des ministres est chargé de l'exécution de la présente ordonnance.

Donné au château des Tuileries, le 24 juillet de l'an de grâce 1815, et de notre règne le vingt-unième.

Signé, L O U I S.

Par le Roi,

Le prince DE TALLEYRAND.

---

(1) M. le comte de Boissy d'Anglas est compris dans l'ordonnance d'institution des pairs héréditaires. Voyez la page suivante.

ORDONNANCE DU ROI.

LOUIS, par la grâce de Dieu Roi DE FRANCE ET DE NAVARRE,

En vertu de l'art. 27 de la charte constitutionnelle,

Nous avons ordonné et ordonnons ce qui suit :

Sont nommés membres de la chambre des pairs,

M. le marquis d'Albertas.
M. le marquis d'Aligre.
M. le duc d'Aumont.
M. le comte Charles d'Autichamp.
M. le marquis d'Avarai.
M. de Bausset (ancien évêque d'Alais).
M. Berthier, fils aîné du maréchal Berthier, prince de Wagram (qui prendra séance à l'âge prescrit par la charte constitutionnelle).
M. le comte Boissy-d'Anglas.
M. le marquis de Boisgelin (Bruno).
M. le comte de la Bourdonnaye-Blossac.
M. de Boissy du Coudray.
M. le baron Boissel de Monville.
M. le marquis de Bonnay (ministre plénipotentiaire du roi en Danemarck).
M. le marquis de Brézé.
M. le comte de Brigode (maire de Lille).
M. le comte de Blacas.
M. le prince de Bauffremont.
M. le duc de Bellune.
M. le comte de Clermont-Tonnerre (officier des mousquetaires gris).
M. le duc de Caylus.
M. le comte du Cayla.
M. le comte de Castellanne (ancien préfet de Pau).
M. le vicomte de Châteaubriant.
M. le comte de Choiseul-Gouffier.
M. le comte de Contades.
M. le comte de Crillon.

M. le comte de Victor de Caraman (ministre de Sa Majesté près le roi de Prusse).

M. le marquis de Chabannes.

M. le comte de la Châtre (ambassadeur du Roi en Angleterre).

M. le général Compan.

M. le comte de Durfort (capitaine-lieutenant des gendarmes de la garde du Roi).

M. Emmanuel Dambray.

M. le comte Etienne de Damas.

M. le chevalier d'Andigné.

M. le duc de Dalberg (qui prendra séance lorsqu'il aura reçu ses lettres de grande naturalisation).

M. le comte d'Ecquevilly.

M. le comte François d'Escars.

M. le comte Ferrand.

M. le marquis de Frondeville (ancien préfet de l'Allier).

M. le comte de la Ferronnais.

M. le comte de Gand.

M. le marquis de Gontault-Biron (fils aîné).

M. le comte de la Guiche.

M. le marquis de Grave.

M. l'amiral Gantheaume.

M. le comte d'Haussonville.

M. le marquis d'Herbouville (ancien préfet de Lyon).

M. le marquis de Juïgné.

M. le comte de Lally-Tollendal.

M. Lannes, fils aîné du maréchal Lannes, duc de Montebello (qui prendra séance à l'âge prescrit par la charte constitutionnelle).

M. le marquis de Louvois.

M. Christian de Lamoignon.

M. le comte de Latour-Dupin-Gouvernet.

M. le comte Lauriston.

M. le comte de Machaut d'Arnouville.

M. le marquis de Mortemart.

M. le comte Molé (directeur général des ponts-et-chaussées).

M. le marquis de Mathan.

M. le comte de Mailly.

M. le vicomte Mathieu de Montmorency.

M. le comte de Mun.

M. le comte du Muy.

M. le général Monnier.

M. le comte de Saint-Maure-Montauzier.

M. l'abbé de Montesquiou.

M. le comte de Nicolaï (Théodore).

M. le comte de Noé.

M. le comte de Narbonne-Pelet.

M. le marquis d'Orvilliers.

M. le marquis d'Osmond (ambassadeur près de S. M. le roi de Sardaigne).

M. le comte Jules de Polignac.

M. le marquis de Raigecourt.

M. le baron de la Rochefoucault.

M. le comte de Rougé (des Cent-Suisses).

M. le comte de la Roche-Jacquelin (fils aîné de feu le marquis de la Roche-Jacquelin).

M. le général Ricart.

M. le marquis de Rivière.

M. le comte de la Roche-Aimon.

M. de Saint-Roman.

M. le comte de Reuilly.

M. le Pelletier de Rosambo.

M. le comte de Sabran (maréchal de camp).

M. de Sèze (premier président de la cour de cassation).

M. le baron Seguier (premier président de la cour royale de Paris).

M. le comte de Suffren-Saint-Tropez.

M. le marquis de la Suze.

M. le comte de Saint-Priest.

M. le marquis de Talaru.

M. le comte Auguste de Talleyrand (ministre de Sa Majesté en Suisse).

M. le marquis de Vence.

M. de Vibraye (l'aîné de la branche aînée).

M. le vicomte Olivier de Vérac.

M. Morel de Vindé.

Donné en notre château des Tuileries le 17 août 1815.

Signé, LOUIS.

Par le Roi,

Signé, le prince DE TALLEYRAND.

Ordonnance sur l'hérédité de la pairie.

LOUIS, par la grâce de Dieu, Roi de France et de Navarre,

A tous ceux qui ces présentes verront, salut :

Voulant donner à nos peuples un nouveau gage du prix que nous mettons à fonder, de la manière la plus stable, les institutions sur lesquelles repose le gouvernement que nous leur avons donné, et que nous regardons comme le seul propre à faire leur bonheur ; convaincu que rien ne consolide plus le repos des Etats que cette hérédité des sentiments qui s'attache, dans les familles, à l'hérédité des hautes fonctions publiques et qui crée ainsi une succession non interrompue de sujets dont la fidélité et le dévouement au prince et à la patrie sont garantis par les principes et les exemples qu'ils ont reçus de leurs pères ;

A ces causes, usant de la faculté que nous nous sommes réservée par l'article 27 de la Charte.

Nous avons déclaré et déclarons, ordonné et ordonnons ce qui suit :

Art. 1er. La dignité de pair est et demeurera héréditaire, de mâle en mâle, par ordre de primogéniture, dans la famille des pairs qui composent actuellement notre chambre des pairs.

2. La même prérogative est accordée aux pairs que nous nommerons à l'avenir.

3. Dans le cas où la ligne directe viendrait à manquer dans la famille d'un pair, nous nous réservons d'autoriser la transmission du titre dans la ligne collatérale qu'il nous plaira de désigner ; auquel cas le titulaire, ainsi substitué, jouira du rang d'ancienneté originaire de la pairie dont il se trouvera revêtu.

4. Pour l'exécution de l'article ci-dessus, il nous sera présenté incessamment un projet d'ordonnance portant règlement, tant sur la forme dans laquelle devra être tenu le registre matricule, où seront inscrits par ordre de dates, les nominations des pairs qu'il nous a plu ou qu'il nous plaira de faire, que sur le mode d'expédition et sur la forme des lettres-patentes qui devront être délivrées aux pairs, en raison de leur élévation à la pairie.

5. Les lettres-patentes délivrées en exécution de l'article ci-dessus, porteront toute collation d'un titre sur lequel sera institué chaque pairie.

6. Ces titres seront ceux de baron, vicomte, comte, marquis et duc.

7. Nous nous réservons, suivant notre bon plaisir, de changer le titre d'institution des pairies, en accordant un titre supérieur à celui de la pairie originaire.

8. Notre président du conseil des ministres est chargé de l'exécution de la présente ordonnance.

Donné à Paris, au château des Tuileries, le 19 août de l'an de grâce 1815, et de notre règne le vingt-unième.

Signé, LOUIS.

Et plus bas.

Par le Roi :

Signé, le prince de Talleyrand.

NOBILIAIRE UNIVERSEL,

OU

RECUEIL GÉNÉRAL

DES GÉNÉALOGIES HISTORIQUES

DES MAISONS NOBLES

DE FRANCE,

Formant les matériaux du Dictionnaire universel
de la Noblesse.

USSEL (D') ; maison ancienne, originaire du Limo·
sin, résidant autrefois au château de Charlus-le-Pailloux,
à une lieue et demie de la ville d'Ussel ; et depuis 1522,
au château de Châteauvert, dans la Marche. Aucun titre
connu ne fait mention de cette famille, avant 1157,
époque à laquelle elle fonda l'abbaye de Bonnaygue,
Bona aqua. Guillaume d'Ussel, qui en fut le fondateur,
avait alors la qualification de seigneur de la ville d'Ussel ;
ce titre prouve que bien avant ce temps, cette maison
était déjà considérable.

Cette abbaye, richement dotée par Guillaume d'Ussel,
Pierre et Ebles, ses frères, ainsi que par leurs successeurs, existait encore dans tout son lustre, en 1789. Il
existait, en outre, dans le chartrier de la dite abbaye,
une bulle du pape Grégoire IX , dans laquelle Ebles d'Ussel,
(Ebolus de Ussello), est reconnu pour l'un des fondateurs
de cette abbaye, et qualifié de seigneur de la ville d'Ussel.

Il y avait dans la même ville un livre, appelé Livre noir,
où étaient conservées les expéditions des différents actes
passés entre ses co-seigneurs, les Ventadour et les d'Ussel

d'une part, et les habitants de la ville, de l'autre. Ce livre, ainsi que le chartrier de l'abbaye, ont été brûlés dans la révolution, mais les copies en ont été conservées dans le cabinet de M. le comte d'Ussel.

L'impossibilité où se trouve cette maison, d'établir qnelques-unes de ses alliances jusqu'à 1313, résulte de ce que le jour de l'Ascension 1593, plusieurs nobles des environs de la ville d'Ussel, entre autres Raymond de Guylhen, sieur de Sichey, et les sieurs de la Mothe et de Mareille, tous partisans du sieur de Levi, comte de Charlus, prirent, par surprise et par trahison, le château de Châteauvert, dont ils enlevèrent l'argent, les bijoux, les meubles précieux, les terriers et papiers. Ce fait est constaté : 1.° par des lettres-royaux du 21 juin 1594, portant que les dénommés avaient enlevé pour trente mille écus d'argent et d'effets, et avaient taxé à quatre mille écus la rançon d'Antoine Ussel, qu'ils avaient constitué prisonnier dans son propre château ; 2.° par un arrêt du grand conseil du roi, du 12 juillet 1602, où s'était pourvu le comte Charlus, contre l'arrêt intervenu au parlement de Bordeaux, qui le condamnait à rendre les sommes par lui perçues, et aux dommages et intérêts.

Au reste, il ne peut s'élever aucun doute sur la filiation non interrompue de cette famille, depuis Guillaume Ier du nom, en 1157, jusqu'à Guillaume III, en 1313, attendu que jusqu'à cette époque les d'Ussel ont constamment joui des titres et prérogatives de co-seigneurs de la ville d'Ussel, et que les Ventadour qui avaient conjointement cette seigneurie, n'auraient pas souffert que des *intrus* en jouissent, et portassent le nom et les armes de cette ville.

I. Guillaume d'Ussel, Ier du nom, chevalier seigeur de Charlus-le-Pailloux, du Bech, etc., co-seigneur de la ville d'Ussel, donna, conjointement avec Pierre d'Ussel, son frère, le lieu appelé Bonnaygue (*Bona aqua*), et tous les murs en dépendants, pour y fonder une abbaye et monastère de l'ordre de Saint-Benoît, en présence d'Etienne, Ier abbé d'Aubazine, en 1157. Guillaume fut enterré à Bonnaygue, et laissa de sa femme, dont on ignore le nom :

II. Élie d'Ussel, Ier du nom, chevalier, seigneur de Charlus-le-Pailloux, du Bech, etc., co-seigneur de la ville d'Ussel, qui fit plusieurs donations à la même abbaye, en 1170, 1195 et 1208. Il avait épousé Aiceline, fille de Hugues de Chadenas, de laquelle il laissa :

III. Hugues d'Ussel, Ier du nom, chevalier, seigneur de Charlus-le-Pailloux, du Bech, d'Egurande, etc., co-seigneur de la ville d'Ussel. Il fit aussi plusieurs donations à l'abbaye de Bonnaygue, en 1185 ; il avait épousé Constance, dont on ne connaît pas d'autres noms. De ce mariage vinrent :

    1.º Robert, dont l'article suit ;
    2.º Guido, qui fut témoin d'une donation faite à l'abbaye de Bonnaygue, en 1195 ;
    3.º Une fille qui fut religieuse dans la communauté de Blessac, près la ville d'Aubusson.

IV. Robert d'Ussel, chevalier, seigneur de Charlus-le-Pailloux, du Bech, d'Egurande, etc., co-seigneur de la ville d'Ussel, fit, ainsi que ses prédécesseurs, des donations à la même abbaye, en 1200, 1202, 1204 et 1219. Il laissa de sa femme, dont le nom n'est pas connu :

    1.º Hugues, dont l'article suit ;
    2.º Robert, qui fut abbé de Bonnaygue.

V. Hugues d'Ussel, IIe du nom, chevalier, seigneur de Charlus-le-Pailloux, du Bech, d'Egurande, etc., co-seigneur de la ville d'Ussel, vivant en 1225, épousa Alais de Chénérailles. De ce mariage vint :

VI. Élie d'Ussel, IIe du nom, chevalier seigneur de Charlus-le-Pailloux, du Bech, d'Egurande, etc., co-seigneur de la ville d'Ussel. Il figura conjointement avec le vicomte de Ventadour, dans un titre de 1269, portant qu'Ebles de Ventadour et Elie d'Ussel, damoiseaux (*Domicelli*), et seigneurs, chacun pour sa partie, de la ville d'Ussel, ratifient et approuvent la donation faite par certains particuliers d'une maison pour loger les pauvres de la ville, et même les passants, aux conditions que le directeur de cette maison ne pourra être nommé que par les consuls, ou sous leur autorisation. Elie d'Ussel fit encore des donations à l'abbaye de Bonnaygue ; il eut pour fils :

VII. Guillaume d'Ussel, IIe du nom, chevalier, seigneur de Charlus-le-Pailloux, du Bech, d'Egurande, et co-seigneur de la ville d'Ussel, qui donna à l'abbaye de

Bonnaygue des rentes sur plusieurs villages, en 1281 ; il fut père de :

VIII. Guillaume D'USSEL, IIIe du nom, chevalier, seigneur de Charlus-le-Pailloux, du Bech, d'Egurande, etc., co- seigneur de la ville d'Ussel, vivant en 1313. Il avait épousé Antoinette de Montfaucon.

De ce mariage vinrent :

    1.º Hugues d'Ussel, chevalier seigneur de Charlus-le-Pailloux, du Bech, d'Egurande, etc., co-seigneur de la ville d'Ussel, vivant en 1383, qui n'eut de son mariage avec Dauphine Marchaise, que deux filles nommées Dauphine ;

    2.º Georges, dont l'article suit :

IX. Georges, D'USSEL, Ier du nom, chevalier, épousa, N... d'Anglars, de laquelle il eut :

    1.º Astorges, dont l'article suit ;

    2.º Antoine d'Ussel d'Anglars, qui épousa Dauphine d'Ussel, seconde fille de Hugues, et dont la branche se fondit dans la maison de la Beysserie.

X. Astorges D'USSEL, chevalier, seigneur de Charlus-le-Pailloux, du Bech, d'Egurande, etc., co-seigneur de la ville d'Ussel, vivant en 1445, épousa Dauphine, première fille de Hugues d'Ussel, laquelle lui apporta en mariage tous les biens et seigneuries de son père. De ce mariage est issu :

XI. Jean, Ier du nom, comte d'USSEL, qualifié haut et puissant seigneur, chevalier, seigneur de Charlus-le-Pailloux, du Bech, de la Gasne, d'Egurande, etc., co-seigneur de la ville d'Ussel. Il épousa 1.º Anne d'Aubusson, fille de Louis, seigneur de la Feuillade, et de Catherine de Rochechouart, par contrat du 4 novembre 1500 ; 2.º Françoise Andrieu de la Gasne, fille de Noble-Antoine Andrieu, chevalier, seigneur de la Gasne, Poussillon, la maison-Rouge, Marejous, du Gombeix, etc. De ce dernier mariage vint :

XII. Georges, IIe du nom, marquis d'USSEL, haut et puissant seigneur, chevalier, seigneur de Charlus-le-Pailloux, du Bech, d'Egurande, de la Gasne, du Gombeix, etc., co-seigneur de la ville d'Ussel, qui épousa Marguerite Bonnefont, fille de Guy de Bonnefont, chevalier, seigneur dudit lieu, la Bachellerie et des Ages. De ce mariage vinrent :

    1.º Jean, dont l'article suit ;
    2.º Anne, mariée à Charles de Chaslus, chevalier, seigneur dudit lieu et d'Hauteroche.

XIII. Jean, IIe du nom, comte d'Ussel, haut et puissant seigneur, chevalier, seigneur de Charlus-le-Pailloux, du Bech, d'Egurande, de la Bachellerie, de la Gasne, de Bonnefont, des Ages et du Gombeix, co-seigneur de la ville d'Ussel, épousa Charlotte de Rochefort, fille de haut et puissant seigneur, Guillaume de Rochefort, chevalier, seigneur de Rochefort, Manoux, Merinchal, etc., baron de Châteauvert et de la Courtine. Ses enfants furent :

    1.º Antoine, dont l'article suit;
    2.º Guy, chevalier des ordres du roi, mort sans postérité.

XIV. Antoine d'Ussel, Ier du nom, haut et puissant seigneur, comte d'Ussel, chevalier, seigneur de Charlus-le-Pailloux, du Bech, de Bonnefont, des Ages, de Saint-Germain, de la Bachellerie, du Gombeix, etc., baron de Châteauvert, co-seigneur de la ville d'Ussel, gentilhomme ordinaire de la chambre du roi Henri IV, épousa, le 10 janvier 1572, Claudine de l'Etrange, fille de haut et puissant seigneur N..., marquis de l'Etrange, chevalier, seigneur de Magnac et des Hoteyx.

De ce mariage vinrent :

    1.º Antoine, dont l'article viendra,
    2.º Gabriel, mort sans postérité :
    3.º Jacques, qui mourut jeune ;
    4.º Catherine, qui épousa le sieur de Mary, seigneur de Curziat, et vice-sénéchal du Limosin.

XV. Antoine, IIe du nom, marquis d'Ussel, haut et puissant seigneur, chevalier, seigneur du Bech, de Bonnefont, des Ages, de Saint-Germain, de la Bachellerie, du Gombeix, etc., baron de Châteauvert, co-seigneur de la ville d'Ussel et de Charlus-le-Pailloux, épousa Marguerite de Langehac, le 18 mars 1606, fille de Gilbert de Langehac, haut et puissant seigneur, chevalier, seigneur de Préchonet et du Bourg-Lastic.

De ce mariage vinrent :

1.º Gilbert, dont l'article suit ;

2.º Gasparde, qui épousa haut et puissant seigneur Gréen de Saint-Marsault, chevalier, seigneur et vicomte du Verdier ;

3.º Jeanne, qui fut religieuse à l'abbaye de la Règle, à Limoges.

XVI. Gilbert, comte d'Ussel, haut et puissant seigneur, chevalier, seigneur du Bech, Saint-Germain, la Bachellerie, les Ages, du Gombeix, Saint-Martial-le-Vieux, báron de Châteauvert, co-seigneur de la ville d'Ussel et de Charlus-le-Pailloux, épousa : 1.º le 7 septembre 1637, Claudie de la Roche Aymon, morte sans postérité ; 2.º le 19 mars 1650, Louise de Jugeal, fille de Mercure de Jugeal, chevalier, seigneur de Veillant, et de Laboutat.

De ce mariage sont issus :

1.º Guy, dont l'article viendra ;

2.º Valérie, chevalier de Malte ;

3.º Gilbert, chevalier de Malte, commandeur des Feuillets ;

4.º Louise-Marie, alliée à haut et puissant seigneur François-Aimé, de Bosredon, chevalier, seigneur dudit lieu.

XVII. Guy d'Ussel, Ier du nom, marquis d'Ussel, haut et puissant seigneur, chevalier, seigneur du Bech, Saint-Germain, de la Bachellerie, des Ages, du Gombeix, Saint-Martial-le-Vieux, baron de Châteauvert, co-seigneur de la ville d'Ussel, épousa, le 18 septembre 1677, Marguerite de Barthon de Montbas, fille de haut et puissant seigneur de Massenon, du Mouthier, d'Ahun, etc.

De ce mariage vinrent :

1.º Philibert, dont l'article suit ;

2.º Léonard, chevalier de Malte commandeur des Bordes, grand bailli de Lyon, mort en 1761 ;

3.º François-Louis, chevalier de Malte, commandeur de Maisonice, mort en 1762 ;

4.º Autre Léonard, chevalier de Malte, comte dè Brioude, mort en 1754.

XVIII. Philibert, comte d'Ussel, haut et puissant seigneur, chevalier, seigneur du Bech, Saint-Germain, du Gombeix, Fayat, etc., baron de Châteauvert, co-seigneur de la ville d'Ussel, épousa, le 5 septembre 1706, Jeanne de Joussineau de Tourdonnet, fille, du marquis de Joussineau de Tourdonnet, chevalier, seigneur de Fayat, Saint-Martin, et des Ousines. Il laissa de ce mariage :

1.° Guy, dont l'article viendra ;

2.° François, chevalier de Malte, commandeur de Saint-Georges, mort en 1778 ;

3.° Valérie, chevalier de Malte, capitaine dans le régiment du roi, tué à la bataille de Fontenoy, le 11 mai 1745 ;

4.° Léonarde, religieuse à l'abbaye des Aloix, abbesse de l'abbaye royale de Bonnesaigne, morte en 1777.

XIX. Guy d'Ussel, II° du nom, haut et puissant seigneur, comte d'Ussel, chevalier, seigneur du Bech, Saint-Martial-le-Vieux, Fayat, Flayat, baron de Châteauvert et de Crocq, co-seigneur de la ville d'Ussel, épousa, le 20 février 1732, Marguerite de Saint-Julien, chevalier, seigneur de Flayat, Briailles, Blanzat, et fille du comte de Saint-Julien de la Rivière.

De ce mariage vinrent :

1.° Marc-Antoine, dont l'article suivra ;

2.° Valérie, chevalier de Malte, mort jeune ;

3.° François-Aimé, chevalier de Malte, commandeur de Saint-Georges, mort glorieusement lors de la prise de Malte par Buonaparte ;

4.° Hyacinthe, qui a fondé la seconde branche rapportée ci-après ;

5.° Marguerite, abbesse de l'abbaye des Aloix, à Limoges ;

6.° Léonarde, morte religieuse, en la communauté de Saint-Genès-les-Monges ;

7.° Marie, qui épousa Jacques de Grain de Linard, chevalier, seigneur d'Anval, Thessonières, Goursolles, etc., capitaine au régiment d'Enghien.

XX. Marc-Antoine, marquis d'Ussel, haut et puissant seigneur, chevalier, seigneur du Bech, Saint-Martial-le-Vieux, Fayat, Flayat, Blanzat, de la Rivière, la Rode, la Garde, Marsse, du Triouloux, etc., baron de Châteauvert et de Crocq, co-seigneur de la ville d'Ussel, capitaine dans le régiment de Conti, cavalerie, chevalier de l'ordre royal et militaire de Saint-Louis, épousa, le 16 juin 1762, Catherine-Claire de Salvert Montroignon, fille de haut et puissant seigneur le marquis de Salvert, chevalier, seigneur de la Rode, la Gardé, Marsse et du Triouloux. De ce mariage sont issus :

1.° Léonard, dont l'article viendra ;

2.° François-Aimé, chevalier de Malte, mort jeune ;

3.° Léonarde, alliée à Jean-Louis, baron de Mirambel, chevalier, seigneur de Mirambel, Saint-Remy, la Gastine, la Courterie, etc. ;

4.° Léonarde-Rosalie, mariée au baron de Beaune de Romanez, chevalier, seigneur de Beaune, chevau-léger de la garde du roi, et chevalier de l'ordre royal et militaire de Saint-Louis ;

5.° Louise-Marie, mariée au comte de Cosnac, capitaine au régiment de Penthièvre, et chevalier de l'ordre royal et militaire de Saint-Louis.

XXI. Léonard, marquis D'USSEL, haut et puissant seigneur, chevalier, seigneur du Bech, de Saint-Martial-le-Vieux, Flayat, Blanzat, la Rivière, Méousse, la Rode, la Garde, de Marsse, du Triouloux, etc., baron de Châteauvert et de Crocq, co-seigneur de la ville d'Ussel, épousa, en 1784, Joséphine-Honorée-Souveraine de la Rochefoucaud Cousages, fille de M. le comte de la Rochefoucaud Cousages, haut et puissant seigneur, chevalier, seigneur de Cousages, la Cassagne et d'Enteville. De ce mariage sont venus :

1.° Hyacinthe-Aimé d'Ussel ;

2.° Louis-Armand ;

3.° Louis-Annet, réformé à la suite des blessures qu'il a reçues dans la dernière campagne d'Italie ;

4.° Joseph, blessé grièvement à la bataille du 21 mars dernier ;

5.° Gustave-Auguste, retiré du service par suite des blessures qu'il a reçues à l'affaire de Leipsic, dans la dernière campagne.

Seconde branche.

XX. Hyacinthe, comte D'USSEL, troisième fils de Guy, II° du nom, et de Marguerite de Saint-Julien, chevalier de Malte, ancien page du roi, et lieutenant-colonel du sixième régiment de dragons, conseiller de préfecture du département de la Corrèze, membre du corps électoral du même département, et l'un des candidats présentés dans les précédentes assemblées de ce corps, pour le sénat, a épousé, le 20 avril 1775, Madeleine-Dubois de Saint-Hilaire, fille de Jean-Jacques Dubois, baron de Saint-Hilaire, chevalier, seigneur de Chameyrat, la Borde et Villeneuve. De ce mariage :

1°. Pierre, mort à l'âge de 21 ans, par suite des blessures et des fatigues qu'il avait essuyées à l'armée du nord, en 1793 et 1794;

2°. Jacques d'Ussel, dont l'article viendra;

3°. Hector, officier dans le seizième régiment de dragons, tué en Espagne; il avait obtenu la décoration de la légion d'honneur, dans la première campagne de Pologne contre les Russes, celle d'officier à 21 ans, dans l'avant-dernière campagne d'Espagne; et il avait été présenté, par son régiment, comme le plus brave, pour l'ordre des trois Toisons, créé par Buonaparte.

XXI. Jacques, vicomte D'USSEL, électeur du département de la Corrèze, et membre du conseil général du même département, a épousé, le 14 juin 1808, Marie-Jeanne du Giraudès, fille de Marie-Antoine du Giraudès, écuyer, seigneur du Bournazel, de Cambourieux et de la Roche. Il a de ce mariage :

1.° Hyacinthe, IIe du nom;

2.° Louise d'Ussel.

Armes: « D'azur, à une porte d'or; la serrure et les » bris-d'huis de sable, accompagnée de trois étoiles du » second émail. »

———

TAURIAC (DE) : famille noble d'extraction originaire de Rouergue, où elle réside encore de nos jours.

Il est assez difficile de prouver authentiquement l'origine de plusieurs illustres maisons du royaume avant l'an 1000; la plupart jusqu'alors et même longtemps après ce temps-là ne furent connues que par traditions :

celle de Tauriac, en Rouergue, est de ce nombre. On trouve que Charlemagne allant en Espagne faire la guerre aux Sarrasins, et passant en Rouergue, fit construire un pont sur la rivière d'Olt, pour l'exécution duquel il laissa un gentilhomme nommé Tauriac, qui le fit achever. Il fut nommé pont d'*Espalion*, ainsi qu'il l'est encore aujourd'hui. On a bâti depuis près de ce pont la ville d'Espalion, dans laquelle le même Tauriac fit construire une maison, qui devint exempte de toutes sortes de tailles et cens. Catel, en son Histoire des comtes de Toulouse, Liv. II, chap. VI, fol. 215, rapporte le contrat de donation faite en 1224, par Raymond, comte de Toulouse, à Baudouin son frère, du comté de Bourniques et des places de Salbagnac et de Montclas, dans lequel acte un Ysarn de Tauriac a signé présent à la suite du seigneur comte de Toulouse. On ne peut néanmoins remonter la filiation par titres de cette maison qu'à Pierre de Tauriac, qui suit :

I. PIERRE DE TAURIAC, Ier du nom, écuyer, vivant en 1344, habitait la ville d'Espalion. Il fut père d'Olivier de Tauriac, qui suit :

II. Olivier DE TAURIAC, écuyer, fut marié par son père avec Fizes Dujou, fille de Gérault Dujou, par contrat du jour de la fête de Saint-Luc, de l'an 1344, reçu par Pierre, notaire public de la baronnie de Calmont. Ce mariage se prouve encore par un extrait en parchemin de la reconnaissance qu'Olivier de Tauriac, écuyer, fit de la dot constituée à ladite Fizes Dujou, sa femme, lequel extrait fut fait de l'autorité du juge d'Espalion, qui se tenait à Rhodès, parce que ledit Gérault Dujou, père de Fizes, en avait perdu la première grosse, lorsque les Anglais se rendirent maîtres d'Espalion. Cet acte est de l'an 1346. Il laissa de son mariage :

III. Jean DE TAURIAC, Ier du nom, écuyer, rapporté dans une procuration de son père, en sa faveur, du 12 janvier 1409, reçue par Guillaume Bonnalt, notaire public de la baronnie de Calmont. Il s'établit aux environs d'Espalion, depuis la prise de cette ville par les Anglais, et fut père de :

IV. Raymond DE TAURIAC, Ier du nom, chevalier, qualifié fils de Jean de Tauriac, écuyer, dans son contrat de mariage avec Gauside Grégoire, fille de noble Gerault Grégoire et d'Antoinette Trasnelat, reçu par Jean Calmitte, notaire public à Milhaud, le 5 décembre 1455. Il obtint des lettres-royaux de restitution ou supplément de légitime pour sa femme, de l'an 1462, dans lesquelles ledit Raymond de Tauriac est qualifié *miles*. Il existe une bulle du pape Sixte IV, du 16 juin 1477, qui permet audit Raymond et à Gauside Grégoire, son épouse, d'avoir un confesseur régulier ou séculier et leur accorde la bénédiction de ce Saint Père pendant leur vie et à l'article de leur mort. Ils eurent pour fils : ..

V. Antoine DE TAURIAC, Ier du nom, né le 17 novembre 1467, marié avec Bellotte du Pouget, fille de noble Hugues du Pouget seigneur de la Cassotte, de Vigoureuse, Sigalde, etc., de la ville de Requestat, en Rouergue. De ce mariage vint :

VI. Jean DE TAURIAC, IIe du nom, écuyer, seigneur de Saint-Rome, né le 3 janvier 1509, qui acquit, par acte du 25 novembre 1558, divers fiefs et rentes de messire Amblart de Roquelaure. Il laissa de son mariage contracté avec N...... Levezonne de Fonteilles :

    1.° Antoine, dont l'article suit;
    2.° Delphine de Tauriac, mariée à N.... de Bonnal, juge-bailli de la ville de Milhaud, par contrat du 11 juin 1561.

VII. Antoine DE TAURIAC, IIe du nom, écuyer, seigneur de Saint-Rome, baron de Saint-Bauzely, né en 1547, reçut une reconnaissance et prestation de foi et hommage des habitants de Saint-Rome, le 17 mars 1572, et rendit aveu au roi pour ladite seigneurie, le 24 juillet de la même année. Il épousa, le 18 décembre 1574, Bernardine Deyse, fille de Pierre Deyse, écuyer, gouverneur d'Aiguemortes, et de demoiselle Tuphêne de Rosel. Il testa, le 2 septembre 1580, et laissa de son mariage :

VIII. Jean-Antoine DE TAURIAC, seigneur de Saint-Rome, baron de Saint-Bauzely, marié, le 16 mai 1630, avec Angélique de Grenier, fille de Pierre de Grenier, et de Jeanne de Falgueivolles, dont entre autres enfants :

    1.° Jacques, seigneur de Bussac, qui rendit hommage au roi, le 12 avril 1658, et épousa, le 25

janvier 1660, Honorée de Bonnal, fille de N.....
de Bonnal, juge et bailli de la ville de Milhaud;

2.º Pierre, dont l'article suit :

3.º Antoine, auteur de la branche rapportée plus
loin.

IX. Pierre DE TAURIAC, chevalier, seigneur de Bussac,
Lavincas, Tiergnes, épousa, le 26 novembre 1656,
Marie de Gaujal, fille de Jacques de Gaujal, et de
dame Marguerite de Rochefort; il testa, le 12 avril
1706, et laissa de son mariage :

1.º Jacques, dont l'article suit ;

2.º Michel, capitaine au régiment de Sault, infanterie ;

3.º Claire, mariée, le 10 mars 1686, avec Charles
Dexea, seigneur de la Louvière, capitaine de
chevau-légers, au régiment de Crillon, puis
major et premier capitaine du régiment de Montperoux, cavalerie;

4.º Marie, femme, le 18 février 1691, de Louis de
Grieu, écuyer, capitaine des carabiniers....

X. Jacques DE TAURIAC, chevalier, marquis de Tauriac, seigneur de Bussac, co-seigneur de Luzençon, capitaine au régiment de Sault, infanterie, capitaine châtelain de la ville de Milhaud, chevalier de l'ordre royal
et militaire de Saint-Louis, pensionné du roi pour ses
services militaires et ses blessures, nommé commissaire
de [la noblesse de l'élection de Milhaud, par lettres du
roi, du 3 février 1718, testa, le 17 août 1726, et mourut
au mois de novembre suivant. Il avait épousé, le 17
avril 1717, dame Philippe d'Assas de Chanfort, de laquelle
il laissa :

XI. Philippe-Jacques DE TAURIAC, chevalier, seigneur de Bussac, Lavincas, Luzençon, Boissants et
autres lieux, né le 25 octobre 1718, capitaine au régiment de Vienne, cavalerie, chevalier de l'ordre royal
et militaire de Saint-Louis, pensionné du roi pour ses
services militaires. Il testa, le 25 janvier 1771, et laissa
de son mariage, contracté le 16 avril 1762, avec demoiselle Marguerite-Antoinette d'Elrane de Vibrac, fille
de Louis-Gaspard d'Elrane de Vibrac, et de dame Françoise du Portail :

1.. Philippe-Louis-Gaspard, dont l'article suit ;

2.º Jean-Louis de Tauriac, chevalier de Malte, en 1786 ;

2.º Antoine de Tauriac, chevalier de Malte, en 1786.

XII. Philippe-Louis-Gaspard DE TAURIAC, chevalier, marquis de Tauriac, chevalier de Malte, ancien page de la chambre du roi, et ancien officier de Royal, cavalerie, a pour fils :

Auguste de Tauriac, chevalier, officier, de chasseurs à cheval.

Seconde branche.

IX. Antoine DE TAURIAC, IIe du nom, chevalier, seigneur de Lavincas, troisième fils de Jean-Antoine de Tauriac et d'Angélique de Grenier, né le 9 décembre 1539, épousa le 24 janvier 1668, Marie de Montrozier, fille de Guillaume de Montrozier et de Marthe Desmazels. Ses enfants furent :

1.º Jean, dont l'article suit ;
2.º Pierre, chevalier, seigneur de Saint-Jouary, colonel au régiment [d'Auroy, infanterie, chevalier de l'ordre royal et militaire de Saint-Louis, marié avec Suzanne de Cavalier, fille de N.... de Cavalier et de dame de Corbon, dont est issue Suzanne de Tauriac ;
3.º Jacques, chevalier, marié le 24 mars 1721, avec Anne de Bonnefons, fille de Marc-Antoine de Bonnefons, avocat au parlement, et de Susanne de Cavalier ;
4.º Anne de Tauriac, mariée le 28 juin 1707, avec Samuel de Gaujal de Grandcombe, officier au régiment de la marine.

X. Jean DE TAURIAC, III° du nom, chevalier, seigneur baron de la Rómiguière, le Truel, Costrix, né le 21 mars 1671, ancien capitaine au régiment de Vendôme, infanterie, rendit hommage au roi, le 21 janvier 1728, et avait épousé, le 23 mai 1707, Susanne de

Carbon, fille de Jean de Carbon, et de Marie de Mo-
lenier. Il testa, le 11 mars 1748, et laissa :

1.º Antoine, dont l'article viendra ;
2.º Pierre, chevalier, capitaine au régiment d'Au-
voy, infanterie, marié, le 10 février 1744, avec
Elisabeth de Gaujal, fille de Samuel de Gaujal,
seigneur de Grandcombe, officier d'infanterie,
et d'Anne de Tauriac ;
3.º Jean, chevalier, tué à la citadelle de Strasbourg, étant dans la compagnie des trois cents
gentilshommes que Louis XV avait formée ;
4.º Jacques de Tauriac, chevalier, capitaine au
régiment de Condé, infanterie, mort le 16 septembre 1747, à la suite des blessures qu'il reçut
au col de l'Assiette, en Dauphiné ;
5.º Marie-Susanne, alliée, le 27 juillet 1733, à
Pierre-François de Leyrat, grand-voyer, prési-
dent-trésorier de France ;
6.º Elisabeth de Tauriac, élevée en la maison royale
de Saint-Louis, à Saint-Cyr, en 1721, morte
religieuse au monastère de Vielmaur, près Castres.

XI. Antoine de Tauriac, IIIº du nom, chevalier,
seigneur, baron de la Romiguière, le Truel, Costrix, etc,
né le 30 janvier 1714, capitaine au régiment de la
Roche-Aymon, infanterie, chevalier de l'ordre royal
et militaire de Saint-Louis, rendit hommage au roi,
le 16 avril 1766, et testa le 25 mars 1775. Il laissa
de son mariage, contracté le 25 janvier 1761, avec Madeleine d'Assas de Chanfort, fille de N..... d'Assas de
Chanfort, chevalier, seigneur de Saint-André, Arde-
liers et autres lieux, et de dame Marguerite de Brun
de la Croix :

1.º Antoine-Louis, baron de Tauriac, ancien officier au régiment du roi, cavalerie, qui a émigré
et fait la campagne de 1792; il est mort en 1812 ;
2.º Philippe-Jacques de Tauriac, abbé, ancien chanoine du chapitre de Saint-Léon, en Rouergue,
a émigré en 1791 ;
3.º Antoine-Guillaume-Louis, dont l'article suit;
4.º Marie-Gabrielle-Françoise de Tauriac, alliée à
M. le vicomte du Puy-Montbrun;
5.º Marguerite-Françoise de Tauriac ;

6.º Marguerite-Madeleine-Sophie de Tauriac, alliée à M. Artault de la Jonquière ;

7.º Francoise-Marie de Tauriac, mariée au comte d'Ambur de Beaumevieille.

XII. Antoine-Guillaume-Louis, baron DE TAURIAC, connu auparavant sous le nom de *chevalier de Tauriac*, chevalier de l'ordre royal et militaire de Saint-Louis, aucien officier au régiment de Vivarais, infanterie, émigra en 1791, fut joindre les princes frères du roi, à Coblentz, et entra à la création des régiments à cocardes blanches, en qualité d'officier. dans celui de M. le duc de Castries, où il est demeuré jusqu'au licenciement, effectué en 1802. Il est marié avec Marie-Antoinette de Gourgas, fille de Vincent de Gourgas, ancien chevalier de l'ordre royal et militaire de Saint-Louis, capitaine dans le régiment de Briqueville, infanterie.

Armes : « D'azur, au taureau d'or. Devise : *Nil timet* : » Tenants, deux hommes d'armes . »

GRIFFON : famille originaire du Poitou, fixée depuis plusieurs siècles dans la ville de Saint-Jean-d'Angely.

I. Jean Griffon, I.er du nom, fut anobli par Charles VII, le 4 août 1441, ainsi qu'il résulte du titre déposé chez Jouslain, notaire, à Saint-Jean-d'Angely, en récompense de son dévouement et de sa fidélité envers le Roi. Il avait épousé demoiselle Catherine-Marie de Boisblanc, fille de noble homme de Boisblanc. De ce mariage vinrent :

1.º Christophe-Antoine, dont l'article suit ;

2.º Joséphine-Adélaïde, morte sans alliance.

II. Christophe-Antoine GRIFFON, écuyer, seigneur de Terrefort, épousa damoiselle Louise de Mouville, fille de Jacques-Louis de Mouville, qualifié *chevalier*. De ce mariage vinrent :

1.º Louis- André, dont l'article suit;

2.º Jeanne-Antoinette, morte jeune.

III. Louis-André GRIFFON, chevalier, seigneur de

Terrefort, épousa damoiselle Marguerite de Beaumont, dont il eut :

1.° Jean Griffon, qui a formé la branche de la Richardière, éteinte en la personne d'Aubin Griffon, écuyer, marié : 1.° à N..... dont il a eu Henri-Charles-Baptiste Griffon, chevau-léger de la garde de Louis XVI, tué dans la Vendée, en défendant la cause royale ; 2.° avec Marguerite-Elisabeth de Chastenet, dont est issue Henriette-Marie-Suzanne-Adélaïde Griffon, mariée, le 30 octobre 1813, à Claude-Marie Deschamps de Brèche, gentilhomme de Bourgogne ;

2.° Etienne, dont l'article suit.

IV. Etienne GRIFFON fut reçu échevin de la ville de Saint-Jean-d'Angely, le 24 octobre 1573, et mourut dans cette place, après l'avoir exercée 23 ans. Son fils lui succéda ; il avait épousé demoiselle Marie Mangou, dont il eut :

1.° Sébastien, dont l'article suit ;

2.° Claude, décédé sans postérité : il fut renfermé, le 6 mai 1619, pour être resté fidèle au roi. On a trouvé dans les anciens mémoires de l'abbaye royale de Saint-Jean-d'Angely, la note suivante : « Le 6 mai 1619, le sieur Dupart, lieutenant » pour le roi en cette ville, un grand fauteur » des hérétiques, tourmenta cruellement les catholiques, et sous ombre que le sieur Claude » Griffon maintenait les intérêts du roi, le fit » prendre et le mit prisonnier dans la tour de » la porte de Niort, où il le retint longtemps » avec beaucoup de cruauté, sans autre raison » qu'il se défiait de lui, et craignait qu'il ne » reconnût ses mauvais desseins, et en donnât » avis à la cour. » Cette note a été fournie par don Chapot, prieur des Bénédictins.

V. Sébastien GRIFFON, écuyer, seigneur de Fiefmélé, fut reçu échevin, le 30 octobre 1596, et exerça cette place jusqu'en 1621. Le prince de Condé étant décédé en 1588, à Saint-Jean-d'Angely, son corps fut emmené, le 23 novembre 1613, par MM. Lagrange et de

Chaumont, pour être porté à Vallery. Ce furent MM. Sébastien Griffon, Raffin, Pigourre et Mechain, qui le tirèrent de la chambre, et le portèrent jusqu'au carrosse, où ils le placèrent. Il avait épousé, le 17 décembre 1599, demoiselle Marie Coulon, dont il eut :

VI. Etienne GRIFFON, IIᵉ du nom, écuyer, seigneur de Fiefmélé, qui épousa, le 25 mai 1642, demoiselle Elisabeth Boisard dont il eut :

    1.º Charles-François, dont l'article suit ;
    2.º Jean, mort prêtre, curé de Saint-Pardoult, arrondissement de Saint-Jean-d'Angely, et chanoine de Saint-Pierre de Surgères.

VII. Charles-François GRIFFON, écuyer, seigneur des Vareinnes, conseiller du roi, mourut le 13 octobre 1713 ; il avait épousé, le 21 novembre 1677, demoiselle Marie-Ursule d'Aillaud, qui fut dotée par très-haute et puissante dame de Cambon, duchesse d'Epernon. De ce mariage sont sortis :

    1.º Pierre-Charles, né le 29 juin 1682, mort sans postérité, le 17 janvier 1756 ;
    2.º Honoré-Toussaint, dont l'article suit ;
    3.º Jean, mort jeune ;
    4.º Marie-Anne, morte fille ;
    5.º Louise-Ursule, mariée à messire de Beaupoil de Saint-Aulaire. Il n'y a pas eu d'enfants de ce mariage.

VIII. Honoré Toussaint GRIFFON, écuyer, seigneur de Plenneville, né le premier novembre 1687, mort le 28 septembre 1755, avait épousé, le 24 avril 1728, demoiselle Marie-Thérèse Payen de la Pinaudière, fille de messire Louis Payen de la Pinaudière, écuyer.

De ce mariage sont issus :

    1.º Jean-Baptiste-François, dont l'article suit ;
    2.º Pierre-Honoré, dont l'article viendra ;
    3.º Marie-Louise-Thérèse, mariée à messire Jean-Alexandre d'Anglars, chevalier, seigneur de Pechaure, originaire de Périgueux. Il y a eu de ce mariage, huit enfants, cinq garçons et trois filles. Les cinq garçons servaient tous leur prince, et ont tous émigré. Quatre d'entre eux ont fait la guerre

dans la Vendée : deux y ont trouvé la mort ; l'un a été tué à la tête des royalistes ; l'autre ayant été pris par suite de l'affaire. de Quiberon, fut jugé et absous à cause de son extrême jeunesse ; ayant été embarqué par suite de son jugement, le vaisseau à péri corps et biens.

IX. Jean-Baptiste-François GRIFFON, écuyer, seigneur du Bellay, épousa demoiselle Jeanne-Thérèse de Jandin, fille de messire Philippe de Jandin, chevalier, seigneur du Bellay, originaire de Verdun, lieutenant dans Royal-Piémont, cavalerie. De ce mariage sont venus :

1.° Joseph, dont l'article suit :
2.° Philippe-Honoré, mort jeune, le 5 novembre 1761 :
3.° Marie-Thérèse, mariée à M. François Tillié ;
4.° Thérèse, restée fille.

X. Joseph GRIFFON, écuyer, seigneur du Bellay, a épousé, le 25 janvier 1785, demoiselle Elisabeth-Victoire d'Anglars, sa cousine germaine ; il avait émigré avec ses cinq beaux-frères, et mourut à Paris, le 31 mars 1802, laissant de son mariage :

1.° Joseph-Jean-Baptiste-Alexandre, né le 24 mars 1788 ;
2.° Armand-Frédéric, né le 18 novembre 1790, entré au service militrire avant 16 ans ; il sert maintemant dans la compagnie de Grammont. Il est chevalier de la légion d'honneur, et a été décoré du lys, le 12 mars 1814. Il a fait toutes les campagnes d'Espagne, de Portugal, et une partie de celles du Nord : ayant été fait prisonnier à Brienne, avec un escadron de lanciers de la Garde, où il servait alors, il s'est sauvé, et a été rejoindre à Bordeaux, le duc d'Angoulême, qui l'admit dans sa Garde.

XI. Pierre-Honoré GRIFFON, écuyer, seigneur de Plenneville, deuxième fils de Honoré-Toussaint, épousa Angélique Delastre, fille de messire N..... Delastre, écuyer, seigneur de Bouchereau ; il a eu de ce mariage :

1.° Charles, dont l'article suit ;

2.º Jean-Baptiste, dont l'article viendra ;

3.º Alexis, qui a émigré, et fait la campagne des princes ;

4.º Joseph, mort sur le *Northumberland*, vaisseau dé l'Etat ;

5.º Honoré, décédé à Santo-Domingo ;

6.º Auguste ;

7.º Marie-Thérèse, restée fille.

XII. Charles GRIFFON, a servi plusieurs années dans les gardes du corps, compagnie de Villeroy ; il est maintenant inspecteur des impositions indirectes, à Orléans.

XIII. Jean-Baptiste GRIFFON, frère du précédent, a servi dans la même compagnie jusqu'au licenciement ; il est maintenant sous-préfet de l'arrondissement de Saint-Jean-d'Angely. Il a épousé, le 31 mai 1791, demoiselle Marie-Anne-Ursule-Suzanne de Reboul, fille de messire Jacques-Bertrand de Reboul, lieutenant-colonel du régiment de Boulonnais, infanterie, et décédé maréchal-de-camp. Il a de ce mariage :

1.º Jacques-Bertrand, lieutenant au 52ᵉ régiment de ligne. Il a fait les dernières campagnes ;

2.º Pierre-Candide, garde-d'honneur au 3ᵉ régiment, lequel a disparu, le 15 novembre 1813, entre Spire et Landau ;

3.º Caroline, mariée, le 10 novembre 1813, à messire Camille Normand, écuyer, seigneur d'Authon.

Il existe à la Rochelle deux branches de cette famille, fondées par Etienne ; mais ces deux branches ayant perdu leurs papiers, n'ont pu fournir les notes nécescessaires : il en existe une autre à Bordeaux, fondée par Sébastien, et qui se trouve dans le même cas. Le dernier rejeton de cette branche est fils de demoiselle Catherine-Amante Garros de Senejac, d'une famille des plus considérables du Bordelais, alliée aux maisons de Duras et de Fronsac.

Ce jeune homme s'est conduit de la manière la plus distinguée à l'arrivée de son Altesse royale monseigneur le duc d'Angoulême, à Bordeaux. Il est maintenant capitaine de cavalerie, aide-de-camp du général Beaumont, embarqué avec lui pour une expédition importante en Afrique.

Armes : « D'azur, au griffon d'argent. »

PASQUIER DE FRANCLIEU, en l'Isle de France ; famille distinguée par les services militaires qu'elle a rendus à l'Etat, et par les alliances considérables qu'elle a contractées, notamment avec les maisons de Crussol-d'Uzès, de Caylus, de Courten, de Seran-de-Genlis, de Clermont, de Busca, de Montesquiou ; etc. Les lettres d'érection en marquisat des terres et seigneuries de Lascazères, Hagedet, Soublecauze, Barbazan, Hichac, Caussade et Estirac, sous le nom de Franclieu, en faveur de Jean-Baptiste-Madeleine-Isidore-Charles-Laurent Pasquier de Franclieu, données par Louis XV, au mois de juillet 1767, portant en substance que : « *La noblesse de la famille de Pasquier de Franclieu, originaire de l'Isle de France, est trop ancienne pour qu'on puisse en indiquer l'origine.* » Nous nous contenterons donc d'en rapporter ici la filiation suivie, qui remonte à :

I. Robert PASQUIER, l'un des vingt-sept écuyers de la compagnie de Hue de Kaurtrec, chevalier, sous la charge de messire Foulques de Laval, capitaine général des pays d'Anjou et du Maine, reçu à Paris, le 20 novembre 1356. Il donna quittance de sept livres pour ses appointements militaires au trésorier de la guerre, le 20 mars 1358. Il eut pour fils :

II. Jean PASQUIER, Ier du nom, écuyer, qui servait dans l'armée du roi de Navarre, en 1377, et fit la croisade contre les Maures. Il fut père de :

III. Thomas PASQUIER, écuyer, seigneur de Puimaugé, qui servit dans les guerres contre les Anglais. Il est compris dans une revue faite à Paris, de là compagnie de chevaliers et d'écuyers, sous la charge du seigneur de Lesnerac, capitaine de Clisson, le 27 janvier 1382. Il eut pour fils :

IV. Olivier PASQUIER, écuyer, seigneur de Puimaugé, capitaine d'une compagnie de quarante-cinq écuyers, dont la revue fut faite à Arras, les 20 septembre et 9 octobre 1386. Il est nommé dans l'acte de partage des biens du connétable de Clisson, entre le vicomte de Rohan, et Béatrix de Clisson, de l'an 1409, et dans un autre acte qu'il avait passé, le 7 juillet 1397. Il fut père de :

V. Jean PASQUIER, IIe du nom, écuyer, qui servait dans la compagnie d'hommes d'armes du comte de Dunois, en 1451, 1456 et 1458. Il eut pour fils :

VI. Pierre Pasquier, Ier du nom, écuyer, seigneur des Essarts et de Franclieu, qui, en 1491, était un des écuyers de la compagnie du seigneur de Berbeynières, et qui signa à la rédaction de la coutume de Meaux, le 20 septembre 1509. Il avait épousé Jeanne de Clermont, dont est issu :

VII. Charles Pasquier de Franclieu, écuyer, seigneur de Villaines, archer et homme d'armes des ordonnances du roi dans la compagnie de MM. de Montmorency. Il servit avec distinction dans les guerres d'Italie, en 1520, 1530 et 1540. Il laissa d'Anne Robillard, sa femme :

VIII. Pierre Pasquier de Franclieu, IIe du nom, écuyer, seigneur de Villaines, de Franclieu, des Bergeries, etc., enseigne de la compagnie d'ordonnance du roi, commandée par Anne de Montmorency. Il fut aussi gentilhomme ordinaire de François, duc d'Alençon, frère du roi Henri III, et épousa à Paris, le 15 mai 1561, damoiselle Madeleine Bouvot, fille de noble homme Jacques Bouvot, et du consentement de Fiacre Bouvot, son frère aîné, sénéchal de Saintes. De ce mariage est issu :

IX. Pierre Pasquier de Franclieu, IIIe du nom, écuyer, seigneur de Villaines, de Franclieu et des Bergeries. Il servit comme ses pères dans les ordonnances du roi, et le 29 mai 1580, il obtint l'agrément de Henri III, pour une place de l'un des cent gentilshommes de la chambre de ce prince. Il fit prisonnier de guerre le sieur de Voisins, ligueur, suivant une ordonnance du maréchal de Biron, en date du 30 octobre 1591. Il avait épousé, le 28 janvier 1585, damoiselle Madeleine Chauveau, sœur de noble homme maître Gui Chauveau, lieutenant-général de Melun, et fille de Julien Chauveau, seigneur de Villetaneuse, et de damoiselle Marie Trevet. De ce mariage vinrent :

    1.° Pierre, dont l'article suit ;

    2.° Antoine, mort à l'armée, capitaine d'infanterie ;

    3.° Louis-Florent, marié, le 31 janvier 1616, à N..... de Chauvelin ;

    4.° Catherine Pasquier de Franclieu, alliée à Louis Goeslard, avocat au parlement.

X. Pierre Pasquier de Franclieu, IVe du nom, écuyer, né le 16 mai 1595, servit dans les guerres de son temps, fut maintenu dans ses priviléges, par sentence de l'élection de Paris, du 30 juin 1634, et par ordonnance, du 10 juin 1641, et mourut, le 20 décembre 1666. Il avait épousé, le 29 juin 1622, Marie Portas, fille de noble homme François Portas, conseiller du roi, maître ordinaire des requêtes de l'hôtel de la reine Marguerite, sur la résignation duquel, Pierre Pasquier fut pourvu de l'office de conseiller du roi, bailli de Brie-Comte-Robert, et de Marie de Héere. Il laissa de ce mariage :

1.° Charles-Pierre, dont l'article viendra ;

2.° François-Michel, écuyer, sieur des Bergeries, de Franclieu et Lavau, né le 10 avril 1626, et maintenu dans ses priviléges de noblesse, par sentence du 18 juin 1665. Il servait alors depuis plus de vingt ans, et par ses services était devenu maréchal de bataille ès-armées du roi, premier capitaine et major du régiment de Broglio, infanterie. Depuis il fut successivement chevalier de l'ordre royal et militaire de Saint-Louis, lieutenant du roi de la ville de Condé, en Flandres, et nommé brigadier d'infanterie, le 11 septembre 1706. De son mariage avec Charlotte de Chamoy, il laissa :

a. N..... religieux bénédictin ;

b. Charles, capitaine dans le régiment de Piémont, tué au siége de Namur ;

c. Alexis, seigneur de Franclieu, des Bergeries, de Denval et d'Adencourt, marié avec Marie Nivelle de la Chaussée, dont il avait, en 1713, Henriette Pasquier de Franclieu, alliée à M. de Courten ;

d. Charlotte-Madeleine, alliée, 1.° à Nicolas Hamelin, écuyer, seigneur de Chaiges ; 2.° le 26 décembre 1705, à François-Charles de Crussol-d'Uzès de Montauzier, dit le *comte d'Uzès*, mort le 2 avril 1736, lieutenant-général des armées du roi, gouverneur de Landrecies, troisième fils d'Emmanuel de Crussol, duc d'Uzès, premier pair laïque de France, et de Marie de Sainte-Maure, duchesse de Montauzier;

3.° Marie, femme de N..... de Beaumont;

· 4.º Madeleine Pasquier de Franclieu, née le 4 octobre 1630, morte le 2 juillet 1696.

XI. Charles-Pierre Pasquier de Franclieu, né le 24 avril 1625, major, puis lieutenant colonel du régiment de Broglie, eut le commandement de Charleroi, menacé d'un siége par le prince d'Orange, qu'il soutint avec valeur et qu'il fit lever. Il fut nommé pour commander dans le château et duché de Bouillon, et ensuite gouverneur de Dinan, ainsi qu'il appert par une lettre que lui écrivit Louis XIV, datée du camp de Keurain, du 22 juin 1676, à l'occasion de la victoire remportée par le maréchal de Vivonne sur les flottes d'Espagne et de Hollande. Il fut enfin nommé maréchal des camps et armées du roi, et mourut à Brie-Comte-Robert, le 8 novembre 1709, à la suite de dix-huit blessures qu'il avait reçues dans diverses actions. Il avait épousé de l'agrément du roi, le 6 novembre 1678, Marie-Thérèse de Wandre, fille de noble et illustre seigneur Jacques-Laurent de Wandre, et de dame Anne Lambiche. Il laissa de ce mariage :

XII. Jacques-Laurent-Pierre-Charles Pasquier, seigneur de Franclieu, de Lescazères, Hagedet, Soublecauze, Barbazan, Hichac, Caussade, Estirac, né le 24 avril 1680. Il commença à servir en qualité d'enseigne de la Colonelle dans le régiment de Sor, et emporta l'épée à la main, à la tête d'un piquet de soixante caporaux, la Bastia, en Italie, défendue par six cents hommes, ce qui lui valut un régiment d'infanterie qui a porté son nom, et dont il fut nommé colonel par commission, du 3 mars 1706. Il se distingua à la tête de son régiment dans la campagne de la même année, étant du corps qui défendait les lignes le long du Rhin, qu'il commanda en chef pendant plusieurs jours. Il passa en Flandres avec son régiment, et se jeta dans Condé, menacé de siége, où son oncle commandait ; il en sortit ensuite à la tête de son régiment et de plusieurs piquets pour assiéger Saint-Guillin, aux ordres du sieur d'Albergotti ; il forma l'attaque particulière sur la chaussée qui va de cette place à Condé, détermina par ce mouvement, et reçut la capitulation dans le temps qu'il avait reçu les ordres de se replier. Le roi d'Espagne Philippe V, l'ayant nommé son aide de camp, il passa à son service avec l'agrément du roi Louis XIV, qui lui

permit de vendre son régiment, et lui dit qu'il lui tien-
drait compte des services qu'il rendrait au roi son petit-
fils. Le premier juin 1711, il fut nommé colonel du
régiment de Newport, infanterie walonne, et comme
il avait reçu treize blessures à la bataille de Villa Vi-
ciosa, le 10 décembre 1710, en cette considération Sa
Majesté catholique lui accorda, le 15 janvier 1713, une
pension de trois cents pistoles d'or, sur une commanderie de l'ordre de Saint-Jacques. Le même prince le
nomma en outre brigadier de ses armées, le 30 janvier 1719, et lui donna le gouvernement de Fraga,
dans le royaume d'Aragon, le 18 décembre 1723. Il
avait épousé, le 2 novembre 1720, Marie-Thérèse de
Busca, dame de Lascazères, d'Estirac, de Hagedet,
d'Hichac, etc., fille et héritière de noble Jean de Busca,
seigneur desdits lieux, officier au régiment de Condé,
cavalerie, et de Philippe du Plaa, d'une famille d'Espagne. De ce mariage sont issus :

1.º Jean-Baptiste-Madeleine-Isidore-Charles-Laurent, dont l'article viendra ;

2.º Louis-Francois-Catherine Pasquier, baron de
Franclieu, mort sans alliance, en 1804 ;

3.º Jean-François-Anselme, dont la postérité sera
mentionnée après celle de son frère aîné ;

4.º Marie-Thérèse-Louise-Barbe-Françoise, née le
9 mars 1723, morte le 6 décembre 1732;

5.º Marie-Françoise,
6.º Marguerite-Louise, } nées le 9 mai 1727;

7.º Charlotte-Marguerite, née le 9 juin 1728, mariée
à N..... de Caffagnière ;

8.º Thérèse-Angélique, née le 2 octobre 1730, abbesse de l'abbaye royale d'Hières, morte le 10 décembre 1814;

9.º Marie-Marguerite, née le
15 juillet 1732 ;
10.º Elisabeth Pasquier, née le } religieuses ursuli-
lines à Tarbes;
12 octobre 1733;

11.º Louise-Charles Pasquier de Franclieu, née le
14 février 1740, élevée à Saint-Cyr, mariée à
N..... Duclosier ;

XIII. Jean-Baptiste-Madeleine-Isidore-Charles-Laurent PASQUIER, marquis de FRANCLIEU, seigneur de Las-
cazères-Franclieu, Hagedet, Hichac, Coussade, Esti-

rac, etc., né à Fraga, au royaume d'Aragon, le 5 avril 1724, d'abord mousquetaire du roi dans la première compagnie, ensuite capitaine au régiment de Bourbon, cavalerie, chevalier de l'ordre royal et militaire de Saint-Louis, se trouva dans plusieurs batailles et autres actions où il signala son courage et son habileté. Ce fut lui qui, en récompense de ses services et de ceux de ses prédécesseurs, obtint du roi Louis XV, les lettres d'érection en marquisat de ses terres et seigneuries. Il a eu pour enfants :

1°. François-Charles Pasquier de Franclieu, capitaine au régiment de Bourbon, dragons, mort sans alliance en émigration ;

2°. Jean-Anselme-Louis, dont l'article suit ;

3°. N..... mariée à M. de Journat, intendant d'Auch ;

4°. N..... alliée à M. de Palaminy.

XIV. Jean-Anselme-Louis Pasquier, marquis de Franclieu, capitaine au régiment de Royal-Cravatte, dragons, chevalier de l'ordre royal et militaire de Saint-Louis, a fait toutes les campagnes de l'émigration en Espagne. Il a épousé demoiselle de Nolivos, fille de N..... de Nolivos, lieutenant-colonel, chevalier de l'ordre royal et militaire de Saint-Louis. Il a de ce mariage deux filles en bas âge.

XIII. Jean-François-Anselme Pasquier, comte de Franclieu, seigneur d'Eraine, l'Evêché, Fouilleuse, Bailleul, né le 21 avril 1735, pagé, écuyer, puis aide-de-camp de monseigneur le prince de Condé, servit toujours sous ce prince pendant la guerre de sept ans, et les campagnes de l'armée de Condé, fut fait chevalier de l'ordre royal et militaire de Saint-Louis, puis maréchal-de-camp. Il laissa de son mariage contracté avec Marie-Catherine-Françoise de Belleval :

1.° Louis-Henri-Camille Pasquier, comte de Franclieu, capitaine de dragons au régiment de Bourbon. Il a épousé, 1.° demoiselle N..... de Bréda, dont il lui reste aujourd'hui trois demoiselles, l'une mariée au baron de Carondelet, la seconde au marquis de Montécot, la troisième sans alliance ; 2.° N..... Flusin, dont il a trois garçons et deux filles en bas âge ;

2.° Anselme-Florentin-Marie, dont l'article suit ;

3.º Jean-Baptiste Pasquier, chevalier de Franclieu, chevalier de Malte, capitaine de dragons, aide-de-camp de son altesse sérénissime monseigneur le duc de Bourbon, pendant l'émigration, tué devant Kehl, le 7 décembre 1796; il avait épousé N..... de Reinach, chanoinesse d'Andelot, dont est issu, Henri-Anselme Pasquier de Franclieu, né en janvier 1796, chevau-léger, en 1814;

4.º Antoine, chevalier de Malte, mort en cette isle;

5.º Aglaé-Sophie-Joséphine-Eulalie Pasquier de Franclieu, chanoinesse de Malte.

XIV. Anselme-Florentin-Marie, Pasquier, baron de Franclieu, capitaine de vaisseau, chevalier de l'ordre royal et militaire de Saint-Louis, a fait la guerre d'Amérique, a émigré avec son père, au mois de mai 1791, fut aide-de-camp de son altesse sérénissime monseigneur le duc de Bourbon, et s'est trouvé au siége de Maestricht, en 1793. Il a épousé demoiselle Augustine-Eléonore-Jules d'Erard, fille du comte d'Erard, lieutenant-général des armées du roi. Il a de ce mariage:

1.º Marie-Aimé-Louis-Anselme Pasquier de Franclieu, né le 19 mai 1804;

2.º Augustine-Fortunée, née en janvier 1802;

3.º Eléonore-Aglaé, née en 1806;

4.º Béatrix-Alphonsine, née en 1809.

Armes: « D'azur, au chevron d'or, accompagné en » chef de deux têtes de maures de sable, tortillées » d'argent, et en pointe de trois fleurs, appelées pa-» querettes, d'or, terrassées de même, celle du milieu » supérieure. »

LAURENCIN. On trouve sur cette famille, dans le Dictionnaire de la Noblesse, les détails suivants, auxquels nous avons, sur des titres réguliers, fait quelques additions ou légers changements, et notamment sur la production de l'expédition originale d'un jugement de la chambre souveraine établie par le roi, sur le fait des francs-fiefs, nouveaux acquêts et amortissements, en exécution de sa déclaration du 29 décembre 1652.

Dans ce jugement, sont relatées en entier la filiation

et les alliances de la famille des Laurencin, telles qu'on les trouve établies dans le Dictionnaire de la Noblesse de France, et telles que nous les rapportons ci-après.

On voit à Lyon, à l'un des coins de la clôture des jardins de Saint-Marcel, une inscription, ou plutôt une épitaphe fort ancienne des Laurencin, dont on croit que descendent les Laurencin d'aujourd'hui. Quoi qu'il en soit, on ignore d'où la famille des Laurencin, noble et ancienne, tire son origine; mais par les vestiges qui en restent, entre autres à Lucques, on pourrait présumer qu'elle est originaire d'Italie; on pourrait aussi la croire d'Allemagne, à en juger par d'anciens mémoires domestiques et d'anciennes monnaies, ou testons frappés à leurs armes, et conservés dans les archives de cette maison. Paradin, en son Histoire de Lyon, imprimée le 15 mars 1575, parle, liv. 3, fol. 264, de son ancienneté, par rapport à l'hôtel de Rouannes, à présent le palais de la Justice. Elle remonte, suivant différents monuments, jusqu'au XIIᵉ siècle. La première alliance avec les Gorrevod, qui étaient ducs, prouve qu'elle était fort ancienne à cette époque; mais comme les terres et châteaux de cette famille à l'extinction de la branche aînée, ont passé dans des mains étrangères, nous nous bornons à en parler d'après un mémoire communiqué, dressé sur les titres. Elle a formé trois branches, et a donné plusieurs chevaliers et commandeurs de l'ordre de Saint-Jean de Jérusalem. Ses alliances sont entre autres avec les maisons d'Amboise de Chalmazel. Talaru-Foudras, Senneterre, Choiseul de Traves, Rochefort d'Ailly, Lucinge, la Tour d'Auvergne, d'Amanzé Mont-d'Or, Meynier de la Salle, Bethizy, etc.

Les renseignements que nous avons recueillis nous apprennent qu'il existe encore trois branches principales de cette maison, l'une en Autriche, sous le nom de comte de Laurencin, baron d'Ormont; une autre en Franche-Comté, sous le nom de comte de Laurencin Beaufort; une troisième enfin en Lyonnais, sous le nom de comte de Laurencin Chanzé.

Le premier, depuis lequel on a eu une filiation suivie, est:

I. Noble homme Hugues DE LAURENCIN; il vivait en 1350, et son existence est relatée par une donation qu'il fit, en 1394, à François, son fils, qui suit:

II. Noble homme François DE LAURENCIN, damoiseau,

dont on voit , dans le jugement précité de la chambre souveraine, un acte de vente sous la date du 7 septembre 1395, eut de noble Polis, son épouse :

    1.° Nicolas, qui suit ;

    2.° Jeanne, mariée, à Martin de Jeaux, seigneur de Crusille.

III. Nicolas DE LAURENCIN ; dans son testament , on voit qu'il avait pour sœur Jeanne de Laurencin, mariée à Martin de Jaux de Gorrevaux , seigneur de Crusille. Il épousa , le 17 octobre 1417 , une fille de la maison de Gorrevaux, de Pont-de-Vaux, de laquelle il laissa :

IV. Etienne de LAURENCIN , marié à Catherine de Chaland, dont il eut :

    1.° Claude, qui suit ;

    2.° Pierre , mort jeune ;

    3.° Jean, sacristain de Saint-Just de Lyon ;

    4.° Jeanne, mariée à Jean de Salagny ;

    5.° Munde, femme de Jacques du Fenouil ;

    6.° Catherine, épouse de Claude du Blé d'Uxelles.

V. Claude DE LAURENCIN , Ier du nom , seigneur et baron de Riverie , Châtelus , Fontanay et des Maroyers , épousa Sibille d'Amboise. Leurs enfants furent :

    1.° Claude, qui suit ;

    2.° Jean , trésorier de Rhodes , commandeur du Ramier de Morges et de Châlons-sur-Saône, abbé de Val-Benoît, où il mourut le 18 décembre 1547 ;

    3.° Etienne, prieur de Saint-Irenée de Thalny ;

    4.° Pontus, grand-prieur de Saint-Jean de Jérusalem, commandeur de l'omus de Netha, en Lorraine, de Bruyères en Berri , de Moutelidou , de Notre-Dame de Chaselles et de Saint-Georges de Lyon, mort à Malte le 5 novembre 1536 ;

    5.° Barthelemi, premier aumônier de François Ier ;

    6.° François, homme de guerre, mort sans alliance ;

    7.° Pierre, dont on ignore la destinée ;

    8.° Bonne, mariée à Jean de Bothéon ;

    9.° Françoise , femme de Jean Charpin , seigneur de Montrillier, gentilhomme de la maison du roi ;

    10.° Jeanne, prieure de la Bruyère.

VI. Claude DE LAURENCIN, IIe du nom, baron de Riverie, Châtelus et Fontaney, épousa Maria Buatier, dont :

1.º Claude, auteur de la branche des seigneurs de Prapin, éteinte ;
2.º François, précepteur et premier aumônier de MONSIEUR, frère du roi, et prieur de Saint-Irenée;
3.º Jean, prieur de Narge en la Marche ;
4.º Autre Jean, chanoine de Saint-Paul, à Lyon ;
5.º Antoine, mort jeune ;
6.º René, qui suit, auteur de la branche des seigneurs de la Bussière, en Bourgogne ;
7.º Jacquette, mariée à Jean de la Tour ;
8.º Emerande, religieuse à l'abbaye de la Déserte, à Lyon ;
9.º Bonne, religieuse à la même abbaye ;
10.º Françoise, prieure de Sales en Beaujolais.

Branche des seignenrs de la Bussière.

VII. René DE LAURENCIN épousa Marguerite de Pally, fille de Jean, seigneur et baron de la Bussière, de Neronde, de Clepé, etc., dont :

1.º Philippe, qui suit ;
2.º Jean, prieur de Saint-Irenée, de Lyon ;
3.º Georges, dont la postérité nous est inconnue;
4.º François, religieux, bénédictin de l'abbaye royale d'Ainaÿ, à Lyon, et prieur de Thalny ;
5.º Toussaint, capitaine d'infanterie, mort au service;
6.º Marguerite, mariée à Etienne de Foudras, seigneur de Château-Tier, dont postérité ;
7.º Marie, femme du baron de Saint-Léger, en Beaujolais ;
8.º Constance, alliée avec François du Terrail, seigneur d'Ornaison, dont postérité.

VIII. Philippe DE LAURENCIN, seigneur et baron de la Bussière, la Garde, Deschalas, et bailli de la noblesse du Maconais, épousa, 1.º Jeanne, sœur d'Etienne de Foudras, fils de Jean, seigneur de Château-Tier, et de Jeanne (fille d'Antoine de Choiseul de Traves, et de Renée-Girarde de Basoges), et petite-fille d'autre

Jean de Foudras et de Madeleine de Senneterre ; et 2.° Marthe de Châpe de Chandieu, nièce du cardinal de ce nom, des barons de Poulles, en Beaujolais, dont il n'eut point d'enfants. Ceux du premier lit furent :

1.° Jean, qui suit ;

2.° Raimond, auteur de la branche des seigneurs de Beaufort, en Comté, rapportée plus loin.

IX. Jean DE LAURENCIN, seigneur et baron de la Bussière, épousa Marguerite Mellier, fille et unique héritière de Laurent Mellier, écuyer, gentilhomme ordinaire de la chambre du roi, ambassadeur de Sa Majesté dans la Valachie et à Constantinople, baron de Chanzé, seigneur de Cruis, Laserra et autres lieux, dont :

1.° Charles, tué au siége d'Arras, le 4 octobre 1650, étant cornette au régiment Cardinal ;

2.° Pierre, qui suit ;

3.° François, héritier de la terre de Chanzé, et seigneur de Cruis, qui fonda, par son mariage avec noble demoiselle Despinasse, la branche des Laurencin Chanzé, actuellement existante en Lyonnais, et dont on trouvera ci-après la filiation.

X. Pierre de LAURENCIN, chevalier, seigneur, baron de la Bussière, la Garde, Cruis, Saint-Léger, Trembly, d'Arcy, Mont-Presseton, etc., épousa Marie-Anne-Françoise de Rochefort d'Ailly de Saint-Point, fille de Claude, seigneur et comte de Mont-Ferrand et de Saint-Point, marquis de Senneret, gouverneur de Saint-Jean-de-Losne, maréchal des camps et armées du roi, colonel du régiment Royal, infanterie, et d'Anne de Lucinge, fille de René, comte de la Mothe, chevalier des ordres de Savoie, et d'Honorade de Galles. Cette Marie-Anne de Rochefort était petite-fille de V. de Rochefort et de Clair de la Tour d'Auvergne, fille d'Antoine, grand-maître de l'artillerie de France. Pierre de Laurencin eut de son mariage :

1.° Jean-Alexandre, qui suit ;

2.° Marie-Anne ;

3.° Marie-Artémise, alliée avec Jean de Laurencin, seigneur d'Avenas et du Peage, son oncle à la mode de Bretagne, dont des enfants ;

4.° Marie-Hippolyte, morte religieuse à l'abbaye royale de Marcigny-sur-Loire.

XI. Jean-Alexandre DE LAURENCIN, chevalier, marquis de la Bussière, appelé *le baron d'Ormont*, colonel au service de l'empereur, castellan du château de Trieste, dans la Pouille, sur la mer Adriatique, gouverneur en survivance de Branduze et de Barlitte dans le royaume de Naples, avait épousé Marie-Anne de Meleser, allemande, demoiselle de l'impératrice régnante, dont il devint veuf, avec un fils et une fille, savoir : Léopold-Joseph-Ignace, et Théodore de Laurencin, qui font tige en Allemagne.

Branche des Laurencin-Chanzé.

X. François DE LAURENCIN, troisième fils de Jean de Laurencin, seigneur et baron de la Bussière, et de Marguerite Mellier, fille et unique héritière de Laurent Mellier, écuyer, gentilhomme ordinaire de la chambre du roi, ambassadeur de Sa Majesté à Constantinople, hérita du chef de sa mère de la baronnie de Chanzé, dont la branche qu'il a fondée porte le surnom. Il a épousé demoiselle Claudine de Lespinasse, fille de noble N.... de Lespinasse, écuyer et grand-prévôt de la province du Lyonnais. De ce mariage vinrent :

1.° Lucques de Laurencin, capitaine de cavalerie, donataire par acte de son père, du 9 septembre 1726, de la terre de Chanzé : il a épousé mademoiselle de Rémigny, et est mort sans postérité ;

2.° Hugues de Laurencin, qui suit ;

3.° Charles-Gilbert de Laurencin, sans postérité ;

4.° et 5.° Urbain et Antoine-Baptiste de Laurencin, tous deux religieux de l'abbaye de Savigny ;

6.° Dame Marianne de Laurencin de Chanzé, épouse de messire Pierre Couperic, sieur de Beaulieu, major du régiment de Bresse ;

7.° Catherine de Laurencin, morte demoiselle.

XI. Hugues DE LAURENCIN, second fils de François, capitaine au régiment de Senneterre, mort brigadier des armées du roi, seigneur de Machy et Surry-le-Bois, épousa mademoiselle Marie-Anne-Angélique de Patin, fille de noble Jean de Patin, premier capitaine châtelain de la province du Dauphiné. De ce mariage vinrent :

1.º Jean-Baptiste-Espérance-Blandine, comte de Laurencin, qui suit;
2.º Hugues, capitaine au régiment de Vexin, qui n'a eu qu'une fille;
3.º Saint-Cyr de Laurencin, aussi capitaine au régiment de Vexin ;
4.º Marguerite de Laurencin, mariée au marquis de Nerieu, ancien officier de marine, seigneur de Domarin, en Dauphiné.

XII. Jean-Baptiste-Espérance-Blandine, comte de LAURENCIN, capitaine au régiment de Vexin, chevalier de l'ordre royal et militaire de Saint-Louis, seigneur de Chanzé, Surry-le-Bois, Machy, etc., a épousé mademoiselle Marie-Anne-Julienne Dassier de la Chassagne, fille légitime de François-Aimé Dassier, chevalier, baron de la Chassagne, brigadier des armées du roi. De ce mariage :

1.º François-Aimé de Laurencin, qui suit;
2.º Antoine de Laurencin, reçu le 7 février 1782, au chapitre noble et royal de Saint-Pierre et de Saint-Chef de la ville de Vienne, institué sous le titre de comte, a depuis émigré, et s'est marié n'étant pas dans les ordres ;
3.º Hugues de Laurencin, élevé à l'école militaire, comme élève du roi, officier dans Saintonge, mort à la suite de l'émigration ;
4.º Marie-Marguerite-Azélie chanoinesse et comtesse de l'Argentière, mariée depuis à M. Frédéric de Plan, marquis de Sieys, chevalier de l'ordre royal et militaire de Saint-Louis, ancien lieutenant de vaisseau ;
5.º Elisa de Laurencin, mariée à Auguste, marquis de Joannes, chevalier de l'ordre royal et militaire de Saint-Louis, ancien lieutenant de vaisseau.

XIII. François-Aimé comte DE LAURENCIN, ancien page du roi, colonel et chevalier de l'ordre royal et militaire de Saint-Louis, a émigré en 1792, et fait cinq campagnes tant dans l'armée des princes que dans celle de monseigneur le prince de Condé, et dans les corps à la solde de l'Angleterre; a épousé Louise-Nicole-Henriette de Virieu, fille aînée du vicomte Alexandre de Virieu, premier gentilhomme d'honneur de Monsieur, frère du roi Louis XVI, commandeur de son ordre et lieutenant-général des armées, dont il a eu deux enfants :

    1.º Jules-Alexandre de Laurencin ;

    2.º Bonne-Gabrielle de Laurencin.

Branche des seigneurs de Beaufort en Comté.

IX. Raimond DE LAURENCIN, chevalier, second fils de Philippe, baron de la Bussière, et de Jeanne de Foudras, sa première femme, épousa Jeanne de Kropet, d'une ancienne famille de Vienne, en Autriche, transportée à Lyon, fille de N..... de Kropet et de Madeleine d'Amanzé. De ce mariage :

    1.º Philippe, chanoine d'Ainay, à Lyon ;

    2.º et 3.º Pierre et Jean, dont on ignore la destinée ;

    4.º Antoine, qui suit ;

    5.º Charles, mort sans alliance ;

    6.º N..... de Laurencin, religieux à l'abbaye de Savigny ;

    7.º Jeanne, mariée à Antoine de Mont-d'Or, chevalier ;

    8.º Françoise, femme de N..... de Laporte, sans enfants ;

    9.º Et Isabeau, alliée à N.....Garbaud, dont postérité.

X. Antoine [DE LAURENCIN DE PERSANGE, major au régiment de Dauphiné, infanterie, épousa Françoise de Berton, dame de Beaufort, Flacey et Mainal, dont :

    1.º Philippe, qui suit ;

    2.º Marc-Antoine, capitaine de cavalerie, lequel, de N..... Deglane, son épouse, eut : Marc-Antoine de Laurencin, docteur de Sorbonne, abbé de Foucarmont, en Normandie ;

    3.º Pierre-Antoine-François, rapporté après son aîné ;

    4º Jean-François, comte d'Avenas, capitaine au régiment de Navarre ; on ignore s'il est marié ;

    5.º Jeanne-Marie, épouse de Claude-Louis, baron

de Saint-Germain, seigneur de Courlans, Cha-
vannes, etc.;

6.° Marie-Arthémise, chanoinesse au chapitre noble
de Neuville-les-Dames, près Mâcon;

7.° Jeanne Marie, femme de Marc-Joseph de Laporte
Labossierre;

8.° Antoinette-Marie, alliée avec Alexis d'Argy,
capitaine de cavalerie au régiment de Colonel-
Général.

XI. Philippe DE LAURENCIN, chevalier, seigneur de
Beaufort, Flavy, Crève-Cœur, etc.; a épousé Simonne-
Gabrielle de Beaurepaire, fille de Gaspard, seigneur
de Saint-Léonard, Varcy, etc.; et de N..... de Hénnin-
Liétard, dont six enfants, entre autres :

1.° N..... de Laurencin, chevalier, seigneur de
Beaufort, et capitaine au régiment de Berry,
cavalerie;

2.° N....., mariée à N.... de Charbonier, seigneur
de Craugeac et de Louges.

XI. Pierre-Antoine-François, comte DE LAURENCIN DE
PERSANGE, troisième fils d'Antoine et de Françoise de
Berton, commandant et lieutenant-colonel par brevet
au régiment de Normandie, puis nommé à la lieu-
tenance de roi de Phalsbourg, en Alsace; a épousé
Françoise-Gabrielle de Paregaud de Roussel, fille de
messire Georges de Paregaud de Roussel, héritier et
substitué aux nom et armes, pour lui et sa postérité, de
MM. de Roussel, l'un maréchal de camp, et l'autre
colonel au service des empereurs Rodolphe et Léopold,
comme on peut le voir par les lettres-patentes de
ces deux empereurs, enregistrées en la chambre des
comptes et au parlement de Paris. Il eut de son mariage :

1.° François Gaspard, comte de Laurencin de May-
nal, capitaine de grenadiers, avec brevet de
lieutenant-colonel au régiment de Normandie,
et commandant d'un bataillon de ce régiment à
l'Ile de France;

2.° François-Alexis, qui suit.

XII. François-Alexis, comte DE LAURENCIN, capitaine au régiment de Normandie, a épousé Louise-Fran-
çoise-Catherine de Meynier de la Salle, fille de Joseph,
seigneur de Lubly, etc, et de Catherine de la Tour

de Manse. Elle est nièce par sa grand'mère de madame de Bethisy, abbesse de Panthemont, cousine d'Eugène, comte de Bethisy, colonel du régiment de Poitou, et par là, alliée à madame la comtesse de Brionne, et madame la princesse de Ligne. De ce mariage est né :

Charles-Marie de Laurencin, qui a eu pour marraine madame l'abbesse de Panthemont, et pour parrain M. le prince de Soubise.

Armes : » De sable, au chevron d'or accompagné de » trois étoiles d'argent, deux et une; supports, deux lions. » Devise : *Lux in tenebris, et post tenebras spero* » *lucem* ».

NOIRON (DE BALAHU DE) : famille ancienne, originaire de Franche-Comté, où elle possède encore la terre de Noiron ; elle habite maintenant en Champagne.

Au mois d'octobre 1793, Jean-Baptiste-Joseph de Balahu de Noiron, fut mis en arrestation à Gray (Haute-Saône), comme suspect et ascendant d'émigré ; il y est resté seize mois, et pendant ce temps, des individus se portèrent au château de Noiron, et en brisèrent les grilles, en pillèrent les archives, et brûlèrent tous les papiers avec les tableaux de famille, sur le pont du village ; aussi, pour établir la généalogie de la famille de Noiron, qui fut convoquée avec le reste de la noblesse de Franche-Comté, pour prêter serment de fidélité au roi, ainsi que cela est justifié par la lettre de convocation de M. le duc de Duras, du 30 décembre 1678, que nous avons sous les yeux en original, il ne reste que quelques notes de contrats de mariages et de testaments que l'on transmet fidèlement. Nous voyons encore, en original, le brevet qui fut envoyé le 19 décembre 1698, à Ferdinand de Balahu de Noiron, sur la demande par lui faite à la cour de France, de la confirmation de ses armes, telle que sa famille les avait toujours portées.

I. Jean de BALAHU, Ier du nom, vivait à Gray, dans le le quatorzième siècle ; il est mort en 1516 : ses armes sont dans les vitraux de la chapelle du côté droit du maître-autel de l'église paroissiale de la ville de Gray, bâtie à neuf en 1500. Il fut père de :

II. Jean DE BALAHU, IIe du nom, dit le Vieux, qui épousa Jacquette de Vendenesse, dont l'aïeul était président au duché de Bourgogne, et l'oncle, évêque de

Coria ; il a fait une fondation en l'église des Cordeliers de Gray , à la voûte de laquelle sont ses armes ; il est mort en 1564, et fut père de :

III. Bénigne DE BALAHU, marié à N,..., père de :

IV. Simon DE BALAHU marié à Elisabeth d'Arvisenet, fille de N.... d'Arvisenet , auditeur aux comptes à Dôle, bisaïeul de M. le marquis d'Arvisenet, doyen des conseillers du parlement de Besançon. De ce mariage vinrent :

> 1°. Berrulle de Balahu , minime en Espagne, qui avait obtenu de cette cour des titres pour sa famille, lesquels ont été brûlés ;
> 2°. Bénigne de Balahu, dont l'article suit.

V. Bénigne DE BALAHU, II° du nom, acheta, le 30 novembre 1644, de MM. de Battefort, la terre de Noiron ; il avait épousé , en premières noces , Jeanne - Claude de Tricornot , fille de Louis de Tricornot , seigneur du Tremblay ; en secondes noces , Aimé de Lambert de Ray, en 1638. De ce mariage vinrent :

> 1°. Simon Pierre de Balahu, commissaire des guerres, vicomte mayeur de la ville de Gray , en 1684 , mort sans enfants ;
> 2°. François de Balahu, dont l'article suit : '

VI. François DE BALAHU, seigneur de Noiron, lieutenant-général à Gray , avait épousé , en 1664 , Claudine du Viviers, fille de Daniel du Viviers, seigneur de Brotte. De ce mariage est venu :

VII. Claude-François DE BALAHU , seigneur de Noiron , capitaine d'infanterie au régiment de Grosbois ; épousa Madeleine Paguelle du Jard, vicomte mayeur à Gray. De ce mariage est issu :

VIII. Jean-Baptiste-Joseph DE BALAHU DE NOIRON, mousquetaire, marié à Marie-Madeleine Regley , fille de N... Regley , lieutenant-général au bailliage de Bar-sur-Seine. De ce mariage sont nés :

> 1°. Louis-Elisabeth de Balahu de Noiron, dont l'article viendra ;
> 2°. Charles-Félix de Balahu de Noiron , procureur du roi près le tribunal de Bar-sur-Seine , marié en 1813 , à Joséphine Labbe de Briancourt, fille de Joseph Labbe, seigneur de Briancourt, ancien

officier aux gardes françaises, chevalier de la
Légion d'honneur.

IX. Louis-Elisabeth DE BALAHU de Noiron, émigré en
1793, à l'âge de dix-sept ans, entré au service la même
année, dans l'armée des cavaliers nobles de Condé,
blessé le 2 décembre 1793, de trois coups de sabre et d'un
coup de feu au genou, duquel il est resté estropié; breveté lieutenant de cavalerie en 1798, est rentré en
France après le licenciement de l'armée; il a épousé en
1804, Henriette Lebloy, fille de Louis-Fortuné Lebloy,
seigneur de Levigny, mousquetaire noir. Louis-Elisabeth
de Balahu de Noiron, a été fait chevalier de l'ordre royal
et militaire de Saint-Louis, en 1814.

Armes: « D'or, à quatre vergettes de gueules, au che-
» vron d'argent, brochant sur le tout; au chef de champ
» chargé d'une aigle de sable. »

PICOT DE PECCADUC : ancienne famille noble de
France, divisée en plusieurs branches et en différentes
provinces; celle dont la filiation suit, est connue en
Bretagne de toute antiquité comme nous l'ont prouvé
les registres des états et du parlement de cette province,
qui la reconnaissent, confirment et maintiennent dans
sa noblesse d'extraction, et dont l'arbre généalogique
suivant, est un extrait d'une de ces pièces authentiques.

I. Antoine PICOT, écuyer, épousa, en 1483, demoiselle Marie des Landes, et eut pour fils :

    1.º Jacques Picot, écuyer, seigneur de Contais,
       mort sans alliance;
    2.º Jean Ier qui suit.

II. Jean PICOT, Ier du nom, seigneur de Sauvieux,
épousa, le 4 septembre 1516, Jeanne de Prigues, fille
de noble Louis de Prigues, écuyer, et de dame Jeanne
du Plessix, duquel mariage sont issus :

    1.º Pierre Picot, seigneur de Saint-Lezin;
    2.º Jean II, qui suit.

III. Jean PICOT, IIe du nom, seigneur de Sauvieux,

épousa, le 12 novembre 1545, demoiselle Jeanne de la Saullaye. De ce mariage sont issus :

> 1.º Jean Picot, IIIᵉ du nom, qui suit ;
> 2.º Marie Picot, épouse de messire Pierre de la Motte, seigneur de la Conge, etc.

IV. Jean Picot, IIIᵉ du nom, seigneur de Landefrière et de la Goupillais, épousa demoiselle Bertrane Loyseau, duquel mariage sont issus :

> 1.º Adrien Picot, seigneur de Landefrière, dont l'article suit ;
> 2.º Jeanne Picot, épouse de noble homme Paul Danyan, écuyer.

V. Adrien Picot, seigneur de Landefrière et de la Goupillais, épousa, le 2 septembre 1619, Suzanne de Luzeau, fille de noble homme de Luzeau, écuyer, et de dame Marthe Thibost. De ce mariage est né :

VI. Jean Picot, IVᵉ du nom, seigneur de la Mintaye, de Landefrière et de la Goupillais, qui épousa, le 10 mai, 1649, Renée Loyseau, fille de messire René Loyseau, écuyer, seigneur de Meurier, et de dame Françoise d'Amproux de Pont-Pietin. De ce mariage vinrent :

> 1º. Adrien Picot, IIᵉ du nom, seigneur de la Mintaye, appelé le comte de la Mintaye, capitaine de dragons ;
> 2º. Henri, qui suit.

VII. Henri Picot, Iᵉʳ du nom, seigneur de Fiefrubé, appelé aussi le comte de la Mintaye, épousa, en premières noces, demoiselle Marguerite de Pineau, et en secondes noces, le 23 février 1700, Françoise de la Chevière, fille de Pierre de la Chevière, écuyer, seigneur du Plessix, de la Couyère et du Boishamon, et de dame N.... du Boisadam. Du premier mariage est issu :

VIII. Henri Picot, IIᵉ du nom, seigneur de Trémart, de Fiefrubé, de Peccaduc, du Boisby et de Boisbrassu, qui épousa demoiselle Anne de la Ruée, le 18 avril 1720, duquel mariage vinrent :

> 1º Jean-Marie Picot, dont l'article suit ;

2.° Pierre-Jean-Baptiste Picot, auteur de la branche des seigneurs de Peccaduc, rapportée ci-après;

3.° François-René Picot, chevalier, seigneur de Bois-by, du Lobo, etc., sans postérité.

IX. Jean-Marie Picot, seigneur de Tremart, de Bois-brassu et autres lieux, épousa, le 7 juin 1748, Marie-Gillette-Sainte de Châteaugiron, demoiselle dudit nom, fille de Mathurin-Alain, comte de Châteaugiron, seigneur dudit lieu, et de dame Gillette de Pioger. De ce mariage sont issus :

1.° Henri-François-Marie Picot, dont l'article suit ;

2.° François Louis-Jean-Marie Picot, ancien officier de la marine, sans postérité ;

3.° Joseph-Baptiste Picot, ancien officier de marine, sans postérité :

4.° Angélique Picot, épouse de messire Louis-Eléonore de Percy.

X. Henri-François-Marie Picot, entra en 1775, aux mousquetaires; à la réforme de ce corps, passa capitaine à la suite de Colonel-général, cavalerie, épousa, en 1785, demoiselle N.... de Lunelle. Il est mort en 1792, et a laissé plusieurs enfants, qui sont établis aux Etats-Unis.

Branche puînée, dite des seigneurs de Peccaduc.

IX. Pierre-Jean - Baptiste Picot, chevalier, seigneur de Peccaduc, du Pontloüet, et autres lieux, 2ᵉ fils de Henri Picot, qui forme le huitième degré, conseiller au parlement de Bretagne, épousa, le 4 février 1760, dame Angélique-Marguerite de la Chevière; duquel mariage sont issus :

1.° Pierre-Marie-Auguste Picot de Peccaduc, dont l'article suit ;

2.° Placide-Marie-Fidèle Picot, ⎫ rapportés ci-après;
3.° Henri-René-Marie Picot, ⎬
5.° Flavie-Françoise-Marie Picot ;

5.° Lucrèce-Marie-Joseph Picot ;

6.° Angélique-Henriette Picot, dame à l'abbaye royale de Saint-Georges.

X. Pierre-Marie-Auguste Picot de Peccaduc, élève de l'école royale et militaire de Paris, chevalier de Saint-Lazare, officier au régiment de Metz, du corps royal de l'artillerie, émigra en 1791, et se mit sous les ordres de S. A. S. monseigneur le prince de Condé, au corps d'armée dans lequel il fit toutes les premières campagnes, et dès la seconde campagne, il y reçut la croix de l'ordre royal et militaire de Saint-Louis. Il passa ensuite au service de S. M. l'empereur d'Autriche, qui daigna lui faire délivrer des lettres de naturalisation sous le nom de baron de *Herzogenberg.* Il a fait la campagne de 1813, comme général-major, a commandé la ville de Châtillon, pendant le congrès; et à l'entrée des puissances alliées à Paris, S. M. l'empereur d'Autriche le nomma commandant de cette capitale. Il est grand'croix, commandeur et chevalier de plusieurs ordres, et toutes ces décorations n'égalent pas en nombre les honorables blessures, dont il est couvert.

X. Placide - Marie - Fidèle Picot, dit le vicomte de *Picot,* page, en 1782, de Madame, épouse de S. M. Louis XVIII, officier au régiment d'Anjou, émigra en 1791, et mourut en 1793, au champ d'honneur et pour la cause de son roi.

X. Henri-René-Marie Picot de Peccaduc, connu sous le nom de vicomte de *Picot,* officier au régiment de la Guadeloupe, émigra en 1791, fit partie du cantonnement d'Ath, dans la compagnie de S. A. R. le duc d'Angoulême, et la campagne de 1792, au corps d'armée de S. A. S. monseigneur le duc de Bourbon. Au mois d'avril 1793, il entra au service de la Hollande, dans le régiment d'Orange-Frise, et fit toutes les campagnes suivantes sous les ordres de S. A. S. monseigneur le prince Frédéric d'Orange, et immédiatement après l'occupation de la Hollande, en 1795, il passa au service d'Angleterre, auquel il est resté jusqu'en 1808, époque où il passa dans les troupes allemandes de la confédération du Rhin, avec lesquelles il a fait les cinq dernières campagnes, tant en Catalogne, qu'en Russie et en Allemagne; il est rentré en France à la restauration du trône des Bourbons, après une absence de vingt-trois ans de sa patrie, absence passée au service étranger sans interruption. S. M. Louis XVIII a bien voulu le réintégrer dans l'armée française, comme colonel d'infanterie, grade dans lequel il a fait les deux dernières campagnes. Il est chevalier de l'ordre royal et militaire de Saint-Louis et de la Légion d'honneur.

Armes : « D'or, au chevron d'azur, accompagné de » trois falots allumés de gueules ; au chef de même. De- » vise : *Nullus extinguitur.* »

· BEAUDRAND DE PRADEL ET DE LA ROUE (DE), en Lyonnais.

I. Gonnet DE BEAUDRAND, damoiseau, testa le 7 mai 1445. On voit par ce testament, qu'il habitait le bourg de Longes, en Lyonnais, et qu'il eut pour enfants :

> 1.º Pierre, dont l'article suit ;
> 2.º Etienne ;
> 3.º Guillaume ;
> 4.º Marguerite de Beaudrand.

II. Pierre DE BEAUDRAND, épousa Jacquette, dont on ne connaît point le nom de famille. On sait, par le testament de ladite Jacquette, du 21 septembre 1498, où elle est qualifiée de *nobilis mulier Jaquetta relicta nobilis viri Petri de Baudrandi quondam* de Longes, que leurs enfants furent :

> 1.º Guy, dont l'article suit ;
> 2.º André, qui eut quatre filles, Anne, Marguerite, Catherine et Philippe de Beaudrand ;
> 3.º Jeanne;
> 4.º Antoinette.

III. Guy DE BEAUDRAND, damoiseau, seigneur de la Combe, eut pour enfants, suivant son testament du 15 août 1531 :

> 1.º Philippe, dont l'article suit :
> 2.º Simon ;
> 3.º Hector ; 4.º Claude, présents au contrat de mariage de Philippe de Beaudrand ;
> 5.º Antoine ;
> 6.º Jean de Beaudrand ;
> 7.º Jeanne;
> 8.º Marguerite ;
> 9.º Antoinette.

IV. Philippe de BEAUDRAND, écuyer, seigneur de la Combe, épousa, le 22 juillet-1549, Jeanne l'Anglois, fille de noble Jean l'Anglois. Il passa une transaction, le 7 mai 1574, avec noble Pierre Fargeau, où sont rappelés noble Pierre de Beaudrand, et Guy son fils, ses prédécesseurs. Il fit son testament le 3 janvier 1582, où il est qualifié écuyer, seigneur de la Combe et de Longes, et dans lequel sont rappelés ses enfants, qui suivent :

      1.º Louis, qui continue la lignée ;
      2.º Thomas, ⎫
      3.º Claude, ⎬ présents au contrat de mariage de
      4.º Etienne, ⎭   Louis de Beaudrand.

V. Louis DE BEAUDRAND, écuyer, seigneur de la Combe, épousa, le 11 mai 1579, Claudine Faure, sœur de noble Balthazard Faure, seigneur de la maison forte du Chaffault. De ce mariage vinrent :

      1.º Claude, dont l'article suit ;
      2.º Charles, ⎫ présents au contrat de mariage de
      3.º Louis, ⎬   Claude de Beaudrand.

VI. Claude DE BEAUDRAND, écuyer, seigneur de la Combe et la maison forte du Chaffault, s'établit dans la souveraineté de Dombes, sur les confins de laquelle était situé son château du Chaffault. Il fut d'abord lieutenant particulier, ensuite avocat au bailliage de Dombes, par provisions du 22 novembre 1652. Il avait épousé, le 23 décembre 1619, Gasparde de Coursaut, fille de noble Jacques de Coursaut. Il laissa de ce mariage :

·VII. 'André DE BEAUDRAND, écuyer, seigneur de Volzé, capitaine d'une compagnie au régiment de Lyonnais, infanterie, par brevet du 18 novembre 1676, qui passa une transaction avec Louis de Beaudrand (1), écuyer,

----

(1) Il était fils d'Etienne de Beaudrand, seigneur de la Combe, conseiller du roi, premier substitut du procureur général de la cour des aides de Paris, et trésorier de France en la généralité de Montauban, et frère de Michel-Antoine de Beaudrand, prieur de Rouvres et de Neuf-Marché, homme d'un grand mérite, qui donna au public plusieurs ouvrages estimés, entre autres un Dictionnaire géographique latin, et un Dictionnaire géographique universel en français. Il mourut le 29 mai 1700.

conseiller du roi, substitut du procureur général en la cour des aides de Paris, le 17 juin 1690. On trouve dans cette transaction qu'André de Beaudrand, comme descendant des aînés de la famille, demandait au sieur de Beaudrand, substitut, d'anciens titres originaux de famille, qu'il lui avait confiés à condition qu'il les lui remettrait après que l'instance, qui était alors pendante en la cour des aides, entre le procureur général et défunt Nicolas de Beaudrand, chevalier, seigneur de la Combe, gentilhomme de la maison du roi, leur cousin, serait terminée. Il épousa dame Henriette de Cléri, de laquelle il laissa :

VIII. Benoît DE BEAUDRAND, écuyer, seigneur de Pradel, des Graves, de la Roue et de Ronzuel, qui fut institué héritier universel de Jean-François de Pradel, écuyer, seigneur de la Roue, son oncle maternel, par son testament du 9 juin 1719, à la charge de porter le nom et les armes de Pradel-Fautrin, auxquelles il pouvait joindre celles de Beaudrand. Il fut maintenu dans sa noblesse le premier septembre 1736, sur les preuves qu'il fournit, et qui remontaient à son sixième aïeul Gonnet de Beaudrand, damoiseau. Il épousa, à Pampelune, le 11 février 1718, Marie-Ignace de Laudaverre, dont est issu :

IX. Claude-Joseph-Marie DE BEAUDRAND DE PRADEL, écuyer, seigneur de la Roue et de Ronzuel, né le 27 mars 1725, marié avec Susanne de Saint-Martin. Il testa le 31 octobre 1776, et laissa de son mariage :

1.° Henri, dont l'article suit :
2.° Louis Donat de Beaudrand de Pradel, qui servit dans la marine au Cap français, où il fut fait prisonnier dans une descente contre les noirs insurgés. S'étant échappé, il passa au service de l'Espagne, et mourut à la Havane, en l'île de Cuba, le 6 août 1797 ;
3.° Marie ;
4.° Thérèse;
5.° Suson de Beaudrand.

X. Henri de BEAUDRAND DE PRADEL, écuyer, seigneur de la Roue et de Ronzuel, en la principauté de Dombes, né le 26 juillet 1763, fut reçu garde de la marine le premier juin 1782. Il a fait plusieurs campagnes, et est resté au service jusqu'en 1791, que les événements de la révolution l'ont obligé de quitter. Il est aujourd'hui lieutenant des vaisseaux du roi, et a épousé, le 12 août 1800 demoiselle Joséphine Beuf de Curis, dont sont issus :

1.° Henri-Alexandre;
2.° Eulalie;
3.° Albine de Beaudrand de Pradel.

Armes : « D'azur, à la bande jumelée d'or, accom- » pagnée de trois étoiles mal ordonnées, et en pointe » d'un croissant, le tout de même. »

GASQUET. Cette famille dont la noblesse est très-ancienne, tenait un rang distingué à Marseille, lorsque cette ville anséatique se gouvernait elle-même sous un podestat.

I. Bertrand Ier DE GASQUET, fut un des nobles et plus illustres citoyens que Marseille envoya, en 1262, vers le roi Charles Ier, comte de Provence, pour traiter de la paix. Les historiens de Provence et ceux de Marseille ont fait mention de cette députation solennelle. César Nostradamus, dans son *Histoire de Provence*, donne à ces députés les qualités de nobles et d'ambassadeurs. Ruffi, dans son *Histoire de Marseille*, les qualifie de gentilshommes. On lit dans l'acte de cette députation conservé dans les archives du roi, chapitre de paix, et dans celles de la ville de Marseille : *Constituerunt tractatores pacis cum domino comite provinciæ; nobiles viros Guillelmum de Lauris, Hugonem vivandi, Guillelmum de Monteolio, Bertrandum Gasqueti, etc.; quibus dederunt liberam et plenam potestatem pacem faciendi et reformandi, etc., an* 1262. Il eut pour fils :

II. Jacques DE GASQUET. On ignore si ce fut lui ou Bertrand II, son fils, qui quitta Marseille pour aller s'établir à Tourves. L'abbé Marcheti, dans son *Discours à Louis XIV*, imprimé à Marseille, chez Brébion, en 1670, place (page 61) la famille de Gasquet parmi les anciennes familles nobles de Marseille, qui n'y subsistaient plus alors, depuis environ trois cents ans; en effet ce fut à cette époque que plusieurs familles se retirèrent de Marseille, à l'occasion de la guerre civile des Gibelins et des Guelphes qui divisaient cette ville, comme le remarque Ruffi, dans son histoire de Marseille, page 168.

III. Bertrand II DE GASQUET. On voit dans un ancien cartulaire des délibérations de la vallée de Tourves, Seisson et Gueilet, Bertrand Gasqueti au nombre des officiers de police, en l'année 1390; son nom est suivi d'une M majuscule qui est l'abréviation de *Miles* chevalier. Il avait épousé, vers l'an 1350, Béatrix de Bontos, dont il eut :

    1.° Bertrand III, qui suit;
    2.° Guillaume, qui a fait la branche qui prit dans la suite le titre de seigneur de Carros, etc., rapportée ci-après.

IV. Bertrand III DE GASQUET, était marié vers l'an 1387, avec Madeleine d'Angline, dont il eut :

    1.° Pierre, qui suit ;
    2.° Vilete ; ce qui est justifié par un acte de nomination de tuteurs et curateurs fait en faveur de Pierre, etc., et reçu par Lazare Bertrand, notaire à Tourves, le 21 juin 1409.

V. Pierre DE GASQUET. Par une distinction remarquable, Pierre de Gasquet et Giraudon de Nogaret, furent seuls présents à l'acte de confirmation des priviléges renouvelés par Louis d'Arcussia, en 1427. On n'a pas trouvé à Tourves de titres pour suivre sa filiation ; apparemment il alla s'établir ailleurs.

Branche qui prit dans la suite le titre de seigneur de Carros et de Valettes, et qui résida à St.-Maximin.

IV. Guillaume I DE GASQUET, fils de Bertrand II, et de Béatrix de Bontos vivait dans le temps que les trois communautés de la vallée de Tourves étaient régies par dix conseillers gouverneurs, dont deux devaient être nobles de race, suivant l'acte des priviléges accordés à cette vallée, en 1350, par la reine Jeanne, confirmés par le comte Raimond de Baux, en 1354, conservés dans les archives du roi, registre Pelican, fol. 391.

Bertrand III, son frère, est nommé le premier des dix, en l'année 1391. Ils sont encore mentionnés l'un et l'autre avec la qualité de nobles dans deux actes du conseil, des années 1395 et 1397. Il avait épousé N..... Monerii de Seilhon, qui est justifié par un acte solennel de nomination de tuteurs et curateurs en faveur de Pierre, son neveu, du 31 juin 1409. Ses enfants furent :

    1.º Guillaume II, qui suit ;
    2.º Susanette de Gasquet.

V. Guillaume II DE GASQUET, fut mis au nombre des dix conseillers gouverneurs dans le conseil général, du 31 mai 1450, et y est avec la qualité de noble. Il laissa d'Alayette de Morel son épouse :

VI. Bertrand IV DE GASQUET, lequel est mentionné plus de trente fois avec qualité de noble dans le cartulaire des délibérations du conseil, aux années 1459 et 1460, *Nobilis Bertrandus Gasqueti*. Il avait épousé, par contrat du mois de mai 1440, Antoinette de Pinto, fille de Mathieu de Pinto, viguier de la baronnie. Il en eut :

    1.º Antoine I, qui suit ;
    2.º Guillaume III, qui a formé la branche des marquis de Clermont, établie à Figeac, et qui sera rapportée ci-après.

XII. Antoine I DE GASQUET, épousa à Tourves, honorable Françoise de Catelan, dont il eut Pierre qui suit.

VIII. Pierre DE GASQUET, est souscrit *Nobilis Petrus Gasqueti*, dans un conseil général de la vallée de Tourves, du 30 mars 1482. Il eut cinq fils mentionnés dans un acte, du 21 décembre 1521, reçu par Antoine Boniface, notaire à Tourves :

    1.º Jean I, qui suit ;
    2.º Antoine, qui fut prêtre séculier ;
    3.º Etienne, qui prit le parti des armes ;
    4.º Bertrand ;
    5.º Guillaume, qui avait épousé Sibillone de Guérin, ainsi qu'il appert par le contrat de mariage de Marguerite de Gasquet, leur fille, avec noble Balthazard Amalric, écuyer, du lieu de Signe, reçu en 1567, par Honorat Barthélemy, notaire

royal à Tourves, dans lequel Guillaume de Gasquet, est qualifié noble et écuyer, ainsi que dans
plusieurs autres actes. Les trois derniers prirent
le parti des armes, dans lequel Bertrand se distingua dans les guerres d'Italie, sous François Iᵉʳ.
Il fut du nombre des gentilhommes de Provence
qui, en 1536 et 1542, eurent commission de lever une bande ou compagnie d'infanterie (qui était
environ de deux cents hommes) pour en former
ou compléter la légion de Provence, dont Etienne
de Cormis était colonel, et aller renforcer l'armée du duc d'Enghien. Il est connu dans l'histoire sous le nom de capitaine Gasquet, de même
que plusieurs autres gentilshommes provençaux.
Dans ce temps-là, on n'arrivait au grade de capitaine dans une légion, qu'après de longs services,
et on ne l'accordait qu'à la noblesse, conformément à l'ordonnance de François Iᵉʳ, de l'an
1534, rapportée par Fontanon. Martin du Bellay,
raconte dans ses *Mémoires*, page 490, à l'article
de la bataille de Cérisoles, donnée le 11 d'avril
1544, qu'on tira de différentes compagnies d'infanterie tant françaises qu'italiennes, sept ou huit
cents arquebusiers, qui furent mis à la tête de
l'armée pour servir d'enfants-perdus, sous les
ordres de Montluc et des capitaines Hevart et
Gasquet, comme plus dispos et de meilleur en-
tendement. Le maréchal de Montluc, dans ses
commentaires, titre 1, fol. 837, fait aussi dans
plusieurs endroits une mention distinguée du capitaine Gasquet, et de quelques autres de même
grade, qu'il place (tit. 2, page 229), parmi les
braves gentilshommes qui avaient vaillamment
combattu dans la bataille de Cérisoles.

IX. Jean DE GASQUET, épousa Anthorone de Vellaques;
il eut de ce mariage :

X. Antoine DE GASQUET, qui fut marié, par contrat du
6 novembre 1566, avec Catherine de Baux; il eut de
ce mariage :

XI. Honoré DE GASQUET, lequel prit le parti de la robe;
il est qualifié *Egregius Dominus* dans ses lettres de doctorat du 7 septembre 1616. Il fut pourvu, en 1620,

des offices de lieutenant civil et criminel en la judicature et viguerie d'Arles. Sa réputation porta la cour
souveraine des monnaies de Paris à lui donner commission, par arrêt du 22 juin 1644, de corriger les abus
qui se commettaient en Provence touchant les monnaies. Louis XIV, par lettres du 8 avril 1647, le
nomma son commissaire pour faire des visites et connaître, dans toute la Provence, des malversations qui se
commettaient tant aux monnaies qu'aux manufactures
d'or et d'argent et dans l'orfévrerie. En 1648 et 1649,
lui et ses deux fils Antoine et Pierre, donnèrent de
nouvelles preuves de leur zèle pour le service du roi
pendant les troubles arrivés en Provence ; ce qui est
justifié par le témoignage du duc d'Angoulême, gouverneur de Provence, du premier décembre 1650, où
il déclare encore qu'ils se sont aidés à conserver la ville
de Saint-Maximin dans la fidélité du service du roi, de
même qu'à repousser courageusement les troupes en-
voyées pour la surprendre, ayant fait plusieurs voyages
vers lui, et servi de leurs personnes à l'armée de Sa
Majesté. Il avait été pourvu, par lettres du 15 décembre
1648, de l'office d'avocat-général au parlement de Provence, pour y servir au semestre de janvier. Ce semestre
ayant été ensuite supprimé, non-seulement il continua
de jouir du droit de *committimus;* mais le roi, par lettres
du 20 décembre 1655, le pourvut de l'office héréditaire
de conseiller et commissaire du roi, pour faire les enquêtes et contre-enquêtes; office, qui suivant l'édit de
création du mois de décembre 1638, donne le même
pouvoir, autorité, droits, honneurs et émoluments, dont
jouissent les maîtres des requêtes ordinaires de la maison
du roi, et les conseillers du grand conseil ou des autres
cours souveraines. Il fut marié, par contrat du 7 septembre 1626, avec marquise de Saint-Jacques, fille de
Joseph de Saint-Jacques, écuyer, et de Marguerite de
Dominici, des seigneurs de Guillaume, dont la mère était
Madeleine de Vintimille Seisson, des comtes de Marseille.
Il eut de ce mariage :

1°. Antoine III, qui suit ;

2°. Pierre II, qui a formé la branche établie à Lorgues, rapportée ci-après ;

3°. Anne, mariée à noble Claude Martin, écuyer,

et fondatrice d'une association du Saint-Rosaire, à Saint-Maximin.

XIII. Antoine III DE GASQUET, est qualifié *clarissimus et consultissimus* dans ses lettres de doctorat, du premier avril 1648; il fut pourvu, en 1655, de la charge de conseiller du roi, commissaire enquêteur général sur les évocations des procès civils et criminels pendants aux cours souveraines de Provence; il fut reçu par M. le chancelier, et posséda cet office jusqu'à sa mort, arrivée à Paris, en 1691. Il avait épousé, par contrat du 26 mai 1668, Marie-Marguerite de Villeneuve, fille unique et héritière de noble César de Villeneuve. de la branche de Tourretes-lès-Vence, et de Lucrèce de Grasse, des seigneurs du Bar et de la Malle, qui porta en dot la seigneurie de Carros du chef de son père, et une grande partie de celle de Valettes du chef de sa mère, qui était fille d'Annibal de Grasse, comte du Bar, et de Claire d'Alagonia, des seigneurs de Merargues. Antoine eut de son mariage :

1.º Louis, qui suit;
2.º Lucrèce, élevée à l'abbaye royale de Saint-Cyr, mariée ensuite au chevalier Dudier, gentilhomme de Marseille, dont elle n'a point eu d'enfants.

XIII. Louis DE GASQUET, fut institué héritier universel par le testament de Marie-Marguerite de Villeneuve, sa mère, du 22 mai 1717, à la charge et condition que lui et ses descendants seront obligés de porter le nom et les armes de sa maison, dont la branche venait de s'éteindre. Il prêta hommage au roi en la cour des comptes, le 4 mai 1691, pour les seigneuries de Carros et de Valettes, et en donna le dénombrement. Il avait épousé, par contrat du 30 avril 1698, Madeleine Dille, fille de Jean-Baptiste Dille, écuyer, et de Françoise Plasse. Il eut de ce mariage :

1.º Joseph-Paul de Villeneuve Gasquet, qui suit;
2.º Pierre de Villeneuve Gasquet de Carros, chevalier de l'ordre royal et militaire de Saint-Louis, capitaine de cavalerie, qui, ayant été estropié au service du roi, mourut à l'hôtel royal des Invalides, en 1766;
3.º Gabriel de Villeneuve Gasquet, chevalier de

l'ordre royal et militaire de Saint-Louis, ancien capitaine de cavalerie, aide-major du fort Saint-Jean de Marseille, par brevet du mois de novembre 1758, reçu à l'Académie des belles-lettres, sciences et arts de la ville de Marseille, le 26 février 1766; pourvu du gouvernement de la ville d'Auriol, en 1767; il a été marié à Troyes, en Champagne, par contrat du 21 juillet 1758, à Louise-Jeanne-Alexandrine du Bourg, fille de Edme-Charles du Bourg, seigneur d'Argilliers, Resson, Frereul, la Saulsote, etc.; des descendants d'Antoine du Bourg, chancelier dè France, et de Barbe de Blois de la Calandre, dame de la Saulsote, en Brie.

XIV. Joseph - Paul DE VILLENEUVE GASQUET, ancien capitaine de cavalerie, chevalier de l'ordre royal et militaire de Saint-Louis, prêta hommage au roi en la cour des comptes, au mois de mai 1764, de la seigneurie de Valettes, et épousa en 1765, Catherine de Fournier, fille de noble Etienne de Fournier, ancien secrétaire du roi, et de Thérèse de Thoron, des conseillers en la cour des comptes. De ce mariage vinrent :

1.º Louis-Joseph-Bruno, dont l'article suit ;

2.º Thérèse-Catherine-Claire-Gabrielle-Désirée, née le 30 avril 1769.

XV. Louis - Joseph-Bruno DE GASQUET VILLENEUVE, né le 12 avril 1771, a épousé, le 10 octobre 1791, Marguerite-Madeleine de Silvy, fille de messire Joseph-Gabriel de Silvy, trésorier de France au parlement d'Aix. De ce mariage sont issus :

1.º Benoît-Gabriel-Joseph-Louis, né le 17 mai 1792, reçu à la faculté de droit d'Aix, au grade de licencié en droit, le 27 août 1814 ;

2.º Bruno-Joseph-Pierre, né le 29 juin 1793 ;

3.º Léon-Paul, né le 12 novembre 1798 ;

4.º Madeleine-Victorine, née le 22 octobre 1797 ;

5.º Quatre enfants morts en bas âge.

Branche établie à Lorgues.

Pierre II DE GASQUET, fils d'Honoré et de Marguerite de Saint-Jacques, fut d'abord enseigne dans le régiment d'Angoulême et ensuite capitaine. Il servit sous les ordres du duc de Valois, comte d'Alès, pendant les mouvements arrivés en Provence. Il fut pourvu de l'office de viguier et capitaine pour le roi de la ville de Lorgues, par lettres-patentes expédiées en 1653, et obtint de Sa Majesté la confirmation des lettres d'évocation générale, tant pour lui que pour ses enfants de °tous leurs procès mus et à mouvoir. Le duc de Vendôme, qui connaissait son zèle pour le service du roi, lui donna la commission d'assembler, conduire et commander la milice, par lui ordonnée, de la ville et viguerie de Lorgues, au sujet de la détention du premier président du parlement d'Aix, et d'aller ensuite avec le chevalier de Mirabeau, conformément aux ordres exprès de Sa Majesté, s'assurer de la personne de quelques rebelles. Le duc de Vendôme atteste, dans son certificat du 31 mars 1659, que le tout fut exécuté avec beaucoup de chaleur et de diligence de la part dudit Gasquet, dont le zèle et la fidélité au service de Sa Majesté avaient aussi apparu en beaucoup d'autres rencontres. Il a été marié, par contrat du premier juillet 1662, avec Charlotte de Daumas ou Dalmas, fille de feu Honoré, vivant écuyer, du lieu de Cannes, et belle-sœur du chevalier de Bussi Nesmond, major des îles de Sainte-Marguerite; il eut de ce mariage quatre fils et trois filles mentionnés dans le testament de leur mère, du 10 juillet 1703:

1.° Jacques-Honoré, qui suit;
2.° Antoine, prêtre et docteur en théologie;
3.° Pierre, religieux, prêtre de l'ordre de Saint-Dominique, mort missionnaire apostolique à la Guadeloupe;
4.° Jean-Joseph, aide-major et capitaine dans le régiment d'Auxerrois, tué à la bataille d'Hochstet;
5.° Marquise, ⎫
6.° Louise, ⎬ mortes religieuses à Lorgues.
7.° Françoise, ⎭

XIII. Jacques-Honoré DE GASQUET, fut pourvu de l'office de conseiller du roi, lieutenant et assesseur civil et criminel en la judicature royale de Lorgues, par lettres enregistrées le 20 novembre 1691. Il fut marié, par contrat du 12 février 1703, avec Claire de Giraudi, fille de noble Pierre de Giraudi, seigneur de Piosin et de Mautauban, fils de Palamède de Giraudi et de Françoise de Signier, et d'Anne de Bosquet, fille de noble Louis de Bosquet, contrôleur général de la marine à Toulon. De ce mariage il a eu quinze enfants, dont quatre sont morts jeunes; les autres sont:

1.º Jean-Bernard, dont l'article suit;

2.º Pierre Bachelier, prêtre et chanoine-capiscol, à Draguignan;

3.º Antoine-Dominique, religieux capucin, controversiste apostolique contre les juifs d'Avignon, à ce député par Benoît XIV; il est auteur d'un ouvrage polémique, intitulé l'*Usure démasquée;*

4.º Charles-Théodore, religieux capucin, ancien professeur de théologie;

5.º Joseph-Esprit, prêtre, docteur, bénéficier et curé du chapitre de Barjols;

6.º Joseph-Bruno, religieux dominicain;

7.º Félix, mort prêtre séculier;

8.º François-Madelon, ancien lieutenant d'artillerie et gouverneur de la ville de Barjols, par lettres-patentes de Louis XV, de 1767;

9.º Charlotte, religieuse réformée de Sainte-Claire, abbesse des capucines de Marseille;

10.º Marie-Françoise, non mariée;

11.º Claire, non mariée.

XIV. Jean-Bernard DE GASQUET, fut d'abord lieutenant dans le régiment de Bourgogne. Etant ensuite entré dans le service de la marine, il fit en qualité d'enseigne plusieurs campagnes, dont sept de long cours. Il s'est trouvé à plusieurs combats contre les Anglais, servant sur les vaisseaux du roi, l'*Illustre*, l'*Héroïne*, le *Saint-Michel*, le *Héros*, le *Sceptre*, l'*Entreprenant*, donnant partout des preuves de sa valeur et de sa capacité. Pendant le siége de Louisbourg, par les Anglais, en 1760, il commanda une chaloupe carcassienne de son invention, portant deux canons de 18 sur son avant, deux de 14 sur chaque côté, et il protégeait toutes les chaloupes employées à faire de l'eau pour les vaisseaux du roi, battait les retranchements des ennemis, et gardait pendant la nuit l'entrée du port. Commandant la même chaloupe, il se battit deux fois pendant six heures de suite contre deux frégates ennemies, dont l'une de 30 et l'autre de 36 canons; enfin ayant été blessé à la tête, il fut fait prisonnier et relâché sur sa parole. Depuis la publication de la paix, en 1763, il a été employé à d'autres commissions, et la distinction avec laquelle il les a remplies, lui ont obtenu du roi une gratification de dix-huit cents livres. Il a été fait capitaine de vaisseau, en 1779, puis chevalier de l'ordre royal et militaire de Saint-Louis; il est mort en 1782, et avait épousé Louise-Charlotte-Etiennette-Bernarde de Marliani, d'une famille noble du Milanais. De ce mariage vinrent:

1.º François-Henri, qui suit;
2.º Claire-Charlotte, mariée, le 20 septembre 1796, à Louis-Joseph-Toussaint le Clerc de Juigné, comte de Lassigny.

XV. François-Henri DE GASQUET, a épousé, le 28 octobre 1800, Henriette-Elisabeth du Val, du Hâvre, sa cousine germaine. De ce mariage sont issus:

1.º Charles-Henri-Bernard;
2.º Pierre-Louis-Alban;
3.º Médéric-Ernest;
4.º Xavier-Jules;
5.º Marie-Henriette-Amance;
6.º Constance-Athénaïs; et trois autres enfants morts en bas âge.

Branche des marquis de Clermont, établie à Figeac, en Quercy.

VII. Guillaume III DE GASQUET, auteur de cette branche, est fils de Bertrand IV et d'Antoinette de Pinto: il eut pour fils:

VIII. Jean de GASQUET, Iᵉʳ du nom, qui fut père de Jean II, lequel, ayant pris le parti des armes, s'établit à Figeac, en Quercy, et y épousa Anne de Paramelle, par contrat du 22 août 1534; où il est qualifié *Nobilis*

Joannes Gasqueti , filius nobilis Joannis Gasqueti ; il eut de ce mariage, Etienne, qui suit.

X. Etienne DE GASQUET, seigneur de Cardailhaguet, fut marié avec Marguerite d'Henry, fille de noble Pierre d'Henry , seigneur de Sarailhac , par contrat du 14 avril 1580. Il eut de ce mariage :

   1.º Pierre, qui suit ;
   2.º Jacques , seigneur de Sainte-Colombe et autres places , qui épousa, par contrat du 10 février 1623 , N.... de Carros de Saint-Marsal , et fit une branche qui s'est fondue, par le mariage de la dernière fille, dans la maison de Marsillac, où elle a laissé son bien.

XI. Pierre DE GASQUET, seigneur de Brats , épousa , le 10 septembre 1624 , Jeanne de Castelnau , fille de Jean-Joseph , conseiller au parlement de Bordeaux. Il eut de ce mariage :

   1.º Thomas, qui suit ;
   2.º Joseph, maréchal-de-camp des armées du roi, cordon rouge , commandeur de l'ordre royal et militaire de Saint-Louis.

XII. Thomas DE GASQUET, épousa, par contrat du 24 février 1658, Jeanne Dubiot de Mérignac , fille de Mathurin de Mérignac , lieutenant général en la sénéchaussée d'Eguillon. De ce mariage naquirent :

   1.º Joseph, qui suit ;
   2.º Mathurin, qui a fait une branche établie à Eguillon.

XIII. Joseph DE GASQUET, Ier du nom, marquis de Clermont, a été marié, par contrat du 3 février 1719 , avec Marie de Lasserre de Belmont-Gondrin, et a eu de ce mariage :

XIV. Joseph II DE GASQUET, marquis de Clermont, marié , par contrat passé à Toulouse, le 12 août 1749, avec Louise-Charlotte d'Ouvrier, fille de Jean-Baptiste d'Ouvrier, seigneur de Possi et d'Elisabeth de Peiter.

On peut consulter sur cette maison les historiens de Provence et de Marseille, à l'année 1262 ; les archives du roi, chapitres de paix, et celles de la maison commune de Marseille, à ladite année ; l'abbé Marchety, page 61 ; les mémoires de Martin du Bellay, page 490, les commentaires du maréchal de Montluc, tom Ier, fol. 837, etc., les anciens cartulaires des élections et délibérations de la communauté de Tourves, Seisson et Gueilet, depuis 1390, jusques en 1482 ; les archives de la ville d'Arles vers l'an 1633 ; les registres du grand conseil et du conseil d'état, aux années 1654, 1655, 1662, 1670, 1671 ; le registre des hommages et dénombrements, aux années 1691, 1717, 1727 1764, à la cour des comptes, aides et finances de Provence, et le nobiliaire de cette province.

Armes : « De sinople, au coq d'argent, becqué, crêté,
» barbé et membré d'or ; au chef cousu d'azur, à un
» soleil levant d'or, dissipant un nuage d'argent ; devise :
» *Post nubila phœbus* ; et par suite des dispositions
» testamentaires de Marie-Marguerite de Villeneuve,
» en date du 22 mai 1717, la branche établie à Saint-
» Maximin, écartelé, de Villeneuve, qui est de gueules,
» frété de lances d'or et semé d'écussons de même,
» dans les claires-voies des lances ; à l'écusson d'azur,
» chargé d'une fleur de lys d'or, posé en cœur. »

AGNEL-BOURBON (D') : famille ancienne, originaire de Riez et de Salernes, en Provence.

I. Antoine D'AGNEL-BOURBON, Ier du nom, écuyer, épousa Marguerite de Vintimille. Il eut de ce mariage :

    1.º Honoré, qui suit ;
    2.º Antoine ;
    3.º Jean ;
    4.º Louis.

II. Honoré D'AGNEL-BOURBON, écuyer, épousa N.... Adhémar de Grignan. Il mourut en 1510, laissant de ce mariage :

    1.º Gaspard, dont l'article suit ;
    2.º Antoine ;
    3.º Louis.

III. Gaspard D'AGNEL-BOURBON, Ier du nom, écuyer, mort en 1518, avait épousé Honorée de Castellane, dont sont issus :

    1.º Antoine, qui suit ;
    2.º Honoré.

IV. Antoine D'AGNEL-BOURBON, IIe du nom, écuyer, né en 1510, mort en 1545, avait épousé Honorée de Demandols. Il eut pour fils :

V. Antoine D'AGNEL-BOURBON, IIIe du nom, écuyer, mort en 1635. Il avait épousé Antoinette-Marie de Sabran. Il eut pour fils :

VI. Augustin D'AGNEL-BOURBON, qui épousa Diane de Castellane, dont :

VII. Gaspard D'AGNEL-BOURBON, IIe du nom, écuyer né en 1610, mort en 1645. Il avait épousé Anne Baruette, dont est issu :

VIII. Guillaume D'AGNEL-BOURBON, écuyer, né en 1642, mort en 1707. Il avait épousé Honorate Guigou, de laquelle il laissa, entre autres enfants :

    1.º Joseph, qui mourut en 1719. Il avait épousé Anne de Renoux ;
    2.º Pierre, dont l'article suit.

IX. Pierre D'AGNEL-BOURBON, écuyer, fit son testament le 14 août 1720. Il laissa d'Isabeau Marin, sa femme :

    1.º Gabriel, qui suit ;
    2.º Joseph.

X. Gabriel D'AGNEL-BOURBON, écuyer, épousa, le 12 février 1722, Catherine Escolle, dont sont issus :

    1.º Joseph, qui suit ;
    2.º Une fille.

XI. Joseph D'AGNEL-BOURBON, chevalier, mort en 1792, avait épousé demoiselle Marie-Lucrèce Michel dont deux enfants vivants :

    1.º Auguste-Jean-Baptiste, qui suit;
    2.º Anne-Désirée, qui a épousé le sieur Michel Arnaud, trésorier des invalides de la marine, et caissier des gens de mer à Marseille.

XII. Auguste-Jean-Baptiste d'Agnel-Bourbon, chevalier, est né le 31 janvier 1787 ; il est sans alliance.

Armes : « D'hermines, à la fasce de gueules, chargée
» de trois fleurs de lys d'or. Supports, deux agneaux.
» Devise : *Probitas, virtus et fidelitas.* »

BROCHARD de la ROCHEBROCHARD : ancienne
famille noble, originaire du Poitou. Ayant été de tout
temps en possession de la seigneurie de la Roche, elle a
ajouté ce prénom, à son nom, qui, par la suite des temps,
s'est identifié avec lui. L'antiquité de cette famille se
prouve jusqu'en 1112, par un contrat d'acquêt de Pierre
Brochard, écuyer, demeurant à Fougères, paroisse de
Bécelœuf ; mais les titres se trouvant perdus jusqu'à
environ 1400, on ne commence à prouver la filiation
par titres bien suivis que par :

I. Arnaud Brochard, écuyer, seigneur de la Rochebrochard, qui épousa Brunissante du Beugnon, en 1440,
de qui sont issus :

    1.º Jean Brochard, écuyer, seigneur du Colombier,
       qui suit ;
    2.º André Brochard ;
    3.º Pierre Brochard ;
    4.º Jeanne Brochard, mariée à Jean de Nieul,
       écuyer, demeurant à Bécelœuf ;
    5.º Catherine Brochard, mariée à Laurent de Nieul ;
    6.º N.... Brochard, mariée à Mathurin Bourguignon,
       écuyer ;
    7.º Perrette Brochard ;
    8.º Philippine Brochard, mariée à Louis Bourgui-
       gnon, écuyer ;
    9.º Marie Brochard, mariée à Jean Robelin, écuyer ;
    10. Dauphine Brochard.

    Ils ont tous fait partage noble des successions
paternelle et maternelle, et divisé la terre de
la Rochebrochard, dont les domaines réunis depuis se reconnaissent encore aujourd'hui, et ce
par acte du 24 février 1481.

II. Jean Brochard, Ier du nom, écuyer, seigneur de la Rochebrochard et du Colombier, épousa demoiselle Bourigleau, fille de Louis Bourigleau, écuyer, seigneur de la Borlière, par contrat du 21 février 1478; de ce mariage sont issus :

1.º Jacques Brochard, Ier du nom, qui suit;
2.º Marie Brochard, mariée à Mathurin Bobineau, écuyer, demeurant à Foussais;
3.º Perrette Brochard, mariée à Jean Toupineau, écuyer;
4.º Guillemette Brochard, mariée à Jean Moréau, écuyer;
5.º Claire Brochard, mariée à Pierre Putois, écuyer;
6.º Jeanne Brochard, mariée à Quentin Desprez de Montpezat, écuyer.

III. Jacques Brochard, Ier du nom, chevalier, seigneur de la Rochebrochard, épousa, le 19 décembre 1501, demoiselle Perrine Marchand de Messelière. Il laissa de ce mariage :

1.º Jean Brochard, IIe du nom, qui suit;
2.º Jacques Brochard, demeurant à Saint-Christophe;
3.º François Brochard;
4.º Claudine Brochard;
5.º Guionne Brochard, mariée, le 14 août 1533, à René Corsin, écuyer, demeurant à Cherveux.

IV. Jean Brochard, IIe du nom, chevalier, seigneur de la Rochebrochard, épousa, le 8 février 1539, Charlotte de la Chapellerie, de la maison de Rouillé, de qui sont issus :

1.º Octavien Brochard, qui suit :
2.º Jean Brochard, marié à demoiselle Angélique Saumureau;
3.º Anne Brochard.

V. Octavien Brochard, chevalier, seigneur de la Rochebrochard, laissa de son mariage contracté le 3 août 1562, avec demoiselle Isabeau Deshouillières :

1.º Maurice Brochard, qui suit;
2.º Jacques Brochard, chevalier, seigneur de la Corsonnière, paroisse de Néri;

3.º Marguerite Brochard, mariée à Mathias Morin, écuyer, seigneur de la Maronnière et du Pinier

4.º Marie Brochard, mariée à Jacques de Couhé, chevalier, seigneur de Saliron.

VI. Maurice BROCHARD, chevalier, seigneur de la Rochebrochard, épousa, le premier mai 1611, Jeanne Simoneau, dont est issu :

VII. Charles BROCHARD, Iᵉʳ du nom, chevalier, seigneur de la Rochebrochard, marié, le 31 janvier 1656, à Marguerite Barillon (1), dont sont issus :

1.º Charles Brochard, IIᵉ du nom, qui suit;

2.º Claude Brochard, seigneur d'Echalard, capitaine au régiment de Bigorre, infanterie, tué à la bataille de ****. Il était aide-de-camp des armées du roi, par brevet du 10 mai 1696;

3.º Jacques Brochard, chevalier, seigneur de la Saisine, marié à demoiselle Louise-Anne de Garsonné;

4.º François Brochard, né le 29 janvier 1659, reçu chevalier de justice dans l'ordre militaire et hospitalier de Saint-Jean de Jérusalem, le premier juin 1670, commandeur de Villegat en 1712, bailly de la Morée en 1734, mort dans sa commanderie de Villegat en 1745;

5.º Gabrielle Brochard;

6.º Claudine Brochard, mariée à René de la Dive.

VIII. Charles BROCHARD, IIᵉ du nom, chevalier, seigneur de la Rochebrochard, épousa, le premier septembre 1682, demoiselle Radegonde Marois (2), fille

---

(1) Marguerite Barillon épousa, en secondes noces, René de la Boucherie; elle partagea la succession de père et de mère, le 20 octobre 1651. Elle avait pour sœur Françoise Barillon, d'où sont issus les Desgranges de Surgères, marquis de Puguion; les marquis de Lescures; les Duvergier, marquis de la Rochejacquelein; les Petit, marquis de la Guerche, et les Vasselot, marquis d'Anne-Marie.

(2) Par le mariage de Charles Brochard, IIᵉ du nom, avec demoiselle Radegonde Marois, fille de Nicolas Marois, et de Renée de la Sayette, cette famille se trouve alliée aux maisons de Lorraine et de la Ferté.

de Nicolas de Marois, et de demoiselle Renée de la Sayette, dont sont issus :

1.º Charles-Jacques Brochard de la Rochebrochard, qui suit :

2.º François-Xavier Brochard de la Rochebrochard, qui forme une branche que je rapporterai plus bas.

IX. Charles-Jacques BROCHARD DE LA ROCHEBROCHARD, chevalier, seigneur dudit lieu, de Surin, la Ménardière, Marigni, Chamereau, Labarre-de-Fourbeau, le Fontenioux, Verre, etc., épousa, le 11 juillet 1712, Marie-Thérèse de Genne, fille de Jacques de Genne et de Charlotte Cotereau, dont sont issus :

1.º Louis-Joseph Brochard de la Rochebrochard, qui suit ;

2.º Silvestre-Charles Brochard de la Rochebrochard, qui forme une branche rapportée plus loin ;

3.º Marie - Gabrielle - Radegonde Brochard de la Rochebrochard, mariée le 12 février 1741, à Léon, chevalier, seigneur châtelain de Villiers-en-Plaine ;

4.º Marie-Françoise Brochard de la Rochebrochard, mariée le 2 août 1740, à Gabriel-Salomon de Grignon, marquis de Pouzauge.

X. Louis - Joseph BROCHARD DE LA ROCHEBROCHARD, chevalier, seigneur dudit lieu, de Surin, Princès, Marigny, Chamereau, etc., épousa, le 17 septembre 1754, Marie-Madeleine Bélanger, fille d'Hercule Bélanger, chevalier, seigneur de Champdeniers, dont sont issus :

1.º Benjamin-Louis-Charles Brochard de la Rochebrochard, qui suit ;

2.º Marie-Henriette Brochard de la Rochebrochard, mariée à Gabriel-Jean-Simon Berthelin de Montbrun, chevalier, seigneur d'Aiffre ;

3.º Julie Brochard de la Rochebrochard ;

4.º Sévère-Radegonde Brochard de la Rochebrochard, mariée, le 3 juillet 1786, à Charles-Evremond Brochard de la Rochebrochard, officier au régiment de Royal-des-Vaisseaux, infanterie.

XI. Benjamin-Louis-Charles BROCHARD DE LA ROCHE-

BROCHARD, chevalier, seigneur dudit lieu, du marquisat
de Champdeniers, Surin, etc., né le premier septembre
1757, inscrit dans la compagnie des chevau-légers de
la garde ordinaire du roi, le 4 octobre 1772, a fait
ses exercices de 1776, et a servi jusqu'au 30 septembre
1787, date de la réforme de ce corps; il a émigré en 1791,
et a fait la campagne de 1792 à l'armée des Princes,
dans l'escadron de Poitou, compagnie de Chouppes,
en qualité de maître, il y resta jusqu'au licenciement,
et servit ensuite sous le prince Ferdinand, duc de Wurtemberg, pour la défense de la ville de Liége; de là
passa en Angleterre et en Amérique, et est rentré en
1800; il épousa, le 17 février 1784, Marie-Eulalie de
Brach, fille de Jean-François-Louis de Brach, capitaine
de vaisseau, chevalier, seigneur d'Enandes des Moul-
lières, etc., et de Catherine Gaigneron Desvallons, dont
sont issus :

1.º Louis-Clémentin Brochard, de la Rochebrochard,
né le 8 décembre 1784, gendarme de la garde
ordinaire du roi ;
2.º Jean-Théodore Brochard de la Rochebrochard;
3.º Reine-Eulalie-Solange Brochard de la Rochebrochard, mariée le 6 juin 1809, à Amateur-
Gabriel-Goulard d'Arsay.

Seconde branche.

IX. François-Xavier BROCHARD DE LA ROCHEBROCHARD,
chevalier, seigneur d'Auzay, la Vergnay, la Cossonnière,
Salidieu, Etrie, etc., né le 27 septembre 1684,
fils de Charles de la Rochebrochard et de Radegonde Marois,
obtint un congé de service du marquis de Vins, capitaine
lieutenant de la deuxième compagnie des mousquetaires
de la garde du roi, le 25 novembre 1704; eut un brevet
de lieutenant de cavalerie dans le régiment du prince
de Marsillac, le 12 mai 1708 ; la commission de capitaine de cavalerie dans le même régiment, le 23 mars
1709; reçut une ordonnance qui lui fut envoyée par
le comte Dio de Montpéroux, comme mestre-de-camp
général de la cavalerie, le 13 août 1713 ; obtint un
certificat du comte d'Evreux le 4 juin 1715 ; eut, à son
profit, une sentence de maintenue de noblesse, étant
capitaine au régiment d'Angleterre, cavalerie, par M. le

Richebourg, intendant du Poitou en juin 1715, épousa, le 20 mai 1727, Marie-Aimée de Régnault, fille de Gabriel de Régnault, chevalier, seigneur de la Proutière; et de Marie-Madeleine Bodet de la Fénestre. De ce mariage sont issus :

1.º François-Xavier-Joseph, qui suit;

2.º François-Louis;

3.º Charles-Alexis;

4.º Radegonde-Florence;

5.º Charlotte-Angélique;

6.º Gabrielle-Aimée;

7.º Marie-Françoise-Louise, mariée à Joseph-Henri-Alexis-Aimé de Tusseau, chevalier, seigneur de Maisontier;

8.º N..., morte jeune;

9.º Geneviève-Aimée-Josèphe, mariée à Silvestre-Charles Brochard de la Rochebrochard, chevalier, seigneur du Foutenioux:

X. François-Xavier-Joseph BROCHARD DE LA ROCHE-BROCHARD, chevalier, seigneur d'Auzay, la Vergnay, Etrie, etc., né le 14 juillet 1737, chevau-léger de la garde ordinaire du roi, après avoir fait ses preuves, délivrées au duc de Chaulnes, capitaine de ladite compagnie; capitaine de cavalerie, chevalier de l'ordre royal et militaire de Saint-Louis, épousa, le 17 mai 1776, Marie-Françoise de Jouslard, fille de Philippe, IVe du nom de Jouslard, chevalier seigneur d'Iversay, et de Marie-Anne-Geneviève de Légier de Puiravault. De ce mariage sont issus :

1.º Philippe-Xavier, qui suit;

2.º Charles-Xavier, né le 3 septembre 1782, marié le 23 novembre 1815, à Clémentine de Gourjault;

3.º Philippe-Xavier, mort jeune;

4.º Aimé-Xavier, mort jeune;

5.º Marie-Anne-Geneviève, morte jeune.

XI. Philippe-Xavier BROCHARD DE LA ROCHEBROCHARD, né le 12 avril 1781, fut incarcéré en 1793 et 1794, comme attaché par sa naissance et ses principes à la cause de ses souverains. Il épousa, le 18 octobre 1802, Cécile de Berthelin de Montbrun, fille de Gabriel-Jean-Simon de Berthelin de Montbrun, chevalier, seigneur d'Aiffres, Coulon, Séligny, la Mortmartin, etc., et de Marie-Thérèse-Henriette Brochard de la Rochebrochard. De ce mariage sont issus :

 1°. Adrien-Xavier ;

 2°. Evrèmond-Xavier ;

 3°. Charles-Xavier ;

 4.° Françoise-Cécile-Amélie.

Troisième branche.

X. Silvestre-Charles BROCHARD DE LA ROCHEBROCHARD, second fils de Charles-Jacques, et de Marie-Thérèse de Genne, épousa N.... Brochard de la Rochebrochard, dont sont issus :

 1°. Charles-Evremond Brochard de la Rochebrochard, qui suit ;

 2°. Fidèle-Amand Brochard de la Rochebrochard, chevalier de Malte, ancien officier au régiment de la Reine, infanterie, marié.

XI. Charles-Evremond BROCHARD DE LA ROCHEBROCHARD, né à Surin, le 12 janvier 1760, cadet gentilhomme dans le régiment de Royal-des-Vaisseaux, infanterie, le 6 juin 1776, sous-lieutenant le 28 avril 1778, lieutenant en second le 21 mai 1784, a émigré en 1791, a fait la campagne des Princes en 1792, où il est resté en qualité de brigadier, jusqu'au licenciement ; passa alors en Angleterre, et rentra en France en 1800, et il épousa Sévère-Radegonde Brochard de la Rochebrochard, le 3 juillet 1786. Sans enfants.

Armes : « D'argent, au pal de gueules, côtoyé de » deux pals d'azur ; couronne de marquis. »

CLEBSATTEL ou GLEBSATTEL. Cette famille établie en Alsace, depuis environ deux siècles, est une branche de l'illustre famille des Clebsattel ou Glebsattel, qui depuis plus de quatre siècles entre dans tous les chapitres nobles d'Allemagne, notamment dans ceux de Vurtzbourg et de Fulde, ainsi qu'il est prouvé par les registres des chapitres nobles de ces deux villes, et par les pierres sépulchrales qui se trouvent dans leurs églises.

Plusieurs comtes et barons de Clebsattel ont été colonels et officiers généraux au service de Bavière; il en existait même encore deux dans les dernières guerres. La branche établie en Alsace a toujours été reconnue par celle d'Allemagne, et a toujours porté même nom et mêmes armes; elle a contracté en Alsace des alliances avec les plus nobles familles chapitrales de cette province, et exercé pendant quatre générations la charge de grand-bailli, chef de justice, police et finances des villes et comté de Thann, à laquelle était jointe celle de gouverneur du château de Thann, jusqu'à sa démolition.

Sur quelques difficultés qui furent faites à cette famille par le syndic de la noblesse d'Alsace, à cause de la perte de certains papiers, elle demanda et obtint de Sa Majesté le roi Louis XIV, en 1683, des lettres de réhabilitation qui se trouvent au dépôt du conseil d'etat, et M. d'Hozier l'autorisa à porter les mêmes armes qu'auparavant; ces armes se trouvent à la fin de cet article.

Cette famille est divisée en trois branches, savoir :

La première est celle de MM. de Clebsattel, seigneurs de Cernay, des deux Traubach, barons de Chenevute, etc. Le dernier est mort lieutenant de roi de Belfort, et ses enfants existent; ils ont contracté les plus belles alliances, tant en France qu'en Piémont. Toute cette branche a émigré dans le commencement de la révolution.

La seconde branche est celle de Clebsattel de Traubach, établie à Thann, dans la haute Alsace.

La troisième branche de cette famille a été formée par :

François-Salinien DE CLEBSATTEL, officier dans le régiment de cavalerie d'Ancezune, lequel fut tué à l'affaire de l'Assiette, en Italie; il avait épousé Marguerite de Félix, de laquelle il eut :

Jean-Baptiste DE CLEBSATTEL, officier dans le même régiment, devenu ensuite du Rumain; il épousa Ursule de Laugier, et eut pour fils :

François-Dominique DE CLEBSATTEL, actuellement existant, ancien capitaine d'infanterie, chevalier de l'ordre royal et militaire de Saint-Louis, qui a épousé Adélaïde du Bellay, de laquelle il a :

1.º Joseph de Clebsattel, mari de Rosalie de Jeuvernay, lequel a plusieurs enfants, et est établi à Dunkerque;

2.º Eléonore de Clebsattel, épouse de noble Louis Drolenvaux, sous-inspecteur aux revues, chevalier de la légion d'honneur;

3.º Flore de Clebsattel, épouse du baron de Lautour, officier-général, chevalier de l'ordre royal et militaire de Saint-Louis et officier de la légion d'honneur.

Nota. Le grand-oncle de François-Dominique de Clebsattel, était lieutenant-colonel du régiment de Royal Allemand, et chevalier de l'ordre royal et militaire de Saint-Louis, ainsi qu'il est prouvé par les almanachs militaires; et les tantes de ce lieutenant-colonel, également du nóm de Clebsattel, ont été reçues chanoinesses au chapitre noble de Migette, en Franche-Comté.

Tous les membres de cette troisième branche ont aussi émigré.

Armes : « Ecartelé, au 1 et 4 d'or, à un sapin de » sinople, sur une terrasse de même; au 2 et 3 de » gueules, et une tête de bouquetin d'argent. »

BARROIS DE SARIGNY. Famille originaire de Lorraine, établie en Champagne, en 1627, issue de :

I. Charles BARROIS, qui fut successivement avocat ès-grands jours de Saint-Mihiel, lieutenant général au bailliage d'Hattonchâtel, et conseiller en la cour souveraine de Lorraine et Barrois, séante à Nancy; l'un des ótages donnés à Louis XIII, lors de la prise de Saint-Mihiel, en 1633, et compris au rôle de la noblesse pour la somme de 5000 fr., pour sa personnelle de la contribution exigée par le vainqueur (Hist. de Saint-Mihiel, par Dom Calmet). D'après l'inscription ci-après, il est qualifié de noble de race. Il figure, ainsi que Didier, son père, dans les preuves de seize quartiers faites par MM. de Sarrazin. Il mourut en 1654, et avait épousé demoiselle Chrestienne Bourgeois, fille de Jean Bourgeois, procureur général en ladite cour souveraine de Nancy, et de Jeanne Bowt.

Hic jacet Carolus Barrois, vir verè nobilis non solum genere sed virtute, pietate insignis, doctrina clarus, civibus charus, quibus ut salus esset, et eos ex hoste redimeret in obsidione urbis, sui et suæ salutis oblitus est; tam constans in principem ejus amor et fides, ut ei licet absenti totam servaverit. Honores consecutus est, eos contemnens; primo viceballivius Hattonis castri, deindè consiliarius in supremo Lotharingiæ ac Barri senatu. Obiit anno domini 1654, ætatis suæ 79.

Christina Bourgeois, ejus uxor, filia Joannis Bourgeois, procuratoris generalis, et Joannæ Bowt ex familiâ comitum Lowetorum, Claudia Roitel, soror dicti Caroli, uxor domini de Watz Rombois, Nicolaus ejus filius, Margarita et Christina filiæ; ultima hunc tumulum erigi curavit.

Collationné et rendu conforme de mot à mot, figuré sur une inscription, en lettres d'or peintes sur un marbre noir, de deux pieds dix pouces et demi de hauteur et de dix-huit pouces et demi de largeur, incrusté dans une bordure de pierre blanche avec ornements sans écusson, le tout appliqué au côté gauche du sépulcre contre le mur de ladite église paroissiale de Saint-Mihiel, à la réquisition de messire Nicolas Barrois, seigneur de Sarigny, licencié ès-lois, conseiller du roi, lieutenant assesseur en la maréchaussée au département de Langres, ancien maire, lieutenant à la garde des clefs de ladite ville de Langres, y demeurant, par les notaires, tabellions au bailliage royal de Saint-Mihiel, y résidants, soussignés, cejourd'hui, 24 septembre 1787. *Signé* Mengin et Leclerc.

Contrôlé et dûment légalisé, par M. Lartillier, lieutenant-général au bailliage dudit Saint-Mihiel.

De son mariage avec ladite Chrestienne Bourgeois, vinrent:

1°. Charles, né à Saint-Mihiel, le 15 avril 1599, porteur de la procuration de son père, au mariage de Nicolas;

2.º Nicolas, qui suit ;

3.º Didier, né à Saint-Mihiel, le 16 novembre
1604 ;

4.º Jean, né, à Saint-Mihiel, le 19 janvier 1606 ;

5.º Jeanne, mariée à M. François Sarrazin, le 3 août
1625 ;

6.º Marguerite, ⎰ rappelées dans l'inscription ci-
7.º Chrestienne, ⎰ dessus.

II. Nicolas BARROIS, écuyer, né à Saint-Mihiel, le
28 mai 1602, établi à Langres, par son mariage avec demoiselle Simonne Guyot, par contrat notarié, du 14 juillet
1627, mourut assassiné, le 5 avril 1639. Arrêt du parlement de Bourgogne, du 22 mars 1641, rendu à la pour-
suite de sa veuve, qui condamne les meurtriers à la
peine de mort. Il a eu pour enfants :

1.º Denis, qui suit ;

2.º Nicolas, mort en bas âge ;

3.º Anne, mariée à M. Thomas Garnier de Langres,
le 9 août 1663 ;

4.º Nicole, ⎰ mortes en bas âge.
5.º Jeanne, ⎰

III. Denis BARROIS, écuyer, conseiller en la chancellerie du présidial de Langres, mort en décembre 1696.
Il avait épousé demoiselle Claire Petitjean, par contrat
notarié, du 29 juillet 1658, dont il eut :

1.º Antoine, qui suit ;

2.º Thomas, chef de la branche cadette seule existante aujourd'hui ;

3.º Claude, religieux de l'ordre de Saint-François ;

4.º Marguerite, mariée à M. Pierre Pechin, juge au
présidial de Langres ;

5.º Jeanne, mariée à M. Nicolas Boudrot, président
à l'élection ;

6.º Didière,   ⎰
7.º Angélique, ⎰ religieuses.
8.º Catherine ; ⎰

IV. Antoine BARROIS, Iᵉʳ du nom, écuyer, seigneur

de Germaine, lieutenant du prévôt général de la maréchaussée de la province de Champagne, par provisions du 8 novembre 1692, conseiller assesseur en la maréchaussée à Langres, après la suppression de la charge de lieutenant de prévôt, par commission du 27 juin 1720, né le 3 novembre 1662, mort le 20 novembre 1746, avait épousé demoiselle Jacquette Seurot. De ce mariage vinrent :

> 1.º Antoine, qui suit ;
>
> 2.º Thomas, seigneur de Charmont, célibataire, mort en 1760 ;
>
> 3.º Marie-Nicole, mariée à M. Jean-Charles Seurot, seigneur de Cusey et Villemoron, chevalier d'honneur au bailliage de Langres, morte en 1780 ;
>
> 4.º Colette, morte fille en 1771.

V. Antoine IIe BARROIS, écuyer, seigneur de Santenoge et Germaine, né le 16 juin 1692 ; lieutenant de cavalerie au régiment de Brissac, par brevet du 4 octobre 1721, conseiller assesseur en la maréchaussée, par commission du 31 juillet 1737, et conseiller au bailliage et siége présidial de Langres, mourut en 1760. Il avait épousé demoiselle Antoinette Brulefer, le 10 décembre 1725. De ce mariage vinrent :

> 1.º Antoine-Bernard, qui suit ;
>
> 2.º Marie-Jacquette, mariée à M. Jean-Claude-Bernard Pechin, lieutenant assesseur au bailliage de Langres, morte en 1813 ;

VI. Antoine-Bernard BARROIS, écuyer, seigneur de Germaine et Santenoge, président au bailliage et siége présidial de Langres, mourut en 1789. Il avait épousé le 24 février 1759, demoiselle Marie-Eléonore Castel. De ce mariage vinrent :

> 1.º Jacquette-Marguerite, mariée à M. Charles de Lyver, chevalier, seigneur de Brevannes, capitaine au régiment de Champagne, infanterie ; émigré ;
>
> 2.º Jeanne-Marie, religieuse dominicaine.

Cette branche est éteinte à défaut d'enfants mâles.

Branche cadette.

IV. Thomas BARROIS, écuyer, né à Langres, le 24 janvier 1669, seigneur de Lodigny, procureur du roi ès-siéges royaux de Langres, deuxième fils de Denis, mentionné page 135, mort le 25 novembre 1748, avait épousé demoiselle Colombe Bresson, par contrat notarié du 4 août 1700. De ce mariage vinrent :

1.º Thomas, religieux de l'ordre de Saint-Dominique ;
2.º Claude-Bernard, prêtre, licencié en théologie, chantre en dignité, et chanoine de l'église de Langres et official du diocèse ; mort en 1791 ;
3.º Nicolas, qui suit ;
4.º Jacquette-Bernarde, mariée à M. Louis Leboulleur, chevalier, seigneur Duplessis et Courlon :
5.º Didière-Marguerite, mariée à M. André Parent, écuyer ;
6.º Marguerite, ⎫
7.º Marie, ⎬ mortes filles ;
8.º Gabrielle, ⎭
9.º Jeanne, ⎫ religieuses.
10.º Claire, ⎭

V. Nicolas IIᵉ BARROIS, écuyer, né à Langres, le 29 août 1718, seigneur de Sarigny, procureur du roi ès-sièges royaux de Langres, conseiller, lieutenant assesseur de la maréchaussée près le présidial, maire, lieutenant pour le roi à la garde des clefs en la même ville, mourut le 6 mai 1805. Il avait épousé demoiselle Marie-Anne Aubertot de Fresnoy. Articles, du 18 mai 1745, déposés par un acte notarié, du 23 juin 1755. De ce mariage vinrent :

1.º Thomas-Nicolas-Blaise, né à Langres, le 3 février 1746, mort en bas âge ;

2.º Nicolas-Jacques, né à Langres, le 8 juin 1747, mort en 1782. Il avait épousé demoiselle Catherine Charollois, dont il n'a eu que Catherine-Marie-Claude, mariée à Gabriel-Marie Arnoult, écuyer, seigneur de Promby, demeurant à Châlons-sur-Saône, sans enfants.

3°. François-Claude-Marie, né à Langres, le 7 juin 1750, mort en bas âge;

4°. Claude-Bernard-Antoine, prêtre, licencié en théologie, chantre en dignité et chanoine de l'église cathédrale de Langres, vicaire-général du diocèse d'Embrum, né à Langres, le 15 mars 1751;

5.° Jean-Baptiste-Pierre-Didier, qui suit;

6.° Nicolas-Philibert-Gabriel, tige d'une nouvelle branche ci-après;

7.° Nicolas-Xavier, prêtre, licencié en théologie et ès-lois, conseiller-clerc au grand bailliage souverain de Langres, décoré par le grand-maître de l'ordre de la croix de chevalier d'armes de Saint-Jean de Jérusalem, pendant son émigration, en lui accordant le temps nécessaire pour faire ses preuves, lors du rétablissement de la tranquillité en France, né à Langres, le 5 mars 1757;

8.° Antoine-Charles, né à Langres, le 15 août 1764, lieutenant-colonel d'artillerie, tué en émigration au service d'Autriche, en 1793;

9.° Marguerite-Didière, née à Langres, le 20 mai 1748, célibataire;

10.° Marguerite-Victoire, née à Langres, le 13 mai 1755, célibataire;

11.° Marie-Anne, née à Langres, le 11 mai 1758, mariée à M. François-Narcisse Baudouin Tirant, écuyer, seigneur de Bury, Flavigny, Morains, Broussy et des Athies, le trois avril 1780.

VI. Jean-Baptiste-Pierre-Didier BARROIS, écuyer, seigneur de Sarigny, né à Langres, le 7 avril 1752, réfugié à Paris pour, à la faveur d'une profonde obscurité, échapper aux persécutions qui pesaient sur sa famille, (son père, sa mère, sa sœur, incarcérés, ses deux frères ecclésiastiques déportés, l'officier émigré), et que n'auraient pas manqué de provoquer son attachement pro-

noncé pour ses princes légitimes, l'expansion de sa vive
douleur sur l'atroce attentat du 21 janvier 1793, ses
opinions anti-révolutionnaires que la franchise de son
caractère ne lui permettait pas de dissimuler. Il a
épousé demoiselle Charlotte Nicole de Giey Villars, fille
de M. François-Joseph-Gabriel de Giey, chevalier, seigneur de Villars-en-Azois, maréchal des camps et armées du roi, chevalier de l'ordre royal et militaire
de Saint-Louis, et de demoiselle Marie-Françoise,
comtesse de Révol, et petite-fille de demoiselle Geneviève Finée de Brianville, cette dernière fille, de
madame de Brianville, née comtesse de Ligneville,
par contrat notarié, passé à Paris, le 3 juin 1795.
Quoique absent depuis plus de vingt ans de son département, il a été désigné pour membre de la députation chargée de l'honorable mission de déposer au
pied du trône les félicitations respectueuses et l'ex-
pression du dévouement et de la fidélité de ses compatriotes à la rentrée en France de Louis-le-Désiré. Il
a eu dudit mariage :

1.º François-Ernest, né à Paris, le 5 novembre 1801,
chevalier du Lys, élève au lycée Louis-le-Grand ;

2.º Marie-Nicole-Isaure, née à Paris, le 11 mai 1796,
morte le 24 du même mois ;

3.º Marguerite-Emilie, née à Paris, le 21 mars 1808,
morte le 16 octobre 1812.

Autre branche.

VI. Nicolas-Philibert-Gabrielle BARROIS, écuyer, né à
Langres, le 17 mai 1754, député à l'assemblée coloniale
de l'Ile Bourbon, mort à l'Ile Bourbon, en 1793,
y avait épousé demoiselle Marie-Seconde-Charlette Léger,
de ladite Ile. De ce mariage sont issus :

1.º Pierre-Nicolas-Marie, né à l'Ile Bourbon ;

2.º Charles-Nicolas, né à l'Ile Bourbon ;

3.º Marie-Geneviève-Victoire, mariée à M. Langlois
d'Abléville, de l'Ile Bourbon.

Armes : « D'après les lettres-patentes, du 20 mars
» 1596, cette famille porte : d'azur à un lion d'or, à la

» fasce d'argent brochante sur le tout. L'écu timbré
» d'un lion de l'écu et environné de deux pennes d'or,
» d'azur et d'argent, le tout porté d'un armet morné
» d'argent, couvert de lambrequins aux métaux et cou-
» leurs dudit écu. »

ESCOTAIS (DES). Terre et seigneurie située dans la
paroisse de Jubleins, province du Maine, qui a donné
son nom à une ancienne maison, dont nous allons rapporter la généalogie. Le château des Escotais avait anciennement le titre de châtellenie, et il était fortifié; il
fut démoli dans le temps des guerres avec les Anglais,
et il n'en reste plus aujourd'hui que les ruines.

I. Guillaume DES ESCOTAIS, Ier du nom, chevalier,
est le plus ancien seigneur connu de cette terre. Il
vivait en 1280, et avait un frère nommé Gervais, chevalier, qui vivait en 1302 et 1312.

II. Jouffroy DES ESCOTAIS, chevalier, seigneur des
Escotais, fils et successeur de Guillaume, vivait en
1310. Il épousa, vers l'an 1330, Isabeau de Chahanaye, fille de Pierre de Chahanaye, chevalier, seigneur
dudit lieu, au diocèse d'Angers, et de demoiselle Cres-
pine des Roches. De ce mariage vinrent :

    1.º Guillaume, dont l'article suit;

    2.º Jean, auteur de la branche des seigneurs de la
        Chevalerie et de Chantilly, rapportée ci-après.

III. Guillaume DES ESCOTAIS, IIe du nom, chevalier,
seigneur des Escotais, épousa, le jeudi après la fête
de Saint-Hilaire de l'an 1363, demoiselle Jeanne de la
Feuillée, fille d'Ambroise de la Feuillée, chevalier, seigneur dudit lieu, et de demoiselle Colette Dorange. Il
laissa de ce mariage :

    1.º Jean, dont l'article suit;

    2.º Colette des Escotais, mariée à Foulques de The-
        valle, chevalier, seigneur dudit lieu, au Maine.

IV. Jean DES ESCOTAIS, Ier du nom, chevalier, seigneur des Escotais, épousa, le dimanche après la Tri-

nité de l'an 1385, demoiselle Jeanne de la Barre, fille de Robin de la Barre, chevalier, seigneur dudit lieu, au Maine, et de Jeanne de Surgon. De ce mariage est issu :

V. Jean DES ESCOTAIS, IIᵉ du nom, écuyer, seigneur des Escotais et de Dollon, qui épousa, le 23 juillet 1413, Jeanne de Logié, fille aînée de Jean de Logié, écuyer, seigneur du Boisthebaut, et de Anne de Tessé, en présence de Michel des Escotais, écuyer. Leurs enfants furent :

    1.º Jean, qui suit ;
    2.º Jeanne, mariée, le premier janvier 1437, à Jacques de Mascon, écuyer, seigneur de Polligné.

VI. Jean DES ESCOTAIS, IIIᵉ du nom, chevalier, seigneur des Escotais, épousa, 1.º le 23 juillet 1431, demoiselle Catherine de Vassé, fille de Jean de Vassé, chevalier, seigneur de Vassé, de Montfoucour, Saint-Jean-sur-Marne, la Courbe, des Hayes, la Braille, etc., et de demoiselle Jeanne le Cornu ; 2.º Jeanne Dorange. Du premier lit est sorti :

VII. Jean DES ESCOTAIS, IVᵉ du nom, chevalier, seigneur des Escotais, de Surgon, etc., qui épousa, en 1452, demoiselle Anne de Champchevrier, fille de Guyon de Champchevrier, chevalier, seigneur de Souldé, en Anjou, et du Plessis-d'Auvers, au Maine, et de demoiselle Jeanne d'Ingrande. De ce mariage vinrent :

    1.º Guyon, dont l'article suit ;
    2.º Guillaume, qui eut en partage, avec Raoul, son frère, la terre de Surgon, par acte du 7 avril 1494 ;
    3.º Raoul, qui n'eut qu'une fille unique, alliée à Georges de Corbon, écuyer ;
    4.º Anne, mariée le 15 mars 1479, à Jean de Fontenailles, écuyer, seigneur de Mongenard ;
    5.º Jeanne des Escotais, alliée à Jacques de Cochefilet, chevalier, seigneur de Bellavilliers.

VIII. Guyon DES ESCOTAIS, chevalier, seigneur des Escotais, des terres et baronnie d'Ingrande et d'Azé, par le décès sans enfants de Jean d'Ingrande, IVᵉ du nom, et de Louise de Châteaubriand, épousa, le 24 juin 1485, demoiselle Jeanne de Marsillé, fille aînée de noble homme Jean de Marsillé, écuyer, seigneur de Marsillé et de Brillaut, et de Guillemette de Froullay. De ce mariage sont issus :

1.º Gilles, mort sans postérité ;

2.º Renée, qui eut, par le partage des biens de son père, du 19 octobre 1524, les terres et baronnie d'Ingrande et d'Azé, mariée, le 2 août 1508, à Bertrand du Parc, chevalier, seigneur de Bernières, en Normandie, fils de Jean du Parc, chevalier, et de Marie du Maz ;

3.º Guillemine, dame des Escotais, mariée à François de Mondame, écuyer, seigneur dudit lieu ;

4.º Françoise, dame de Montjoubert, alliée à Julien Rabaut, seigneur de Villeneufve, au Maine ;

5.º Louise, dame en partie des Escotais, en totalité de la Landellerie, de Chavaignes, des Portes, etc. ; femme de Guillaume Bachelot, écuyer, seigneur de la Bachelotière ;

6.º Autre Françoise,   ⎰
7.º Marguerite des Escotais, ⎱ religieuses.

Branche des seigneurs de la chevalerie et de Chantilly.

III. Jean des Escotais, écuyer, Ier du nom, de sa branche, seigneur de la Brizolière, second fils de Jouffroy et d'Isabeau de Chahanaye, eut en partage la terre de Chahanaye, qu'il céda à Jean des Escotais, son neveu, le vendredi après la fête de Saint-Pierre et de Saint-Paul de l'an 1400. Il épousa Agnès, dame de la Chevalerie, au Maine, veuve de Bouchard de Vernie. Il laissa de ce mariage :

IV. Michel des Escotais, Ier du nom, écuyer, seigneur de la Chevalerie, de la Brizolière, etc., qui servait en qualité d'écuyer en 1411. Il laissa, de demoiselle Jeanne de Moiré, sa femme :

V. Macé des Escotais, écuyer, seigneur de la Chevalerie et de la Brizolière, qui fut du nombre des gentilshommes qui se trouvèrent à la défaite des Anglais à Saint-Denis en Anjou (1). Il épousa demoiselle Jeanne Sevauld, dame de la Sevauldière, de laquelle il laissa :

___

(1) Les annales d'Anjou, par Jean de Bourdigné, en confirmant ce fait, rapportent en outre, qu'en 1384, un seigneur des Escotais

1.º Michel, dont l'article suit ;

2.º Charles des Escotais ;

3.º Jean, marié, en 1488, avec Catherine de Charnacé, fille de Renaud de Charnacé, écuyer, seigneur dudit lieu, et de demoiselle Catherine Touschard de la Touschardière ;

4.º Jeanne des Escotais, qui fut alliée, le 4 octobre 1483, à François de Saint-Fraimbaut, écuyer, seigneur dudit lieu, au Maine.

VI. Michel DES ESCOTAIS, IIe du nom, écuyer, seigneur de la Chevalerie, de la Brizolière, etc., épousa demoiselle Roberte de Champagné, fille de Jean de Champagné, écuyer, seigneur dudit lieu, au Maine, et de Guillemine de Vassé. De ce mariage vinrent :

1.º Jean, dont l'article suit ;

2.º Françoise des Escotais, mariée le 13 avril 1501, à Guyon de Cervon, chevalier, seigneur des Arcis, du Behuret, de la Cropte, etc., fils de Hector de Cervon, et de Jeanne de Boisjourdan.

VII. Jean DES ESCOTAIS, IIe du nom, écuyer, seigneur de la Chevalerie, épousa, le 15 mars 1519, demoiselle Jeanne Guillard, fille de Jean Guillard, écuyer, seigneur de la Selle, au Maine, et de Jeanne de Montguerré, dont :

VIII. Adam DES ESCOTAIS, écuyer, seigneur de la Chevalerie et de la Trigaudière, qui épousa, le 9 juin 1537, demoiselle Renée de Souvré, morte le 9 septembre 1625, fille de Jean de Souvré, chevalier, seigneur de Courtenvaux, père de Gilles de Souvré, marquis de Courtenvaux, maréchal de France, chevalier de l'ordre du Saint-Esprit, et de dame Françoise de Martel. De ce mariage sont issus :

1.º Ambroise, qui suit ;

2.º Autre Ambroise, chevalier de Malte, en 1586 ;

3.º Renée des Escotais, alliée à René le Vexel, écuyer, seigneur du Tertre, au Maine.

---

fut du nombre des gentilshommes de cette province qui accompagnèrent le duc d'Anjou dans ses expéditions contre les Anglais en Guienne et en Gascogne.

IX. Ambroise DES ESCOTAIS, Iᵉʳ du nom, chevalier, seigneur de la Chevalerie et de la Trigaudière, chevalier de l'ordre du roi, gentilhomme ordinaire de sa chambre, seigneur du Petit-Souvré, du Plessis-Barthélemy, de Coulon au Maine, et de la Houdinière, épousa, le 21 juin 1599, damoiselle Antoinette de la Houdinière, dame de Chantilly, fille d'Antoine de la Houdinière, écuyer, seigneur de Chantilly, et de dame Renée de Marsay. Leurs enfants furent :

>   1.º Ambroise, dont l'article viendra ;
>   2.º Louis, mort, chevalier de Malte ;
>   3.º Renée, mariée à Cosme de Beauregard, écuyer, seigneur dudit lieu ;
>   4.º Urbane, alliée à Pierre le Roux, écuyer, seigneur de la Roche-des-Aubiers, fils de Charles le Roux, et d'Urbane de la Roe.

X. Ambroise DES ESCOTAIS, IIᵉ du nom, chevalier, seigneur de Chantilly, du Plessis-Barthélemy, de Savigny, de la Durandière, etc., chevalier de l'ordre du roi, gentilhomme ordinaire de sa chambre, épousa, le 16 mars 1624, damoiselle Anne de Broc, fille d'honneur de la reine, et fille de François de Broc, chevalier, seigneur de Lizardière, baron de Cinqmars, la Pile, etc., et de Françoise de Montmorency-Fosseux. De ce mariage vinrent :

>   1.º Ambroise, dont l'article suit ;
>   2.º Autre Ambroise, ⎫
>   3.º Louis-Scipion,   ⎬ morts sans alliances ;
>   .4.º Marie-Hortense, ⎫
>   5.º Elisabeth,   ⎬ religieuses.
>   5.º Marie-Anne,   ⎭

XI. Ambroise DES ESCOTAIS, IIIᵉ du nom, chevalier, seigneur de Chantilly, de la Chevalerie, d'Armilly, etc., épousa, le 26 novembre 1663, Elisabeth de Broc, sa cousine germaine, fille de Michel de Broc, chevalier, seigneur de Cheminé et de Moulines, et de Marie-Madeleine du Ghesne. Il a laissé de ce mariage :

>   1.º Michel-Séraphin, dont l'article suit ;
>   2.º Marie, religieuse ;
>   3.º Anne-Elisabeth des Escotais, mariée à Claude-Toussaint le Jumeau, chevalier, seigneur, baron de Blou.

XII. Michel-Séraphin DES ESCOTAIS, chevalier, seigneur de Chantilly, d'Armilly, l'Ile Oger, Sarigny, etc.,
capitaine des vaisseaux du roi, mort le 3 mai 1736,
avait épousé, en 1706, Louise-Elisabeth de Laval-Montmorency, fille de Gabrielle de Montmorency, comte de
Laval, et de Renée-Barbe de la Forterie, et sœur de
Claude-Roland de Laval-Montmorency, maréchal de
France, grand-chambellan du roi Stanislas, duc de Lorraine et de Bar. De ce mariage sont issus :

1°. Michel-Roland, dont l'article suit;

2°. Louis-Joseph, chevalier de Chantilly, bailli de
l'ordre de Malte, grand-prieur d'Aquitaine, mort
au mois de janvier 1796, et connu sous le nom de
bailli des Escotais. Il avait été fait colonel des
grenadiers-royaux, puis brigadier d'infanterie le
premier mai 1758, maréchal de camp le 20 février
1761, lieutenant-général;

3°. Madeleine-Elisabeth des Escotais, mariée, le 17
mai 1737, avec Marc-René-Alexis de Valory,
chevalier, seigneur-châtelain d'Estilly, fils de
Louis de Valory, et d'Antoinette-Catherine le
Voyer d'Argenson.

XIII. Michel-Roland DES ESCOTAIS, comte de CHANTILLY,
seigneur du Coudray-Maconard, en Anjou, de Chantilly, d'Armilly, du Plessis et de la Roche-Racan, obtint
l'érection de ces trois dernières terres en comté sous le
nom des Escotais, par lettres-patentes du roi Louis XV
en 1747. Il servit dans sa jeunesse au régiment du roi,
infanterie, et mourut au mois d'août 1781. Il avait épousé
Anne-Geneviève de Pineau-de-Viennay, fille de Jacques
Pineau-de-Viennay, baron de Lucé, conseiller au parlement, et de Marguerite de Gennes. De ce mariage vinrent :

1°. Louis-Jacques-Roland, dont l'article suit;

2°. Anne des Escotais de Chantilly, alliée le 21 juin
1761, à M. le comte de Chavagnac;

3°. N..... des Escotais, mariée en 1777, au marquis
du Luart.

XIV. Louis-Jacques-Roland, comte DES ESCOTAIS, né
le 2 novembre 1746, maréchal des camps et armées du
roi, mort en Angleterre, avait épousé, le 26 juin 1771,

Marie-Louise-Françoise de Plas, nommée, le 20 octobre 1775, l'une des dames pour accompagner madame Sophie de France, et à la mort de cette princesse, nommée dame de madame Adélaïde de France; elle fut présentée, en 1771. De ce mariage sont issus :

1°. Anne-Charles-Louis-Roland des Escotais, né le 9 août 1772;

2°. Anne-Guy-Louis des Escotais, né le 3 juillet 1774, reçu chevalier de Malte de minorité;

3°. Blanche-Henriette-Charlotte des Escotais, mariée à Adrien-Eugène-Léonard de Tramecourt, des seigneurs de Tramecourt et d'Azincourt, en Artois.

Armes : « D'argent, à trois quintefeuilles de gueules. » Couronne de comte ; supports , deux lions. »

CHABERT (DE) : famille ancienne établie en Normandie , arrondissement d'Avranches, dont les titres ont été brûlés, en 1792, ce qui fait qu'on ne peut, malgré l'ancienneté de son origine, établir sa filiation suivie que depuis :

I. Henri DE CHABERT, écuyer, seigneur de l'Etoile et du Pont-au-Rat, élection de Coutances, qui fut maintenu dans sa *noblesse d'extraction*, par les commissaires du roi, le 26 janvier 1624. Il avait épousé, vers l'an 1600, Marguerite Hardouin. De ce mariage vint :

II. Thomas DE CHABERT, écuyer, seigneur de l'Etoile et du Pont-au-Rat, qui épousa, le 6 avril 1636, Barbe de la Motte, fille du sieur de la Motte, écuyer, seigneur de Saint Planchés, et de demoiselle Hilaire du Pray. De ce mariage :

III. Gilles DE CHABERT, écuyer, seigneur de l'Etoile et du Pont-au-Rat, qui acheta, le 27 juin 1675, la seigneurie de *Champeaux*, où il mourut en 1714. Il avait épousé, le 6 janvier 1669, Louise Danjou, fille de Louis Danjou, seigneur et patron de Coulouvray et autres lieux, et de demoiselle Jeanne le Chevalier, de laquelle il a laissé :

IV. Louis-François DE CHABERT, écuyer, seigneur et patron de Champeaux, qui épousa, le 5 novembre

1697, Marguerite de la Bellière, fille de Jean-Gustave de la Bellière, écuyer, seigneur et patron de Vains-sous-Avranches, et de dame Elisabeth l'Empereur de Saint-Pierre. De ce mariage :

1.° Jean-Gustave, qui épousa N..... Gauthier, de laquélle il eût, 1.° Alexandre, mort sans postérité; 2.° Louise, mariée à Jacques de la Hache, seigneur de Romilly;

2.° Louis-Charles-Jacques, dont l'article suit.

V. Louis - Charles - Jacques DE CHABERT, chevalier, officier dans les armées du roi, premier capitaine au bataillon des Gardes-Côtes d'Avranches, en 1758, épousa, 1.° le 7 octobre 1734, Anne-Thérèse Gaultier, fille d'Henri Gaultier, écuyer, et de Marie le Marchand; 2.° le 12 janvier 1760, Jeanne-Aimée de Sainte-Marie, de Saint-Clair, près de Vire. Ses enfants furent :

Du premier lit :

1.° Louis, prêtre, mort à vingt-cinq ans;
2.° Jacques-Philippe, mort sans postérité;
3.° Pierre-Louis, qui suit;

Du second lit :

4.° François - Alexandre - Maximilien de Chabert, marié à Françoise de Lezeaux; de ce mariage vinrent quatre enfants, dont un ayant émigré, fut pris après le siége de Granville, et condamné à mort par le tribunal révolutionnaire;

5.° Marie-Louise-Aimée-Adélaïde de Chabert, née en 1760, religieuse à Vire, puis à Avranches.

VI. Pierre-Louis DE CHABERT, Ier du nom, chevalier, seigneur du Manoir, né en 1742, a épousé, le 25 octobre 1767 Théoliste Habel, fille de Jacques Habel, écuyer, sieur du Vivier, et de Madeleine Quescy. De ce mariage vinrent :

1.° Louis-Baptiste de Chabert, né en 1770, officier dans l'armée royale de Normandie, sous les ordres de M. le comte de Frotté, général de Sa Majesté Louis XVIII. Il est célibataire;

2.° Pierre-Louis. qui continue la branche aînée, et dont l'article suit;

3.° Jean de Chabert, né en 1780, écuyer, qui a servi avec distinction dans l'armée royale de Normandie, sous les ordres de M. le comte de Frotté; il a épousé, le 17 mars 1808, demoiselle Modeste de Beaupte, fille de Jacques-Marie-Rouert de Beaupte, écuyer, et d'Angélique-Françoise-Jacqueline Destouches.

VII. Pierre-Louis DE CHABERT, IIᵉ du nom, chevalier, seigneur du Manoir, né le 16 juin 1776, fit la campagne de 1795 et 1796, avec M. le général comte de Frotté, dans la Normandie et dans le Maine; il fut déclaré ôtage par le département de la Manche, pendant la guerre de 1798, et conduit à la maison d'arrêt de Saint-Lô, où il resta détenu pendant six mois. Dévoué à son roi, il rentra dans le même corps, où il a servi avec honneur en qualité de capitaine. Il a épousé, le 14 septembre 1801, demoiselle Rosalie Flaust, fille de Henri-Jean-François Flaust, avocat, et de Anne-Jacqueline de Peronne. De ce mariage sont issus:

1.° Henri, né le 5 juillet 1802;
2.° Esther, née en 1804;
3.° Uranie, née en 1805;
4.° Victorine-Rosalie, née en 1809.

Armes: « Ecartelé au 1 et 4 d'azur, à la bande d'argent, chargée de trois couronnes ducales de gueules; au 2 et 3 d'argent, à trois rocs d'échiquier de sable. »

Nota Bene. Il existe en Provence deux autres familles de ce nom, qui ont chacune des armes différentes; de l'une d'elles était Joseph-Bernard, marquis de Chabert, chef-d'escadre, commandeur de l'ordre royal et militaire de Saint-Louis, si célèbre dans les annales de la marine française.

CASTILLON (DE), en Guienne; maison ancienne dont les preuves furent faites au cabinet des ordres du roi, au mois de mars 1784, par Joseph de Castillon, chevalier, comte de Castillon, baron de Mauvezin, ancien capitaine au régiment d'Aunis, infanterie, chevalier de l'ordre royal et militaire de Saint-Louis, admis à jouir des honneurs de la cour.

Personnages connus dont la filiation n'est point suivie.

Bernard DE CASTILLON, chevalier, marié à Reine, eut pour enfants, Raymond et Clavel ; il fit donation, en 1149, 1152, et 1155, à Guillaume et Arnaud, abbés de Notre-Dame de Campagne, des fiefs qu'il possédait entre la rivière de Soz et celle de Lampi, auxquelles donations fut présent Raymond de Castillon, l'un de ses fils.

Pons DE CASTILLON, reçut ordre, le 25 mai 1242, de Henri III, roi d'Angleterre, ainsi que le vicomte de Castillon, Aymery de Castillon et les autres gentilshommes de Gascogne, de se trouver, savoir : ledit Pons, avec cinq chevaliers ; le vicomte, aussi avec cinq chevaliers, et ledit Aymery avec trois, au lieu de Pont, le jeudi après la Pentecôte de la même année. Le même Aymery de Castillon, chevalier, obtint en 1263, une pension de soixante-dix liv., du même prince, en considération de ses services.

Pierre DE CASTILLON, fut un des seigneurs de Guienne, qui signèrent le traité de paix conclu à Bordeaux, le 28 août 1242, entre Raymond, comte de Toulouse, et Henri III, roi d'Angleterre.

Raymond-Aymery DE CASTILLON, obtint, en 1263, du roi d'Angleterre, une pension de soixante-dix liv., en considération des services qu'il avait rendus à ce prince.

Elie et Hugues DE CASTILLON, chevalier, rendirent hommage, en 1273, à Edouard, roi d'Angleterre, duc de Guienne, de ce qu'ils possédaient aux lieux de Castillon, de la Marque et de Puylormond.

Aymery DE CASTILLON, damoiseau, est rappelé dans deux reconnaissances féodales données, en 1303, et 1304, à Indie de Castillon, sa fille, femme de Roger de Gavarret, damoiseau.

Thibault de CASTILLON, évêque de Bazas, en 1313.

Hugues DE CASTILLON, fut élu évêque de Comminges, en 1335. On voit encore aujourd'hui, dans l'église de Saint-Bertrand de cette ville, un tombeau autour duquel sont plusieurs écussons, entre autres un aux armes de Hugues de Castillon, qui sont celles que cette maison porte encore de nos jours.

Bernard DE CASTILLON, damoiseau, fit hommage, le 11 mars 1279, à G..., comte d'Armagnac, de ce qu'il possédait au territoire de Soz et de Torrebreu.

Hugues de CASTILLON, chevalier, donna deux quittances, en 1340, de ses gages et de ceux des gens d'armes de sa compagnie; ces deux quittances sont scellées au sceau de ses armes.

Raymond DE CASTILLON, damoiseau, seigneur de Courelles, donna quittance, le 20 septembre 1342, d'une somme de cent liv., sur ses gages pour son service dans la guerre de Gascogne, qu'il scella de son sceau.

Guillaume-Eymeric DE CASTILLON, fit une donation, au mois d'octobre 1361, à noble Bertrand Dufour, son beau-père.

Pons DE CASTILLON, chevalier, seigneur de Castillon, de la Marque et de Montendre, qualifié noble et puissant homme, fit son testament, le 12 décembre 1355, et laissa de Jeanne de Casenave, son épouse, 1.º Pons, qui suit; 2.º Fouquet dont le sort est ignoré; 3.º et 4.º Jeanne et Marguerite, dont les alliances sont inconnues.

Pons DE CASTILLON, chevalier, seigneur de Castillon, était à la Terre-Sainte lors du testament de son père, du 12 décembre 1355, par lequel il fut institué son héritier universel. Il eut de Thomasse de Pons, sa femme, Pons de Castillon, lequel était sous la tutelle de sa mère, en 1366, et dont la postérité s'est éteinte dans la maison de Pardaillan Gondrin.

I. Arnaud-Guillaume DE CASTILLON, chevalier, seigneur de Castillon, de Soz, de Baune, vicomte en partie du Boulonnais ou Armagnac, naquit vers l'an 1260. Il rendit hommage de sa partie du Boulonnais, avec les co-seigneurs de cette vicomté, l'an 1289, à Edouard, roi d'Angleterre, et fit son testament au lieu de Baune, au mois de juillet 1327. Il laissa d'Indie, sa femme:

1.º Bernard, qui suit;

2.º Arnaud-Guillaume, 3º. Arnaud de Castillon, } exhérédés par leur père, au mois de juillet 1327, pour avoir porté les armes contre le roi de France et de Navarre.

4.° Pierre,
5.° Auger, } dont le sort est ignoré.

6.° Séguine, épouse de Bertrand de Savignac, damoiseau;

7.° Gassie, mariée à Guillaume Aymery de Barbotan. chevalier;

8.° Lombarde de Castillon, femme de Raymond-Guillaume de Rouilhan.

II. Bernard DE CASTILLON, Ier du nom, chevalier, seigneur de Castillon, de Soz, de Torrebren et autres lieux, fut tuteur avec Guillaume de Villeneuve, chevalier, d'Esmangarde, fille d'Isard de Villars, le 2 des calendes de septembre 1312, qu'il fut rendu une sentence arbitrale entre eux et les baillis marguilliers de la confrérie de Sainte-Marie de Foujoux; il mourut avant son père, et est rappelé dans son testament, du mois de juillet 1327. Il avait épousé Jeanne Condor de Pouy, dont:

1.° Pierre, dont l'article suit;
.2.° Géraud, dont le sort est ignoré;
3°. Indie de Castillon.

III. Pierre DE CASTILLON, chevalier, qualifié *noble et puissant messire*, fut institué héritier universel d'Arnaud-Guillaume de Castillon, son aïeul, au mois de juillet 1327; fut établi gouverneur du château de Montendre, par le roi d'Angleterre, en 1341; servit avec Vidal de Castillon dans la compagnie de messire Jourdain de l'Isle, chevalier; dont la montre fut faite à Moissac, le 26 octobre 1352. Il est compris au nombre des créanciers de Pons de Castillon, son cousin, dans un état des dettes de ce dernier, donné en 1366, par Thomasse de Pons, mère dudit Pons de Castillon, et est nommé avec Bernard, son fils, dans une vente faite le 2 décembre 1398.

IV. Bernard DE CASTILLON, IIe du nom, damoiseau, seigneur de Castillon, de la Barrère, de Fore, de Jeaulin, de Bezaudun, etc., qualifié *noble baron*, est nommé dans l'état des dettes de Pons de Castillon, son cousin, de l'an 1366, et fut un des vingt-quatre écuyers de la compagnie de Pierre de Pommiers, écuyer, commis à la garde du château de Podenas, dans la revue fut

faite à Condom, le 25 août 1369; fut exécuteur testamentaire de noble et puissant homme messire Gérard
de Jeaulin, chevalier, du 8 mars 1377; fit hommage au
comte d'Armagnac, les 25 et 28 mars 1378, et 14 mai
1398, des terres de Castillon, de la Barrère, de la Molère
et du Foure. Il laissa de Marguerite de Jeaulin, sa femme,
fille de messire Gérard de Jeaulin, chevalier:

1.º Jean, dont l'article suit;

2.º Mérigon, *aliàs* Emeric de Castillon, chevalier,
seigneur de Castelnau-d'Eauzan, de la Barrère,
de Bezaudun et de Jeaulin, nommé, le 5 avril 1437,
chevalier de l'ordre du Cormail, dit *Porc-Epic*,
capitaine d'hommes d'armes et de trait, en 1438,
qu'il donna quittance, scellée de ses armes, d'une
somme de deux mille écus, aux habitants de Toulouse, pour aider la ville de Sainte-Gavelle. Ses
enfants furent:

a. Guillaume Raymond, mort sans enfants;

b. Isabeau, épouse de Jean de Pardaillan, seigneur de Poujas;

c. Beline, femme de Jean de Lupiac, seigneur
de Montcassin.

V. Jean DE CASTILLON, Ier du nom, damoiseau,
seigneur de Castelnau-d'Eauzan, fut fait légataire
de Gérard de Jeaulin, chevalier, le 4 mars 1377; fit
hommage au comte d'Armagnac, le 24 janvier 1420,
des terres de Castillon, de Torrebren, de la Barrère;
servit dans la compagnie du vicomte de Narbonne, dont
la montre fut faite à Aubigny, le 4 mars 1420; à Mon-
targis, le 2 juillet suivant; au siége de Béziers, le 8
juin 1424; dans celle du sire d'Albret, en 1435 et 1437.
Ses enfants furent:

1.º Bernard de Castillon, seigneur dudit lieu, qui
servit dans la compagnie d'hommes d'armes du
sire d'Orval, en 1451, et avec Odet et Pierre
de Castillon dans celle de Pothon de Xaintrailles,
en 1461. Il épousa, le 5 février 1455, Florette de
Moret, fille de noble Dominique de Moret, seigneur de Montus, et eut Pons de Castillon, seigneur de Castillon, qui de son mariage avec Marie
du Lau, fille de Thibault, chevalier, seigneur

du Lin, n'eut qu'une fille nommée Syrenne de Castillon, dame dudit lieu, de Castelnau et de la Barrère, qui fut mariée, 1.° à Guillaume de Léomond, seigneur de Sainte-Christie; 2.° à Géraud de Lupé;

2.° Mérigon, qui suit.

VI. Mérigon DE CASTILLON, écuyer, seigneur de Mauvezin, capitaine et gouverneur du pays d'Eauzan, puis de la ville de Bazas donna quittance de ses gages, le 7 août 1430, et la scella de son sceau, chargé d'un château à trois tours, et ayant pour supports une femme et une syrène, et pour cimier une tête de lion. Il fut confirmé dans l'office de capitaine de la ville de Bazas, le 10 décembre 1460, et rendit hommage, le 24 avril 1481, à Alain, sire d'Albret, pour la terre de Mauvezin. Il avait épousé Braylette de Sarrus, dame de Mauvezin, dont :

> 1.° Antoine de Castillon, seigneur de Mauvezin, qui épousa, le 6 novembre 1499, Marguerite de Lavardac, fille de noble Pierre de Lavardac, de laquelle il n'eut point d'enfants;
>
> 2.° Jean, qui suit.

VII. Jean ou Jeannot DE CASTILLON, II° du nom, écuyer, seigneur de Mauvezin, servit dans la compagnie d'André de Foix, maréchal de France, aux guerres d'Italie en 1516, 1520, 1523, 1526, et 1529; fut fait légataire de Marie du Lau, femme de Pons, seigneur de Castillon, son cousin-germain, le 29 janvier 1527, et était mort, le 5 février 1570, qu'il est rappelé dans la donation faite par sa veuve à Michel de Castillon, son petit-fils. Il avait épousé, le 30 mars 1510, Anne de Berrac, fille de noble Gilles de Berrac, seigneur dudit lieu. De ce mariage vinrent :

> 1.° François, seigneur de Mauvezin, mort sans enfants, de Barbe de Comère, son épouse, fille de N..... de Comère, seigneur de Sala;
>
> 2.° Guy, qui suit.

VIII. Guy ou Guirault DE CASTILLON, écuyer, seigneur de Mauvezin, de Carboste; de la Cocursaute, de Lescout, etc., servit dans la compagnie de M. de Montluc, dont la montre fut faite à Leyrac, le 15 juillet 1565 ; fut fait enseigne de la même compagnie en 1567, et commanda plusieurs compagnies durant les guerres de religion. Il épousa, le 9 juillet 1527, Isabeau du Bouzet, fille de noble Jean du Bouzet, écuyer, seigneur de Roquepine et de Pouy, de laquelle il laissa :

1.º Michel, dont l'article suit ;

2.º Jean, dont la destinée est ignorée ;

3.º Jeanne de Castillon, mariée, le 16 juillet 1574, à noble Jean du Poy, seigneur d'Emparren ;

4.º Catherine, mariée, 1.º le 15 avril 1569, à noble Odet de Montlezun, écuyer, seigneur du Pouy ; 2.º le 5 février 1579, à noble Bernard de Pâtras, seigneur de Campaigno.

IX. Michel DE CASTILLON, I.er du nom, écuyer, seigneur de Mauvezin, de Carboste, de Lescout, etc., reçut la donation qui lui fut faite par Anne de Berrac, son aïeule paternelle, le 5 juin 1570 ; servit en qualité d'homme d'armes de la compagnie du chevalier de Montluc, en 1574, 1575 ; fut fait guidon de la même compagnie, le 26 mars 1576, et capitaine de deux compagnies de gens de pied, en 1585, avec lesquelles il servit avec distinction durant les guerres de la religion. Il mourut avant le 29 avril 1612 ; et avait épousé, le 19 janvier 1573, Jeanne de Lupiac, fille de Bernard de Lupiac, seigneur de Montcassin, et d'Hélène de Nogaret. tante de Jean-Louis de Nogaret de la Valette, duc d'Epernon, pair et amiral de France. Ses enfants furent :

1.º Jean, dont l'article viendra ;

2.º Louis, mort avant le 14 novembre 1612 ;

3.º Frise, mariée, le 26 novembre 1596, à noble Jean de Salles, seigneur de Monts, fils de N..... de Salles, et d'Antoinette de Biran ;

4.º Charlotte, alliée, avant le 8 juillet 1613, avec noble Jean-Jacques de Gestas de Floran, seigneur de Bozon et de Betous ;

5.º Catherine mariée, 1.º le 31 juillet 1619, à noble Blaise de Noaillan, seigneur de Reaup, dont elle eut Jeanne de Noaillan, dame de Reaup, trisaïeule de M. le duc de Narbonne ; 2.º le 11 janvier 1624, à noble Jean-Jacques de Montesquiou, seigneur de Montesquiou, frère d'Amanieu de Montesquiou, seigneur de Saintrailles.

X. Jean DE CASTILLON, IIIᵉ du nom, chevalier, seigneur et baron de Mauvezin, de Carboste, de Lescout, de la Cocutsaute, etc., capitaine au régiment de Guienne, infanterie, le 18 octobre 1615, fut fait mestre de camp d'un régiment d'infanterie, par brevet du 15 mars 1619, et nommé député de la noblesse de la sénéchaussée d'Albret, aux états généraux du royaume tenus à Paris, en 1614. Il avait épousé, le 27 novembre 1611, Marguerite de Bezolles, sœur de Bernard de Bezolles, seigneur de Graulas, gentilhomme ordinaire du roi, lieutenant de la compagnie de cent hommes d'armes du seigneur de Roquelaure, et fille de Jean de Bezolles, seigneur de Bezolles, de Beaumont, de Moissan, d'Aiguetinte, etc., et de dame Paule de Narbonne. De ce mariage vinrent :

1.º Michel, dont l'article suit ;
2.º Bernard, seigneur de Mouchan;
3.º Jeanne, mariée à noble Octavien de Masparault, seigneur du Buy et de Feraslon ;
4.º Marie, femme de noble François de Gère, seigneur de Sainte-Gemme, laquelle étant veuve fonda, en 1657, le couvent de Notre-Dame de Mezin.

XI. Michel DE CASTILLON, IIᵒ du nom, chevalier, seigneur et baron de Mauvezin, de Carboste, de Lescout, de la Cocutsaute, etc., gentilhomme ordinaire de la chambre du roi, servit en qualité de capitaine au siège de Fontarabie, en 1638, sous les ordres du prince de Condé. Un ancien mémoire porte qu'à l'âge de vingt-un ans, il fut enseigne de la colonelle du régiment de Calonges, et qu'en cette qualité il servit en Hollande sous le maréchal de Bréze. Il épousa, le 5 janvier 1637, Françoise de Cous, fille de noble Jean-Jacques de Cous, écuyer, seigneur de la Régodie, et de noble Jeanne de Comte, et nièce d'Antoine de Cous, évêque de Condom. De ce mariage sont issus :

1.º Jean, dont l'article viendra ;
2.º Joseph, prêtre, docteur en théologie, chanoine et prévôt de l'église cathédrale de Condom, nommé le jour de la Toussaint 1710, à l'abbaye de Flaran, diocèse d'Auch;
3.º Jean-François, seigneur de Courbian, de Mau-

vezin et de la Cocutsaute , qui rendit hommage de ces deux dernières terres, le 24 juillet 1682, au duc de Bouillon, et commanda la noblesse de l'arrière-ban de la sénéchausée d'Albret, en 1707. L'estime dont il jouissait chez ses compatriotes était si grande, qu'il était choisi pour arbitre dans la plupart des différends qui s'élevaient entre les gentilshommes de sa province. Il est mort sans alliance.

4.° Autre Jean de Castillon, dit le comte de *Mouchan*, chevalier de l'ordre royal et militaire de Saint-Louis, qui servit d'abord en qualité de mousquetaire, parvint dans ce corps au grade de sous-brigadier; fut fait ensuite, le 5 juillet 1687, capitaine au régiment de Bourbonnais, infanterie; était capitaine de grenadiers au même régiment, le 23 février 1702; servit cette année en Italie, fut fait, le 7 janvier 1703, colonel réformé à la suite du même régiment, et le 20 octobre 1704, major-général d'infanterie sous le maréchal de Tessé, en Espagne; reçut ordre, le premier avril 1705, en qualité de colonel réformé, de se rendre à la suite du régiment d'Orléans; fut fait, le 4 octobre suivant, brigadier d'infanterie; reçut un nouvel ordre, le 17 février 1706, d'aller servir en Espagne en cette qualité sous le maréchal de Tessé, et le 4 avril 1707, en qualité de major-général d'infanterie sous le duc d'Orléans et le maréchal de Berwick; fut fait, le 11 mai de la même année, colonel du régiment de Sillery, infanterie, et servit encore en Espagne, en qualité de major-général d'infanterie sous le duc d'Orléans, et fut tué au siége de Tortose, en 1708, n'ayant point été marié;

5.° Marguerite, ⎫ religieuses à Notre-Dame de Me-
6.° Louise, ⎬ zin, fondée par Marie de Castil-
⎭ lon, leur tante.

XII. Jean DE CASTILLON, IV° du nom, écuyer, seigneur et baron de Mauvezin, de Carboste, de Lescout, etc., fut élevé page du roi, et servit dans la première compagnie des mousquetaires; il fut maintenu dans la noblesse par jugement de M. Pellot, intendant de Guienne, du 11 octobre 1667. Il épousa, le 20 juin 1673, Marguerite de Mélignan, fille de Jean-Bernard de Mélignan, seigneur de Trignan, et de Claire de Noaillan, fille de noble Blaise de Noaillan, et de Catherine de Castillon. Leurs enfants furent :

1.º Jean-François, dont l'article suit;

2.º François, prévôt de l'église cathédrale de Condom;

3.º et 4.º Marguerite et Françoise de Castillon.

XIII. Jean-François DE CASTILLON, chevalier, seigneur, baron de Mauvezin, de la Salle, de Carboste, de Lescout, de la Cocutsaute, etc., lieutenant au régiment de Bourbonnais, infanterie, le 9 octobre 1694, fit hommage, le 11 mai 1726, de la terre de Mauvezin. Il avait épousé, le 23 février 1702, demoiselle Marie de Faulon, fille de Jean de Faulon, écuyer, et d'Isabeau de Gerboux. De ce mariage sont issus :

1.º François, né le 20 décembre 1704, sous-brigadier de la première compagnie des mousquetaires, chevalier de l'ordre royal et militaire de Saint-Louis; il fut blessé dangereusement à la bataille de Dettengen, et épousa Catherine de Joigny;

2.º Joseph, dont l'article viendra;

3.º Jean de Castillon de Carboste, docteur en théologie, prévôt et chanoine de l'église cathédrale de Condom, né le 27 août 1709;

4.º Autre Joseph, né le 3 octobre 1712, cadet-gentilhomme dans la marine, puis lieutenant des troupes du département de Rochefort, mort dans un voyage de long cours;

5.º Jean-François, né le 22 mai 1714, capitaine au régiment de Montboissier;

6.º Jean de Castillon de la Salle, curé de Trignan, né en 1715.

7.º Michel, auteur de la branche rapportée ci-après;

8.º Louise, religieuse au monastère de Notre-Dame de Mezin;

9.º Elisabeth, née, en 1711, morte fille.

10.º Marie, née en 1718, mariée à Louis le Sueur de Perez, seigneur de Puisoc, de Bidet, de la Moulère, etc.;

11.º Marguerite, née en 1719; religieuse à Mezin;

12.º Françoise, née le 7 mai 1721, mariée, le 24

juin 1749, à François Dudon, écuyer, oncle de
N..... Dudon, avocat-général au parlement de
Bordeaux.

XIV. Joseph DE CASTILLON, Ier du nom, chevalier,
seigneur et baron de Mauvezin, de Carboste, etc.,
né le 21 septembre 1706, capitaine aide-major au régiment de Foix, par brevet du 24 novembre 1734,
fut émancipé par Jean-François, son père, le 12 octobre 1740. Il avait épousé, 1.° le 16 juillet 1736, Marie-Anne de Chantegrit, fille de Noble Antoine de Chantegrit, ancien capitaine au régiment de la Vieille-Ma-
rine, et de Marie de Baudouin ; 2.° le 10 juin 1743,
Marie-Anne de Bigos de Belloc, fille de noble Joseph-
François de Bigos, sieur de Belloc, et de dame Marie
de Gerboux de la Grange. Ses enfants furent :

Du premier lit :

1.° Joseph, dont l'article viendra ;
2.° Antoine, baron de Castillon, né le 24 juin 1738,
entré au service en février 1756, chef de bataillon au corps de Montréal, chevalier de l'ordre
royal et militaire de Saint-Louis, premier capitaine du régiment des Cantabres, en 1789, successivement colonel, et retiré avec le grade et la
pension de général de brigade. Il avait épousé,
1.° Marie-Marguerite-Victoire Prévost ; 2.° demoiselle N..... Pic de la Mirandole, veuve de N.....
de la Poype, vice-amiral. Il a laissé :

Du premier lit :

a. Antoine-Louis-Charles de Castillon, né le 21
mars 1776, élevé à l'école royale de Saint-
Cyr, major de cavalerie, chevalier de la Légion d'honneur, retiré du service à cause de ses
blessures, dont deux fils ;
b. Pierre-Emmanuel de Castillon, retiré du
service;

Du second lit :

c. Frédéric de Castillon, élevé à l'école royale
de la Flèche ;
3.° Marie-Anne de Castillon, née le premier août

1741, mariée à N...... de Vacquieuse, ancien sous-brigadier des gardes-du-corps;

Du second lit :

4.º Joseph de Castillon, chevalier, baron de Castillon, né le 14 avril 1744; (capitaine au régiment de Bassigny en 1773, major de la ville de Besançon en 1778, chevalier de l'ordre royal et militaire de Saint-Louis en 1781, commandant en chef la ville de Besançon en février 1790, qui s'est offert pour ôtage de Sa Majesté Louis XVI. Il avait épousé, le 27 juillet 1775, Antoinette-Françoise-Marie Boutin, fille de Thomas Boutin, écuyer, seigneur de Diancourt, dont sont issus :

   a. Thomas-Marie-Joseph, baron de Castillon, né le 9 mars 1780, garde-royal de monseigneur le duc d'Angoulême à Bordeaux en 1814, garde-du-corps, compagnie écossaise, en juin de la même année, décoré de l'ordre du Brassard accordé par le roi.

   b. Pierrette-Joséphine-Victoire-Clotilde de Castillon, née le premier juin 1776, reçue chanoinesse, comtesse de Neuville, le 24 février 1784; mariée, le 27 septembre 1802, à M. Joseph-Marie de Maselières, chevalier de Saint-Jean de Jérusalem, seigneur de Balarin et de Beaumont, ancien chevau-léger;

5.º Jean-François de Castillon, né le 2 août 1751, aumônier de madame Adélaïde de France, vicaire général du diocèse de Lombez, abbé de Buyllon; il s'est proposé pour ôtage de Louis XVI, a émigré, et est actuellement aumônier général des hospices de la ville de Milan;

6.º Antoine de Castillon de Mauvezin, né en octobre 1753, chanoine de Condom, grand-vicaire de l'évêché de Lectoure, aumônier de Madame, épouse S. M. Louis XVIII. Il s'offrit pour ôtage de Louis XVI, suivit Madame hors de France, et est mort à Saint-Pétersbourg, en juillet 1814;

7.º Joseph, dit le vicomte de Castillon, capitaine

au régiment de Bassigny, qui s'est offert pour ôtage de S. M. Louis XVI, a émigré en 1791, et a servi dans l'armée des princes, sous les ordres de monseigneur le duc de Bourbon. Il s'est marié à Altona, et a eu un fils et une fille élevés à l'Institut noble de Saint-Pétersbourg :

8.º Jean-Armand de Castillon de Mauvezin, né en 1759, lieutenant au régiment de Bassigny, mort en 1778, sur le vaisseau *la Bourgogne;*

9.º Marie-Anne de Castillon Mouchan, née le 12 mars 1750.

XV. Joseph DE CASTILLON, IIᵉ du nom, chevalier, comte de Castillon, baron de Mauvezin, né le 28 mai 1737, reçu page du roi, dans sa grande écurie, le premier juillet 1753, entré au service, à l'âge de neuf ans, en 1746, fit toutes les guerres d'Hanovre, où il fut blessé grièvement, fait capitaine du régiment d'Aunis, chevalier de l'ordre royal et militaire de Saint-Louis, s'offrit pour ôtage de S. M. Louis XVI; émigra en novembre 1791; fit la guerre de 1792, en qualité de commandant en second de la première compagnie de l'escadron de la coalition des gentilshommes de la province de Guienne, et reçut un diplôme de S. A. R. monseigneur le comte d'Artois, signé Charles-Philippe, où ce prince reconnaît ses bons services; il a été nommé lieutenant-colonel en février 1815. Il a épousé, le 23 janvier 1769, demoiselle Marie-Anne Dudon, sa cousine-germaine, fille de François Dudon, écuyer, et de Françoise de Castillon. Il a eu de ce mariage :

1.º Antoine-Joseph-Anne-Gonzalve, qui suit;

2.º Marie de Castillon;

3.º Marie-Marguerite-Jeanne de Castillon;

4.º Marie-Eugénie de Castillon;

5.º Autre Marie de Castillon.

XVI. Antoine-Joseph-Anne-Gonzalve DE CASTILLON, vicomte de Castillon, né le 9 mars 1779, a épousé, par contrat du 30 janvier 1810, demoiselle Marie-Catherine-Rose-Alexandrine de Bonnefoux, fille de messire Etienne-Saint-Séverin, chevalier, baron de Bonnefoux, et de dame Victoire de Goyon d'Arsac, duquel mariage est issu :

Etienne-Saint-Severin-Anne-Albert de Castillon, né le 26 septembre 1812.

Seconde branche.

XIV. Michel DE CASTILLON DE VIGNEMONT, chevalier, comte de Mouchan, septième fils de Jean-François de Castillon, et de Marie de Faulon, né le 20 février 1717, d'abord capitaine du régiment de Montboissier, puis lieutenant-colonel du régiment d'Aunis, chevalier, de l'ordre royal et militaire de Saint-Louis, retiré du service, avec le bon de brigadier, avait épousé noble Marie de Compagne, de laquelle il laissa :

1.º Dominique, dont l'article suit ;
2.º Marie de Castillon, née le 17 octobre 1759, mariée le 31 décembre 1781, à messire Jean, comte de Mélignan, seigneur de Trignan ;
3.º Louise-Françoise de Castillon, née le 10 novembre 1764, morte à Saint-Cyr, où elle était entrée, en 1773 ;
4.º Marie-Anne de Castillon, née le 28 août 1768, entrée à Saint-Cyr, en 1778, mariée le 19 novembre 1805, à messire Jean-Amable-Balthazard de Loppinot, seigneur de la Barrère, ancien garde du corps.

XV. Dominique DE CASTILLON, chevalier, vicomte de Castillon, est entré page du roi, en sa grande écurie, le premier avril 1787, et en est sorti le 31 mars 1790 ; s'est offert pour ôtage de S. M. Louis XVI ; a émigré, au mois d'août 1791 ; a fait la campagne de 1792, dans la deuxième compagnie noble d'ordonnances, dans l'armée des princes, frères du roi, suivant un certificat, délivré à Osnabruck, le premier mars 1795, signé Charles-Philippe, et un autre, donné par le colonel, vicomte de Brona, en date du 26 avril 1793 ; a fait la campagne de Quiberon, et s'est trouvé à la malheureuse journée du 21 juillet 1795, en qualité de cadet-gentilhomme, dans le régiment du prince de Rohan, suivant le certificat donné par ce prince, du premier février 1796. Il est rentré en France, au mois d'août 1801, et a épousé, le 19 octobre 1802, demoiselle Françoise-Eléonore de Laurière de Moncault, fille de messire Claude de Laurière, chevalier, baron de

Moncault , et de dame Louise de Lupé du Gazanet ,
duquel mariage est issu :

Louis-Joseph Néry de Castillon, né le 3 août 1803.

Armes : « De gueules , au château d'argent , som-
» mé de trois tours crénelées de même. »

· LE JEUNE DE MALHERBE. Cette famille de Bretagne , dont l'origine , est inconnue , remonte , par une
tradition conservée, à 1066. Elle vient d'un duc milord,
Louis le Jeune, qui se trouva à la fameuse bataille d'Has-
tings. Elle passa successivement dans le Maine, l'Anjou
et la Touraine. Elle est relatée dans les *Mémoires de le
Laboureur,* vol. 2, fol. 577, et par Froissard; dans l'*Histoire de Bretagne,* par dom Maurice, tom. 2, p. 245;
dans l'*Histoire généalogique de Touraine,* par l'Hermite
Soulier; et dans l'*Histoire du chevalier Bayard,* p. 201;
elle prouve , par titres authentiques , plusieurs alliances
honorables avec les du Guesclin, les Turpin, et avec la
famille de Malherbe de Poillé, au Maine, en 1462.

Cette maison compte parmi ses ancêtres plusieurs personnages illustres , dont les uns ont successivement ou
tenu un rang distingué dans l'ancienne chevalerie , ou
occupé les premiers grades dans la milice française , et
les autres ont été décorés de l'ordre du Roi avant l'institution de celui du Saint-Esprit , ou ont été honorés
d'emplois ou de commissions importantes.

La généalogie qui va suivre a été dressée d'après celle
qui fut établie en 1789, par M. Chérin, généalogiste des
ordres du roi, pour obtenir les honneurs de la cour.

I. N.... LE JEUNE , seigneur de Kaerjeune et de Jouhan, en Bretagne , avait épousé N... de Chambray. Il
fut père de :

    1.º Pierre le Jeune, seigneur de Jouhan et du Plessis-
       Manteaux, lequel s'allia dans la maison du Gues-
       clin (en Bretagne, dont il y a eu un connétable
       de France), et mourut sans postérité;
    2.º Jacques le Jeune, qui suit.

II. Jacques LE JEUNE, Iᵉʳ du nom, seigneur de Jouhan , maître d'hôtel de Jean II , duc de Bretagne ; à

la suite duquel il mourut en 1305, avait épousé demoiselle Claude de Manteaux, de laquelle il eut :

    1.° N....: le Jeune ;
    2°. Pierre le Jeune, dont on va parler ;
    3°. Berthe le Jeune, dont on ignore le sort.

III. Pierre LE JEUNE, Ier du nom, chevalier, seigneur de Jouhan et de Manteaux, lieutenant de messire Garnier de Clisson, gouverneur de Brest, mourut et fut enterré à Fontevrault. Il avait épousé Béatrix de Turpin, de la maison des comtes de Crissé, par contrat de 1340. De ce mariage sont issus :

    1.° Zames, *aliàs*, James ou Jamet le Jeune, chevalier, qui suit;
    2.° Jeanne le Jeune, abbesse de l'abbaye royale de Saint-Avit-lès-Châteaudun, laquelle décéda le 19 février 1401.

IV. Zames, *aliàs*, James ou Jamet LE JEUNE (c'est Jacques le Jeune, II° du nom), chevalier, seigneur de Manteaux, Jussault, Valènes, servait le 4 avril 1380, le roi de France contre le duc de Bretagne, en la compagnie de Jean du Beuil, chevalier, chambellan de Sa Majesté et du duc d'Anjou, et, sous le gouvernement du connétable de France; on le trouve employé au nombre des douze écuyers de la chambre de messire Baudouin de Crenon, chevalier-bachelier, dans deux revues de ce dernier, des premier décembre et premier janvier 1380, et paraît encore comme écuyer dans une revue de la compagnie de M. Jean du Beuil, le jeune, chevalier-bachelier, faite à Lille le 7 octobre 1386. Il mourut avant le 22 octobre 1427. Il avait épousé, 1° dame Agnès de Tiercelin, par contrat de 1379 ou 1380; 2° N.... de la Brosse. Ses enfants furent :

Du premier lit :

    1.° Pierre, dont l'article suit ;

Du second lit :

    2.° Robert, *aliàs*, Robin le Jeune, seigneur de la Barbrie, lequel fut l'un des quinze écuyers de la compagnie de Pierre de Segrie, chevalier-bachelier, dont la montre fut faite le 24 septembre

1415. Il avait épousé N.... des Chelles. Ses enfants moururent sans postérité;

3.º N.... le Jeune, mariée avec N.... de Roussard, écuyer, sieur de la Poissonniere.

V. Pierre LE JEUNE, IIᵉ du nom, chevalier, seigneur de Manteaux, Gué-Joubert, le Boulé, Joussault, Valènes et Connival, fit un bail à cens, conjointement avec demoiselle Rachel des Loges, sa femme, le 22 octobre 1427; rendit un aveu en l'année 1440; consentit une vente en 1461, et fit aveu du fief de la Sérinière en 1463, à Jean du Beuil, comte de Sancère, amiral de France. De son mariage avec Rachel des Loges, qu'il avait épousée en 1420 ou 1423, sont issus:

1.º Michelet, aliàs, Michel, chevalier, qui continue la postérité;

2.º N... le Jeune, religieux à Saint-Calais;

3.º N... le Jeune, non mariée. On croit qu'elle fut abbesse de Saint Avit, près Chartres, ou prieure de la Chaise-Dieu.

VI. Michelet, aliàs, Michel LE JEUNE, chevalier, seigneur de Manteaux, Connival, Valènes, Lussaut, le Plessis-Manteaux, la Barbrie, Malherbe, la Tendraye et la Gélasière, gouverneur de Saint-Michel-sur-Loire, et maître d'hôtel d'Arthur III, duc de Bretagne, est compris comme personne noble, et comme possédant les manoirs ou maisons nobles de la Tendraye et de la Gélasière, dans la réformation de la noblesse de Bretagne, faite en l'année 1450; fit, le 19 octobre 1462, le retrait des héritages que Pierre, son père, avait vendus en 1461; consentit un bail à cens, le 2 octobre 1466; donna quittance à noble et puissant seigneur messire Jean de Malherbe, chevalier, seigneur de Malherbe, et à dame Jacqueline de Poillé, sa femme, le 15 février 1470, de partie de la dot qu'ils avaient constituée à dame Louise de Malherbe, leur fille, son épouse, et décéda avant le 10 août 1484. Il avait épousé, en 1412, dame Louise de Malherbe, fille de Jean de Malherbe et de Jacqueline de Poillé. De ce mariage sont issus:

1.º Yves le Jeune de Malherbe, qui suit;

2.º Jacques le Jeune, chevalier, seigneur de Malherbe, Follet, lequel fut capitaine de cinquante hommes d'armes, et fut lieutenant du marquis de

Montferrat, reçut l'ordre de chevalerie à la bataille de Fornoue des mains du roi Charles VIII, et mourut à Castres en 1515, après avoir fait son testament le 21 juillet de cette année;

3.° Marguerite le Jeune, mariée, le 12 novembre 1487, avec Jean de Sarie ou de Sarezi, chevalier, seigneur dudit lieu, en Anjou, de Milly et du Colombier;

4.° N..... le Jeune, mariée avec N.... du Gué, chevalier, seigneur de la Borderie;

5.° Françoise le Jeune, abbesse de l'abbaye royale de Soissons, morte en 1560.

VIII. Yves LE JEUNE DE MALHERBE, chevalier, seigneur de Malherbe, Follet, Manteaux, Connival, Morant, la Chevalerie, Lussaut, Valènes, du Plessis, et autres lieux; reçut l'ordre de Saint-Michel des mains du roi Charles VIII; fit le voyage d'Italie; fut capitaine de cinquante hommes d'armes et de cent hommes de pied, et maréchal de camp dans les armées du roi, sous le seigneur d'Aubigny, gouverneur de la Pouille; donna, en cette qualité, les ordres militaires, lorsque le roi Ferdinand fut défait à Séminara; repassa les monts sous Louis XII, et commandait l'armée qui y fut envoyée, avec le seigneur d'Alègre et le seigneur de Molart, gouverneur de Grenoble; prêta 1500 ducats d'or au trésorier des guerres de Sa Majesté pour le payement de ses troupes, au royaume de Naples, le 22 janvier 1506; fit un transport de deniers, conjointement avec sa femme le premier mai 1535, et ne vivait plus le 29 mars avant Pâques 1538.. Il avait épousé demoiselle Jeanne le Roy, fille de Simon le Roy, écuyer, seigneur de la Vérouillière, et de demoiselle Catherine de la Chenaye, mariés par traité du 28 novembre 1508. De ce mariage vinrent:

1.° Siméon le Jeune de Malherbe, chevalier, seigneur de Manteaux, Connival, le Plessis, etc., lequel fut lieutenant-général de l'artillerie sous le maréchal d'Estrées, qui en était grand-maître, et gouverneur du Hâvre; fut aussi l'un des cent gentilshommes de la maison du roi, et chevalier de son ordre. Il avait épousé, 1.° demoiselle Françoise Duval, nièce du maréchal d'Estrées; 2.° demoiselle Jeanne de Tiercelin, sœur du seigneur de la Chevalerie, de Tiercelin, lieutenant de l'artillerie sous Henri IV, en 1594;

2.º Marin, dont l'article suit;

3.º Françoise le Jeune, dame d'honneur de S. A. madame la princesse de Condé, mariée, vers l'an 1588, à messire Gilbert de Louviers, chevalier, seigneur de Saint-Merry, Manteaux et Connival, dont vint Gilbert de Louviers, mort sans alliance;

4.º Marguerite le Jeune, mariée avec Arthus de Bellechaise, écuyer, seigneur de Bellechaise;

5.º Françoise le Jeune, qui fut co-adjutrice de Françoise le Jeune, sa tante, abbesse de Soissons, et se démit volontairement de cette abbaye en faveur de Catherine de Bourbon, et se retira à Fontevrault, où elle mourut et fut enterrée dans le tombeau de Pierre le Jeune, seigneur de Jouhan, son quatrième aïeul;

6.º N..... le Jeune de Manteaux, dont on ignore le sort.

VIII. Marin LE JEUNE DE MALHERBE, chevalier, seigneur de Malherbe, du Boullaye, de Guéjoubert, de Follet et de la Charbotière, chevalier de l'ordre du roi, gentilhomme ordinaire de sa chambre, fut gouverneur de Ravel, et commanda sous le prince de Melfe, en Italie; reçut de ses père et mère un transport de deniers, le premier mai 1535; obtint par brevet du roi, du 15 avril 1535, en considération des services qu'il avait rendus à Sa Majesté au fait de ses guerres, la place d'un de ses cent gentilshommes ordinaires, dont Siméon le Jeune, son frère, venait de se démettre; testa le 29 juin 1559, et fit un codicille, le 2 juillet suivant. Il a épousé, 1.º Renée de Raveton, fille du seigneur baron des Maillots, mariée le 5 février 1542; ses enfants moururent sans postérité; 2.º demoiselle Catherine de Breslay, demoiselle d'honneur de la reine Catherine de Médicis, fille de René de Breslay, seigneur de Posset, et de dame Agnès Girard, dame des Bardilières, mariés le 3 décembre 1547.

Du second lit vinrent :

1.º François le Jeune de Malherbe, qui suit ;
2.º Jeanne le Jeune, nourrie fille de la reine, mariée, le 22 mars 1578, à messire Georges de la Loë, *alias* de la Loue, seigneur, marquis de la Loue, lieutenant pour le roi en Berry, chevalier de son ordre et gentilhomme ordinaire de sa chambre.

IX. François LE JEUNE DE MALHERBE, chevalier, baron de Follet, seigneur de Malherbe, Follet, la Charbotière, le Boulay, Guéjoubert, la Poulletière et des Exemples, fut successivement maréchal-des-logis d'une compagnie de cent hommes d'armes des ordonnances du roi, sous la charge du prince de Conti, gentilhomme, chambellan et capitaine des gardes du même prince, gouverneur de la Châtre, du Bas-Vendômois et de Selles, en Berry, capitaine de chevau-légers, pour le service de Henri-le-Grand, chevalier de l'ordre du roi, et maréchal des camps et armées de Sa Majesté; fut envoyé à Rome vers Sa Sainteté, pour faire lever la sentence de l'excommunication lancée contre le prince de Conti, qui avait pris le parti des Huguenots; commanda un corps de six mille hommes au siége de la Châtre qu'il prit; passa un accord, le 10 août 1575, et deux transactions, les 2 septembre 1583 et 15 décembre 1595 ; fit une vente, le 9 juin 1608, et mourut en 1615 ou 1616. Il avait épousé, 1.º demoiselle Léonore de Goumère, *alias* Eléonore de Gomer, fille de messire Christophe de Goumère ou Gomer, chevalier, seigneur, marquis du Breuil, Verdon, Montchaton et Athie, et de dame Charlotte de Marle, dame de Lauzancy, mariés par contrat du 30 juillet 1573 ; 2.º demoiselle Antoinette de Villebranche, dame de Loyau, laquelle fit son testament, le dernier avril 1602, et dont les enfants moururent sans postérité.

Du premier lit vinrent :

1.º Charles le Jeune de Malherbe, chevalier, qui continue la postérité ;
2.º François le Jeune de Malherbe, lequel fut doyen chancelier de Preuilli, au Maine, et aumônier de M. le duc de Vendôme ;
3.º François le Jeune, religieux de Fontevrault ;

4.º Barbe le Jeune, décédée religieuse à la Perigne ;
5.º Charlotte le Jeune, dont on ignore le sort.

X. Charles LE JEUNE DE MALHERBE, dit *baron de Follet*, chevalier, seigneur de Malherbe, Follet-le-Goivre, et autres places, eut permission de M. le duc de Vendôme, de Beaufort et d'Etampes, gouverneur, lieutenant général pour le roi, en Bretagne, le 28 décembre 1615, de lever une compagnie de gens de pied français, composée de cent hommes, pour à la tête d'icelle aller avec lui au-devant de Sa Majesté à son retour de Bordeaux à Paris ; commanda le régiment de Kervenant comme premier capitaine, en 1615 ou 1616, fut député en 1635, de la noblesse de Touraine pour le ban et arrière-ban de cette province ; présenta vers 1640, conjointement avec plusieurs autres seigneurs, requête au conseil du roi, contre un particulier qui se disait autorisé à les inquiéter dans la possession de diverses terres vagues de la forêt de Berçay, dépendantes de la baronnie de Château-du-Loir, dont ils étaient propriétaires depuis cent ans et plus ; fut contraint par exécutoire de la chambre des comptes de Paris, du 17 mai 1649, au payement d'une somme à laquelle il avait été taxé pour sa contribution au ban et arrière-ban de Touraine, et mourut avant le 8 novembre de la même année. Il avait épousé demoiselle Anne de Cheritte, fille d'Eléonore de Cheritte écuyer, sieur du Goivre, et de demoiselle Géorgine de la Frescherye, mariés par contrat du 15 janvier 1607. De ce mariage :

1.º Louis le Jeune de Malherbe, chevalier, dont l'article suit ;
2.º Madeleine le Jeune, religieuse au Ronceray d'Angers ;
3.º Anne le Jeune, morte religieuse à [la Perigne.

XI. Louis LE JEUNE DE MALHERBE, chevalier, baron de Follet, seigneur de Malherbe, Follet et autres lieux, passa un accord avec sa mère, le 8 novembre 1645 ; obtint, conjointement avec sa femme, une sentence des requêtes du palais, le 12 juillet 1653, eut acte de la représentation des titres justificatifs de sa noblesse, de M. Voysin de la Noyraie, commissaire départi par Sa Majesté pour l'exécution de ses ordres ès provinces de Touraine, Anjou et Maine, du 25 juin 1667, et décéda avant le 13 mars 1671. Il avait épousé, demoiselle Françoise le Coustelier, fille de Thomas le Coustelier, chevalier, seigneur du Puz ou du Pay et de Montbason, et de Marie de Peguineau, *aliàs* Peiguneau, par contrat du 22 septembre 1633. De ce mariage vinrent :

1.º Emery le Jeune, seigneur de Malherbe, Follet, Vaux et autres lieux, lequel fut successivement enseigne, le 30 octobre 1695, lieutenant le 29 mai 1696, capitaine le 19 novembre 1702, aide-major, puis capitaine en pied, le 27 août 1705, au régiment de la Force, infanterie, et servait en cette dernière qualité au camp de la Pérouse, en 1707, et dans l'armée de Flandres en 1708 ;

2.º Charles le Jeune, chevalier, dont le sort est inconnu ;

3.º Louis le Jeune, chevalier, seigneur de Chandelier, dont le sort est également inconnu ;

4.º Pierre le Jeune, chevalier, qui continue la postérité ;

5.º Marie,
6.º Françoise,
7.º Eléonore,
8.º Anne,
9.º Louise,
10.º Catherine,
} dont on ignore la destinée.

XII. Pierre LE JEUNE, IIIᵉ du nom, chevalier, seigneur de Follet, des Exemples et de la Vincendière, conseiller du roi, receveur des amendes, en la chambre des comptes de Bretagne, fut baptisé, le 16 avril 1654 ; partagea les successions de ses père et mère, le 13 mars 1671 ; fit un accord, le 10 juillet 1685, avec Emery, son frère aîné ; obtint avec le même Emery, Eléonore, Louise et Anne, ses frère et sœurs, une sentence du lieutenant-général civil et criminel du duché-pairie de la Vallière et ressort de Saint-Christophe et Marsan, le 14 août 1691, et ne vivait plus, le 26 février 1708. Il avait épousé Jeanne Mauvif, de laquelle il eût :

1.º Pierre le Jeune, sieur de la Vincendière, dont l'article suit ;

2.º Jacques le Jeune, sieur de la Mothe, qui a formé une branche qui s'est établie dans la Martinique, et qui a fourni un nombre considérable d'officiers au service du roi, et de chevaliers à l'ordre royal et militaire de Saint-Louis;

3.º Jean le Jeune de la Talvasserie, marié avant le 12 janvier 1728, avec dame Marie-Anne Barbotin, mort avant 1745.

4.º Anne-Catherine le Jeune, mariée à M. Sinson, dont elle était veuve, le 2 septembre 1766, qu'elle assista au contrat d'Elie-Marie, son fils.

XIII. Pierre LE JEUNE IV, sieur de la Vincendière, fils de Pierre le Jeune, chevalier, seigneur de Follet, des Exemples, de la Vincendière, et de dame Jeanne Mauvif, se retira à Nantes, en Bretagne, y épousa Madeleine Budan, laquelle il assista et autorisa dans un acte de partage qu'elle passa avec son frère, le 11 octobre 1721; fit une acquisition, le 25 avril 1752, et était mort avant le 26 janvier 1758. Ses enfants furent :

1.º Pierre le Jeune, sieur de la Vincendière;
2.º Charles le Jeune, sieur du Perray, dont on va parler;
3.º Jeanne, mariée avec noble homme Jean Pasquier;
4.º Marie, dont l'alliance est inconnue.

XIV. Charles LE JEUNE, IIe du nom, sieur du Perray, contracta une alliance avec demoiselle Marie-Angélique Mercier, fille d'écuyer Nicolas Mercier, secrétaire du roi, par acte du 26 janvier 1758. Ses enfants furent :

1.º Pierre le Jeune de Malherbe, chevalier, lieutenant au régiment de Bretagne, infanterie, qui servit à l'armée des princes dans la campagne de 1792, en deuxième compagnie de la noblesse de Bretagne;

2.º Roland-Jean le Jeune de Malherbe, chevalier, dont on va parler;

3.º Yves-Louis le Jeune de Malherbe, chevalier, garde-de-la-porte, en maison du roi, le 25 décembre 1785; a fait la campagne de 1792 à l'armée de monseigneur le duc de Bourbon, compagnie d'Auxerrois;

4º. Charles-Marie le Jeune de Malherbe, garde-de-la-porte du roi, le 25 décembre 1785;

5ª Marie-Désirée le Jeune de Malherbe, mariée à Marie-Corentin Huchet, marquis de la Bé-

doyère, capitaine au régiment de Bretagne, infanterie.

XV. Roland Jean LE JEUNE DE MALHERBE, chevalier,
sieur de la Vincendière, lieutenant au régiment d'Au-
xonne, artillerie provinciale, le 26 septembre 1788; réformé le 20 mars 1791; cavalier dans la cavalerie noble
de Bretagne; fit la campagne de 1792, première compagnie, fut officier dans le quatrième cadre de noblesse
au service de sa majesté britannique, formé dans l'île
de Wight, le premier janvier 1796, jusqu'au licenciement; garde à cheval de Paris, compagnie de Béthune,
troisième escadron, le 24 avril 1814, à l'époque de la
restauration; il épousa demoiselle Justine Boutin, fille de
M. Simon Boutin, conseiller du roi, et son lieutenant
général de police à Fontenai-le-Comte, le 19 novembre
1805. Ses enfants sont :

  1.° Pierre-Roland le Jeune de Malherbe, né à Brest,
    le 21 septembre 1808;
  2.° Justine le Jeune de Malherbe, née à Paris, le
    28 décembre 1812.

Armes : « Écartelé, au 1 et 4 d'argent, au chevron
» d'azur, accompagné de trois molettes d'éperon de
» gueules, qui est de LE JEUNE; au 2 et 3 d'or, à deux
» jumelles de gueules, surmontées de deux léopards af-
» frontés de même, qui est DE MALHERBE. Devise: *In ad-*
» *versis clarius.* »

ERARD : ancienne maison établie en Normandie, dès
l'an 985, lorsque Erard, commandant un corps de troupes
danoises, vint au secours de Richard Ier, troisième duc
de Normandie. (*Histoire de France, par Robert Ga-*
guin, livre V, page 41.)

Dans le catalogue des nobles et seigneurs normands
qui accompagnèrent le duc Guillaume en la conquête
d'Angleterre l'an 1066, l'on trouve, page 1027 des
catalogues, à la fin du recueil des historiens de Normandie, par du Chesne, Etienne, fils d'Erard; et page
868 du livre XII de l'Histoire d'Oderic Vitalis, du
même recueil, l'an 1119, sous Henri Ier roi d'Angleterre, et duc de Normandie, est rapporté en latin :
Thomas filius Stephani regem adiit, atque marcum auri

*offerens, ait : Stephanus Erardi filius, genitor meus fuit,
et ipse in omni vitâ suâ patri tuo in mari servivit.*
Etienne et Thomas, Erard étaient capitaines du vaisseau
nommé la *Blanche-Nef.*

Ces anecdotes ont été confirmées dans la charte rapportée ci-après, de René, roi de Sicile, duc d'Anjou et de Bar, accordée à Pierson Erard, en 1436, par laquelle il reconnaît que ledit Pierson Erard, descend du capitaine Erard, qui, dès l'an 985, sur la fin de la seconde race de nos rois, amena un secours de Danois à Richard, troisième duc de Normandie. Voici la teneur de cette charte :

« René, par la grâce de Dieu, roi de Sicile et de
» Jérusalem, duc d'Anjou et de Bar, à tous ceux qui,
» ces présentes lettres verront ; Considérant les louables
» humeurs et discretion, comme aussi l'ancienne no-
» blesse de Notre amé Pierson Erard, laquelle il nous
» a fait aparoir par titres valables et authentiques, être
» procédé de Jacques Erard, troisième fils de Philippe
» Erard, issu de la progénie, de cet Erard, chef et
» conducteur des Danois, lequel est venu au secours
» des Normans, l'an 985, ensemble le blazon de ses
» armes consistant *en trois pieds de griffon d'or atta-*
» *chés chacun à un tronc d'argent, le fond au champ*
» *d'azur;* lesquels prévoyant qu'ils étaient en danger de
» périr par une grande suite de temps, s'il n'était
» pourvu par nous de remède :

» A ces causes, nous mouvant de grâce spéciale, et
» humble supplication qu'il nous a faite, lui avons
» concedé et concédons, permis et permettons de faire
» renouveler lesdits présens titres pour lui servir, ainsi
» qu'il trouvera bon de faire; ensemble de faire apposer
» ses armes au bas d cette, conformément à ce qui
» nous est apparu ci-devant, avec défense de le trou-
» bler ni empêcher en la jouissance de quelque manière
» que ce soit, ni l'inquiéter pour aucunes recherches
» en cet égard, directement ni indirectement, sans
» en ce mettre aucun empêchement, ni à sa postérité;
» car ainsi Nous plaît, et afin que ce soit chose stable
» et permanente à toujours, Nous avons fait apposer
» notre scel à ces présentes. Donné à Tours, ce 18
» janvier 1436. Signé en fin René, et scelé de cire verte
» en grand sceau, sur double queue de soie verte,
» rouge et blanche, et sur le dos desdites lettres sont

» écrits ces mots : Par le roi, Gilles de Bourmont, et
» messire Lasard, présent secrétaire d'Henriette, avec
» paraphe. »

Cette charte a été collationnée par Didier Touret, et
François Nicolas, notaires, gardes-notes du roi, au
tabellionage de Bar, soussignés à la présente copie de
l'original, écrit en parchemin sain et entier, en écriture
et scel conforme de mot à autre au dit original, à la
requête de Gaspard Erard, chevalier, baron de Montreuil et d'Echaufour, présent en personne pour lui
servir comme d'original, représenté par Honoré-Louis
Erard, seigneur de Fleury en Argonne, et à lui rendu,
lequel a signé avec ledit seigneur baron, et ces notaires
soussignés à Bar, le 28 août 1655.

I. Jacques ERARD, écuyer, troisième fils de Philippe
Erard, épousa Anne le Forestier, dont :

II. Pierson ERARD, écuyer, qui, après avoir porté
les armes en Lorraine, s'y maria, en 1408, avec demoiselle Claudon du Ham, de la maison des Arcis. Il
eut de ce mariage :

    1.º Didier, dont l'article suit ;
    2.º Thomas, rapporté ci-après.

III. Didier ERARD resta en Lorraine, et forma la
branche qui y est établie. Il eut pour fils Jean Erard,
et pour petit-fils, Georges Erard, père d'autre Georges
Erard, seigneur de Fleury, et gouverneur de la ville
haute de Bar, lequel épousa Adrienne de Rosières, et
eut pour enfants Louis, Georges et Anne Erard. Les
services de ce Georges Erard, seigneur de Fleury, et
ceux de ses ancêtres, avec ses armoiries, sont rapportés
sur sa tombe, dans la chapelle de Saint-Sébastien de
l'église de Bar, dont l'épitaphe ci-après rapportée a été
collationnée de nouveau, le 28 juillet 1656, par Feil-
leux, notaire royal au tabellionage de Bar, et conforme à l'original.

« Georges Erard, homme d'illustre naissance, et de
« l'ancienne et illustre famille de Erard ; chevalier de
» l'ordre, qui passa en Normandie avec une armée de
» Danois, dont il était le chef, pour donner secours
» à Richard, qui en était alors duc, contre Lothaire,
» roi de France, qui envahissait cette province, est
» sorti, du côté de son père, des maisons de Génicourt

» et de Chezeaux, et du côté de sa mère, à cause du
» mariage d'Adrienne de Rozière, des maisons de Raré,
» de Revigny, et autres maisons considérables.

» Ce même Georges Erard, généreux imitateur des
» victoires de son prédécesseur Erard, chef des Danois,
» qui, à cause de son admirable prudence dans les
» combats, de son courage et de quantité d'autres faits
» d'armes, a laissé cet écrit ci-dessus à sa postérité,
» pour héritage, à la honte et à la perte des ennemis,
» et pour une marque illustre de sa vertu et de sa
» noblesse.

» Ce Georges Erard porta en sa jeunesse les armes
» en France, lorsque la guerre y était fort échauffée,
» et après avoir supporté en ce pays, et en plusieurs
» batailles navales, une infinité de travaux, étant
» avancé en âge, il retourna en sa patrie, où à cause
» de sa vertu singulière, et de son insigne probité, il
« fut fait gouverneur de Bar-le-Duc, sous Charles III,
» d'heureuse mémoire, Henri, présentement régnant,
» duc de Lorraine et de Bar, mais ayant enfin atteint
» l'âge de 71 ans, il mourut tout cassé de vieillesse,
» en paix et en la grâce du Seigneur, le premier
» mai 1614. »

III. Thomas Erard, frère du précédent, retourna en
Normandie, et épousa noble Jeanne Gasteligneul, fille
de Jean Gasteligneul, seigneur de Boitron, ainsi qu'il
est rapporté dans les contrats et autres actes en date
des années 1449, 1452, et 1454. Il eut de son mariage :

      1.º Jean, qui suit ;
      2.º Thomas, mort sans enfants ;
      3.º Plusieurs filles.

IV. Jean Erard, Ier du nom, épousa Louise de
Ceintrei, et eut pour fils :

V. Jean Erard, IIe du nom, seigneur de la Ge-
moraye, de Brethel, de la Croix, du Buisson, de Belfond, de Valprevel, de la Filmondière, du Tartre, de
Montrayer, et autres lieux, ainsi qu'il est rapporté
dans les partages faits entre ses enfants, et son contrat
de mariage, de l'an 1463. Le roi Charles VIII, lui
donna, en 1488, le commandement de la noblesse du
duché d'Alençon, et comté du Perche, pour la mener

en Bretagne. Il épousa, le 8 novembre 1463, noble
Robine Bellard, dont vinrent :

> 1.° Lucas, seigneur de la Genevráye, et autres
> lieux, qui n'eut qu'un fils, François Erard,
> mort sans enfants;
> 2.° Guillaume, dont l'article suit;
> 3.° Louis, auteur de la branche des barons de
> Ray, rapportée ci-après.

VI. Guillaume ERARD, seigneur de Cizay, Valprevel
et autres lieux, fut fait prisonnier en combattant auprès de la personne du roi François Iᵉʳ. Au retour de
sa prison, il le fit chevalier de son ordre. Il eut
de son mariage, contracté en 1498, avec noble N.....
Duplessis :

VII. Jean ERARD, IIIᵉ du nom, seigneur de Cizay,
qui épousa en 1538, noble marquise de Loisel, de laquelle il laissa :

VIII. Gaspard ERARD, seigneur de Cizay, marié, le
21 novembre 1585, avec Adrienne le Gris, fille de
Félix le Gris, seigneur et baron de Montreuil et d'E-
chaufour, et châtelain de Montfréville, laquelle hérita
de tous ses biens après la mort de son père. Gaspard
Erard obtint, en 1645, des lettres-patentes pour unir
les noms d'Érard et le Gris, dans sa personne et ses
descendants, et en 1648, des lettres d'érection en marquisat, des baronnies de Montreuil et d'Echaufour, qui
relèvent en plein fief du duché d'Alençon, et qui,
depuis cinq à six cents ans étaient décorées du titre de
baronnies. Voici le contenu de ces dernières.

« Louis, par la grâce de Dieu, roi de France et
» de Navarre, etc. L'un des plus assurés moyens de
» la conservation et augmentation de nos états étant
» la récompense du mérite et de la vertu, la sage et
» antique conduite des rois, nos prédécesseurs, a toujours
» été de relever par des titres d'honneur et dignités
» ceux qui se sont courageusement et utilement em-
» ployés au service d'eux et de l'état; faisant en cela
» non-seulement des actes de justice, mais aussi de grande
» prudence, d'animer par les exemples toutes per-
» sonnes bien nées à se porter aux actions d'honneur,
» et aux grands et importants services ; Dont s'est en-
» suivi que notre monarchie s'est maintenue tant de

» siècles en sa splendeur, et a monté au point où elle
» se voit à présent, supportée de tant de vertueux et
» dignes sujets qui en sont comme les colones,, au
» nombre desquels remarquant notre amé et féal Gas-
» pard Erard-le-Gris, chevalier, seigneur baron de
» Montreuil et d'Echaufour, descendu du capitaine
» Erard, lequel, dès l'an 985, étant venu, par les
» ordres du roi de Danemarck, pour commander ses
» troupes au secours des Normands, et ayant laissé la
» vertu et l'honneur en partage à ses descendants, ils
» ont toujours depuis glorieusement servi les rois nos
» prédécesseurs, nommément aux guerres de Char-
» les VIII; où le trisaïeul dudit Gaspard Erard-le-Gris,
» eut la conduite de l'arrière-ban d'Alençon, comté
» du Perche et ressort français : et en celle de Fran-
» çois Iᵉʳ, aux pieds duquel Guillaume Erard, seigneur
» de Cizay, son bisaïeul, ayant été fait prisonnier,
» combattant vaillamment, fut ensuite au retour de sa
» prison, fait par ledit roi chevalier de son ordre,
» comme aussi aux charges et emplois importants et
» commandements dans les armées où ils se sont tou-
» jours signalés; sachant aussi que sa terre et sei-
» gneurie de Montreuil et d'Echaufour, est plein fief
» de notre duché, et décoré depuis cinq à six cents
» ans du titre de baronnie de grande étendue, com-
» posée de deux gros bourgs qui étaient anciennement
» deux villes assez considérables, et faisant un revenu
» capable de maintenir le lustre et la dignité de mar-
» quis. A ces causes et autres à nous mouvant et vou-
» lant perpétuer le nom et la mémoire dudit Gaspard
» Erard-le-Gris, et reconnaître en sa personne et pos-
» térité, tant ses mérites personnels que ceux de ses
» aïeux, Nous, de l'avis de la reine régente, Notre
» très-honorée dame et mère, et de nos grâces spé-
» ciales, certaine science, pleine puissance et autorité
» royale, avons créé, créons, et érigeons par ces
» présentes, signées de notre main, ladite baronnie,
» terre et seigneurie dépendantes, et la décorons du
» nom, titre, prééminence et dignité de marquisat,
» sans aucune mutation ou augmentation de charges
» que celles qui Nous sont dues.
   » Mandons à Nos amés et féaux les gens tenant nos
» cours de parlement et chambre des comptes etc. Et,.
» afin que ce soit chose ferme et stable à toujours,

» Nous avons fait mettre notre scel à ces présentes. Donné à Paris au mois de février, l'an de grâce 1648, et de Notre règne, le cinquième. Signé Louis, et au-dessous est écrit; registré au greffe des expéditions, le 2 mars 1648. Signé, le Brun, et sur le repli; par le roi, la reine régente sa mère, présente, signé Phelypeaux.

Ces terres sont sorties de la branche des Erard-le-Gris, et ont passé dans la maison de Roncherolles, marquis de Pont - saint - Pierre, du chef de Marie-Anne Dorothée Erard, petite-fille unique de Gaspard Erard et d'Adrienne le Gris, et fille de Gaspard Erard-le-Gris, marquis de Montreuil et d'Echaufour, et de N... du Merle de Blanc-Buisson.

Branche des barons de Ray.

VI. Louis ERARD, Ier du nom, seigneur du Menil-guyon, de Belfond, du Tartre, du Buat, etc., troisième fils de Jean, et de Robine Belard, épousa, le 27 septembre 1523, noble Geneviève de Pillois dont :

    1.° Geoffroy, dont l'article suit ;
    2.° Louis, mort chevalier de Malte.

VII. Geoffroy ERARD, seigneur du Menilguyon et autres lieux, épousa; le 19 octobre 1561, Jeanne des Montis, qui le rendit père de :

    1.° René, qui suit ;
    2.° Louis, chevalier de Malte;
    3.° Jacques, allié à Marie de Fontenay, dont postérité.

VIII. René ERARD, Ier du nom, seigneur du Ménil-guyon, de Tanches, des Hayes, de Médavy, de Sonnel, du Buat, etc., etc., patron de Saint-Cenery et de Saint-Aquilin, capitaine de cinquante chevau-légers au service du roi Henri IV, épousa, le 17 février 1594, Marie, de la maison d'Apres, dame de Ray, de Berard et Somère, et eut pour enfants :

    1.° Louis, dont l'article suit ;
    2.° René, mort chevalier de Malte;
    3.° Autre René, } ecclésiastiques ;
    4.° François,

5.º Jean, marié avec Marguerite Mallard;

6.º Jacques, allié à Françoise Madelene, dont postérité.

IX. Louis ERARD, IIᵉ du nom, baron de Ray et autres lieux, après avoir porté les armes, en qualité de capitaine de cavalerie, en France et en Italie, pour le service du roi Louis XIII, épousa, le 13 janvier 1629, Madeleine de Montholon, fille de Jérôme, chevalier, seigneur de Peronceaux, dont l'aïeul et l'oncle furent gardes des sceaux de France, sous les règnes de François Iᵉʳ et Henri III. Il eut de ce mariage:

X. René ERARD, IIᵉ du nom, seigneur, baron de Ray, né le 24 octobre 1634, marié le 3 mai 1661, à Renée de Boullemer, dont:

1.º Louis-Jérôme, qui suit;

2.º René-Augustin, baron de Ray, seigneur de Brethel, le Fontenil, de Gournay, des Portes, et autres lieux, brigadier des armées du roi, colonel du régiment de Vivarais, qui épousa, le 10 février 1720, Marie-Françoise-Gabrielle de Château-Thierry, laquelle a épousé en secondes noces, Louis des Acres, marquis de l'Aigle. Elle a eu de son premier mariage:

a. Louis-Auguste Erard, baron de Ray, brigadier des armées du roi, nommé, en 1745, pour aller commander en chef les troupes françaises dans les Indes, fait prisonnier à son passage sur l'escadre commandée par M. le marquis d'Albert. Il a continué ses services dans les guerres de Flandres et du pays d'Hanovre, et a été tué à la bataille de Bergen, en 1759;

b. Augustin-Louis Erard, seigneur et baron de Ray, qui a servi dans les guerres de 1741 et 1756, en Bohême, en Flandres, à l'expédition de Minorque et dans le pays d'Hanovre, a été mestre de camp d'un régiment de cavalerie de son nom, et de celui des cuirassiers du roi, major et inspecteur de la gendarmerie, maréchal de camp et inspecteur général de cavalerie et de dragons, commandeur de l'ordre royal et militaire de Saint-Louis;

c. Marie-Augustine, mariée: 1.° à Claude-Ange Dupleix de Bacquencourt ; 2.° à Charles-Léonard Baylens, marquis de Poyane, chevalier des ordres du roi, lieutenant-général de ses armées, et commandant le corps royal des carabiniers.

XI. Louis-Jérôme ERARD, épousa, le premier juin 1695, Louise-Marie, de la maison de Pyré de Rosnyvinen, dame de Chamboy. Il laissa de ce mariage :

1.° Louis-René Erard, seigneur châtelain de Chamboy, mestre de camp de cavalerie, et guidon de gendarmerie, qui épousa, le 8 décembre 1720, Geneviève de Tilly, et eut pour enfants :

a. Augustin-Antoine, seigneur de Chamboy, capitaine de cavalerie ;

b. Marie-Henriette-Élisabeth Erard, mariée, le 23 juin 1745, à Louis-Henri de Graveron, seigneur d'Heudreville ;

2.° Augustin-Charles, qui suit :

XII. Augustin-Charles ERARD, seigneur d'Hellenvilliers, épousa, le 6 février 1718, Antoinette de l'Ange, veuve de René-Balthasard, marquis de Rabodanges, dont, pour fils unique :

XIII. Augustin-Charles-Gabriel ERARD, seigneur d'Hellenvilliers, marié, le 26 avril 1746, avec Marguerite-Augustine-Marie de Marbœuf, dont :

XIV. Amand-Aimé ERARD, seigneur d'Hellenvilliers, né le 18 mars 1747, ancien capitaine de dragons, maréchal des camps et armées du roi, chevalier de l'ordre royal et militaire de Saint-Louis, qui, fidèle aux sentiments qui caractérisent la noblesse française, a émigré en 1791, et a fait diverses campagnes. Il a épousé Eléonore-Élisabeth de Mauger, de laquelle il a :

1.° Alexandre-Augustin-Amand-Désiré, dont l'article suit ;

2.° Augustine-Eléonore-Jules, mariée à Londres, le 13 janvier 1802, à Anselme-Florentin-Marie Pasquier, baron de Franclieu, chevalier de l'ordre royal et militaire de Saint-Louis, alors aide de camp de S. A. monseigneur le duc de Bourbon ; il est aujourd'hui capitaine des vaisseaux du roi ;

3.º Aglaé-Elisabeth, sans alliance.

XV.   Alexandre - Augustin - Amand - Désiré , marquis D'ERARD, émigré, en 1797, fait sous-lieutenant par sa majesté Louis XVIII, lors de la restauration, était commandant de la garde nationale urbaine de Dreux, a été un des premiers à émettre son vœu pour l'auguste famille des Bourbons, et a fait parvenir son adhésion au gouvernement provisoire, en date du 8 avril 1814. Il a épousé, le 7 avril 1806, Marie-Caroline Ruffo de Calabre, des comtes de la Ric, fille d'Alexandre - Louis - Gabriel Ruffo de Calabre, et de Louise-Marie-Félicité de Perthuis. Il a de ce mariage :

1.º Amand-Aimé Erard, né, au château de la Ric, le 30 septembre 1808 ;

2.º Marie-Désirée, née, au même château, le 16 août 1807.

Armes : « D'azur, à trois pieds de griffon d'or, per-
» chés chacun sur un tronc d'argent ; supports, deux
» lions ; cimier, un griffon naissant. »

Devise : *Non griffum Danorum ducis Erard, sed solum illius pedes trunco ligatos servavimus.*

Nous n'avons pas conservé le griffon d'Erard, chef des Danois, mais seulement ses pieds liés à un tronc d'arbre.

RAVEL ou RAVELY (DE) : famille originaire de Florence, où elle a produit plusieurs personnes de distinction, dans le temps que cette ville était gouvernée par les grands-ducs. Ambroise et Charles de Ravel, frères, se retirèrent en Provence vers le milieu du seizième siècle. Ambroise s'établit à Marseille, et Charles à Pertuis où sa branche s'étant éteinte, s'est réunie à celle d'Ambroise, qui suit :

I. Ambroise DE RAVEL épousa Marguerite de Monteoux, d'une noble famille de Marseille, et eut, entre autres enfants :

II. François DE RAVEL, Ier du nom, qui, dès sa plus tendre jeunesse, se distingua dans les armées de Henri III, et de son successeur Henri-le-Grand. Ce dernier prince lui donna, en récompense de ses services, une compagnie au régiment de Picardie. Il épousa Anne de Liliers, de la province d'Artois, qui le rendit père de :

1.º François, dont l'article suit ;
2.º Gaspard de Ravel, capitaine d'une des galères du roi, qui eut un bras emporté d'un coup de canon dans le fameux combat qui se donna devant Gênes, entre quinze galères de France et pareil nombre d'Espagne.

III. François DE RAVEL, IIe du nom, épousa Gabrielle de Gombert, de laquelle il eut :

1.º Marc-Antoine, qui suit ;
2.º Gaspard de Ravel, mort en 1680, étant consul de Marseille.

IV. Marc-Antoine DE RAVEL eut de Madeleine de Bernardy, son épouse :

1.º Louis, mort jeune ;
2.º Pierre, dont l'article suit ;
3.º François, assesseur de Marseille, qui n'eut, de son mariage avec Marguerite Ganteaume, qu'une fille, alliée à la maison de Damian - Vernègues, de la ville de Salon ;
4.º Jean, lieutenant au régiment de Royal-Comtois, qui fut blessé dangereusement à la bataille de Messine. Deux de ses amis ayant été emportés d'un coup de canon, il en fut tellement touché, qu'il quitta le service et se retira dans une solitude, où il mourut en odeur de sainteté en 1717 ;
5.º Marc-Antoine, qui entra dans l'ordre de Saint-Augustin, et fut docteur de Sorbonne.

V. Pierre DE RAVEL acquit les terres de Crottes et de Montmirail, en Dauphiné. Il épousa Claire de Ravel, sa cousine, issue, par divers degrés, de Charles, frère puîné d'Ambroise. De ce mariage vinrent :

1.º Lazare, dont l'article suit ;
2.º Marc-Antoine ;

3.º Jean, mort sans alliance;

4.º François, chanoine de l'église de Marseille, et vicaire général du diocèse;

5.º, 6.º, 7.º et 8.º. Quatre autres fils, chevaliers de l'ordre royal et militaire de Saint-Louis, et anciens officiers dans les armées du roi;

9.º, 10.º, 11.º, 12.º, 13.º, 14.º, 15.º et 16.º. Huit filles, dont trois alliées aux conseillers de Bœuf, de Blanc-Luveaune, et à noble Claude d'Allard, chevalier de l'ordre royal et militaire de Saint - Louis, brigadier des armées du roi, et commandant l'artillerie en Provence; les autres religieuses à Marseille.

VI. Lazare de Ravel, seigneur des Crottes et de Montmirail, s'établit à Aix, où il fut reçu conseiller au parlement l'an 1712. De Marie-Thérèse de Luguet, fille unique de noble Pierre, chevalier de l'ordre royal et militaire de Saint-Louis, capitaine de galères, sont issus:

1.º Pierre - Hyacinthe de Ravel-Montmirail, reçu conseiller au parlement d'Aix, le 18 octobre 1756, par résignation de son père, à qui le roi avait accordé des lettres de vétérance, en récompense de son savoir et de ses services. Il a eu deux filles, l'une mariée à M. de Saint-Laurent, l'autre à M. de Ravel la Fourbine, qui est mort laissant un fils officier de marine au service de Louis XVIII, et trois filles, dont l'aînée a épousé M. de Laurentcin, de la ville de Valence;

2.º Jean-François, dont l'article suit;

3.º Etienne, ecclésiastique, depuis conseiller-clerc au parlement de Grenoble, possédant, près de cette ville, une abbaye dite *Notre-Dame de la Couronne;*

4.º Marie-Anne de Ravel, alliée à noble Pierre-Joseph de Bernardy, vicomte de Valernes, de la ville de Sisteron.

VII. Jean - François de Ravel, d'abord lieutenant d'artillerie, parvint de grade en grade jusqu'à celui de maréchal de camp, chevalier de l'ordre royal et militaire de Saint-Louis, inspecteur général de l'artillerie. Il est mort en 1810, âgé de quatre-vingts ans, après avoir servi cinquante-cinq ans effectifs. Il avait fait les campagnes de 1747 et 48 en Piémont, où il s'est trouvé à trois siéges, de 1757 et 1758 en Allemagne, où il s'est trouvé à trois affaires; de 1759, 1760 et 1761, sur les côtes de l'Océan; en 1762 à l'armée auxiliaire de France, en Espagne et en Portugal, et 1781, 82 et 83 sur les côtes de Provence; en 1792, 1793, et 1794 à l'armée du Rhin, où il s'est trouvé à trois affaires, et au siége du fort de Manhein. Il a fait la plupart de ces campagnes sous les ordres du général Moreau et de Pichegru. Etant commandant à Toulon, vers le commencement de la révolution, il parvint par son courage et sa prudence à apaiser deux partis considérables, les uns dits les Blancs, les autres les Noirs, qui s'étaient rassemblés environ six mille hommes au champ de Mars, et étaient près d'en venir aux mains. Il s'acquit le surnom glorieux de *général humain*, dans un temps où l'humanité n'était qu'un titre de proscription. A l'époque de la terreur, il fut envoyé pour requérir du blé chez une veuve, qui lui montrant plusieurs enfants, le conjura de ne pas tout lui ravir. Les ordres étaient rigoureux, et ne pouvant se dispenser de les remplir, il paya de ses propres deniers ce qu'il aurait pu prendre de vive force. Il a laissé de la veuve d'Agnel-Bourbon, son épouse:

VIII. Louis DE RAVEL DE PUYCONTAL, qui embrassa aussi la carrière des armes, que sa mauvaise santé l'a forcé d'abandonner. Il a fait les campagnes en 1809 et 1810 contre l'Autriche dans le Tyrol.

Armes: « D'azur au chevron d'or, accompagné en » chef de deux roses de même, et en pointe d'un le- » vrier d'argent. »

GROUT, en Bretagne, Moréri, dom Taillandier, historien de Bretagne, et plusieurs autres écrivains estimés pensent que cette famille a une origine commune avec celle de Grotius, en Hollande, dont le nom en français est *Grout*, et en Hollandais *Groot*. Cette famille de Grotius ou de Groot, a donné des bourguemestres et des pensionnaires à la République; des ambassadeurs qui ont signalé leur mérite dans plusieurs cours de l'Europe, et des savants qui ont éternisé ce nom dans les lettres.

Un des descendants de cette famille, Josselin Grout, passa de Hollande à Saint-Malo, en 1430, et s'y établit. Lorsque le roi François Ier, vint en Bretagne, en octobre 1518, il fit tenir en son nom, sur les fonts de baptême, par Galeas de Saint-Severin, grand-écuyer de France, le fils de Jean Grout, l'un des principaux habitants de Saint-Malo; à cette occasion, le roi accorda plusieurs priviléges à la famille de Grout, et ajouta à l'écusson de ses armes trois fusées de gueules.

I. Guillaume Grout, écuyer, épousa Françoise Poré, de la même famille que l'avocat-général au parlement de Rennes. De ce mariage vint :

II. Jean GROUT, Ier du nom, écuyer, marié à Françoise Chenu, dont :

III. Jean GROUT, IIe du nom, écuyer, sieur de la Merveille, né en 1525, qui laissa de Françoise Leirel, sa femme :

IV. Jean GROUT, III° du nom, écuyer, né en 1544, marié avec Guillemette Berillain, dont est issu :

V. Bernard GROUT DE LA VILLEJACQUIN, écuyer, né en 1573, qui laissa de son mariage contracté avec Françoise Pepin de Belle-Isle, entre autres enfants :

    1.° Pierre, dont l'article suit :
    2.° Bernard, auteur de la branche puînée, rapportée
       plus bas.

VI. Pierre GROUT, écuyer, sieur de la Villejacquin, né en 1622, épousa Guyonne Seré. De ce mariage vinrent :

    1.° N.....Grout de Volembert, dont l'article suit;
    2.° N.....de la Motte-Grout, conseiller du roi, maître
       en sa chambre des comptes de Paris, marié à de-
       moiselle Robert. De ce mariage sont nés:
       a. N.....Grout de Flacourt, chevalier, seigneur
         de Villiers-la-Garenne, près Neuilly, du haut
         et bas Roule, maître des eaux et forêts de
         France, au département d'Orléans, gentilhomme
         ordinaire de la chambre de Louis XV. Il fut
         le quatrième du nom de Grout, qui posséda

cette charge, laquelle avait été donnée à son frère puîné, M. Grout de Buchelay, par le roi Louis XV. Il épousa, N..... de Pery, fille de M. de Pery, lieutenant-général des armées du roi ;

b. N..... Grout de Buchelay, gentilhomme ordinaire de la chambre du roi, tué à la bataille de Dettingen, en 1743 ;

3.º N..... Grout de Campaneux, capitaine de cavalerie au régiment du roi, gentilhomme ordinaire de la chambre des rois Louis XIV et Louis XV, mort en 1742, au château de Saint-Germain-en-Laye, où le roi lui avait accordé une retraite;

4.º N.... Grout de Bellesme, président en la chambre des comptes de Nantes, marié à demoiselle N..... de la Palissade, dont est né :

M. le président de Bellesme, qui épousa mademoiselle de la Papotière, de laquelle il eut : 1.º M. de Bellesme, mort officier au régiment du roi ; 2.º mademoiselle de Bellesme, mariée à M. de Branges; 3.º autre demoiselle Grout de Bellesme, alliée à M. de Walton ;

5.º Nicolas Grout, seigneur de Beauvais, chevalier de l'ordre royal et militaire de Saint-Louis, marié à demoiselle Boullain, dont est née demoiselle Perinne Grout, alliée à François de la Bouexière, conseiller au parlement de Bretagne;

6.º N..... Grout, procureur du roi en l'amirauté de Saint-Malo, marié à demoiselle de la Haye, de laquelle il a eu:

a. M. le commandeur Grout, chevalier de l'ordre royal et militaire de Saint-Louis, de Saint-Lazare et du Montcarmel, brigadier des armées du roi, mort sans alliance ;

b. M. l'abbé Grout, grand-vicaire à Saint-Omer;

c. M. le chevalier Grout de Saint-Georges chevalier de l'ordre royal et militaire de Saint-Louis, chef d'escadre, qui soutint l'honneur du pavillon français à une époque où la marine n'éprouvait que des revers, et gagna contre l'amiral Anson, en 1747, un combat signalé.

Le roi lui confia ensuite le commandement
d'une expédition pour l'Inde, où il mourut à
bord du vaisseau le Fortuné, sans postérité;

d. Mademoiselle Grout de la Villejacquin;

e. François-Nicolas Grout, seigneur de la Grassinais, capitaine-général garde-côte, en Bretagne,
marié à mademoiselle Gardin, de laquelle il laissa :
François-Marie-Bernard Grout de la Grassinais,
émigré, mort à l'armée des princes. Il avait
épousé mademoiselle Withe, d'une famille distinguée d'Irlande, morte à Paris, victime d'un
jugement révolutionnaire, le 20 juin 1794. Les
regrets qu'on donne à ses qualités essentielles
honorent sa mémoire. De ce mariage, est née
mademoiselle Grout de la Grassinais.

VII. N..... GROUT DE VOLEMBERT, écuyer, épousa demoiselle N..... de la Cervelle. De ce mariage est né :

VIII. N..... DE LA MOTTE-GROUT, officier de marine,
qui épousa demoiselle N..... Morrogh, fille d'un gentilhomme irlandais. De ce mariage sont issus :

1.º Nicolas-Bernard Grout, sieur de la Motte, capitaine des vaisseaux du roi, commandant l'infanterie de l'armée royale de Bretagne, organisée
par M. le marquis de la Rouerie; il a été chargé
par le roi de missions honorables, dont il s'est
acquitté avec distinction, et est mort victime de
son attachement pour son souverain, ayant été
exécuté à Paris, le 18 juin 1793;

2.º N..... Grout, seigneur de Beauvais, dont l'article
suit;

3.º François Grout, chevalier de Beauvais, commandant de cavalerie au régiment de Royal-Étranger,
chevalier de l'ordre royal et militaire de Saint-
Louis, mort victime de son dévouement à la cause
royale dans les prisons de Neufchâteau.

IX. N..... GROUT, seigneur de Beauvais, de la Motte
et autres lieux, capitaine de cavalerie au régiment de
Royal-Étranger, chevalier de l'ordre royal et militaire
de Saint-Louis, commandant la cavalerie de la coalition
de M. le marquis de la Rouerie, a fait la campagne
de Quiberon, sous les ordres de monseigneur le comte
d'Artois. Il a eu de son mariage contracté avec demoi-

selle N..... Morrogh, fille d'un gentilhomme de distinction d'Irlande :

1.º Colomban, dont l'article suit ;
2.º Anatole Grout ;
3.º François-Edouard Grout ;
4.º Jean-Marie Grout, né à Londres ;
5.º Edmond Grout ;
6.º Amélie Grout ;
7.º Athalie Grout.

X. Colomban GROUT, seigneur de Meurtel et autres lieux, a épousé demoiselle Angélique de Tremeureuc, fille de feu Toussaint-César de Tremeureuc, seigneur de Meurtel, capitaine de dragons au régiment de MONSIEUR, chevalier de l'ordre royal et militaire de Saint-Louis, et de dame Marie-Joséphine de Rosière, chanoinesse au chapitre de Metz. Il a de ce mariage :

1.º Henri Grout ;
2.º Cézarine Grout ;
3.º Aristide-Athalie Grout.

Branche puînée établie en Normandie.

VI. Bernard GROUT DE LA CORDERIE, second fils de Bernard Grout de la Villejacquin, et de Françoise Pepin de Belle-Isle, épousa Mathurine Geffrard, fondatrice de l'hôpital d'Availles. Il laissa de ce mariage :

1.º Jean-Baptiste Grout de Fourneaux, seigneur de Saint-Paër, né le 23 janvier 1673, conseiller au parlement de Metz, le 17 juillet 1695, puis conseiller au grand-conseil, le 19 juin 1697 ; honoraire, le 16 février 1720, mort le 20 décembre 1765. Il avait épousé Louise-Catherine Robineau, fille d'Alphonse-Jean-Baptiste Robineau de Fortelles, contrôleur-général des fortifications, et de Catherine le Maire. De ce mariage vinrent :

a. Bernard-Louis-Mathurin Grout de Saint-Paër, né en 1708, marié à Marguerite-Michelle-Racine d'Ormoy, morte le 7 mai 1768, fille de Louis-Philippe Racine, seigneur d'Ormoy, chevalier de l'ordre royal et militaire de Saint-

Louis, et de Bénoîte Grimod, dont trois fils et deux filles;

b. Jean-Baptiste Grout de Fourneaux, mort sans enfants;

c. N..... chevalier de Saint-Paër, mousquetaire dans la première compagnie, tué à Dettingen, en 1743, à l'âge de vingt-sept ans;

d. François-Grout, sieur de Moutier;

e. Mathurin Grout, sieur de Princé, seigneur de Fourneaux, capitaine aux Gardes-Françaises, brigadier des armées du roi, chevalier de l'ordre royal et militaire de Saint-Louis, gouverneur des ville et citadelle de Rée, gouvernement qu'il conserva jusqu'à sa mort, arrivée en 1759;

f. Demoiselle N..... Grout, mariée à M. du Bouexic, sieur de Pinieux, conseiller au parlement de Bretagne;

2.º Michel-Louis-Bernard, dont l'article suit;

5.º N.....: Grout de Saint-Paër, chevalier de l'ordre royal et militaire de Saint-Louis, maréchal-de-camp, marié à demoiselle Anne du Saussay-la-Vache, dame comtesse de Saint-Páër, dont :

a. Un fils;

b. et c. Deux Demoiselles, mariées, l'une à M. de Rohan, l'autre à M. Théodore de la Barre;

4.º Gaspard-Séraphin-Mathurin Grout, lieutenant aux Gardes-Françaises.

VII. Michel-Louis-Bernard Grout, dit le *marquis de Saint-Paër*, seigneur de Sancourt, Bazincourt, etc., près Gisors, capitaine au régiment de Royal-Roussillon, cavalerie, lieutenant du tribunal des maréchaux de France, a épousé Marie-Anne-Catherine de Giverville, dame marquise de Saint-Paër. De ce mariage sont nés :

1.º Armand-Louis-Hyacinthe Grout de Saint-Paër, chevalier, seigneur de Saint-Paër;

2.º Louise-Marie-Bernardine, dite mademoiselle de *Saint-Paër*;

3.º Albertine-Madeleine-Séraphine Grout, dite mademoiselle de *Bazincourt*.

Armes : « Ecartelé, au 1 et 4 de sable, à trois
» têtes de léopard d'or ; au 2 et 3 d'argent, à trois
» fusées de gueules, accolées en fasce, par concession
» du roi François Ier. »

TULLES DE VILLEFRANCHE (DE) ; famille originaire de Naples, puis établie en Piémont, et ensuite à
Avignon, en Provence, et en Bourgogne. Pithon-Curt,
historien de la noblesse du comtat d'Avignon, cite un
Faulcon de Tullia qui possédait en 1187 des fiefs dans
le royaume de Naples, et le P. Fantoni, auteur de
l'Histoire italienne d'Avignon et du Comtat-Venaissin,
dit que la famille de Tulles descend d'un Jacques de
Tullia, gentilhomme, qui vivait à la cour d'Amédée VII,
comte de Savoie, d'où Robert de Genève, qui établit
son siége à Avignon, l'attira dans cette ville, en 1380.
Cette ancienne maison, une des meilleures du comtat
d'Avignon, a fourni plusieurs évêques, beaucoup de
chevaliers de Malte, des officiers-généraux, des ambassadeurs, et a toujours contracté des alliances distinguées.

I. Jacques DE TULLIA OU DE TULLES, est rapporté dans
une transaction passée entre lui, le gardien et les religieux du couvent des Frères Mineurs d'Avignon, pour
raison des messes fondées en la chapelle de Saint-Jacques
de l'église desdits Frères Mineurs, appartenant audit
noble Jacques de Tulles, reçue par Pierre de Blengeriis,
notaire d'Avignon, le 18 juin 1429, dans lequel acte
il est fait mention de la fondation faite par ledit Jacques de Tulles, reçu par Jean Basserii, en date du 19
novembre 1406. Il est encore rappelé dans une autre
transaction, passée entre ses enfants au sujet de leur
succession, en date du 18 avril 1453. On voit par cette
transaction qu'il avait épousé, 1.° dame Agnésine de
Ricalve de Boulbon ; 2.° noble dame Marguerite de la
Cépède, et que ses enfants furent :

Du premier. lit :

1.° Pierre de Tulles, mort sans postérité ;
2.° Jeanne, mariée, 1.° à noble Louis de Ranguisi ;
   2.° à noble Louis des Isnards;

Du second lit :

3.º Alphonse de Tulles,
4.º Jean de Tulles,
5.º Pierre de Tulles,   morts sans hoirs.
6.º Christophe de Tulles,
7.º Gabriel, dont l'article suit.

II. Gabriel DE TULLES, est aussi mentionné dans la transaction de 1453. Il épousa à Avignon, vers l'an 1480, Madeleine de Seytres-Caumont, dont il est fait mention dans son testament, du 18 septembre 1516, fille d'Antoine de Seytres, seigneur de Chateauratier et de Novaisan, en Dauphiné, et de Dauphine Spifame, dame en partie de Caumont, au Comtat-Venaissin. Il eut pour fils :

1.º Antoine, dont l'article suit;
2.º François de Tulles.

III. Antoine DE TULLES, seigneur de la Baume, transigea, le 24 juillet 1506, avec Thomas d'Allemand et Jeanne de Venasque, sa femme, et fut marié, par contrat du 26 octobre 1510, avec Marguerite de Concils-Agafin, fille d'Olivier, seigneur de Merveilles, en Provence, et co-seigneur de Lagnes, au Comtat-Venaissin, et de Madeleine Guigonet. Il fut premier consul d'Avignon, en 1528, et laissa entre autres enfants :

1.º Julien, dont l'article suit;
2.º Jean de Tulles, abbé de Saint-Eusèbe, au diocèse d'Apt, évêque d'Orange, primicier de l'université d'Avignon, en 1565 et 1578, mort en 1608, à Paris;
3.º Pierre de Tulles, chanoine de l'église métropolitaine d'Avignon, nommé à l'abbaye de Saint-Eusèbe d'Apt, par brevet du roi, du 28 juin 1564, mort en 1593;
4.º Claude de Tulles, qui eut une fille dans la maison de Thomas Milhaud, dont le fils, Charles Thomas, fut chevalier de Malte, en 1618;
5.º Bernardin de Tulles, auteur de la branche des seigneurs de Trebillane, en Provence, rapportée ci-après;
6.º Marguerite, mariée, en 1571, à Pierre Vento,

... d'une famille noble originaire de Gènes, établie en Provence depuis plusieurs siècles.

IV. Julien DE TULLES, seigneur de Soleilles, épousa, par contrat du 15 août 1574, Richarde de Fougasse, fille de François, chevalier de l'ordre du roi, baron de Sampson, en Vivarais, et d'Andrivette de Lucques, dame de l'Ile de la Barthalasse, sa première femme. De ce mariage vinrent :

    1.º Pierre, dont l'article suit ;

    2.º Jean de Tulles, abbé de Saint-Eusèbe d'Apt, et évêque d'Orange, qui fut nommé par le pape recteur du Comtat-Venaissin qu'il gouverna depuis 1601, après Horace Caponi, évêque de Carpentras, jusqu'en 1605. Il mourut à Avignon, en 1640, après avoir renoncé à tous ses bénéfices, en faveur de Jean-Vincent de Tulles, son neveu. Il avait été employé dans des négociations importantes sous la minorité de Louis XIII, et s'était comporté avec beaucoup de zèle et de prudence pendant les troubles de la religion dans la ville d'Orange. Il avait aussi assisté, le 15 décembre 1581, au traité de paix fait à Grenoble sous l'autorité du duc de Mayenne, pour la restitution du château de Piles et autres du Comtat-Venaissin, retenus par les protestants, et pour l'exécution de quelques articles du traité de Nismes qui n'étaient point observés par Lesdiguières et les autres chefs du parti calviniste, en Dauphiné.

V. Pierre DE TULLES, seigneur de la Nerte, chevalier de l'ordre du roi et viguier d'Avignon, en 1607. avait un droit de patronage sur l'hôpital de Nazareth, en la paroisse de Saint-Geniès d'Avignon, qu'il céda en 1608, aux Carmes Déchaussés qui y formèrent leur établissement. Il fut marié, par contrat du 21 décembre 1595, avec Lucrèce de Lazari, fille de Jean-André, noble milanais, mort retiré à Carpentras, en 1666, et d'Yolande de Pomard, sa première femme. Il eut de ce mariage :

    1.º Thomas, dont l'article suit ;

    2.º Jean-Vincent de Tulles, abbé de Saint-Eusèbe, de Blanchelande et de Longueville, évêque d'Orange, d'où il fut transporté à l'évêché de Lavaur, en 1646 ; fut nommé conseiller d'état et ambassadeur pour le roi, en Pologne. Il assista à une assemblée de parents tenue à Paris, le 24 mai 1661, avec Louis-Charles d'Albert, duc de Luynes, Charles d'Albert-d'Ailly, duc de Chaulnes, Charles-Jean de Créquy, prince de Poix, etc., pour élire un tuteur à Henri de Cavaillon, seigneur de Saussac, leur parent, laissé mineur par son père mort gouverneur de la Bastille. L'évêque de Lavaur mourut au mois d'octobre 1668, à Paris, et fut inhumé au milieu du chœur des Feuillants de cette ville, au pied du grand-autel ;

3.° Françoise de Tulles, abbesse de Saint-Laurent, ordre de Saint-Benoît, à Avignon.

VI. Thomas DE TULLES, marquis DE VILLEFRANCHE, seigneur de la Nerte, viguier d'Avignon, en 1645, et premier consul, en 1650, épousa, par contrat du 9 novembre 1631, Marguerite-Aldonsine de Thezan de Venasque, fille de Claude, seigneur de Venasque, Saint-Didier, Methamis, etc., et de François de Castelnau de Clermont, marquise de saint-Gervais, vicomtesse de Nébousan et de Castanet, etc. De ce mariage vinrent :

   1.° Jean de Tulles, marquis de Villefranche, seigneur de la Nerte, qui épousa Marthe de Donis, fille de Jean-Baptiste, marquis de Beauchamp, et de Marguerite de Galiens-les-Yssars, dont il n'eut point d'enfants ;

   2.° Gaspard, dont l'article suit ;

   3.° Paul, reçu chevalier de Malte, en 1648, mort en 1674 ;

   4.° Esprit, qui mourut aussi chevalier de Malte.

VII. Gaspard DE TULLES, comte DE VILLEFRANCHE, reçu chevalier du même ordre, en 1657, servit en qualité de capitaine au régiment Dauphin, infanterie. Il quitta depuis l'ordre de Saint-Jean de Jérusalem, et épousa Marie-Thérèse de Donis, nièce de sa belle-sœur, et fille de Louis, marquis de Beauchamp, seigneur de Goult, et de Jeanne d'Astoaud-de-Murs, dont il eut, entre autres enfants :

   1.° Jean-Dominique, dont l'article suit ;

2.º Paul-Aldonce de Tulles de Villefranche, chevalier de Malte, mort jeune;

3.º Louis-Joseph de Tulles de Villefranche, chevalier de Malte, mort jeune.

VIII. Jean-Dominique DE TULLES, chevalier, marquis DE VILLEFRANCHE, seigneur de la Nerte, reçu page du roi en sa petite écurie, le 16 avril 1703, cornette dans le régiment de Royes, cavalerie, en 1705; il épousa Marie-Madeleine de Pelletier de Gigondas, fille et héritière de Pierre, IIº du nom, comte titulaire de Celles, en Piémont, seigneur du Barroux au Comtat-Venaissin, et de N..... de Montchenu. De ce mariage vinrent :

1.º Jean-Baptiste-Hyacinthe, dont l'article suit;

2.º Louis-Gaspard, chevalier de Malte, capitaine au régiment de Gesvres, cavalerie, aide-maréchal-général-des-logis de l'armée dans la guerre de sept ans, maréchal des camps et armées du roi, grand-prieur de Saint-Gilles, grand'-croix et bailli de l'ordre de Malte, mort en 1806;

3.º Marie-Madeleine-Angélique de Tulles de Villefranche, mariée, en 1737, à Pierre-Joseph-Louis, marquis de Chabestan.

IX. Jean-Baptiste-Hyacinthe DE TULLES, comte DE VILLEFRANCHE, seigneur de la Nerte, de Looze, de Chatenay, Saint-Pierre, de Brion et de Bussy en partie, capitaine au régiment de Gesvres, depuis Clermont-Tonnerre, cavalerie, chevalier de l'ordre royal et militaire de Saint-Louis, épousa, en 1736, Marie-Liée-Claude-Guy de Bosredon de Vatanges, fille et héritière de Guy de Bosredon, marquis de Vatanges, et de Claude-Louise de Chassy, dame de Looze, près de Joigny en Bourgogne. De ce mariage vinrent :

1.º Edme-Jean-Dominique, dont l'article suit;

2.º Joseph-Guy, chevalier de Malte;

3.º Louis-Joseph-Gaspard, commandeur de Malte, vivant;

4.º Marie-Louise-Claude-Jacqueline.

X. Edme-Jean-Dominique DE TULLES, comte de VILLEFRANCHE, seigneur de la Nerte, Looze, Brion, Bussy, en partie de Saint-Pierre, capitaine dans le régiment de Bourbon, cavalerie, a épousé le 27 novembre

1767, Louise-Julie de Ricard de Bréganson, fille de Louis-Hercule de Ricard, marquis de Bréganson et de Joyeuse-Garde, et de Marie de Vervins, dame baronne de Bedouin, au Comtat-Venaissin. De ce mariage vinrent :

1.º Joseph-Guy-Louis-Hercule-Dominique, dont l'article suit ;

2.º Victor, mort chevalier de Malte.

XI.   Joseph - Guy - Louis - Hercule - Dominique DE TULLES, marquis DE VILLEFRANCHE, né au château de Looze, près Joigny, en Bourgogne, le 25 septembre 1768 ; a été officier au corps des carabiniers de MONSIEUR, et officier d'état-major du comte de Narbonne-Fritzlard ; chevalier de Malte, et de l'ordre royal et militaire de Saint-Louis, aujourd'hui maréchal de camp-inspecteur des gardes nationales de l'Yonne, a épousé en janvier 1793, dame Marie-Charlotte-Alexandrine de Lannoy (1), née comtesse du Saint-Empire, dame de la croix étoilée de Marie-Thérèse, en Autriche. De ce mariage, sont issus :

1.º Adrien-Eugène-Gaspard de Tulles, comte de Villefranche, né à Lyon en 1795, chevalier de Malte, servant dans la maison du roi ;

2.º Alexandrine-Louise ;

3.º Edmée-Constance ;

4.º Augustine-Ferdinande ;

5.º Léontine-Charlotte.

---

(1) La maison de Lannoy est une des plus anciennes et des plus illustres de l'Europe. Elle a fourni des princes souverains à Franchimont, près de Liége. Gilbert, comte de Lannoy, fut de la première nomination des chevaliers de la Toison d'Or, en 1429, et l'un des seigneurs les plus instruits de la cour éclairée de Philippe le Bon, duc de Bourgogne. Charles, comte de Lannoy, prince de Sulmone, vice-roi de Naples, grand d'Espagne de la première classe, l'un des plus savants militaires de son siècle, généralissime des armées de Charles-Quint, fut vainqueur à Pavie ; et vingt autres comtes de Lannoy furent la plupart grands d'Espagne, et tous chevaliers de la Toison d'Or. Le prince évêque de Liége prend les armes de la maison de Lannoy, qui sont : *d'argent, à trois lions couronnés de sable : au manteau d'hermines.* La ville de Lannoy, près de Lille en Flandres, doit sa fondation aux comtes de ce nom. Cette maison est alliée aux familles les plus illustres.

Branche des seigneurs de Trébillane, en Provence.

IV. Bernardin DE TULLES, chevalier, seigneur de Trébillane, cinquième fils d'Antoine, seigneur de la Baume, et de Marguerite de Concils-Agafin, suivit le parti de la Ligue en Provence, et il paraît qu'il en était un des principaux chefs, par la députation dont il fut chargé, le 26 mai 1592, auprès du duc Charles-Emmanuel de Savoie, qui était alors à Nice, pour le solliciter de rentrer en Provence, d'où ses mauvais succès, et la mésintelligence des ligueurs l'avaient obligé de sortir. Le sieur de Trébillane fut enterré dans la chapelle royale où reposent les comtes de Provence, dans l'église des frères prêcheurs de la ville d'Aix, en considération de son grand mérite, et de l'intégrité avec laquelle il avait rempli sa charge, alors unique en Provence, et exercée par des gentilshommes d'une probité reconnue. Nostradamus, dans ses Chroniques de Provence, s'exprime ainsi : « Messire Bernardin de » Tulles, chevalier, et seul général en Provence, » inhumé en la chapelle royale des jacobins d'Aix, au- » près de Jean de Sade, premier-président aux comptes, » et garde des sceaux...... C'est de ce Bernardin que » sortit Gilles de Tulles, seigneur de Trébillane et de la » Nerte, décédé sans enfants. » Et dans un autre endroit, il dit : « Jean de Sade, seigneur de Mazan, garde » des sceaux et premier-président aux comptes, mourut » le 8 janvier (1660), après avoir servi quatre rois ; » personnage de telle qualité, qu'il mérita d'être en- » terré dans la chapelle royale, où se voit la pierre » sous laquelle messire Bernardin de Tulles, chevalier, » est pareillement inhumé. » Il avait épousé Yolande de Valdeville, fille de Pierre, et de Madeleine de la Cépéde, dont il eut :

1.º Jean, dont l'article suit ;
2.º Olivier de Tulles, seigneur de Trébillane, marié, le 13 octobre 1572, avec Catherine de Vassal, fille de N..... de Vassal, et d'Eléonore de Fiesque :
3.º Gilles, mort sans postérité.

V. Jean DE TULLES, épousa Madeleine de Rame, dame du Pouet, en Dauphiné, dont :

VI. Gabriel-Lazare DE TULLES, qui prit le nom et les armes de Rame par la disposition de sa mère, et qui épousa Françoise Guérin, fille d'Alexandre Guérin, et de Marguerite de Castellane de Mazaugues, dont il n'eut qu'une fille unique :

> Anne-Marguerite de Tulles-de-Rame, mariée, en 1644, à Balthazard de Rabasse, seigneur de Vergons, dont le fils, Lazare de Rabasse, fut reçu chevalier de Malte, en 1661.

Armes : « D'argent, au pal de gueules, chargé de » trois papillons d'argent, miraillés d'azur. »

AUTIER ou HAUTIER DE VILLEMONTÉE. Famille des plus anciennes et des plus illustres de l'Auvergne, et dont les preuves ont été faites en 1781, par devant M. Cherin, généalogiste des ordres du roi, pour obtenir les honneurs de la cour ; elle a formé plusieurs branches, celle d'Autier de Villemontée est représentée aujourd'hui par :

Jean-Baptiste-Marien AUTIER, comte DE VILLEMONTÉE, chevalier, né le 7 février 1753, mousquetaire du roi, en 1784, avait été présenté à Sa Majesté et à la famille royale, en 1781, après avoir fait des preuves pour monter dans les carrosses. Il a émigré en 1791, et fut nommé officier supérieur des mousquetaires du roi à Coblentz en 1792, puis chevalier de l'ordre royal et militaire de Saint-Louis, en 1796. Il a fait la campagne de 1792, à l'armée des princes, et était au siége et à la sortie de Maestrich, en 1793; ensuite à l'armée de monseigneur le prince de Condé, pendant les campagnes de 1795, 1796, 1797, 1798, 1799, 1800, 1801.

Armes : « D'azur, au chef denché d'or, chargé d'un » lion léopardé de sable, armé et lampassé de gueules; » couronne de comte; devise : *Nec dura, nec aspera* » *terrent.* »

BÉNAVENT-RODÈZ (de), maison ancienne qui tire
son origine de l'illustre race des comtes souverains de
Rodèz, et dont les preuves ont été faites, le 15 mai
1784, par devant M. Cherin, généalogiste des ordres
du roi, par M. le vicomte de Bénavent-Rodèz (Marc-
Antoine-Joseph), ancien lieutenant-colonel du régiment
Royal, infanterie, pour obtenir les honneurs de la
cour. Je rapporterai ici la filiation de cette maison, en
remontant à sa souche.

I. Richard Ier, vicomte de RODÈZ et de Carlat, en
l'an 1096, mourut vers 1132, laissant d'Adélaïde, son
épouse :

II. Hugues, IIe du nom, en qualité de comte de Ro-
DÈZ, qui fut en outre vicomte de Carlat, de Lodève et de
Milhaud en 1132. Il mourut vers 1136, laissant d'Er-
mengarde, son épouse :

    1.º Hugues III, qui suit ;
    2.º Autre Hugues, évêque de Rodèz en 1159, mort
       en 1214 ;
    3.º Richard, vicomte de Lodève et de Carlat, vi-
       vant en 1196, et mort sans enfants.

III. Hugues, IIIe du nom, comte de RODÈZ en 1156,
obtint en 1167, d'Alphonse roi d'Aragon, la moitié de
la vicomté de Carlat qui appartenait à ce prince ; il céda,
vers 1195, le gouvernement de son comté à son fils aîné
Hugues IV, puis ensuite à Guillaume, frère de ce dernier, et mourut vers 1209. Il avait épousé, 1.º Agnès,
comtesse d'Auvergne ; 2.º Bertrande d'Amalon, d'une
ancienne et illustre maison de Rouergue ; cette princesse
fonda en 1216, le monastère de Saint-Pejet, de l'ordre
de Saint-Augustin, sur la rivière d'Olt.

Enfants du premier lit :

    1.º Hugues IV, qui ne régna qu'un an, étant mort
       sans postérité en 1196 ;
    2.º Gilbert, seigneur de Creyssel ;
    3.º Bernard, } voués à l'état ecclésiastique ;
    4.º Henri, }
    5.º Guillaume, qui fut le successeur de son frère
       Hugues IX, dans le comté de Rodèz, en 1196 ; il
       ne laissa pas de postérité, et fit en 1208, un tes-

tament par lequel il instituait pour héritier, Guy,
comte d'Auvergne, au préjudice d'Henri Ier, son
frère, né du second mariage de Hugues III,
avec Bertrande d'Amalon, et duquel je vais
parler.

Enfant du second lit :

6.° Henri Ier, dont l'article suit.

IV. Henri Ier, comte DE RODÈZ, fils de Hugues III et
de Bertrande d'Amalon, fit la guerre à Raimond VI,
comte de Toulouse, pour obtenir le comté de Rodèz,
dont la possession lui avait été dévolue par Guy, comte
d'Auvergne, désigné héritier par le testament de Guillaume en 1208; Raimond, après lui avoir résisté quelque temps, fit un accord avec lui, par lequel il lui
céda le comté de Rodèz, moyennant 1,600 marcs d'argent. Mais Henri Ier, étant parti pour la Terre Sainte,
en 1220, il mourut à Aire, en 1221, et laissa d'Algayette
d'Escorailles, plusieurs enfants qui suivent :

1.° Hugues V, qui fut comte de Rodèz, et mourut
en 1274; il avait épousé Isabeau de Roquefeuil,
de laquelle il eut quatre filles et un fils nommé
Henri, qui hérita aussi du comté de Rodèz et
qui mourut en 1302, ne laissant que quatre filles,
qui furent : 1.° Isabelle, vicomtesse de Carlat,
mariée à Geoffroi de Pons, vicomte de Turenne ;
2.° Walburge, mariée en 1298, à Gaston d'Armagnac, vicomte de Fézensaguet ; 3.° Béatrix,
qui fut mariée à Bernard de la Tour-d'Auvergne ;
4.° Cécile, qui par le testament de son père, fait
le 13 février 1292, hérita du comté de Rodèz,
qu'elle porta à Bernard VI, comte d'Armagnac,
son époux ; ainsi le comté de Rodèz passa dans
l'illustre maison d'Armagnac, en 1302 ; puis par
succession dans celle d'Albret, dont Henri IV,
roi de France, devint le chef ; ce monarque réunit
à la monarchie les comtés de Rodèz et d'Armagnac en 1589 (f).

(1) Une généalogie des comtes de Rodèz, et des vicomtes de Carlat,
déposée à la bibliothèque du roi, cotée L. 962, établit que lesdits

2.º Guillaume, dont l'article suit ;

3.º Bernard de Bénavent, chevalier, qui épousa, 1.º en 1297, Philippe de Pons de Bermond ; 2.º Hélène de Sancto-Petroso, fille de N... Sancto-Petroso, chevalier. Bernard fit son testament le 4 mars 1350 ; il y donne tous ses biens à l'aîné de ses enfants, nés de sa seconde épouse, et, à leur défaut, à ceux de Guillaume son frère, et, en cas de mort d'iceux, il les substitue les uns aux autres, et après eux à ceux de sa race qui porteront son nom, et à défaut de ces derniers, il transporte tous ses biens à Jean, par la grâce de Dieu, comte de Rodèz, son cousin consanguin (*consanguineo*), si pour lors il était en vie, ou bien à ses enfants ; lequel testament fait des legs sans nombre à toutes les maisons religieuses des environs et à divers particuliers, et donne des jouissances de plusieurs fiefs et autres objets à Hélène son épouse et à son frère Aldebert, religieux ;

4.º Jean ; 5.º Aldebert, religieux ; 6.º Richard ; 6.º Guise.

V. Guillaume, de BÉNAVENT, Ier du nom, chevalier, seigneur et baron de Mels, épousa N...., dame Carlat. Il existe un acte de l'an 1307 dans lequel Bernard paraît comme médiateur entre Mirbal et Gaspard ; tous deux fils de Guillaume et de dame de Carlat, et dans lequel ledit Bernard se qualifie de *Patrui sui* c'est-à-dire, de leur oncle paternel. Les enfants de Guillaume sont :

1.º Mirbal, qui se fit religieux, et donna dans la suite tous ses biens à son frère Gaspard ;

2.º Gaspard, dont l'article suit.

VI. Gaspard DE BÉNAVENT, Ier du nom, damoiseau, seigneur et baron de Mels, passa une transaction le jeudi après l'Assomption, en l'an 1307, avec Mirbal, son frère, au sujet de la succession de Bernard, leur oncle. Il laissa pour fils :

VII. Gaspard DE BÉNAVENT, IIe du nom, chevalier, seigneur et baron de Mels, qui épousa, en 1366, Marguerite de la Gerde, de laquelle il eut :

VIII. Guidon DE BÉNAVENT, chevalier, seigneur et baron de Mels, marié à Catherine de Belveser, qui le fit père de :

IX. François DE BÉNAVENT, Ier du nom, chevalier,

comtes ont donné origine à la maison royale de France, par les femmes, et à celle d'Espagne par Gilbert, comte de Provence, seigneur de Milhaud et comte de Rodèz.

seigneur et baron de Mels, qui quitta le Rouergue pour s'établir en Languedoc; il épousa, le 28 octobre 1507, Madeleine de Gironde, fille de Bertrand de Gironde, chevalier, seigneur de Monteclar, et de dame Monde de Bauza; il testa le 13 mai 1542, et parle dans son testament de son extrême vieillesse; il laissa les enfants qui suivent :

1.º Jean, qui est titré de l'ordre du Roi, dans le testament de son père, du 13 mai 1542.
2.º Pierre, qui suit;
3.º Guidon, mentionné aussi dans le testament de son père.

X. Pierre DE BÉNAVENT, chevalier, seigneur de Vinassan et de Salles, baron de Druels, épousa Anne de Hautpoul, qui le fit père de :

1.º Jean, capitaine et gouverneur de Castelnaudary, marié, le 7 mai 1375, à Louise de Cheneteau ;
2.º Jacques, qui suit:

XI. Jacques DE BÉNAVENT, chevalier, seigneur de Vinassan et baron de Bozouls, épousa : 1.º en 1589, Gabrielle de Castelnau ; 2.º le 3 septembre 1600, Marguerite de Nadal. Du premier lit vint : Renée de Bénavent. Du deuxième lit : Jean, qui suit:

XII. Jean DE BÉNAVENT, Ier du nom, chevalier, seigneur de Vinassan, épousa, le 24 janvier 1640, Isabeau de Solomiac ; il testa, le 8 août 1691, et laissa pour fils :

XIII. François DE BÉNAVENT, IIe du nom, chevalier, seigneur de Cabannes et de Cabrilles, qui épousa, le 6 novembre 1680, Marguerite de Basset, de laquelle il eut entre autres enfants :

1.º Jérôme, qui suit ;
2.º Antoine de Bénavent, chevalier, seigneur, vicomte du Cayla, baron de Gatuzières, qui a formé une branche cadette à Réalmont, dans le diocèse d'Alby.

XIV. Jérôme DE BÉNAVENT, chevalier, seigneur de Cabannes et de Cabrilles, capitaine au régiment de Champagne, infanterie, chevalier de l'ordre royal et militaire de Saint-Louis, épousa: 1.º à Metz, le premier août 1724, Marguerite Lecabriet de Thury. De ce mariage il n'y eut pas d'enfants ; 2.º le 21 mai 1739,

Catherine-Claire de Perrin-Lengary de la Marquisié, de laquelle, entre autres enfants, il laissa :

XIV. Marc-Antoine-Joseph, vicomte DE BÉNAVENT-RODÈZ, chevalier, seigneur de Cabannes et de Cabrilles, né à Lautrec, en 1750; il fut capitaine commandant au régiment de Colonel-Général, et devint major et premier lieutenant-colonel du régiment Royal, infanterie, le premier mai 1788. Il émigra, en 1791, et devint capitaine-commandant d'une compagnie de cent chasseurs nobles à l'armée de monseigneur le prince de Condé. Il avait fait des preuves par devant M. Cherin, généalogiste des ordres du roi, et eut l'honneur de monter dans les carrosses et d'accompagner Sa Majesté à la chasse, le 15 mai 1784 (voyez *Gazette de France*, du 18 mai de ladite année). M. le vicomte de Bénavent est qualifié dans divers actes passés avant l'an 1790, et qui m'ont été soumis, de très-haut et très-puissant seigneur, monseigneur ; il est chevalier de l'ordre royal et militaire de Saint-Louis et breveté de colonel. Il a épousé, le 8 mars 1779, Marie-Anne de Nigri-Clermont-Lodève, de laquelle vinrent :

1.º Un fils, mort en bas âge ;
2.º Hugues-Charles-Anne Barthelemy de Bénavent, qui suit :

XV. Hugues-Charles-Anne-Barthelemy DE BÉNAVENT-RODÈZ, chevalier, seigneur de Roquenegade, né le 9 décembre 1783, a épousé, le 27 avril 1808, Marie-Antoinette de Martin Dubosc. De ce mariage sont issus :

1.º Marie-Louis-François-Léon de Bénavent-Rodèz, né le 24 mai 1809 ;
2.º Martin-Joseph-Jules de Bénavent-Rodèz, né le 14 août 1811.

Armes : « Ecartelé au 1 et 4 de gueules au lion » d'or; au 2 et 3 d'argent, à trois bandes de gueules ; » au chef d'azur, chargé d'un lambel d'or. »

DROLENVAUX, famille ancienne, originaire de Verviers, près de Liége, qui a donné son nom au village qui le porte encore de nos jours, et dont elle avait la seigneurie. On voit encore ses armes au-dessus de la porte du château de Drolenvaux : elles représentent *un lion issant sur un champ d'argent, traversé de six barres, et surmonté d'un casque.* La révolution ayant dévoré les titres de cette famille on n'en peut donner la filiation que depuis :

I. Noble Denis DROLENVAUX, patricien de la ville de Verviers, en Westphalie, diocèse de Liége, seigneur de Drolenvaux, qui laissa deux fils :

    1.° N.... Drolenvaux, dont l'article suit ;

    2.° N.... Drolenvaux, conseiller à Leyde. Il vivait encore en 1713, que le célèbre Boerhaave, qui avait épousé sa fille, lui dédia ses ouvrages.

II. N.... DROLENVAUX, officier du génie, vint s'établir à Strasbourg, et delà au fort Louis, dans le temps que Louis XIV le faisait construire. Il laissa trois fils :

    1.° N.... Drolenvaux, dont l'article suit ;

    2.° N.... officier du génie, tué au siége de Landon en 1702, sans postérité ;

    3.° Henri-Simon, tige de la seconde branche, rapportée ci-après.

III. N.... DROLENVAUX, officier de cavalerie au service de France, eut pour fils :

IV. Hugues DROLENVAUX, inspecteur en chef des ponts-et-chaussées de la haute et basse Alsace, et fondateur des verreries royales de Saint-Quirin. Il a laissé un fils, qui suit :

V. Antoine DROLENVAUX, commissaire des guerres, chevalier de l'ordre royal et militaire de Saint-Louis. Ses titres de noblesse sont, ainsi qu'il est constaté par une lettre authentique, restés entre les mains de S. A. S. le prince cardinal de Rohan. Antoine Drolenvaux, mort en émigration, a laissé un fils :

VI. Marie-Hugues-Louis DROLENVAUX, sous-inspecteur aux revues, chevalier de la Légion d'honneur, lequel a épousé Éléonore de Clebsattel.

Seconde branche.

III. Henri-Simon DROLENVAUX, Ier du nom, aide-de-camp du maréchal duc de Lorges, qui commandait une armée au-delà du Rhin, et bourguemestre du fort Louis, avait été prié par les habitants d'accepter cette commission à cause de ses liaisons avec les généraux et l'intendant. Il mourut en 1750, laissant pour fils :

. IV. Jean-Pierre DROLENVAUX, directeur des verreries royales de Saint-Quirin, qui a laissé un fils nommé :

V. Henri-Simon DROLENVAUX, II[o] du nom, ancien directeur des verreries royales de Saint-Quirin.

Armes. Voyez en tête de cet article.

MORTE (DE LA), famille noble, originaire de Dauphiné.

I. Jean DE LA MORTE, écuyer, fut trésorier provincial de l'extraordinaire des guerres, dans le gouvernement de Dauphiné le 9 septembre 1598. Il avait épousé Madeleine de Bérenger de Pipet, et laissa d'elle :

II. Pierre DE LA MORTE, seigneur de Laval et de la Motte-Chalençon. Il commença à porter les armes dès l'âge de douze ans, et fut enseigne du mestre de camp de régiment de Turenne, puis capitaine dans le régiment de Vernatel, et dans celui de Normandie ; il devint maréchal de bataille en 1653. Il laissa :

1.° François, capitaine au régiment de Vernatel ;
2.° Jean-François, dont l'article suit ;
3.° Henri, tué dans un combat en Hollande ;
4.° André, mort en 1635, d'une blessure qu'il reçut à la tête au siége de Russach, en Alsace, où il fut un des premiers à monter à l'assaut ;
5.° Alexandre, seigneur de Malissoles, major dans le régiment de Turenne, où il servit près de vingt ans. Il fut reconnu pour l'un des gentilshommes du roi, par brevet du 22 mai 1651, puis maréchal de bataille l'année suivante. Il mourut

d'une blessure qu'il avait reçue devant Arras, assiégé alors par les Espagnols.

III. Jean-François DE LA MORTE, Ier du nom, écuyer, seigneur de Martoran, fut un des premiers qui, avec André, son frère, montèrent à l'assaut donné à Russach, en Alsace, par les troupes que commandait M. le duc de Rohan, et dans lesquelles ils étaient l'un et l'autre officiers. Il avait épousé, en 1681, Adélaïde de Bonniot de Lautaret, de laquelle il eut :

1.° Charles de la Morte, capitaine au régiment d'Auvergne ;

2.° Jean-François, qui suit :

IV. Jean-François DE LA MORTE, IIe du nom, co-seigneur de Vercors, gendarme de la garde, a épousé Louise de l'Isle. De ce mariage sont venus :

1.° Etienne de la Morte, qui suit ;

2.° Charles de la Morte, capitaine au régiment de Lorraine, infanterie, mort en 1813, chevalier de l'ordre royal et militaire de Saint-Louis ;

3.° Jean-François de la Morte, aussi capitaine dans le même régiment, chevalier de l'ordre royal et militaire de Saint-Louis.

V. Etienne DE LA MORTE, seigneur de Chàrens, et co-seigneur de Vercors, fut conseiller en la cour des comptes de Grenoble, le 7 juin 1760, jusqu'à l'époque de sa mort arrivée le 6 janvier 1784. Il avait épousé N.... d'Isoard, fille d'Etienne Daniel, chevalier, maître des eaux-et-forêts de la ville de Die, et trésorier de France. De ce mariage :

1.° Jean-François, qui suit ;

2.° Etienne de la Morte de Franconière, né le 4 avril 1757, officier au régiment de Lorraine, infanterie, qui a émigré en 1792, a fait les campagnes dans l'armée des princes ; il est chevalier de l'ordre royal et militaire de Saint-Louis. Il a épousé, le 26 mars 1806, Adélaïde Bergeron. De ce mariage sont nés :

a. Charles-Paul-Etienne de la Morte ;

    b. Lucile;

    c. Joséphine;

    3.º Joséphine de la Morte, mariée à Jean-François-Anselme de la Morte-Féline, son parent.

VI. Jean-François DE LA MORTE, IIIᵉ du nom, seigneur de Charens, et co-seigneur de Vercors, né en 1755 , a épousé N.... d'Artaud. De ce mariage sont nés :

    1.º Prosper de la Morte, gendarme de la garde du roi, en 1814 ;

    2.º Désirée, mariée à Calixte de Quemart de Rocquebeau ;

    5.º Amélie, demoiselle.

Armes : « D'hermine, à l'oranger de sinople, chargé » de trois oranges d'or, terrassé du second. »

NOTA. Chorier, l'historien du Dauphiné, en parlant de cette maison, dit : « qu'il est peu de familles » qui aient donné tant de leur sang, en si peu de » temps, au service de leur prince et à la gloire de » leur pays. »

WENDEL DE HAYANGE, en Lorraine. Famille originaire de Coblentz.

I. Rodolphe WENDEL, colonel d'un régiment de Cravattes, pour le service de l'empereur, eut pour fils :

II. Jean-Christian WENDEL, lieutenant de cavalerie dans les troupes de Charles IV, qui servit avec honneur et distinction, et épousa Claire Sansfeild, qui le rendit père, entre autres enfants, de :

III. Martin WENDEL, sieur de Hayange. Des lettres-patentes expédiées à Lunéville, le 17 février 1727, disent : « Qu'il est fils de Jean-Christian Wendel, ori-» ginaire de Coblentz, lieutenant de cavalerie dans les » troupes de Charles IV, et de Claire de Sansfeild, d'une » ancienne famille du duché de Luxembourg; que ledit » Christian a servi avec honneur et distinction ; qu'il » possédait plusieurs fiefs en Lorraine qui sont passés » audit Martin Wendel, son fils, qui les possède en-

» core actuellement avec d'autres qu'il a acquêtés ; qu'il
» s'est également distingué dans le monde, ayant tou-
» jours vécu noblement ; qu'il avait pour son aïeul le
» sieur Rodolphe Wendel, colonel d'un régiment de
» Cravattes, pour le service de l'Empereur, et pour
» cousin-germain le sieur Lauder, gentilhomme alle-
» mand, qui, en 1670, était colonel d'infanterie pour
» le service d'Espagne ; que ledit sieur Martin Wendel
» a formé des alliances dignes de sa famille, ayant pour
» beau-frère le sieur d'Erbourg, baron de l'empire,
» ci-devant gouverneur des pages de l'archiduchesse,
» gouvernante des Pays-Bas, de laquelle il est encore
» pensionnaire ; le sieur Desjardin, aussi baron d'em-
» pire, grand-bailli de Manderscheidt, et le sieur Kahu,
» écuyer, conseiller au grand-conseil de Malines, et
» pour cousin-germain le baron de Jacquemin, conseiller
» d'état de son altesse royale, et son envoyé en la cour
» de Vienne, etc. » Il avait épousé une demoiselle de
Hausen, duquel mariage est issu entre autres enfants :

IV. Ignace DE WENDEL, écuyer, seigneur de Hayange,
capitaine d'artillerie, chevalier de l'ordre royal et militaire de Saint-Louis, mort en 1794. Il avait épousé
demoiselle N..... du Tertre, fille de M. du Tertre, président à mortier au parlement de Metz. De ce mariage
vint entre autres enfants :

V. François DE WENDEL, écuyer, officier de cavalerie,
chevalier de l'ordre royal et militaire de Saint-Louis et
de la Légion d'honneur, qui a épousé une demoiselle
Ficher de Dicourt. De ce mariage sont nés deux fils, dont
l'aîné se nomme Franklet de Wendel, et deux filles.

Armes : « De gueules, à trois marteaux d'or, deux
» en sautoir et l'autre en pal, ce dernier la tête en bas,
» liés d'azur, et un canon d'or mis en face à la pointe
» de l'écu ; à la bordure d'argent. »

GODARD D'AUCOUR (Claude), d'une famille noble
originaire de Champagne, né en 1716.

Armes : « De gueules, à la bande losangée d'argent,
» accompagnée de deux poissons de même en pal. »

CHARLUS DE LABORDE (DE), en Limosin. Cette maison commence à dater de l'an 1120, comme on le voit par un hommage rendu au roi, par noble baron Albert de Charlus, seigneur de Laborde, et autres lieux. Cette pièce en parchemin a été passée à Ussel la susdite année.

Il existe dans les archives du prince de Soubise, une pièce aussi en parchemin, passée sous le sceau des contractants, en 1251, par noble baron Albert de Charlus, seigneur de Laborde, portant acte d'un échange fait par Albert de Charlus, avec noble vicomte Paul de Ventadour, à qui il céda la co-seigneurie qu'il avait au-delà de la rivière. On voit aussi, par un autre acte du 16 mai 1326, que noble baron Robert de Charlus donna quittance au seigneur de Plagne; il prend dans cet acte le titre de noble Robert de Charlus, seigneur de Laborde, de Soubreveze, du Theil, de Loches, Confolent, etc. C'est par lui que commence la filiation suivie de cette maison.

I. ROBERT DE CHARLUS, Ier du nom, baron de Charlus, seigneur de Laborde, de Subreveze, du Theil, de Loches, et comte de Confolent, rendit hommage, le 5 novembre 1333, à noble Pierre, vicomte de Ventadour, des villages de Loches, de Courteil, de Couzergue, de Saint-Remy, de Barnier et autres lieux. Il épousa, par contrat du 24 avril 1350, Anne de Levy, qui le rendit père de :

II. ROBERT DE CHARLUS, IIe du nom, baron de Charlus, seigneur de Laborde et autres lieux, qui épousa, par contrat du 7 février 1380, sous l'autorité de noble Antoine de Saint-Pardoux, son curateur, Elisabeth de Lentilhac, et rendit hommage, le même jour, de la baronnie de Charlus, de la seigneurie de Laborde et autres lieux. Il eut de son mariage :

III. Pierre DE CHARLUS, Ier du nom, baron de Charlus, seigneur de Laborde, de Soubreveze, du Theil, comte de Confolent, etc., qui épousa, par contrat du 9 mars 1400, Gabrielle de Chabannes-Lapalice, dont :

IV. Gerald DE CHARLUS, baron de Charlus, seigneur de Laborde, de Soubreveze, du Theil, de Mareil, de Confolent, etc., qui rendit hommage, en 1420, de la baronnie de Charlus et de Soubreveze, ainsi que des villages de Loches, Courteil, de Couzergue, de Saint-

Remy, de Barnier, etc. Il épousa, le 3 juin 1428, noble Suzanne de Ventalour, et le 18 novembre 1429; il fit un échange avec noble Auguste, comte de Ventadour, de la terre de Charlus, comme il est amplement expliqué dans l'acte d'échange, reçu par Evaux, notaire. Il eut pour fils :

V. Pierre DE CHARLUS DE LABORDE, IIe du nom, baron de Mirambel, seigneur de Soubreveze, de Laborde et autres lieux, qui rendit hommage au comte de Ventadour, le 29 avril 1475. Il laissa de son mariage, contracté le 6 avril 1475, avec Galiane de Rochefort :

VI. Guidon DE CHARLUS DE LABORDE, baron de Mirambel, qui épousa, le 7 janvier 1499, noble Cécile de Bocheta, dont :

VII. Jean DE CHARLUS DE LABORDE, baron de Mirambel, seigneur de Laborde, Soubreveze, du Theil et autres lieux, qui rendit hommage au roi pour lesdites baronnie et seigneurie, et épousa, le 10 mars 1513, noble Marguerite des Abbés, de laquelle il laissa :

VIII. Louis DE CHARLUS DE LABORDE, Ier du nom, seigneur de Soubreveze, de Mureil, de Laborde, etc., qui épousa, par contrat du 12 novembre 1528, noble Antoinette Bernarde, dont il eut :

IX. Louis DE CHARLUS DE LABORDE, IIe du nom, marié, par contrat du 9 mars 1545, avec noble Marie de Valon. Son père fit son testament, le 29 mars 1569, et institua Louis III, son héritier, qui lui succéda.

X. Louis DE CHARLUS DE LABORDE, IIIe du nom, épousa, 1.° le 16 janvier 1612, Marguerite Dubouscheyron; 2.° Diane de Lasalle. Il testa, le 15 mai 1624, et eut pour enfants;

Du premier lit :

1.° François, dont l'article suit;
2.° Catherine, mariée, par contrat du 15 août 1637, à François de Saint-Julien, chevalier, seigneur de Flayac;

Du second lit :

3.° Antoine;
4.° Gilberte;
5.° Anne.

XI. François DE CHARLUS DE LABORDE, Ier du nom, seigneur de Soubreveze, de Mareil, etc.; épousa, en 1560, Marie de Scorailles, dont il eut :

XII. Louis DE CHARLUS DE LABORDE, IVe du nom, marié, par contrat du 16 février 1653, avec Catherine de Bodarel-Seilhac. Il fit son testament le 14 septembre 1659, institua son héritier François qui suit, et lui substitua ses enfants jusqu'à la cinquième génération.

XIII. François DE CHARLUS DE LABORDE, IIe du nom, épousa, par contrat du 7 novembre 1673, Marie de Bouot. Il fit son testament, le 11 mai 1683, et institua son héritier Claude, qui suit :

XIV. Claude DE CHARLUS DE LABORDE, épousa, 1.° par contrat du 8 février 1703, Marguerite Dallet; 2.° en 1710, noble dame de l'Etranche du Léry, dont il n'eut point d'enfants. Du premier lit vint :

XV. Jean-François DE CHARLUS DE LABORDE, Ier du nom, épousa, par contrat du 28 février 1737, Françoise-Gilberte de Douhet de Cussac. Il laissa de ce mariage :

XVI. Pierre-Léger DE CHARLUS DE LABORDE, officier dans le régiment de Limosin, infanterie, marié, par contrat du 15 mars 1764, avec Anne de Neuchèze, dont sont issus :

    1.° Jean-François, dont l'article suit ;
    2.° Marie-Léonarde, mariée, le 8 mars 1796, à messire Antoine, vicomte de Tournemine ;
    3.° Catherine de Charlus de Laborde, religieuse à l'abbaye royale de Jouarre, diocèse de Meaux, laquelle a fait ses vœux, le 16 octobre 1788 ;
    4.° Marie de Charlus de Grancher, religieuse en la même abbaye, laquelle a fait ses vœux, le 22 septembre 1789.

XVII. Jean-François, IIe du nom, baron DE CHARLUS, seigneur de Laborde, de Loches et autres lieux, ancien élève de l'école royale militaire, officier dans le régiment de Forèz, infanterie, a émigré en 1790, a fait les campagnes dans l'armée de monseigneur le prince de Condé; a été nommé colonel d'infanterie, par Sa Majesté Louis XVIII, chevalier de l'ordre royal et militaire de Saint-Louis, et officier supérieur dans la maison du roi; il a épousé, 1.° le 5 février 1788, Anne de Coussaud du Chassing, morte le 5 avril de la même année; 2.° le 10 floréal an 10, Antoinette-Marie-Eustoquie Prévost-de-Saint-Cyr, de laquelle il a:

> Eustoquie-Charlotte-Andrésie, née au château de Laborde, le 3 mars 1803.

N. B. Henri IV, ainsi que la reine Marie, sa femme, ont écrit à cette famille plusieurs lettres de remercîment, pour reconnaître les services signalés qu'elle leur avait rendus dans le temps de la Ligue, époque où l'un de ses ancêtres, M. le baron de Charlus de Laborde, fut nommé capitaine de cent hommes d'armes, qu'il leva et équipa à ses frais, pour aller au secours d'Henri IV, ce qui est prouvé par une lettre de ce monarque, en date de Paris, du 27 août 1585.

Armes: « D'azur, au lion d'or, couronné d'argent; » couronne de comte. »

OUTREQUIN. Famille de Normandie, dont la souche est originaire de la Hollande.

I. Pierre OUTREQUIN, descendant de cette famille, naquit en Normandie. Il fut nommé par Sa Majesté Louis XV, directeur général de tous les projets, plans et embellissements de la capitale de son royaume, et pour récompense de ses services, honoré, en mai 1761, par Sa Majesté Louis XV de lettres de noblesse transmissibles à sa postérité de mâle en mâle, enregistrées ès cours du parlement, des comptes, aides et finances, les 4 juin, 8 et 21 juillet 1761 et 8 mai 1764. Il avait épousé Marie-Louise-Victoire le Guay. De ce mariage vinrent:

> 1.° Jean, dont l'article suit;
> 2.° Jean-Baptiste-Augustin.

II. Jean OUTREQUIN, écuyer, fut reçu conseiller secrétaire, greffier en chef civil et criminel et garde des archives en la cour des aides de Paris, le 8 février 1765, et mourut en 1779. Il avait épousé Marie-Agnès-Adélaïde Binet, fille de Claude Binet, conseiller du roi, commissaire receveur général, contrôleur des saisies réelles de la ville de Paris, et de Anne Roger. De ce mariage vinrent :

1.º Claude-Jean-Louis, qui suit ;
2.º Alexandre-Philippe-Prosper ;
3.º Adélaïde-Jeanne-Charlotte.

III. Claude-Jean-Louis OUTREQUIN, écuyer, chevau-léger surnuméraire de Sa Majesté Louis XVI en 1787 ; a épousé Esther-Jeanne Chachereau, morte en 1812, sans laisser de postérité.

Armes : « D'argent, à cinq loutres de sable, posées » 2, 2 et 1. »

KANDY ou CANDY. Il y a en Irlande une maison de ce nom, qui a donné dans tous les temps des membres au chapitre noble de Cantorbery. On présume que la famille de ce nom, établie en Roussillon, où elle a possédé de grands biens, entre autres la seigneurie de Saint-Martial, la baronnie du Boulou et la Crapaire, tire son origine de cette maison, et qu'elle vint s'établir dans cette province, lors de la persécution des catholiques d'Irlande.

Le chef de cette famille, Cosme de Candy, fut convoqué dans l'ordre de la noblesse de la province du Roussillon, pour la nomination des députés aux états généraux. Il a eu plusieurs frères et sœurs, entre autres, Jean dit *le chevalier de Candy*, capitaine de grenadiers au régiment de Bourbon au service d'Espagne, tué en défendant le fort Montjouy, au siège de Gironne ; Marie-Joséphine de Candy, mariée à Amable-Charles comte de Preissac Cadillac.

Armes : « De gueules, à la bande dentelée d'or, ac-» compagnée de deux besants de même ; couronne de » comte. »

PREVOST DE SAINT-CYR. Famille ancienne, originaire de la ville de Blois

I. Jean PREVOST, Ier du nom, qualifié *écuyer* dans des actes de foi et hommage qu'il rendit de la terre de Saint-Cyr-du-Gault, au seigneur de Châteauregnauld, son suzerain, en 1442, eut pour fils :

II. Jean PREVOST, IIe du nom, écuyer, seigneur de Saint-Cyr, qui rendit aveu pour cette terre au seigneur de Châteauregnauld, en 1485. Il laissa de sa femme dont on ignore le nom :

III. Bernard PREVOST, Ier du nom, écuyer, seigneur de Saint-Cyr, vivant en 1500, marié avec Jeanne de Gaillard, fille de Mathurin, des seigneurs de Longjumeau, frère de Michel de Gaillard, seigneur de Longjumeau, de Chailly et du Fayet, favori du roi Louis XI, son maître d'hôtel, seul receveur général de ses finances, général des galères de France en 1480, conseiller au grand-conseil, le 24 septembre 1485. Ce dernier fut père de Michel de Gaillard, IIe du nom, seigneur de Chailly et de Longjumeau, chevalier et pannetier de roi François Ier, qui épousa, par contrat du 10 février 1512, au château d'Amboise où était la cour, Souveraine d'Angoulême de Valois, fille naturelle de Charles d'Orléans, comte d'Angoulême, père de François Ier, et de demoiselle Jeanne le Conte. Elle fut légitimée à Dijon par ce prince, en 1521. Bernard eut de son mariage, entre autres enfants :

IV. Jean PREVOST, IIIe du nom, écuyer, seigneur de Saint-Cyr, du Gault, de Villabry, de Morsan, de Saint-Germain, etc., conseiller du roi en la cour de parlement, et président aux requêtes du palais, marié avec Marie Brachet, fille de Jean Brachet, seigneur de Frouville et du Coudray, conseiller du roi et receveur général des finances à Arles, et d'Isabelle Maydon. Il laissa de ce mariage :

   1.º Nicolas, conseiller du roi, président aux enquêtes du parlement, chanoine de Notre-Dame de Paris, et prieur de Meulan;

   2.º Jean, dont l'article viendra;

   3.º Bernard, chevalier, seigneur de Morsan et de Villabry, conseiller-clerc au parlement de Paris, puis conseiller au parlement de Bretagne, ensuite premier président des enquêtes du palais, et après conseiller du roi en son conseil privé, et second président en sa cour de parlement. Il jouissait dans son siècle d'un grand crédit et d'une haute considération, et pendant les guerres civiles, il fut souvent député vers le roi, chargé de missions importantes qu'il remplit toujours avec distinction. Il mourut, le 22 septembre 1585, après avoir honoré longtemps la magistrature, ne laissant point d'enfants de Madeleine Potier, fille de Jacques Potier, seigneur de Blancmenil, conseiller au parlement, et de Françoise Cuillette, dame de Gesvres;

4.º Guillaume Prevost, écuyer, seigneur de Moulins-sur-Charente et de Saint-Germain, marié avec Françoise Aubelin, fille de Guillaume Aubelin, seigneur de la Rivière, et de Françoise Brachet, dont sont issus:

a. Jean, seigneur de Moulins, qui, de Marie Gendreau, sa femme, eut pour fils unique René Prevost, seigneur de Moulins;

b. Marie Prevost, femme de Pierre Guillon, écuyer, seigneur de Loge et de Réal, grand-bailli des souverainetés de Sédan et Raucourt;

c. Susanne, femme de René de Cumont, seigneur de Fiefbrun, conseiller d'état, mort en 1633;

5.º Françoise Prevost, femme de Jean Vaillant, seigneur du Chastel, conseiller du roi, et président aux enquêtes du parlement de Paris.

V. Jean Prevost, IVᵉ du nom, écuyer, seigneur de Saint-Cyr et de Villabry, conseiller du roi, général en sa cour des aides de Paris, épousa Madeleine de Reffuge, fille de François de Reffuge, seigneur de Précy-sur-Marne et de Courcelles, conseiller du roi et son avocat général en la même cour des aides, et de Jeanne Allegrain. De ce mariage sont issus:

1.º Claude Prevost, seigneur de Saint-Cyr, conseiller du roi en ses conseils et maître des requêtes ordinaires de son hôtel, décédé sans postérité de Hélène de Bellievre, sa femme, fille de Pompone de Bellievre, chevalier seigneur de Grignon, chancelier de France, et de Marie Prunier de Grigny ;

2.° Jacques, dont l'article suit ;

3.° Marie Prevost, femme de Charles de Goué, seigneur de Villeneuve-la-Guyard ;

4.° Madeleine Prevost, femme de Pierre de Pincé, écuyer, seigneur du Bois, en Anjou.

VI. Jacques PREVOST, chevalier, seigneur de St.-Cyr, de Villabry, de Villevry, etc., baptisé le 12 septembre 1561, conseiller au grand-conseil, le 17 mars 1587, puis maître des requêtes, le 20 novembre 1599; honoraire, le 14 décembre 1619, avait épousé, 1.° Jeanne Amelot, fille de Jean Amelot, seigneur de Carnetin, maître des requêtes, puis président aux enquêtes du parlement de Paris, et de Marie de Saint-Germain, dont il n'eut point d'enfants ; 2.° Antoinette Camus, fille de Geoffroi Camus, seigneur de Pontcarré et de Torcy, maître des requêtes et conseiller d'état, et de Jeanne Sanguin de Livry. De ce mariage vinrent :

1.° Bernard, dont l'article suit ;

2.° Jacques Prevost, seigneur de la Roche, lieutenant aux Gardes-Françaises;

3.° Henri, chevalier de Malte ;

4.° Jean Prevost, enseigne des Gardes-du-Corps ;

5.° Jeanne Prevost, mariée avec Ambroise de Fontenailles, seigneur d'Ivry, enseigne des Gardes-du-Corps;

6.° Marie Prevost, femme, le 25 juin 1636, de Charles de Montesson, seigneur dudit lieu et de la Roche Pichemer, lieutenant-général des armées du roi.

VII. Bernard PREVOST, II° du nom, chevalier, seigneur de Saint-Cyr, reçu conseiller au grand-conseil le 13 janvier 1631, honoraire le 7 février 1657, épousa, 1.° Marie de Moucy, morte en 1664, fille de Claude de Moucy, auditeur des comptes, et de Marie Savart ; 2.° Elisabeth Hatton, morte en 1675 ; 3.° Charlotte de

Huguenat, fille de Denis, seigneur de Millière, et de Jacqueline le Grand. Ses enfants furent;

Du premier lit :

1.º Charles-Joseph, dont l'article suit;
2.º Françoise, femme, en 1671, d'Antoine de Rigné, écuyer, seigneur de la Guérinière, conseiller au grand conseil;

Du second lit:

3.º Bernard Prevost de Saint-Cyr, capitaine de dragons au régiment de Senneterre en 1665.

VIII. Charles - Joseph PREVOST, chevalier, seigneur de Saint-Cyr, conseiller au châtelet, le 27 mars 1676, mort en 1700, avait épousé Marie de Croisilles, fille de Simon de Croisilles, seigneur dudit lieu, près Blois, et de Catherine de Perrochel. De ce mariage vint :

IX. Nicolas-Charles - Claude PREVOST, chevalier, seigneur de Saint-Cyr, né le 27 octobre 1697, conseiller au parlement, le premier juillet 1720, puis maître des requêtes, en 1723. Il épousa Marie-Anne Ruaut du Tronchaut, fille de Charles Ruaut du Tronchaut, écuyer, secrétaire du roi et fermier général, et de Marie Lépineau. Leurs enfants furent :

1.º Charles-Louis, dont l'article suit;
2.º Bernard-Parfait Prevost, chevalier de Saint-Cyr, capitaine au régiment de Bourbon, cavalerie;
3.º Sébastien Prevost de Saint-Cyr, grand vicaire de Châlons, abbé commendataire de l'abbaye de la Roche Levy.

X. Charles-Louis PREVOST, né en 1723, chevalier, marquis de Saint-Cyr, colonel du régiment d'Angoumois, en 1748, épousa, la même année, Marie-Marguerite Orceau de Passy, fille de Jean-Baptiste Orceau, seigneur de Passy, et de Marie-Marguerite le Maignan. De ce mariage sont issus :

1.º Alexandre-Charles-Marie, dont l'article suit;
2.º Marie Prevost de Saint-Cyr, morte en bas âge.

XI. Alexandre - Charles - Marie Prevost, marquis de Saint-Cyr, né en 1751, cornette blanc de la cavalerie, sous-aide-major des Gendarmes et Chevau-Légers réunis, lieutenant - colonel, chevalier de l'ordre royal et militaire de Saint-Louis, a épousé, en 1777, Eustoquie-Thérèse le Mairat, fille de messire N....: le Mairat, président de la chambre des comptes, et de dame Pecot de Saint-Maurice. De ce mariage sont issus :

1.º Charles-Maurice-Hippolyte, dont l'article suit ;

2.º Eustoquie-Antoinette Prevost de Saint-Cyr, mariée à M. le baron de Charlus de Laborde, colonel, lieutenant des Gardes de la porte du roi ;

3.º Célestine Prevost de Saint-Cyr, morte en bas âge.

XII. Charles - Maurice - Hippolyte Prevost, comte de Saint-Cyr, est né en 1778.

Branche de cette famille établie en Quercy.

Cette branche est représentée aujourd'hui par :

Joseph-Honoré - François, comte de Prevost de Saint-Cyr-Lacaussade, colonel du 46e régiment d'infanterie, chevalier de l'ordre royal et militaire de Saint-Louis et de la Légion d'honneur. Il a épousé en Alsace, en 1804, Marie-Agathe Schultz, de laquelle il a :

1.º Eugène Prevost de Saint-Cyr ;

2.º Alphonse Prevost de Saint-Cyr ;

3.º Emile Prevost de Saint-Cyr ;

4.º Adèle Prevost de Saint-Cyr.

Joseph - Honoré-Victor Prevost de Saint-Cyr, chevalier, frère du précédent, marié avec Nanette de Guéringaud, de laquelle il a :

1.º Amédée Prevost de Saint-Cyr ;

2.º Adélaïde Prevost de Saint-Cyr.

Joseph-Honoré- Célestin - Hyacinthe Prevost de Saint-Cyr, chevalier de la Légion d'honneur, frère des précédents, marié à N..... Lilli de Larrieu, de laquelle il a :

1.º Irma Prevost de Saint-Cyr;

2.º Adélaïde Prevost de Saint-Cyr.

Armes : « D'or, au chevron renversé d'azur, accom-
« pagné en chef d'une molette d'éperon de gueules, et en
« pointe d'une aiglette de sable. »

PREISSAC (DE). Cette maison tire son origine des anciens ducs d'Aquitaine, et forme plusieurs branches, entre autres celle d'Estignac, dont le chef est grand d'Espagne de
première classe, et celle de Cadillac dont le chef est M. Amable-Charles, comte de Preissac-Cadillac, aujourd'hui maréchal des camps et armées du roi, le même qui fut chargé,
lors de l'arrivée de son altesse royale monseigneur le
duc d'Angoulême, en France, des pouvoirs de ce prince
pour commander provisoirement dans les départements
du Lot et Garonne et du Gers, et qui dans les moments
les plus critiques fit présenter aux habitants et aux troupes
composant la garnison d'Agen, le serment de fidélité à
Sa Majesté Louis XVIII, et leur fit arborer la cocarde
blanche. Il a épousé Marie-Joséphine de Candy; de ce
mariage est né Charles-Henri-Roger de Preissac, âgé
de 12 ans.

Armes : « Parti, au 1ᵉʳ d'argent, au lion de gueules ;
» au 2ᵉ d'azur, à trois fasces d'argent; couronne ducale. »

ROBERT DU CHATELET (DE), en Champagne;
famille ancienne, qui tire son origine du midi de la
France, et florissait en Béarn, en Quercy et dans les
provinces voisines, dès le douzième siècle. Il en existe
plusieurs branches; celle que nous allons rapporter s'est
transplantée en Champagne, sous le règne de Henri IV.
Une partie des papiers de famille ayant été brûlés ou
égarés dans le fort de la révolution, nous ne commen-
cerons cette généalogie que sur ce que nous avons
sous les yeux de pièces authentiques.

I. Noble Joachim DE ROBERT, vivait en Béarn vers l'an
1450.

II. Noble Jean de ROBERT, seigneur de la Guitardie, eut pour fils :

III. Adam DE ROBERT, seigneur de Villeneuve, de Montesquiou, de la Guitardie, etc., qui laissa de Marie de la Balme, son épouse :

    1.º Jean de Robert ;
    2.º Barthelemy, dont l'article suit ;
    3.º Marguerite de Robert ;
    4.º Marie de Robert.

IV. Barthelemy DE ROBERT, seigneur de la Guitardie, des Trois-Estocs, du Châtelet, de Mondigny, de Vonc, Neufmaison et autres lieux, commandant une compagnie de gens de guerre sous le règne de Henri IV, fut le premier de cette famille qui vint s'établir en Champagne. Ce prince lui fit plusieurs donations, une, entre autres, par brevet du 14 avril 1592, daté du camp devant Rouen, *de tous et un chacun des biens, meubles et immeubles qui avaient appartenu à défunt Jacques Vivedieu, iceux appartenant à Sa Majesté par droit d'aubaine, etc.* Il acquit les seigneuries du Châtelet, de Mondigny, de Vonc, de Neufmaison et autres lieux, par son mariage, contracté le 3 avril 1603, avec Susanne d'Hennin-Liétard, fille de François d'Hennin-Liétard, de l'ancienne et illustre maison des comtes de Hainault, et petite-fille de Philibert d'Hennin-Liétard, et de Marguerite de Luxembourg. Le 24 février 1606, le roi augmenta sa compagnie de deux cents hommes ; le 24 mars 1610, de cent, et en 1614, Louis XIII l'accrut encore de cinquante hommes. Il vendit, la même année, en commun avec François d'Hennin-Liétard, son beau-frère, la ville de Rocroy, au roi Louis XIII. De ce mariage est issu :

V. Philippe DE ROBERT, sieur de Mondigny, seigneur de Jandun et autres lieux, qui hérita du château, et en partie de la seigneurie du Châtelet, de François d'Hennin-Liétard, son oncle, mort sans postérité. Louis XIII, par brevet du 3 septembre 1637, lui donna le commandement du Mont-Olympe, près Charleville, et l'autorisa, par un autre brevet du même jour, à lever une compagnie d'infanterie française. De son mariage avec Claude de Namps de la Grange sont issus :

1.° François-Louis, dont l'article suit ;
2.° Robert de Robert.

VI. François-Louis DE ROBERT, sieur de Mondigny et du Châtelet, seigneur de Rimogne, du Hongréau, de Gambier, de Neufmaison, de Vonc, de Rocroy et autres lieux, obtint du roi Louis XIV le premier novembre 1677, une compagnie française d'infanterie (1). Il épousa, en présence du marquis d'Aspremont, son cousin, et des comtes de Joyeuse-Grandpré, le 18 mai 1671, Marie-Bernardine de Frarin de Courmilly, dont il eut :

1.° Trois fils, morts au service, l'un en Espagne, l'autre à la bataille de Malplaquet, et le troisième près d'Anvers ;
2.° Charles Akam, dont l'article suit :

VII. Charles-Akam DE ROBERT DU CHATELET, Ier du nom, dit *le baron du Châtelet*, seigneur de Mondigny, de Rimogne, de Murtin, de Sormonne, du Hongréau, et autres lieux, capitaine de grenadiers au régiment du Maine, infanterie, chevalier de l'ordre royal et militaire de Saint-Louis, épousa, le 14 mars 1712, demoiselle Jeanne Chaussé des Croisettes-de-la-Neuville. De ce mariage vinrent :

1.° Charles-Akam, dont l'article suit ;
2.° Jacques-Maximilien, dont l'article viendra :
3.° Louis-Henri de Robert, chevalier du Châtelet, seigneur du Châtelet et autres lieux, ancien capitaine de grenadiers, lieutenant de roi, commandant à Rocroy, chevalier de l'ordre royal et militaire de Saint-Louis. Il fut pris en Allemagne comme émigré, et ramené en France ; on le conduisit à Mézières, où il fut jeté en prison

(1) Le brevet, signé du roi, est conçu en ces termes: « Désirant » remplir cette charge d'une personne qui s'en puisse bien acquitter, » nous avons estimé ne pouvoir faire, pour cette fin, un meilleur choix » que de notre cher et bien aimé capitaine de Mondigny, pour les ser- » vices qu'il nous a rendus dans toutes les occasions qui s'en sont pré- » sentées, où il a donné des preuves de sa valeur, courage, expérience » en la guerre, vigilance et bonne conduite, et de sa fidélité et affec- » tion à notre service, etc., etc. »

quoique dangereusement malade : il mourut la veille du jour que les agents du terrorisme avaient choisi pour le faire périr. Il ne laissa, de son mariage avec N... Souhin des Tournelles, sœur de M. Souhin des Tournelles, maire de la ville de Reims, qu'une fille, alliée à M. le marquis de Saint-Belin, chevalier des ordres de Saint-Louis et de la Légion d'honneur, aujourd'hui sous-lieutenant des chevau-légers de la garde du roi, maréchal de camp. Elle est morte en émigration ;

4.° Jean-Baptiste-Louis de Robert du Châtelet, breveté de major au régiment d'Eu, infanterie, chevalier de l'ordre royal et militaire de Saint-Louis, né au château du Châtelet, seigneur dudit lieu, marié avec Claude Olive de Failly d'une ancienne famille noble de Champagne, dont :

a. Louis-François-Maximilien de Robert du Châtelet, ancien adjudant-major au régiment du maréchal de Turenne, chevalier de l'ordre royal et militaire de Saint-Louis, marié à Antoinette-Thérèse Méry-le-Duc-la-Tournelle ;

b. Jean-Charles, destiné d'abord à l'état ecclésiastique ; il a émigré et servi dans l'armée des Princes ;

c. Elise de Robert du Châtelet, élève de l'ancienne maison de Saint-Cyr ;

d. Félicité de Robert du Châtelet, mariée à N.... de Failly-de-Champlin ;

e. N.... de Robert du Châtelet ;

5.° Bernardine-Charlotte de Robert de la Neuville ;

6.° N..., religieuse à l'abbaye de Notre-Dame de Soissons.

VIII. Charles-Akam DE ROBERT, IIe du nom, baron du CHATELET, né au château dudit lieu, lieutenant-colonel au régiment d'Eu, infanterie, chevalier de l'ordre royal et militaire de Saint-Louis, seigneur du Châtelet, du Trembloy, de Rimogne, du Hongréau, de Sormonne, de Murtin, et autres lieux, épousa Elisabeth-Charlotte Comyn, fille de messire Michel Comyn, écuyer, dont l'ancienne noblesse, originaire d'Irlande, a été reconnue par lettres-patentes de Louis XV, données à Versailles au mois de janvier 1751. De ce mariage sont issus :

1.º Louis-Auguste-Angélique-Jacques-Charles, qui suit ;

2.º Anne-Andrée-Charlotte de Robert du Châtelet, mariée à N.... Bourcard de Frontville, écuyer, capitaine au 26º régiment de ligne.

IX. Louis-Auguste-Angélique-Jacques-Charles, baron DE ROBERT-DU-CHATELET, est aujourd'hui capitaine au régiment de MONSIEUR (4º de chasseurs à cheval), chevalier de l'ordre royal et militaire de Saint-Louis.

VIII. Jacques-Maximilien DE ROBERT DU CHATELET, chevalier du Trembloy, seigneur du Châtelet, du Trembloy, de Rimogne, et autres lieux, né au château du Châtelet, second fils de Charles-Akam, Ier du nom, et de Jeanne Chaussé-des-Croisettes de-la-Neuville, ancien officier de cavalerie, chevalier de l'ordre royal et militaire de Saint-Louis, épousa, eu 1785, demoiselle Marie-Adélaïde Rousseau de Rimogne. De ce mariage sont issus :

1.º Louis-Emmanuel-Maximilien, dont l'article suit ;

2.º Ferdinand de Robert du Châtelet, élevé à Saint-Cyr, officier au 24º régiment d'infanterie légère ; il eut les deux jambes emportées d'un boulet à la prise de Vienne en 1809, et mourut de cette blessure.

IX. Louis-Emmanuel-Maximilien DE ROBERT, chevalier du Châtelet, est né au Châtelet le 3 octobre 1786.

Armes : « De gueules, à l'aigle d'argent ; l'écu timbré » d'une couronne de comte. Tenants, deux sauvages. »

ASTORGA, ASTORG ou ASTORGUE (D') : maison illustre, originaire d'Espagne, dont l'ancienneté se perd dans les temps les plus reculés, et dont une branche s'établit en France vers la fin du onzième siècle, elle a toujours tenu un rang distingué parmi la haute noblesse de Guienne, du Limosin et de l'Auvergne ; ses possessions, ses emplois, ses services militaires, ses grandes alliances par lesquelles elle a l'honneur d'appartenir aux maisons royales de France et d'Espagne, aux maisons souveraines des comtes de Toulouse, de Foix, de Comminges, de Lomagne, aux maisons des ducs de Grammont, de Noailles, et d'Antin; à celles d'Espagne, de Montespan, Rabastens, Boufflers, Gallard et Roquepine, en Languedoc; à celles de Maumont, de Langeac-Brassac, de Polignac, de Joyeuse, de Montmorin, d'Aubigné, de Beaufort, Saint-Quentin, de Rochefort - d'Ailly, Jarrie, Blanchefort, Salvert, d'Anglard, Sarrasin et Miremont, en Auvergne, l'égalent aux premières maisons.

La maison d'Astorg perdit une grande partie de ses titres par deux événements malheureux, éprouvés par les auteurs de chacune des deux branches encore existantes : 1.º celui du sac du château de Montbarbier, en Guienne, par les ligueurs, en 1571, comme le constatent les lettres-patentes accordées par le roi Henri IV, à Antoine d'Astorg, seigneur de Montbarbier; 2.º par l'incendie du château de Miremont, en Auvergne, arrivé le dimanche 9 juillet 1752, où Philibert des Combes, chevalier, seigneur et vicomte de Miremont, époux de Marie d'Astorg, périt lui-même en faisant d'inutiles efforts, pour sauver ses lettres et papiers et ceux de la maison d'Astorg, qui y étaient en dépôt, pendant l'absence de Jacques d'Astorg, frère de Marie, servant alors au régiment de Noailles.

Privés de renseignements plus étendus, nous allons donner la généalogie des différentes branches de cette maison, d'après les preuves qu'elles ont faites pour jouir des honneurs de la cour.

Pedro d'Astorga (*Pierre d'Astorg*), Ier du nom, chevalier, fut le premier de cette maison qui s'établit en France, où il avait suivi Raymond, comte de Toulouse, qui s'était signalé en Espagne à la tête des armées d'Alphonse VI, dit *le Vaillant*, roi de Castille, contre les Arabes et les Sarrasins, auxquels il enleva la ville de Tolède, le 25 mai 1085, et ensuite plusieurs autres places considérables, telles que Madrid, Talavera et Illescas. Raymond fut le premier des princes français qui prit la croix après le concile de Clermont, du 4 novembre 1095, pour la conquête de la Terre-Sainte, dans laquelle Pedro d'Astorga l'accompagna, ainsi qu'un grand nombre de chevaliers français et castillans. Ce fut au retour de cette expédition, après la prise de Jérusalem, vers l'an 1100, que le comte de Toulouse le retint près de lui et l'établit dans le Languedoc. Il eut entre autres enfants :

II. Pierre d'Astorg, IIe du nom, qui parut comme allié à la cour de Raymond II, vicomte de Turenne, et se trouve rappelé, comme fils de Pierre d'Astorg, dans le nombre des chevaliers présents au combat judiciaire qui eut lieu entre Hugues et Aimeric de Saint-Ceré, en 1178. *Justel, preuves, pag. 36, Peyre Austroc-le-Fil*. Il servit Simon de Montfort, depuis comte de Toulouse, et se trouva à la bataille de Muret, gagnée par lui, le 12 septembre 1213, dans laquelle le roi d'Aragon fut tué. Il eut entre autres enfants :

1.° Goyo ou Guillaume, dont l'article suit ;
2.° Bernard, qui s'attacha à Alphonse, comte de Toulouse, et se croisa avec lui pour la Terre-Sainte ; il est nommé dans les lettres adressées par le pape à ce sujet, à l'évêque et à l'archidiacre d'Agen, dans la même année.

III. Goyo ou Guillaume d'Astorg, fut présent avec Raymond de Ventadour, Guy de Malmort et plusieurs autres chevaliers, à la foi et hommage que Mainfroid de Châteauneuf rendit, le 9 des calendes de mai en 1221, à Raymond III, vicomte de Turenne. Il eut, entre autres enfants, Pierre qui suit : *Justel, preuves, pag. 43 et 44.*

IV. Pierre d'Astorg, IIIe du nom, chevalier, seigneur de Noaillac, donna des priviléges aux habitants de sa terre, en Limosin, par lettres de l'an 1268. Ses enfants furent :

1.° Adhemar, dont l'article suit ;
2.° Guillaume, tige des seigneurs de Vandelin, de Montiroy et de Lascot, en Auvergne, rapportée en son rang ;
3.° N....d'Astorg, abbé de Saint-Théodat de Montauban, en 1303 et 1306 ;
4.° Doulce d'Astorg, mariée à Hélie, chevalier, seigneur de Noailles, auquel elle porta la terre de Noaillac en dot, en 1280; elle fut tutrice de Guillaume, son fils, en 1290, duquel sont issus

les ducs de Noailles et d'Agen, et elle déclara en 1303, être satisfaite des dispositions de son père, dans lesquelles elle rappelle ses frères ci-dessus. *Moreri, père Anselme, Histoire des grands officiers de la couronne.*

V. Adhemar D'ASTORG, chevalier, servit dans les guerres de Gascogne et de Flandres ; il fut capitoul de Toulouse, en 1298, puis capitaine, commandant de la porte et tour de Saint-Etienne de la même ville, en 1304 et 1313. Il eut pour fils :

VI. Bernard D'ASTORG, Ier du nom, chevalier, qui servit dans les guerres contre les Anglais, en 1339 et 1356, et laissa entre autres enfants :

VII. Pierre D'ASTORG, IVe du nom, chevalier, sei-gneur de Montbartier, de Ségreville et d'Esclaupont, en 1390, qui fut fait grand-échanson du roi Charles VI, en 1409 ; servit dans les guerres contre les Anglais sous les comtes de Foix et d'Armagnac, en 1420, 1428 et 1430. Le roi lui adressa une commission pour saisir les re-venus de l'archevêché de Toulouse, en 1405 ; il avait rendu hommage de ses terres au roi, le 27 mars 1400, et mourut fort âgé, le 11 mai 1435. Il avait épousé, 1.° Jeanne de Castel-Moron, fille de Jean, seigneur de Castel-Moron, et sœur de Vital de Castel-Moron, ar-chevêque de Toulouse, morte le 21 septembre 1420 ; 2.° Firmonde de Rabastens, fille de Pierre Raymond de Rabastens, seigneur de Rabastens, sénéchal de Toulouse, morte en 1458. Il eut pour fils :

VIII. Jean D'ASTORG, chevalier, seigneur de Mont-bartier, de Ségreville, d'Esclaupont, etc., qui servit dans les guerres de Gascogne et de Languedoc, contre les Anglais en 1440, 1442 et 1450. Il reçut, à la tête de la noblesse du pays, le roi Louis XI, à son entrée à Toulouse, au retour de son voyage de Roussillon, le 10 septembre 1462, et de lui présenter les clefs de la ville ; il lui rendit hommage de ses terres en 1464, et avait épousé Anne de Monclar, fille d'Almaric, vicomte de Monclar, issu des anciens comtes de Toulouse. De ce mariage vinrent :

1.° Antoine, dont l'article suit ;

2.° Jean, seigneur de Ségreville, marié à Jeanne

de Beaufort, dont il eut Jean d'Astorg, marié
à Jeanne de Loubens Verdale, proche parente
de Hugues de Loubens Verdale, grand-maître
de l'ordre de Saint-Jean de Jérusalem en 1582 ;
mort en 1595, et de laquelle il eut pour fils
autre Jean d'Astorg, chevalier du même ordre
en 1571.

IX. Antoine d'Astorg, Ier du nom, chevalier, seigneur et baron de Montbartier, d'Esclaupont, de Nizan
et de Lodès, se distingua dans les guerres d'Italie, sous
François Ier. Il avait épousé, avec dispense du pape,
du 10 décembre 1505, Marguerite d'Espagne, sa parente,
fille de Roger, chevalier, seigneur d'Espagne, baron de
Montespan, et de Jacquette de Mauléon, dame d'Au-
biac, de laquelle il eut :

1.º Antoine, dont l'article suit :
2.º Marguerite, mariée à Charles de Baulat, seigneur de Popiat.

X. Antoine d'Astorg, IIe du nom, chevalier, seigneur et baron de Montbartier, d'Esclaupont, de Nizan et de Lodès, capitaine gouverneur pour les rois
Charles IX et Henri III, dans les diocèses de Toulouse, Lavaur et Saint-Papoul, se distingua dans les
guerres en deçà et au-delà des monts, pendant les troubles
de la Ligue, suivant les lettres-patentes de Henri II,
du 20 décembre 1550, qui lui fit plusieurs dons en
récompense de ses services, et le roi de Navarre, depuis Henri IV, les reconnut par d'autres lettres-patentes, en 1571 et 1579. Il testa le 27 février 1587, et avait
épousé, 1.º, le 9 septembre 1539, Jeanne de Lomagne,
fille de Georges de Lomagne, chevalier, seigneur de
Terrides, vicomte de Gimois, et Claude de Cardaillac-
Montbrun ; 2.º, le 17 avril 1553, Gabrielle de Goirans,
dame de Lux. Ses enfants furent :

Du premier lit :

1.º Bernard, dont l'article suit :

Du second lit :

2.º Paul, chevalier, seigneur de Lux, marié, le

9 décembre 1604, à Georgette de Lordat, dont sont issus :

a. Jacques d'Astorg de Goirans de Montbartier, baron de Lux, qui transigea, le 6 mars 1655, avec Joseph, son frère, pour les biens de Paul, leur père ;

b. Joseph d'Astorg de Goirans de Montbartier, chevalier de Lux, qui fut maintenu dans sa noblesse avec son frère, le 4 janvier 1671; leur postérité est éteinte.

3.° Joseph, auteur de la branche des seigneurs, comtes d'Aubarède, marquis de Roquépine, rapportée ci-après;

4.° Antoine, tué auprès du roi à la bataille des Cantons, le 20 décembre 1587 ;

5.° Quatre filles.

XI. Bernard D'ASTORG, IIe du nom, chevalier, seigneur et baron de Montbartier, de Nizan et Lodès, vicomte de Larboust, capitaine de cinquante hommes d'armes d'ordonnances, chevalier des ordres du roi, gouverneur des villes de Verdun et du Mas-Garnier, testa le 19 août 1606. Il avait épousé, le 8 juillet 1555, Isabeau d'Aure, fille et héritière de Jean d'Aure, vicomte de Larboust, baron de Cardaillac, de la branche aînée des ducs de Grammont, et vicomtes d'Aster. Il eut de ce mariage :

1.° Corbeyran, dont l'article suit;
2.° Adrien, qui servit, et fut capitaine ;
3.° Trois filles mariées.

XII. Corbeyran D'ASTORG, Ier du nom, chevalier, baron de Montbartier et de Cardaillac, vicomte de Larboust, capitaine-gouverneur, pour le roi, du Mas-Garnier, commanda l'armée à l'attaque des lignes, en 1625, après que le seigneur de Gelas d'Ambres, qui fut depuis son beau-père, et qui la commandait, y fut blessé. Il fit son testament en 1663. Il avait épousé, le premier mars 1669, Marguerite de la Roque-Bouillac, fille de Georges, seigneur de la Roque-Bouillac, et d'Antoinette de Beaulac, dame de Saint-Gery ; 2.°, le 17 avril 1621, Marguerite de Gelas, fille de Lysander de Gelas, marquis de Leberon, baron d'Ambres, seigneur de Montpeiran et de Floremteb, conseiller d'état d'épée, capitaine de cent hommes d'armes des ordonnances du roi, maréchal de ses camps et armées, dont la grand'-mère paternelle était sœur du fameux maréchal Blaise de Montesquiou de Montluc, et d'Ambroise de Voisins d'Ambres. Ses enfants furent :

Du premier lit :

1.° François, dont l'article suit ;

Du second lit :

2.° Autre François d'Astorg, chevalier, vicomte de Larboust, lieutenant-général des armées du roi, commandant des lignes de Lautrebourg, ensuite de la citadelle de Verdun.

XIII. François D'ASTORG, Ier du nom, chevalier, seigneur et baron de Montbartier et Cardaillac, vicomte de Larboust, gentilhomme ordinaire de la chambre du roi, épousa, le 21 avril 1641, Louise de Vicoses, fille de Raymond, seigneur de Castelnau, et fut maintenu dans sa noblesse le 19 novembre 1668. Il eut de son mariage :

1.° Corbeyran, dont l'article suit ;
2.° Jean d'Astorg, tué au siége de Castelnau.

XIV. Corbeyran D'ASTORG , IIe du nom, chevalier, seigneur et baron de Monbartier et Cardaillac, vicomte de Larboust, épousa, le 24 juin 1679, Charlotte de Blazy, dont il eut :

XV. François D'ASTORG, IIe du nom, chevalier, seigneur et baron de Montbartier, marié, en 1700, à Marthe de Savoye, dont :

1.° François, mort jeune ;
2.° Pierre, qui suit.

XVI. Pierre D'ASTORG, Ve du nom, chevalier, seigneur et baron de Montbartier, épousa, en 1755, demoiselle N.... de Saint-Martin, fille de messire Guillaume de Saint-Martin, seigneur d'Aure, et de Perrette de

Tournemine, dont il n'eut qu'une fille, alliée, en 1783, au vicomte de Fortisson, baron de Saint-Maurice.

SECONDE BRANCHE.

Seigneur d'Aubarède, marquis de Roquépine.

XI. Joseph d'Astorg, chevalier, seigneur d'Aubarède, en Bigorre, par la donation que lui en fit Raymonde de Goirans, sa tante, dame d'Aubarède, fils puîné d'Antoine d'Astorg, IIe du nom et de Gabrielle de Goirans, servait en 1588. Il épousa, le 10 novembre 1592, Miremonde de Mun, fille de Barthelemi de Mun, chevalier, seigneur de Mun, de Belmont, de Clarac, de la Marque, etc., et de Paule de la Penne. De ce mariage vinrent :

1.º Paul, dont l'article suit ;
2.º Alexandre, maréchal des camps et armées du roi, commandant des îles de Rhé et d'Oléron, mort sans alliance ;
3.º Jean d'Astorg, seigneur de Thuy, marié à N.... de Pouy ;
4.º Gabriel, tué au service ;
5.º Bernard-Paul, maréchal de bataille, mort gouverneur de Metz et pays conquis ;
6.º Paule d'Astorg, mariée, le 18 janvier 1618, à Géraud de Saint-Geniés, seigneur de Luzeau.

XII. Paul d'Astorg, chevalier, seigneur d'Aubarède, de Versac, de Thuy, etc., major de la ville et gouverneur de Sédan, maréchal des camps et armées du roi, avait épousé, le 31 juillet 1629, Gabrielle de Mauléon, fille de Gérard de Mauléon, baron de Barbazan, gouverneur du château de Fronsac, et de Catherine de Tersac-Montbrond, dont sont issus :

1.º Bernard, comte d'Aubarède, d'abord colonel du régiment de Royal-des-Vaisseaux, ensuite commandant de la garnison de Metz, et depuis lieutenant-général des armées du roi, gouverneur du château de Salins, mort en 1770, sans laisser de postérité ;
2.º Jacques, qui suit ;

3.º Pierre, } tués à la bataille de Cassel ;
4.º Joseph, }

5.º Jean-Louis, mort à celle de Senef ;

6.º Pierre, colonel de dragons, seigneur de la Salle, brigadier des armées du roi, tué au service.

XIII. Jacques D'ASTORG, chevalier, comte d'Aubarède, baron de Barbazan et de Péruse, seigneur de Thuy, de Méry, de Goudon, de Belmont, etc., brigadier des armées du roi, commandant à Blaye, épousa, le 2 février 1682, Hilaire de Busca, fille de Jean-Charles de Busca, baron de Montcorneille et de Péruse, et de Françoise du Bouzet de Roquépine. De ce mariage vinrent :

1.º Charles, dont l'article suit ;

2.º Bernard, auteur de la branche des seigneurs de Castillon et de Montaigu, rapportée ci-après.

XIV. Charles D'ASTORG, chevalier, comte d'Aubarède, seigneur de Belmont, vicomte de Nebouzac, baron de Barbazan et de Péruse, d'abord mousquetaire du roi en 1699, et capitaine de cavalerie en 1703, servit dans les guerres de la succession d'Espagne, et se distingua aux batailles d'Almanza et de Villaviciosa. Il avait épousé Jeanne Françoise de Verdurance, fille de Louis-Alain, comte de Miran, et de Marguerite de Raymond, dont il eut :

1.º Louis, dont l'article suit ;

2.º Bernard, chevalier de Malte, en 1728, mort capitaine des vaisseaux du roi en 1758.

XV. Louis D'ASTORG, chevalier, marquis de Roquépine, baron d'Aubarède, baron de Barbazan et de Péruse, d'abord capitaine au régiment Royal-Comtois, colonel du régiment de Nivernais, infanterie, ensuite lieutenant-général des armées du roi, se distingua en Italie et en Allemagne, particulièrement à l'affaire de Dettingen en 1743, et à la prise de Mahon, ainsi qu'à Gênes, en 1744 et 1747. Il avait épousé, le 15 janvier 1744, Marie-Louise de Boufflers, fille de Charles-François de Boufflers, marquis de Remiencourt, lieutenant-général des armées du roi, commandeur de Saint-Louis, et de Louise-Antoinette-Charlotte de Boufflers ; celle-ci fille de Louis-François, duc de Boufflers, pair et maréchal de France. Louis d'Astorg est mort en 1782, sans avoir eu d'enfants.

TROISIÈME BRANCHE.

Seigneurs de Castillon.

XIV. Bernard d'Astorg, chevalier, fils puîné de Jacques, comte d'Aubarède et d'Hilaire de Busca, colonel d'infanterie, eut pour apanage la terre de Montaigu. Il épousa Françoise de Magnan, dame de Castillon, dont il eut :

1.º Jean-Charles-Catherine, dont l'article suit ;
2.º Charles-Maurice, chevalier de Malte en 1752, capitaine au régimant Royal-Comtois, mort sans alliance.

XV. Jean-Charles-Catherine d'Astorg, chevalier, seigneur et baron de Montaigu et Castillon, mort en novembre 1782, avait épousé, en 1745, Louise-Antoinette de Galard de Terraube, fille de Gilles, IIe du nom, marquis de Terraube, capitaine au régiment de Fimarcon, et de Marguerite-Victoire de Moret-de-Peyre-de-Monternal, sœur de l'évêque du Puy. De ce mariage sont issus :

1.º Jacques-Marie, dont l'article suit :
2.º Jean-Louis, chevalier de Malte de minorité, mort jeune :
3.º Marguerite-Victoire, mariée, en 1764, à Valentin, marquis de Vie ;
4.º Marie-Honorine, mariée, en 1778, à Martial de Vergès, seigneur de la Salle.

XVI. Jean-Jacques-Marie, comte d'Astorg, baron de Montaigu, maréchal des camps et armées du roi, lieutenant de la compagnie écossaise des gardes de S. M., a épousé, par contrat signé du roi, le 13 janvier 1783, Marie-Thérèse-Louise Eon de Cœly, fille de Marie-Jérôme Eon, comte de Cœly, maréchal des camps et armées du roi, et de Marie-Jeanne du Fos-de-Méry. Il a eu de ce mariage :

1.° Adrien , dont l'article suit ;

2.° Eugène d'Astorg, né le 6 janvier 1787 , chevalier de Malte , de l'ordre royal et militaire de Saint-Louis et de la Légion d'honneur ; sous-lieutenant des gardes-du-corps dans la compagnie de Grammont.

XVI. Adrien , comte d'Astorg , né le 3 octobre 1783 , colonel du régiment de dragons de S. A. S. monseigneur le prince de Condé , chevalier de l'ordre royal et militaire de Saint-Louis , officier de la Légion d'honneur.

QUATRIÈME BRANCHE.

Seigneurs de Vaudelin , Montiroy et Lascot , en Auvergne.

V. Guillaume d'Astorg , chevalier , second fils de Pierre d'Astorg , III° du nom , seigneur de Noaillac , se trouve compris , avec plusieurs barons et chevaliers, dans une montre d'hommes d'armes de l'an 1339. Il servit sous les rois Philippe-le-Bel , Charles-le-Bel et Philippe de Valois. Il avait épousé Jeanne de Maulmont , fille de Pierre , chevalier , seigneur de Châteauneuf , de Tornoel , et du château de Moret , avec lequel le roi Philippe-le-Bel avait échangé , en 1307, la terre de Châteauneuf , en Auvergne , confisquée sur les seigneurs de cette maison , pour cause de félonie. Il succéda , du chef de sa femme , aux fiefs de Vaudelin et Montiroy , démembrés de la susdite terre de Châteauneuf. Ses enfants furent :

1.° Pierre , dont l'article viendra ;

2.° Hugues , damoiseau , seigneur de Grouerre, qui rendit foi et hommage pour ladite terre, en 1340, à Surianne de Murol ;

3.° Amblard d'Astorg , chevalier , vicomte d'Aurillac , qui rendit foi et hommage , en 1350, à Hugues de la Roche , seigneur de Châteauneuf. Il avait épousé Doulce de Themines , dont il eut :

a. Pierre d'Astorg , chevalier , rappelé dans divers

aveux aux ducs de Berry et d'Auvergne, de
1382 et 1403. Il suivit le duc d'Anjou dans
le royaume de Naples où il s'était établi, et où
il eut un fils, Agueze d'Astorg, d'abord évêque
d'Ancône, puis nonce du pape près des répu-
bliques de Gênes et de Venise, ensuite archevêque, gouverneur de Ferrare, et cardinal du
titre de Saint-Eusèbe, de la nomination de
Nicolas V. Il mourut à Rome en 1451 ;

     b. Catherine , femme d'Armand de Langheac-
     Brassac , chevalier , dont il eut Pons , cheva-
     lier , seigneur de Langheac et de Brassac , marié
     avec Isabelle de Polignac.

VI. Pierre D'ASTORG , Ier du nom de sa branche,
chevalier , seigneur de Montiroy , rendit hommage à
Hugues de la Roche , seigneur et baron de Châteauneuf,
en 1349 ; servit sous le roi Jean , et périt à la bataille
de Poitiers , en 1356. Il eut pour fils unique :

VII. Pierre D'ASTORG , IIe du nom , damoiseau , seigneur de Montiroy et de Vaudelin , qui rendit hommage , en 1389 , à Nicolas de la Roche , seigneur et
baron de Châteauneuf, pour les terres qu'il possédait
dans sa mouvance de l'hérédité de son père. Il est rappelé dans les aveux rendus aux ducs de Berry et d'Auvergne, le 28 juillet 1398 et premier mai 1403, et comme
défunt dans celui que rendit Antoine , fils de Nicolas de
la Roche , au duc de Bourbonnais , le 19 mars 1442. Il
eut pour fils :

VIII. Hugues D'ASTORG , damoiseau , seigneur de Vaudelin et Montiroy , qui vendit , par contrat du 29 juin
1458, divers cens à Louise de la Fayette , veuve de Jean
de la Roche , seigneur de Tournouelle , et rendit hommage
de sa terre de Vaudelin , le 23 mai 1467 , à l'abbé de
Saint-Amable de Riom. Il transigea , le 23 mai 1474,
avec Antoine de Mayet , seigneur de Villatelle , et
servit dans les guerres de Charles VII contre les Anglais,
et dans celles de Louis XI. Il avait épousé Barbe de
Poncet de Corrœuf , fille de noble et puissant seigneur
Jacques de Poncet , seigneur de Montifaut. Ses enfants
furent :

     1.º Antoine , seigneur de Montiroy , marié à Cathe-

rine de Limagne, dame de Montlieu, dont il eut
Antoine d'Astorg, qui de son mariage avec Marguerite de Blanchefort n'eut qu'un fils, Michel,
mort jeune, et deux filles; Jeanne, dame de
Montiroy, mariée au seigneur de Quintin, laquelle décéda sans enfants, et fit héritier, par
testament du 4 mai 1618, Guillaume de Salvert
de Montrognon, son neveu, fils de Françoise
d'Astorg, sa sœur, dame de Montlieu, mariée à
Nectaire de Salvert, seigneur de Montrognon :

2.° Jacques d'Astorg, seigneur de Vaudelin, marié
à Catherine de Guérin, dont il eut Gabriel d'Astorg, seigneur de Vaudelin, qui de son mariage
avec Isabeau de Tremire n'eut qu'un fils, Claude
d'Astorg, marié à Anne de la Barge, dont il n'eut
qu'une fille, Claude d'Astorg, alliée, le 6 février
1606, à Claude de la Roche, seigneur de Châteauneuf ;

3.° Pierre, dont l'article suit ;

4.° Anne, mariée, le 28 mai 1475, à Bertrand de
Mayet, fils d'Antoine, seigneur de la Villatelle,
de Florette et de Bonnefonds ;

5.° Marie d'Astorg, alliée, en 1472, à haut et puissant seigneur Jean d'Aubigné, baron de Saint-
Gervais, l'un des auteurs de madame de Maintenon.

IX. Pierre d'Astorg, IIIᵉ du nom, chevalier, seigneur de Montifaut, du Monteil, du Tillet et de Châtel-
Guyon, fit une acquisition, le 22 janvier 1499; transigea
au sujet de cens, du chef de sa mère, en 1518, et
autorisa sa femme à passer un contrat de vente, le 15
novembre 1345, au nom de laquelle il avait donné aveu
et dénombrement du domaine du Monteil, situé au diocèse de Clermont, le 7 juillet 1539, à François de la
Roche, seigneur et baron de Châteauneuf. Il servit dans
les guerres d'Italie, sous les rois Louis XII et François Iᵉʳ.
Il avait épousé Marie de Monteil, fille de Jean, seigneur
de Monteil, et d'Antoine de la Feuillade. Il eut de ce
mariage :

1.° Pierre, dont l'article suit ;

2.° Gaspard, seigneur de Montifaut, marié, le 25

février 1545, à Françoise de la Bourderie, dont il eut :

a.. Pierre d'Astorg, mort jeune ;
b. Gasparde, morte sans alliance :

3.º François, seigneur de Monteil, marié avec Catherine de Vallane, dont il n'eut qu'une fille, mariée à Gilbert, seigneur de Montrognon ;

4.º Antonia, mariée à Antoine de Neuville, seigneur de la Reboulerie et de Touselle ;

5.º Marie d'Astorg, femme d'Antoine Mazuer, seigneur de Rochegude.

X. Pierre d'Astorg, IVᵉ du nom, chevalier, seigneur de Montifaut, de la Feuillade, de Villelange, etc., traita, le 4 septembre 1547 et 18 octobre 1550, avec Gaspard et François d'Astorg, ses frères, et retira quittance finale de leurs droits ; il transigea, le 30 septembre 1566, avec Claude de Saint-Quentin, seigneur de Beaufort et de Saint-Padoux, son beau-frère, gentilhomme chez le roi, auquel il donna cent écus d'or, par son testament du 22 septembre 1573. Il lui fut accordé des lettres-patentes du roi Charles IX, du 3 janvier 1569, en satisfaction de ses services, et pour être réintégré dans une partie de ses terres dont les malheurs du temps l'avaient dépossédé. Il avait épousé Isabeau de Saint-Quentin, fille de Philibert de Saint-Quentin, baron de Beaufort, capitaine d'une compagnie de cinquante hommes d'armes, et d'Anne de Rochefort d'Ailly, fille de Hugues de Rochefort d'Ailly, IIᵉ du nom, chambellan de Louis XI. De ce mariage sont issus :

1.º Michel, dont l'article suit ;
2.º Christophe, mort au service ;
3.º Anet, mort jeune ;
4.º Gabrielle d'Astorg, mariée, en 1588, avec Antoine, seigneur de Boucheriolle et de Pognant.

XI. Michel d'Astorg, chevalier, seigneur de Montifaut, de la Feuillade et de Villelonge, transigea, le 10 juillet 1585, avec Jean de Jarrie, baron d'Aubière, son beau-frère, gentilhomme de la maison du roi. Il avait épousé, le premier octobre 1584, Antoinette de Jarrie, fille de Gilbert de Jarrie, chevalier, seigneur de Clervaux, capitaine de cinquante hommes d'armes, gentilhomme de la maison du roi , et de Claude de Montmorin , fille d'Annet de Montmorin , seigneur d'Aubiére , de Nades , de l'Espinasse , etc., gouverneur du Bourbonnais , et de Marie Bohyer de Saint-Ciergues. De ce mariage vint :

XII. François D'ASTORG, chevalier, seigneur de la Feuillade et de Portière , qui était mineur lors de la mort de son père , et eut pour curateur Christophe d'Astorg , seigneur de Montifaut, son oncle , par avis de parents , du 4 décembre 1603. Il épousa, le 15 octobre 1612, Amable de Neuville , fille de François de Neuville , écuyer, seigneur du Poirier , et de Jeanne de Saint-Julien , et ne vivait plus le 13 août 1653 , date du testament de sa femme, dont il eut pour enfants :

  1.º Henri , mort au service , sans laisser de postérité d'Isabelle de Saulmes, son épouse ;
  2.º Jean, tué à l'armée en Catalogne;
  3º. Amé, qui fut aussi tué au service en Flandres;
  4.º Amable, dont l'article suit ;
  5.º Gasparde, mariée à Jean du Peyroux, seigneur de Saint-Hilaire, en 1639;
  6.º Jeanne,) mortes sans alliance.
  7.º Marie,)

XIII. Amable D'ASTORG , écuyer , seigneur de la Feuillade , de la Chassagne , de Chaludet, etc., rendit hommage au roi , le premier juillet 1669 , pour cette dernière seigneurie. Il était alors capitaine de chevau-légers , et fut en cette qualité dispensé de la convocation du ban et arrière-ban de la noblesse d'Auvergne, en 1674 , ainsi que Jean , son fils. Il avait obtenu , le 6 juin 1668 , un jugement de M. de Fortia , intendant en Auvergne , par lequel il lui donne acte de la représentation qu'il a faite de ses titres de noblesse. Il avait épousé , 1.º le 26 avril 1654, Antoinette de Saintans , veuve de François de Galicier , seigneur de Saint-Chaludet; 2.º Jeanne de Servières. Du premier lit est issu :

XIV. Jean D'ASTORG , écuyer, seigneur de Chaludet , capitaine de chevau-légers , marié , le 17 février 1669, à Gilberte d'Anglard, fille d'Henri d'Anglard , écuyer, seigneur de Lascot , et de Jeanne de Servières, femme

en secondes noces d'Amable d'Astorg, son père. Il testa
le 24 décembre 1684, et laissa la tutelle de ses enfants
à sa femme, qui rendit au roi l'aveu et dénombrement
de la terre de Lascot, le 30 juillet 1685. Elle mourut
à Versailles, le 8 mai 1710, laissant de son mariage :

1.° Jacques, dont l'article suit;

2.° Jeanne, mariée, le 14 novembre 1698, avec Joseph de Sarazin, seigneur de Bonnefonds;

3.° Marie, dame de Miremont, née le 4 mars 1686,
reçue à Saint-Cyr, sur des preuves faites et vé-
rifiées à Paris le 2 janvier 1698, par Charles
d'Hozier, généalogiste de la maison du roi, lesquelles preuves furent signées de Marguerite-Su-
sanne du Han-de-Crevecœur, alors supérieure
de la maison royale de Saint-Cyr, et d'Anne-Claire
de Bosredon, maîtresse générale des classes. Elle
épousa Philibert des Combes, chevalier, seigneur
et vicomte de Miremont, qui périt dans l'incendie
de ce château, comme il a été dit précédemment.

XV. Jacques d'Astorg, écuyer, seigneur de Lascot
et de Chaludet, baptisé le 11 janvier 1678, d'abord page
de monseigneur le comte de Toulouse, capitaine du
régiment de Noailles, cavalerie, par brevet du 20 mars
1707, chevalier de l'ordre royal et militaire de Saint-
Louis, le 26 novembre 1732, fit toute la guerre de la
succession d'Espagne, celles d'Italie et de Bohême; se
trouva à la bataille de Fontenoy, où il eut deux chevaux tués sous lui, et où sa compagnie fut réduite à
sept hommes, et mourut en 1765, commandant au fort
de Saint-André de Salins, au comté de Bourgogne. Il avait
épousé, le 24 juin 1729, Rose-Antoinette Nicod, fille de
M. Claude Nicod, et de Jeanne-Marie Rouget. Il eut de
ce mariage :

1.° Hugues-Joseph, dont l'article viendra;

2.° Claude-Marie d'Astorg, frère jumeau du précédent, seigneur de Cluny et de la Charmée,
qui servit d'abord au régiment de la Mark, puis
dans la seconde compagnie des mousquetaires, où
il fut fait chevalier de l'ordre royal et militaire
de Saint-Louis, en 1772. Il avait épousé le 28
août 1760, Marie-Françoise-Benoîte de Tribillet

de Condal, fille de N..... de Tribillet de Condal, écuyer, seigneur dudit lieu, et de Françoise Chary, dont sont issus :

a. Marie d'Astorg, mort lieutenant des vaisseaux du roi, sans alliance ;

b. Louis-Nicolas, officier au régiment de Dauphiné, mort sans alliance ;

c. Marie-Denise, née en juin 1763, chanoinesse du chapitre de Sallès, en Beaujolais.

XVI. Hugues-Joseph D'ASTORG, seigneur de Lascot, comte d'Astorg, par lettres-patentes du roi, servit d'abord, ainsi que son frère, dans le régiment de la Mark, fut ensuite capitaine dans ceux de Quincy et de Châtillon, puis conseiller-maître en la cour des comptes, aides, domaines et finances du comté de Bourgogne, gouverneur pour le roi des ville et château de Poligny, en la même province, par provisions données à Versailles, le 21 novembre 1766, avait épousé, le 10 août 1758, Barbe-Claudine Chevalier, fille de messire François-Félix Chevalier, maître en la cour des comptes, aides, domaines et finances du comté de Bourgogne, et de demoiselle Catherine Prothade Dunod-de-la-Charnage. De ce mariage est issu :

XVII. Jacques - Pierre - Prothade - Hippolyte D'ASTORG, baptisé le premier août 1759, entré dans la marine le premier août 1777. Il fut fait lieutenant des vaisseaux du roi, le premier mai 1786, après avoir fait cinq campagnes de guerre, dont deux en Amérique et une dans l'Inde. Il fut présenté à la cour, le 30 novembre 1788 (1), et eut l'honneur de monter dans les carrosses de Sa Majesté, le 27 janvier 1789 (2). Il est aujourd'hui capitaine des vaisseaux du roi, chevalier de l'ordre royal et militaire de Saint-Louis, de la Légion d'honneur et de Cincinnatus des États-Unis, membre de la chambre des députés pour le département de Seine-et-Oise. Il a épousé, par contrat signé du roi et de la famille royale, le 12 juin 1789, et le 13, de monseigneur

_____

(1) *Gazette de France*, du 3 février 1789, N° 10.

(2) *Mercure de France*, du 14 février 1789, N° 7.

le maréchal duc de Noailles-Mouchy et de la famille, assisté de Jean-Jacques-Marie d'Astorg, comte d'Astorg, mestre de camp de cavalerie, son cousin, Elisabeth de Grassin, fille de Simon-Claude, marquis de Grassin, vicomte de Sens, maréchal des camps et armées du roi; gouverneur de Saint-Tropès, et de Geneviève de Vion de Tessancourt, dont il a ;

> Adèle-Félix-Françoise d'Astorg, née le 23 novembre 1791, mariée, le 10 juillet 1813, à André-Urbain-Maxime, comte de Choiseul-d'Aillecourt, ancien chevalier de Malte, chevalier de la Légion d'honneur, préfet du département de l'Eure, fils de feu messire Félix, comte de Choiseul-d'Aillecourt, colonel du régiment Dauphin, dragons, et de dame Marie-Eugénie Bouillé-du-Coudray.

Armes : « D'or, à l'aigle éployée de sable. La branche » établie en Auvergne, par suite d'une concession de » ses souverains, porte ces mêmes armes, l'écu mi-parti » coupé d'azur et de sable, au faucon d'argent, logé » et grilleté d'or, posé sur une main gantelée de même, » accompagné en chef de deux fleurs de lys d'argent, » et en pointe d'une demi-fleur de lys de même, mou- » vante du flanc dextre de l'écu. »

Cette généalogie est extraite d'un mémoire qui nous a été mis sous les yeux.

GAUDRY (DE), famille ancienne de Bourgogne.

On trouve GAUDRY DE TOUILLON (1) ou de DE SAINT-BERNARD en 1113; il est dit frère de Milon, et de Bernard de Montpard ; on le regarde comme l'un des fondateurs, avec ses frères, de l'abbaye de Fontenet, à laquelle il donna la terre d'Eringe.

Antoine GAUDRY, secrétaire de Philippe-le-Bon, duc de Bourgogne en 1426. Son petit-fils, Pierre Gaudry, épousa Henriette le Ménier, fille de Philippe, seigneur de Montcimet, où ses descendants ont demeuré.

(1) La terre de Touillon avait alors le titre de baronnie.

Philippe-Marie GAUDRY, ancien officier dans le régiment d'Agénois, seigneur du fief du Bost, en toute justice. Il a vendu ladite terre de Montcimet.

Cette famille est représentée aujourd'hui par Pierre-Anne DE GAUDRY DU BOST, chevalier de l'ordre royal et militaire de Saint-Louis, ancien gouverneur des pages de S. A. R. madame la comtesse d'Artois. Il a eu pour fils :

1.º Guillaume-François-Gabriel de Gaudry du Bost, né le 29 juillet 1771, premier page de MADAME, comtesse d'Artois, officier au régiment de Colonel-Général, cavalerie, a émigré en 1791, et fait les campagnes dans l'armée des Princes. Il a épousé, en 1805, N... du Bouchet d'Anglejan, dont une demoiselle, nommée Octavie de Gaudry ;

2.º Philibert de Gaudry du Bost, premier page de madame la comtesse d'Artois, né en août 1773, a épousé N... de Chargères du Breuil, dont un fils et une fille ;

3.º Sophie de Gaudry du Bost, mariée au comte Amédée de Bonnay, ancien page du roi.

Armes : « D'azur, au chevron d'or, accompagné de » trois moutons passants d'argent, deux en chef et un » en pointe. »

FALLAGUE, famille ancienne, originaire de Dieppe, fixée aujourd'hui en Normandie et en Bretagne.

I. René DE FALLAGUE, médecin très-célèbre, qualifié d'*écuyer*, vivait en 1476. Il fut inhumé dans l'église de Saint-Jacques de Dieppe, où l'on voyait encore son tombeau en 1789. Il était fils de Jean et de Beatrix Inquelville. Il épousa, en 1443, Jeanne de Mannessie. De ce mariage :

1.º Jacques, dont l'article suit ;
2.º Bernard, auteur de la branche rapportée ci-après.

II. Jacques DE FALLAGUE, Ier du nom, fut un des plus célèbres médecins de son siècle ; ayant découvert lè remède spécifique pour guérir une maladie pestilentielle qui ravageait son pays en 1491, Charles VIII, pour le récompenser de ses services, l'honora du titre de son médecin, et le qualifia de chevalier. Il fut seigneur de Criqueville, en Caux, en 1540, et épousa noble dame Josine de Pardieu, dont sont issus :

    1.º Jacques, dont l'article suit ;

    2.º Jean, commandant de cinquante hommes d'armes, mort sans alliance.

III. Jacques DE FALLAGUE, IIᵉ du nom, chevalier, seigneur de Criqueville, exerça la médecine, où ses pères s'étaient illustrés, et épousa Charlotte Duval de Flainville. Il laissa de ce mariage :

    1.º Pierre, dont l'article suit ;

    2.º Catherine, morte supérieure du monastère de Dieppe.

IV. Pierre DE FALLAGUE, chevalier, seigneur de Criqueville, etc., exerça aussi la médecine. Il épousa Claire d'Aubigny. De ce mariage vinrent :

    1.º Jean, dont l'article suit ;

    2.º Grégoire, qui fut élevé dans le service de la marine, devint capitaine de vaisseaux du roi, et fut tué dans un combat, sans avoir contracté d'alliance ;

    3.º Marie, qui épousa Pierre Desbourceaux ;

    4.º Suzanne, religieuse, avec sa tante, au monastère de Dieppe.

V. Jean DE FALLAGUE, chevalier, seigneur de Criqueville, médecin, épousa Marie Daudenne, dont il eut :

    1.º Adrien, dont l'article suit ;

    2.º Joseph, mort curé de Bacqueville, en Caux ;

    3.º Suzanne, mariée à noble Bernard de l'Etang, chevalier.

VI. Adrien DE FALLAGUE, chevalier, épousa Jeanne le Bon de Neuville, dont il eut vingt-deux enfants. Le bombardement de Dieppe, en 1692, le ruina presque entièrement ; il fut obligé de vendre sa terre de Criqueville pour faire reconstruire ses maisons. De ce mariage naquit :

1.º Nicolas, qui lui succéda dans l'art de la médecine, et ne laissa que des filles et un fils ;
2.º Jacques, qui fut prêtre curé de Roquemont, et mourut en 1737.

SECONDE BRANCHE.

II. Bernard DE FALLAGUE, frère de Jacques, Ier du nom, né en 1447, chef de la branche qui subsiste aujourd'hui, accompagna Samuel de Boulainvilliers dans ses ambassades de Suisse et d'Angleterre ; il rendit, à cette époque, de grands services à la France. Il épousa Jeanne de Braques, dont sont issus :

1º Pierre, dont l'article suit ;
2º Elisabeth, mariée à Jean de Beauvais ;
3º Marie, qui épousa Pierre Leclerc des Marets.

III. Pierre DE FALLAGUE épousa Jeanne Horcholle ; ses enfants furent :

1.º Pierre, qui mourut curé du Mesnil-Mauger ;
2.º Jacques, dont l'article suit ;
3.º Elie, qui épousa Claude Rognart, et eut de ce mariage :

François, maître des menus plaisirs de Louis XIII, qui n'eut qu'une fille, mariée à Joseph Chauvelin, avocat du roi au Châtelet de Paris.

IV. Jacques DE FALLAGUE épousa Jeanne Dumouchel, dont il eut :

1.º Michel, dont l'article suit ;
2.º Christophe, prêtre, curé de Tréforest ;
3.º Pierre, qui épousa Claude Langlois, dont il n'eut qu'un fils, mort vicaire du Fossé.

V. Michel de FALLAGUE épousa Marie Anseaume. De ce mariage vinrent :

1.º Pierre, dont l'article suit ;

2.º Noël, mort sans enfants.

VI. Pierre DE FALLAGUE épousa Françoise Sauvé. Il eut de ce mariage :

VII. Noël DE FALLAGUE, qui épousa Jeanne Desquinemart, dont sont issus :

1.º Jacques, dont l'article suit ;
2.º Marguerite, mariée à Jean Gangné.

VIII. Jacques DE FALLAGUE épousa Françoise Denise. De ce mariage vint :

IX. Louis DE FALLAGUE, officier, qui épousa Marie Pip. Il mourut le 5 avril 1742, et fut enterré dans l'église de Saint-Jacques de Neufchâtel. De son mariage sont issus :

1.º Antoine, mort le 6 avril 1755 ;
2.º Ovide-Henry, mort le 29 janvier 1760, officier de la maison du roi. Il avait épousé, à Vienne en Autriche, Marie-Anne Vanlinghen ; il en eut un fils qui mourut jeune, et une fille, qui épousa, en 1770, le fils de M. Devierrey, ancien chevalier de Saint-Louis ; il était chef du gobelet dans la maison du roi ;
3.º Jean-Louis, dont l'article suit ;
4.º Marie-Catherine, mariée à Jean-Baptiste de la Rue.

X. Jean-Louis DE FALLAGUE, né le 26 mars 1698, épousa, le 21 juillet 1721, à Paris, Françoise Séguin, et mourut le 19 mai 1755. Il eut de son mariage :

1.º Ovide-Henry, prêtre, carme déchaussé ;
2.º Jacques-Louis, mort sans enfants en 1755 ;
3.º Vincent, qui servit dans la marine royale, et s'est établi à la Guadeloupe ;
4.º François-Léonard, qui servit aussi dans la marine royale, en qualité de capitaine de frégate ; il s'établit ensuite à la Guadeloupe, où il épousa, en 1772, mademoiselle Leborgne, fille de l'ancien commandant des milices de cette colonie. Il est mort sans enfants en 1792 ;
5.º Pierre-Henri, dont l'article suit :

XI. Pierre-Henri DE FALLAGUE, ancien capitaine général et receveur des fermes du roi, jouit aujourd'hui d'une retraite que lui ont value ses longs et bons services. Il épousa Barbe Mignet. De ce mariage vinrent :

1.º Pierre-Henri, dont l'article suit ;

2.º Marie-Louise, encore fille.

XII. Pierre-Henri DE FALLAGUE, receveur des douanes à Roscoff, né en 1772, a épousé, en 1812, Emilie Belloir de la Chapelle. Il a eu de ce mariage :

1.º Henri Eugène ;

2.º Emilie Barbe.

Armes : « Coupé, au 1 d'or, au chevron de sable ; au
» 2 fascé d'argent et de gueules de quatre pièces. »

FREVOL D'AUBIGNAC ET DE RIBAINS (DE), famille ancienne, originaire du Languedoc, où elle réside encore de nos jours. Les titres produits par cette famille, pour justifier de sa noblesse, remontent à Jean de Frévol, par qui l'on va commencer :

I. Noble Jean DE FRÉVOL, Iᵉʳ du nom, eut pour fils :

II. Noble Jean DE FRÉVOL, IIᵉ du nom, seigneur de la Coste. L'on n'a point connaissance de la première alliance qu'il contracta, mais, en secondes noces, il épousa, par contrat du 3 septembre 1605, demoiselle Jeanne de Colin, fille de noble Mathieu de Colin, et de dame Gabrielle Bringer; il fit son testament le 20 avril 1644, par lequel il choisit sa sépulture dans sa chapelle de l'église de Saint-Pierre de Pradelles, et il paraît qu'il vivait encore le 23 juin 1647. Ses enfants furent :

Du premier lit :

1.º Noble Pierre de Frévol, seigneur de Chadrac, terre qui lui échut par l'alliance qu'il contracta, le 28 novembre 1615, avec demoiselle Anne de Goys, fille de noble Guillaume de Goys, seigneur dudit lieu de Chadrac, et de dame Claire de Portal ; on ignore sa postérité ;

Du second lit :

2.º Michel, dont l'article suit;

3.º François de Frévol, auteur de la deuxième branche, rapportée ci-après;

4.º Diane de Frevol fut légataire de la somme de 24,000 livres, par le testament de son père, payables lorsqu'elle se marierait;

5.º Isabeau de Frevol, qui fut mariée.

III. Noble Michel DE FRÉVOL, Ier du nom, seigneur de la Coste, et de Chanalettes, épousa, par contrat du 12 décembre 1638, demoiselle Marie de Belvezer de Jonchères, fille de noble Gaspard de Belvezer, seigneur de Chabannes, et de dame Jeanne de Mothes; il sut se rendre digne de la bienveillance et de l'estime particulière du prince François de Lorraine, comte de Rieux, et de la princesse son épouse, lesquels, par acte du 16 juillet 1657, le subrogèrent, en considération des bons et agréables services qu'ils avaient reçus de lui, à tous leurs droits et prétentions sur certains biens qui leur appartenaient à Pradelles, et spécialement en une maison qui est encore occupée aujourd'hui par ses descendants. Il mourut le 10 décembre 1678, ayant fait son testament le 6 du même mois, par lequel il établit sa sépulture dans l'église paroissiale de Saint-Pierre de Pradelles, au tombeau qu'il avait fait construire proche de la chapelle de Notre-Dame du Mont-Carmel. De ce mariage naquirent :

1.º Jean, dont l'article suit;

2.º Marie de Frévol, mariée avec noble Jacques de Brunel, seigneur de Saint-Christophe.

IV. Noble Jean DE FRÉVOL, IIe du nom, seigneur de la Coste et de Chanalettes, baptisé le 12 mars 1661, reçut le 15 avril 1692, une lettre du juge-mage, de la ville du Puy, qui lui marquait que « se trouvant dans l'état » des gentilshommes qui avaient été choisis pour marcher à l'arrière-ban de ladite année, il avait cru devoir l'en avertir, afin qu'il se tint prêt pour le premier » mai, suivant l'ordre du roi ». Il en reçut deux autres du même, le 10 avril et le 4 mai 1692, pour le même objet, et, le 10 octobre suivant, le sénéchal de Lauragais lui donna un certificat portant que « il avait servi » pendant tout le temps qu'il avait plu à Sa Majesté dans » l'arrière-ban de la province de Languedoc. » De son mariage, accordé par contrat du 24 février 1683, avec demoiselle Marie Bouscharènes de Frabrèges, sont issus :

1.º Michel de Frevol, dont l'article suit ;

2º. Jean, seigneur de la Chapelle,

3.º François, seigneur de la Coste,

} qui ont servi dans les armées du roi,

4.º Marie de Frevol,

5.º Thérèse de Frevol,

} qui furent mariées.

V. Noble Michel DE FREVOL, IIᵉ du nom, seigneur de la Coste, de Chanalettes et de la Chapelle, né en novembre 1691, épousa, avec dispense de Rome, par articles sous seings privés, du 3 novembre 1726, reconnus en justice le 24 février 1727, demoiselle Marie de Garidel de Malpas, fille de noble Pierre de Garidel, seigneur de Las Faïsses, et de dame Marie du Thor, et mourut le 13 juillet 1751, ayant fait son testament le 2 mars précédent, par lequel il élut sa sépulture dans l'église de Saint-Pierre de Pradelles, au tombeau de sa famille. Sa femme avait fait le sien dès le 20 août 1740. De leur mariage vinrent :

1.º Jean-Bruno, dont l'article suit ;

2.º Jean-Charles de Frevol, bernardin, prieur de Mazan ;

3.º Hyacinthe de Frevol, mort jeune ;

4.º Marie de Frevol, mariée à N... de Curtil, écuyer de la ville des Vans.

VI. Noble Jean-Bruno DE FREVOL DE LA COSTE, chevalier, seigneur de la Coste, de la Chapelle, de Chanalettes et des Souls, coseigneur de la baronnie d'Arlemde, etc., né à Pradelles le 25 janvier 1728, fut nommé officier au régiment de Condé, infanterie, le 13 janvier 1746. Il obtint, le 16 juin 1752, et le 25 octobre 1754, des certificats des principaux officiers de ce régiment, portant qu'il avait été blessé faisant le service aux grenadiers, lorsque M. le prince de Conti fit repasser le

Rhin à son armée, et s'était comporté avec honneur et distinction dans toutes les occasions; il fut nommé, le 15 juillet 1754, gouverneur, pour le roi, de la ville de Pradelles, et commandant de ladite ville et de celle de Langogne, au mois de janvier 1759: il obtint, au mois de janvier 1765, de nouvelles lettres de commandement de monseigneur le comte d'Eu, et le 14 mars 1766, il en eut d'autres de monseigneur le prince de Beauveau, commandant en Languedoc; le 27 du même mois, le duc de Fitz-James lui donna un certificat portant que : « dans le temps qu'il avait commandé pour le » roi, en Languedoc et sur les côtes de la Méditerranée, » il avait employé ledit monsieur de la Coste, ancien » officier du régiment de Condé, pour commander, sous » ses ordres, à Pradelles et à Langogne; qu'il y avait » toujours exécuté avec zèle et avec intelligence les or-» dres qu'il lui avait donnés, etc. » D'autres certificats, du 12 de même mois, du marquis de Lemps, commandant en Vivarais et Velay, portent que : « il avait » rendu des services très-essentiels dans cette partie » de montagnes, en dissipant des bandes de contre-» bandiers, de scélérats armés qui désolaient les cantons, » qu'il n'avait jamais épargné ni ses soins ni sa bourse » pour contribuer à la tranquillité publique, par les » différentes courses qu'il avait faites; et qu'enfin il avait » eu lieu d'être très-satisfait de lui. » Il épousa, par contrat du 17 novembre 1750, demoiselle Françoise Barrial, et ayant été assigné pour le payement des francs-fiefs, à cause des biens nobles et rentes acquis par le sieur Jean Barrial, son beau-père, faisant partie de l'héritage qui avait été remis à ladite dame Françoise Barrial, son épouse; il produisit les titres justificatifs de sa noblesse d'extraction à M. de Saint-Priest, intendant de Languedoc, qui, en conséquence de leur validité, lui accorda, le 10 mai 1752, une décharge du payement dudit droit de francs-fiefs. Il fut encore, sur la production des mêmes titres, déclaré *noble et issu de noble race et lignée*, par arrêt de la cour des comptes, aides et finances de Montpellier, rendu le 28 novembre suivant. Il eut la commission de lieutenant-colonel le 13 novembre 1771, et fut reçu chevalier de Saint-Louis en 1773. Pendant qu'il était occupé à dissiper des attroupements dans les vallées de Valgorge, sa maison de Pradelles

fut totalement incendiée le premier septembre 1778 ;
il obtint du roi un secours pour la faire reconstruire,
plus, une augmentation de mille livres de pension ; il
fut fait maréchal de camp, à prendre rang du premier
août 1791, et mourut, dans la ville du Puy, le 31
décembre 1808. De son mariage vinrent :

1.º François-Bruno, né le 14 novembre 1751, qui
entra au service ;

2.º Charles-Siméon, né le 21 juin 1738, mort à
l'école militaire de la Flèche en 1770 ;

3.º Joseph-Scipion, mort à l'école militaire de la
Flèche en 1771 ;

4.º César-Alexandre-François, né le 12 août 1761,
mort jeune ;

5.º Louis-Etienne, né le 2 septembre 1765, capitaine
du génie, mort en 1795, dans la guerre contre
l'Espagne ;

6.º André-Bruno de Frevol de la Coste, né l'an
1776, élevé à l'école militaire de Tournon, fait
colonel du génie en mai 1807, général de brigade
et comte en septembre 1808, mort à l'âge de
trente-trois ans, en dirigeant le siége de Saragosse, où il fut tué en 1809. Entré dès l'âge de 16
ans dans la carrière militaire, il l'a parcourue avec
la plus grande distinction ; il fit la guerre aux Py-
rénées, sur le Rhin, en Egypte, à Naples et en
Prusse, où il se distingua d'une manière particulière au siége de Dantzick. Mort au champ
d'honneur le premier février 1809, il fut vive-
ment regretté de l'armée et de ses concitoyens.
Il avait épousé, le 5 octobre 1808, mademoiselle
Berard, à Mongeron, près Paris ;

7.º Marie-Françoise, née le 17 juin 1754 ;

8.º Madeleine-Agathe, née le 5 février 1763.

SECONDE BRANCHE.

Seigneurs d'Aubignac.

III. Noble François DE FREVOL, seigneur d'Aubignac,
fils puîné de Jean de Frevol, seigneur de la Coste, et
de Jeanne de Colin, baptisé le 18 juillet 1618, épousa,

par contrat du 20 juillet 1640, demoiselle Isabeau Réal ; fit son testament le 14 mars 1689, par lequel il élut sa sépulture dans sa chapelle de Saint-François de l'église paroissiale de la ville de Pradelles, et mourut le 25 mai 1690. De ce mariage vinrent :

1.º Jean , dont l'article suit ;
2.º Antoinette de Frevol , qui fut mariée ;
3.º Jeanne de Frevol , qui épousa , avant le 14 mars 1689 , noble Christophe de Belvézer , seigneur de Tremoulet ;
4.º Marie de Frevol , qui fut aussi mariée.

IV. Noble Jean DE FREVOL , seigneur d'Aubignac, de Fonfraide , etc. , né le 23 juin 1647, servit avec honneur dans les guerres de son temps, et obtint , le 9 août 1670, un certificat du marquis de Castries , lieutenant général , pour le roi, en Languedoc, portant : « qu'il » avait , en qualité de commandant des garnisons de » Pradelles , contre les rebelles du pays de Vivarais , » pendant les derniers troubles dudit pays, donné des » marques continuelles d'un grand zèle , et d'une fidélité » extraordinaire pour le service du roi, notamment » lorsque les habitans de Valgorge, révoltés, avaient » voulu surprendre ladite ville de Pradelles , s'y étant » vigoureusement opposé, par les ordres dudit seigneur, » marquis de Castries , auquel il avait donné les avis » nécessaires pour les intérêts de Sa Majesté. » Il était alors garde-du-corps du roi , dans la compagnie de Duras, et fut nommé successivement ; au mois d'août 1689, par Jacques II , roi d'Angleterre , capitaine de dragons dans le régiment du chevalier Danielo-Neile-Baronet , et lieutenant-colonel de ce même régiment le 3 août 1691 ; le 7 novembre suivant, le marquis d'Usson , lieutenant-général et commandant en chef l'armée du roi en Irlande , lui donna un certificat portant que : « il avait » donné beaucoup de marques de valeur et de conduite » pendant cette campagne, et particulièrement lorsque » les ennemis passèrent le Shanon , près de Parsine, où « il fut fait prisonnier. » Le 25 septembre 1692 , il obtint de Jacques II une nouvelle commission de capitaine de dragons dans le régiment de la reine d'Angleterre , et mourut le 25 décembre 1694, à Palamos, des blessures qu'il avait reçues à la bataille qui se donna au pas-

sage de la rivière du Ther, où il donna encore de nouvelles preuves de son courage, comme il appert par deux
certificats du mois de juillet 1694, l'un du colonel, et
l'autre du major dudit régiment. Il avait épousé, par
contrat du 18 juillet 1672, demoiselle Antoinette Faure.
De ce mariage vinrent :

1.º Joseph-François, dont l'article suit ;

2.º Jean-François de Frevol, seigneur de Vilaret,
de Ribains, auteur de la troisième branche, rapportée ci-après ;

3.º Jacques de Frévol d'Aubignac, lieutenant dans
le régiment d'Aunis, suivant un certificat du vicomte de Polignac, ci-devant colonel de ce régiment, du 26 février 1714, portant que : « Il
» avait été tué à la bataille de Spire, après avoir
» servi dans ledit régiment pendant six années,
» en brave homme, ayant donné dans toutes les
» occasions des marques de sa valeur; »

4.º Isabeau de Frevol, légataire de François de
Frevol, son aïeul, en 1689, laquelle épousa François de Bachon, écuyer, seigneur du Boissin.

V. Joseph-François DE FREVOL, seigneur d'Aubignac,
de Rouret, etc., né le 11 mars 1681, épousa : 1.º demoiselle Anne-Marie de Londes de Bellidentis de Bains ;
2.º, par contrat du 30 juin 1703, demoiselle Anne-
Marie du Champ. Il fut bailli de la ville de Pradelles,
et obtint, en cette qualité, le 6 juin 1715, un certificat
de Charles-François de Fayn, chevalier, seigneur de
Rochepierre, syndic perpétuel du pays de Vivarais, et
de noble Jean de Fages, seigneur de Rochemeure, secrétaire et greffier des actes dudit pays, portant que :
« il était entré depuis douze ans dans l'assemblée des
» états particuliers, et assiette dudit pays de Vivarais,
» comme bailli de Pradelles, et qu'il avait pris rang
» et séance parmi les envoyés de la noblesse. » Il mourut le 4 septembre 1753, et fut inhumé dans l'église
paroissiale de Pradelles. De son second mariage naquirent :

1.º Jean-Louis, dont l'article suit ;

2.º Michel de Frevol, jésuite, mort à Pradelles;

3.º Jacques-François de Frevol d'Aubignac, che-

valier, seigneur de Saint-Paul, né le 25 juillet
1711, chevalier de Saint-Louis en 1747, capitaine de cavalerie au régiment de Normandie,
major en 1767, lieutenant-colonel en 1771, mestre
de camp en 1773. Il fut blessé d'un coup de sabre
au poignet droit, au passage du Rhin en 1745, et
à la campagne de 1746, en Flandres, il prit trente
hussards dans un village, en faisant l'arrière-
garde de la réserve du maréchal d'Estrées. Il
mourut à Pradelles ;

4.° Jacques–Ignace de Frevol d'Aubignac, prêtre,
prieur de Rocles, archiprêtre et grand vicaire
du diocèse de Mendes, mort à Pradelles en 1798 ;

5.° Jean-Joseph de Frevol d'Aubignac, chevalier,
capitaine d'infanterie au régiment de la Sarre,
chevalier de Saint-Louis, et major, pour le roi
Louis -XV, à Francfort, le premier mai 1759,
jusqu'à la paix. Il était né le 25 mars 1720 et
mourut à Pradelles au mois de mars 1773 ;

6.° François-Bruno de Frevol d'Aubignac, mort
religieux bénédictin ;

7.° Jean-Dominique de Frevol d'Aubignac, prêtre,
prieur de Sanilhac, chanoine de la cathédrale
de Viviers, mort à Pradelles le 3 janvier 1799 ;

8.° Antoinette de Frevol d'Aubignac, mariée avec
noble Charles le Forestier, seigneur de Villeneuve ;

9.° Rose de Frevol d'Aubignac, morte supérieure
du couvent des religieuses de Pradelles ;

10.° Marie de Frevol d'Aubignac, mariée à noble
N.... de Colin, seigneur de la Bastide, en Gévaudan ;

11.° Henriette de Frevol d'Aubignac, supérieure
du couvent de Notre-Dame, à Langeac, en
Auvergne ;

12.° Marie-Paule de Frevol d'Aubignac, mariée à
noble Hyacinthe de Vielfaure.

VI. Jean-Louis DE FREVOL, chevalier, seigneur d'Aubignac, né le 15 octobre 1705, servit dans les gardes-
du-corps du roi, et fut marié, par contrat du 12 février 1733, avec demoiselle Marie-Anne-Jeanne du Puy,
Il fut maintenu dans sa noblesse d'extraction, ainsi que

Jacques-François et Jean-Joseph de Frevol, ses frères, et Jean-Baptiste de Frevol, son cousin, par arrêt de la cour des comptes, aides et finances de Montpellier, du 17 février 1753. Il n'eut point d'enfants, et mourut à Villeneuve de Berg, le 10 août 1792. Sa branche se porte à la suivante.

TROISIÈME BRANCHE.

Seigneurs de Ribains.

V. Jean-François DE FREVOL D'AUBIGNAC, écuyer, dit de Villaret, seigneur haut justicier de Ribains, second fils de Jean de Frevol et d'Antoinette Faure, naquit le 26 octobre 1682; il fut nommé, le 7 mai 1702, lieutenant reformé dans le régiment Royal-des-Vaisseaux, infanterie, et lieutenant en pied le premier juillet 1703; il se trouva aux batailles d'Hoschtet et de Luzara, à la prise de Guastalla et de Bergoforte, et fut blessé au siége de Mantoue. Il épousa, par contrat du 3 octobre 1705, demoiselle Marie Forestier, et mourut à Pradelles le 13 mars 1760. Sa femme avait fait son testament dès le 20 juillet 1728. De leur mariage naquirent :

1.º Joseph-Jacques-Alexandre de Frevol de Villaret, bachelier de la faculté de théologie de Paris, et prieur de Saint-Cirgues ;

2.º Jean-Baptiste de Frevol d'Aubignac de Ribains, qui continue la descendance ;

3.º Elisabeth de Frevol de Ribains, mariée avec noble N.... de la Champ, seigneur de Rochemeure, en Gévaudan ;

4.º Jeanne de Frevol de Ribains, mariée à noble Onestre de la Boissonnade ;

5.º Marie de Frevol de Ribains, mariée à N.... Vidal, en Gévaudan ;

6.º Rose de Frevol de Villaret de Ribains, religieuse à Pradelles.

VI. Jean-Baptiste DE FREVOL D'AUBIGNAC, seigneur de Ribains, du Mazigon, de Jugonzac, etc., né le 8 décembre 1718, fut garde-du-corps du roi Louis XV en 1737, et servit avec honneur dans les dernières guerres, jusqu'en 1745, qu'il épousa, par contrat du 14 juillet, demoiselle Françoise de Romieu, dame du Mazigon, fille de Vital de Romieu, écuyer, seigneur

du Mazigon, de Rochely, du Monteil, etc., et de dame
Jeanne Borelly; il fut déclaré noble, et issu de noble
race et lignée, ainsi que Jean-Louis, Jacques-François,
et Jean-Joseph de Frevol, ses cousins, par arrêt de la
cour des comptes, aides et finances de Montpellier,
du 17 février 1753. Il est mort le 7 juin 1787, et fut
inhumé dans sa chapelle de l'église des dominicains,
dans le même tombeau où sa femme avait été enterrée.
De son mariage naquirent :

1.º Louis-Antoine, dont l'article suit;
2.º Jean-François-Bruno,
3.º Jean-Louis-Joseph-Bernard, } morts jeunes;
4.º Jean-Charles-Hercule,
5.º Louis-Joseph de Frevol de Ribains, né le 23
avril 1758, prêtre, nommé en 1788, par le roi
Louis XVI, à une pension sur l'évêché de Carcassonne, chanoine de la cathédrale de Saint-
Flour;
6.º Eugène-Jean-Baptiste, qui forma une autre
branche rapportée ci-après;
7.º Charles-Auguste-François-Xavier de Frevol de
Ribains, né le 4 novembre 1763, entré à l'é-
cole militaire en 1771, lieutenant au régiment
de Beauvoisis; il a suivi en Allemagne les princes
de la maison de Bourbon, en 1791; a fait, dans
l'armée de Condé, dix campagnes pour la cause
du roi, servant dans le régiment noble à pied,
en qualité de chef de section, chevalier de l'ordre
royal et militaire de Saint-Louis, a épousé demoiselle Dorothée-Marie-Thérèse-Félicité de Seguin de Cabassole, fille de M. le marquis de Seguin de Cabassole, chevalier de Saint-Louis et
de l'ordre de Saint-Jean de Jérusalem, ancien
capitaine de dragons, et de dame Marie-Louise
de Vencenty de Monsseveny ou Monsouvenir;
8.º Jeanne, née le 23 juillet, morte le 12 août
1747;
9.º Françoise, née le 23 juillet 1747, morte le 15
avril 1757;
10.º Marie-Madeleine-Henriette-Françoise de Frevol,
morte religieuse au couvent de Sainte-Ursule de
la ville du Saint-Esprit, le 20 octobre 1778;

11.º Françoise-Christine, née le 18 février 1756, morte le 29 mai 1765 ;

12.º Jeanne-Angèle de Frevol, morte en bas âge.

VII. Louis-Antoine DE FREVOL D'AUBIGNAC DE RI-BAINS, chevalier, né le 15 mai 1749, entra au régiment de Languedoc, dragons, en qualité de sous-lieutenant, le 9 décembre 1771, sous-lieutenant en pied le premier juin 1772 ; il obtint une pension de 3co livres sur le trésor royal, le 3 mai 1774; il fut lieutenant en second le 28 mai 1780, lieutenant en premier le premier juillet 1787, chevalier de Saint-Louis le 16 octobre 1791, capitaine le 25 janvier 1792, lieutenant-colonel le 2 juin suivant, et donna sa démission le 17 juillet 1792, quand il vit son roi dépouillé de toute son autorité, et livré à toutes les fureurs révolutionnaires. Il avait épousé, en 1764, dame Marguerite-Geneviève-Françoise de Gévaudan, fille de messire de Gévaudan, capitaine du régiment des cuirassiers, et de dame du Buisson de Douzon. De ce mariage naquirent :

1.º Denis, dont l'article suit ;

2.º Hippolyte de Frevol d'Aubignac de Ribains, né le 3 janvier 1793, nommé, en novembre 1813, adjoint provisoire, commissaire ordonnateur à Wesel, où il exerça les fonctions de sous-inspecteur aux revues, jusqu'à l'heureux retour de Louis XVIII sur le trône de ses pères, et est entré garde-du-corps du roi, dans la compagnie écossaise, en 1814.

VIII. Denis DE FREVOL D'AUBIGNAC DE RIBAINS, chevalier, né à Boen (Loire), le 12 décembre 1788, admis à l'école spéciale de Fontainebleau, comme pensionnaire, le 7 mars 1806, sous-lieutenant au 100ᵉ régiment de ligne le 10 octobre 1806, lieutenant le 27 mars 1809, capitaine le 4 mai 1812, fut nommé à Béfort chevalier de la Légion d'honneur, le 8 octobre 1814, par monseigneur le duc de Berri. Il a fait les campagnes de 1806, 1807, à la grande armée d'Allemagne, celles de 1808, 1809, 1810, 1811 et 1812, en Espagne ; a reçu une forte contusion au bas ventre le 21 décembre 1808, à l'attaque du faubourg de Sarragosse ; fut blessé d'un coup de feu au bras gauche, à l'armée de Catalogne, le 16 mai 1809, et, le 25 mars 1811, d'une balle qui lui a cassé la jambe gauche, à là retraite de Campomajor, en chargeant à la tête des voltigeurs du régiment. Nous rapporterons ici la copie du certificat du corps d'officiers du 100ᵉ régiment de ligne, aujourd'hui la 81ᵉ.

« Nous, soussignés ci-après, corps d'officiers du 100ᵉ
» régiment de ligne, certifions et attestons que M de
» Ribains (Denis de Frevol d'Aubignac), capitaine audit
» régiment, est un officier très-distingué, par sa bra-
» voure, ses connaissances et sa bonne conduite; qu'il
» a servi, dans toutes les circonstances, de là manière la
» plus honorable, après avoir fait les campagnes du Nord,
» de 1806 et 1807. Il s'est distingué notamment en Es-
» pagne, aux siéges de Sarragosse, Badajoz et Campo-
» major ; il a commandé longtemps une compagnie de
» voltigeurs, où il s'est fait remarquer. par plusieurs
» actions d'éclat : on peut citer la prise du moulin qui
» approvisionnait la ville de Badajoz, où il entra le
» premier, à la tête de trente anciens voltigeurs, et y
» passa au fil de l'épée un poste de cent hommes ; par la
» réunion des qualités qui le distinguent, et le mal-
» heur qu'il a eu de perdre une jambe, en combat-
» tant glorieusement le 25 mars 1811, contre un corps
» de cavalerie anglaise, soutenu de quatre pièces d'ar-
» tillerie, qu'il avait chargé à la tête des voltigeurs du
» régiment. Ce digne et brave officier, présenté cinq fois
» successivement par ses colonels pour la décoration de
» la Légion d'honneur, est digne de la bienveillance
» de Sa Majesté royale. En foi de quoi nous lui avons
» délivré le présent pour lui servir. »

Suivent les signatures.

N.... Hippolyte de Frevol d'Aubignac de Ribains, né le 3 janvier 1793, envoyé à Paris en 1812, où il entra dans les bureaux de l'administration de la guerre.

QUATRIÈME BRANCHE.

VII. Eugène-Jean-Baptiste DE FREVOL DE RIBAINS, chevalier d'Aubignac, né le 22 juin 1762, entra dans les gardes-du-corps du roi Louis XVI, compagnie écossaise, jusqu'à la dissolution du corps, où alors il fut continuer le service en Allemagne, à l'armée des Princes. Au retour de Sa Majesté Louis XVIII, il s'est empressé de rentrer dans la compagnie écossaise, où il a été promu, en juin 1814, au grade de brigadier, ensuite nommé chevalier de l'ordre royal et militaire de Saint-Louis et de la Légion d'honneur. La même année, il épousa Amette-Christine Leblanc, de Pradelles, dont sont issus :

1.º Bruno Achille de Frevol de Ribains, ⎫
2.º Alphonse-Eugène de Frevol de Ribains,⎪
3.º Jules-Hyacinthe de Frevol de Ribains, ⎬ jeunes.
4.º Irma-Madeleine de Frevol de Ribains. ⎭

Cette famille a été déclarée noble, issue de noble race et lignée, et en droit de jouir des priviléges accordés à l'ancienne noblesse du royaume, par M. d'Hozier, juge d'armes de France, le 14 juin 1766, sur la production en originaux de ses titres de noblesse.

Armes : « De gueules, à deux lions affrontés d'or, » posés sur une montagne de trois coupeaux, et tenant » une roue, le tout de même. »

BEAUFORT de POTHEMONT (de), famille ancienne, originaire de Champagne, où elle réside encore de nos jours.

I. Guillaume de Beaufort, écuyer, était marié en 1402, avec Engothe de Chamelitte, époque à laquelle Jean de Série de Châteauvilain leur donna certaine mesure de froment par chaque semaine, à prendre sur la mouture du moulin de Pont-la-Ville, et plusieurs coupes de bois pour leur chauffage, à prendre dans ses forêts, en récompense des services qu'ils lui avaient rendus. De ce mariage vint :

II. Alexandre de Beaufort, écuyer, premier gentilhomme de la vénerie du roi, gouverneur de Puymirol. Il laissa, de demoiselle Catherine de Bélestat, son épouse :

III. Louis de Beaufort, écuyer, seigneur de Bussière et de Pont-la-Ville, gentilhomme de la vénerie du roi, qui épousa, par contrat du 18 mars 1486, demoiselle Marguerite de Ferry, fille de Charles de Ferry, écuyer, seigneur de Fou, et de Jeanne d'Arsouck, dont est sorti :

IV. Nicolas DE BEAUFORT, écuyer, seigneur de la Marche, d'Orge et de Pont-la-Ville, homme d'armes sous la charge du seigneur d'Aumale. Il s'allia, par contrat du 2 septembre 1537, à Catherine de Vaudremont, dame de Crespy en partie, veuve de Jean Dupont, écuyer. De ce mariage vint :

V. Hector DE BEAUFORT, écuyer, seigneur de la Marche, d'Orge et de Pont-la-Ville, marié, par contrat du 2 mai 1585, à Jeanne de Robins, dont est issu :

VI Christophe DE BEAUFORT, Ier du nom, écuyer, seigneur de Blégnicourt, capitaine de chevau-légers au régiment d'Aumont, allié, par contrat du premier juin 1649, avec Perette Berbier-du-Metz, de la famille du président du Metz, dont :

VII. Christophe DE BEAUFORT, IIe du nom, écuyer, seigneur de Pothemont, qui épousa : 1.º, par contrat du 2 juillet 1684, Bonne de Tance, fille de Guy de Tance, écuyer, seigneur de Frampas et d'Argentolle, et de demoiselle Claude de Cahier ; 2.º, demoiselle Marie-Zélie de Failly. Il eut du premier mariage :

VIII. Jean DE BEAUFORT, écuyer, seigneur de Pothemont et de Frampas, lieutenant au régiment de Tavannes, qui laissa de son mariage, contracté le 2 septembre 1709, avec Edmée-Madeleine de Montangon, fille de Louis de Montangon, IIIe du nom, chevalier, seigneur de Crespy, de Béard, d'Espagne, du Petit-Mesgnil, de Chaumesgnil, et autres lieux, capitaine de cuirassiers au service de l'empereur, et de dame Edmée de la Rue :

IX. Jean-Baptiste-Jacques DE BEAUFORT, chevalier, seigneur de Pothemont, de Frampas, de Crespy, du Petit-Mesgnil, de Chaumesgnil, etc, ancien lieutenant au régiment de Provence, infanterie, marié, par contrat du 8 octobre 1750, avec Louise-Charlotte-Edmée de Serpes d'Escordal, fille de messire Louis-François de Serpes chevalier, seigneur d'Escordal, de Matignicourt, et autres lieux, ancien capitaine de gre-

nadiers au régiment de Charolais, et de dame Charlotte de Briseux de Montbelliard. De ce mariage vinrent :

1.º Jean-Baptiste-Charles-Philippe, dont l'article
suit ;

2.º François-René, mort en bas âge ;

3.º Françoise-Claudine, née le 13 juin 1755, morte
le 20 mai 1773.

X. Jean-Baptiste-Charles-Philippe DE BEAUFORT, chevalier, anciennement seigneur de Frampas, de Matignicourt, de Ville-sur-Terre, et autres lieux, ancien officier de cavalerie, né le 8 décembre 1756, a épousé,
par contrat du 20 mai 1780, demoiselle Françoise-
Henriette de Ségur de Cabanac, fille de messire Nicolas
comte de Ségur de Cabanac, chevalier, seigneur de Leschères
et Armancourt, ancien capitaine au régiment du Roi,
infanterie, chevalier de l'ordre royal et militaire de
Saint-Louis, et de dame Louise d'Allonville. Il a de
ce mariage :

1.º Gustave-Louis-Nicolas, dont l'article suit ;

2.º Louis-Edouard, chevalier de Malte, chef de
bataillon au 12º régiment d'infanterie de ligne,
officier de la Légion d'honneur, né le 6 septembre 1786 ; il s'est trouvé à la bataille de Wagram, où il a été fait capitaine de grenadiers,
et a fait plusieurs autres campagnes, notamment
celle de Russie. Il a été nommé chef de bataillon à Valentina, sur le champ de bataille, et
officier de la Légion d'honneur à Moscou. Il est
encore au service.

XI. Gustave - Louis - Nicolas DE BEAUFORT, chevalier,
né le 17 août 1781, a été adjudant au 11º régiment de
chasseurs à cheval, a fait les campagnes de 1805,
1806 et 1807 ; s'est retiré du service par suite de blessures
graves qu'il reçut à Ratzbourg, et a épousé demoiselle
Elisabeth-Albertine Baldérique de la Cour, fille de
messire Albert-Louis de la Cour, chevalier, et de
dame Marie-Nicole-Eléonore de Failly, par contrat du
23 juillet 1810. De ce mariage est issue :

Amélie-Charlotte-Eléonore de Beaufort, née le 20 juillet 1812.

Cette famille a été maintenue dans sa noblesse, par arrêt du conseil d'état du roi, en date du 13 juin 1672.

Armes: « De sable, à la bande d'argent, chargée » d'un lion de gueules, et accostée de deux étoiles du » second émail. »

RANCHER (DE); famille noble et ancienne, dont on ne connaît pas l'origine: elle existait dans le Berry dans le quinzième siècle, et vint, dans le seizième, se fixer dans la Touraine et le Vendômois, où est encore aujourd'hui la branche aînée. Au commencement du dix-septième siècle la branche cadette vint s'établir à Paris, et est actuellement résidente dans le Vexin français. Le premier de cette famille dont on ait connaissance, et qui par son alliance, annonce une noblesse déjà ancienne, est :

I. Colin ou Nicolas DE RANCHER, écuyer, *sire* de Pont en Berry, lequel épousa, en 1440, Guyonne Odrianne de Gonzagues, dont il eut :

II. Antoine DE RANCHER, Ier du nom, écuyer, seigneur de Pont, qui épousa, 1.° en 1483, Catherine Haynault, fille de N. Haynault, écuyer, seigneur des Arcis, et de Jeanne Lucas; 2.° en 1498, Marguerite Chartier, fille de Nicolas Chartier, écuyer, et de Catherine Viau. Ses enfants furent :

Du premier lit :

1.° Antoine, qui suit;
2.° Olive de Rancher, mariée, en 1541, à Pierre Phélipeaux, écuyer;
3.° Michelle de Rancher, mariée à Pierre Gautier, écuyer ;

Du second lit :

4.° Louise de Rancher, }
5.° Jeanne de Rancher, } mortes en bas âge.

III. Antoine DE RANCHER, IIe du nom, chevalier, seigneur de la Foucaudière, en Touraine, fut tué, en 1573, au siége de la Rochelle, où il commandait une partie de l'artillerie. (M. de Thou, en son *Histoire de France*, tome II, livre 56, page 938, parlant des officiers tués au siége de la Rochelle, après en avoir nommé plusieurs, ajoute *et complures alii, et in iis Rancherius nobilis biturix*, *ex Gonzagæ familiâ*; et plusieurs autres, parmi lesquels *Rancher*, *noble de la province du Berry*, *de la famille de Gonzagues*. Aubigné, dans son *Histoire de France*, chapitre XI, fol. 591, parlant du siége de la Rochelle dit, est mis au rang des morts *Rancher*, *parent du duc de Nevers*. Il avait été ambassadeur en Turquie, pour le roi Henri II; ensuite envoyé en Flandres par la reine Catherine de Médicis, et employé en plusieurs négociations importantes. Il avait épousé, le 16 janvier 1514, Marie Morin, fille de Jean Morin, receveur général du Poitou, et d'Andrée de Montbazon. Il eut de ce mariage :

1.º Antoine, qui suit ;

2.º Victor de Rancher, mort à l'armée ;

3.º Julien de Rancher, tige de la branche des seigneurs du Mardreau, rapportée plus loin ;

4.º Nicolas de Rancher, écuyer, seigneur des Trésaurières et d'Armancée, qui se maria et eut deux filles, dont une nommée Anne, épousa, 1.º Jean Dague, écuyer, seigneur de Vareilles, vicomte de Chantelou ; 2.º N. de Faverolles, chevalier, seigneur de Blère ;

5.º Jean,
6.º Claude, } morts jeunes.
7.º René,

IV. Antoine DE RANCHER, III.ᵉ du nom, chevalier, seigneur de la Foucaudière, de Magny, de Mouchaut, de la Gittonnière, de Trémémont et Verneil, conseiller en la cour de l'échiquier d'Alençon, chef du conseil du duc d'Alençon, frère unique du roi, maître des requêtes de l'hôtel de ce duc, et premier président de la chambre des comptes établie à Tours, fut envoyé ambassadeur en Angleterre, pour traiter du mariage du duc d'Alençon avec la reine Elisabeth. (Mezeray, dans son *Histoire de France*, volume 3, page 287, parlant de MONSIEUR, frère du roi, dit : il avait près de lui deux sortes de gens, les premiers fort sages, et qui aimaient l'honneur, comme le prince de Montpensier, Laval, la Rochefoucauld, *Antoine Rancher-Foucaudière*. Le même, *id.* à la page 327, dit : néanmoins Espinoy, assisté de quelques bons français, comme de François de Noailles, du maréchal d'Aumont et de *Rancher-Foucaudière*, etc. Le même *id.*, page 425, dit : lors de la sentence de mort contre la reine Stuart, Henri III avait dépêché au même temps, en Angleterre, *Antoine Rancher-Foucaudière*, qui avait de grandes habitudes en cette cour, et qui même s'y était rendu fort agréable à la reine Elisabeth, du temps que le *duc d'Alençon l'avait employé à négocier son mariage avec elle*). Il avait épousé, 1.º en 1544, Françoise de Peyron, de la maison des barons du Roger ; 2.º le 6 octobre 1559, Claude Cailleau. Ses enfants furent :

Du premier lit :

1.º Léonard, qui suit ;
2.º Antoine de Rancher, auteur de la branche des seigneurs de la Foucaudière, établie à Paris et dans le Vexin français, rapportée en son rang ;
3.º Jacques de Rancher, abbé de l'abbaye de Saint-Sever ;
4.º Marie de Rancher, mariée à Gilles le François, écuyer, seigneur de la Proustaye ;
5.º Marie de Rancher, mariée à François Cailleau, écuyer, seigneur de la Foullière ;

Du second lit :

6.º Olivier de Rancher, } morts sans alliance ;
7.º René de Rancher, }
8.º Claude de Rancher, mariée le 22 mai 1578, à Hector le Chesne, procureur du roi au Mans, fils de Félix le Chesne, seigneur de la Gaschelinière, maître des requêtes du duc d'Alençon, et de Renée Quélin ;
9.º Thomasse de Rancher, morte jeune.

V. Léonard DE RANCHER, chevalier, seigneur de la Gittonnière, de Verneil, de Lagny et Mouchaut, secrétaire des commandements du duc d'Alençon, maître de la chambre des comptes de Paris, et conseiller d'état, épousa, 1.º le 25 octobre 1589, Marie Bellandeau, fille de N. Bellandeau, et de Marie Cailleau; 2.º le 19 août 1595, Anne de Boyer, fille de Nicolas de Boyer, chevalier, seigneur d'Orfeuille et de Thubainville, gentilhomme du duc d'Alençon, et d'Isabelle de Miremont. Ses enfants furent :

Du premier lit :

1.º René, qui suit ;
2.º Antoine, Marie, et deux filles, tous quatre morts en bas âge ;

Du second lit :

3.º Jules de Rancher, chevalier, seigneur de Submenil, en Lorraine, lequel fut reçu de l'ancienne chevalerie de cette province, et fut tué à Prague, commandant un régiment de cavalerie au service de l'empereur. Il avait été marié, et eut pour enfants :

a. Léonard de Rancher, chevalier, seigneur de Verneil, baron de Nogent, dans le Maine, lieutenant-colonel de cavalerie, qui laissa de son mariage avec Marie d'Espagne de Vénevelles : 1.º Louis de Rancher, chevalier, baron de Nogent, chevau-léger de la garde du roi, puis officier de dragons au régiment de Monsieur, mort sans alliance : 2.º Charles de Rancher, chevalier, seigneur de Dissay-sous-Coureillon, page de madame la dauphine, ensuite de la reine, et officier de dragons au régiment du Roi, mort sans alliance ; 3.º Marie de Rancher, mariée au comte Descourtils, l'un des chevau-légers de la garde du roi ;

b. Louis de Rancher, seigneur de Cussay ;

4.º Claude de Rancher, mariée, le 13 novembre 1627, à Louis du Puys, écuyer, seigneur de Bourg et de Thubainville.

VI. René DE RANCHER, chevalier, seigneur de Lagny, Mouchaut, Verneil et la Faye épousa, le 12 décembre 1628, Marie-Anne Viau de Boullevant, fille de Jean Viau de Boullevant, écuyer, seigneur de Dissay, et de Jeanne de la Rivière. Il eut de ce mariage :

VII. Antoine DE RANCHER, IVe du nom, chevalier, seigneur de Verneil et Mouchaut, qui épousa, 1.º le 2 juin 1658, Louise de Toutems, fille de René de Toutems, écuyer, seigneur du Belair et de la Ferrière, exempt des gardes du corps du roi, lieutenant-général au gouvernement du Vendômois, et de Louise le Blond ; 2.º, en 1685, Anne de Rougé. Ses enfants furent :

Du premier lit :

1.º Jean-Baptiste, qui suit ;

2.º René de Rancher, chevalier, seigneur de Lagny, capitaine de grenadiers au régiment d'Angoumois, tué à Philisbourg, lequel avait épousé Marie de Belliviers, de la maison de Forest, dont il eut :

a. René-Louis de Rancher, chevalier, seigneur de Lagny, lequel s'étant retiré du service, se maria et eut pour enfants : N... de Rancher, marié avec Hélène de la Bonninière de Beaumont, fille d'Anne-Claude de la Bonninière, comte de Beaumont, marquis de la Châtre, etc., et de Marguerite le Pellerin de Gauville ; 2.º Louis de Rancher, servant au régiment du roi ; 3.º N... de Rancher, religieuse à Fontevrault ;

b. René de Rancher, chevalier de l'ordre royal et militaire de Saint-Louis ;

c. Louis de Rancher,
d. Jean de Rancher, } morts jeunes ;

3.º Louis de Rancher,
4.º Antoine de Rancher, } morts sans alliance
5.º Renée de Rancher.

Du second lit :

6.º François de Rancher, officier au régiment de Querci ;

7.º Charles-Antoine de Rancher, prieur commandataire de Notre-Dame de la Perathe.

VIII. Jean-Baptiste DE RANCHER, chevalier, seigneur de Verneil, chevalier de l'ordre de Saint-Lazare, maintenu dans sa noblesse en 1716, épousa, le 9 février de la même année, Françoise-Élisabeth d'Espagne, dont il a eu :

IX. Jean-Timoléon DE RANCHER, chevalier seigneur de Verneil, qui a épousé, le 1ᵉʳ août 1749, Marthe-Louise d'Espagne, fille de Louis-Henri d'Espagne, marquis de Vénevelles, et de Marie Erveil Doré, dont sont issus :

    1.° Louis-Timoléon de Rancher ;
    2.° Jean-Timoléon-Henri-François.

Branche des seigneurs du Mardreau.

IV. Julien DE RANCHER, chevalier, seigneur du Mardreau, de Villeforeux, de la Baraguère et d'Aigressoles, troisième fils d'Antoine, IIᵉ du nom, et de Marie Morin, lieutenant des grands-maîtres de l'artillerie de France, sous messieurs d'Estrées, de la Guiche et de Biron, fut nommé par le roi, gouverneur de Calais, après la réduction de cette place, ensuite gouverneur de la Bastille, et mourut à l'Arsenal, à Paris, en 1587. Il s'était trouvé au siége de Castillon, ainsi que le rapporte Mezeray dans son Histoire de France, tome III, page 387, qui dit que les assiégés voyaient leurs murailles rasées et leurs travaux abattus par la violence des batteries et des mines, conduites par *Julien Rancher lieutenant de l'Arsenal*, qui entendait parfaitement à exécuter l'artillerie, et à attaquer les places, etc. Il avait épousé, 1.° le 15 janvier 1563, Marie Couldroy, fille de Jacques Couldroy, écuyer, seigneur du Mardreau, dont il n'eut point d'enfants ; 2.° le 25 janvier 1564, Philippe Binet, fille de Jean Binet, écuyer, seigneur de Nitray, et de Marie Lopin. Il eut de ce second mariage :

    1.° Jacques, dont l'article suit ;
    2.° Anne de Rancher, mariée le 9 mars 1588, à Nicolas Bouette, conseiller à la cour des aides de Paris ;
    3.° Madeleine de Rancher, mariée, le 12 février 1602, à Nicolas Gaudon, écuyer, seigneur de Solet, trésorier de France ;
    4.° Mathieu, Marie, René et Marie, morts jeunes.

V. Jacques DE RANCHER, chevalier, seigneur du Mardreau, de Villeforeux, de la Baraguère et d'Aigressoles, auditeur en la chambre des comptes de Paris, trésorier de France à Orléans, épousa, le 4 février 1606, Anne l'Amirault, fille de Hervé l'Amirault, seigneur de Langloissière, trésorier de France, et d'Anne Amanjon. Il eut de ce mariage :

1.º Julien, qui suit ;
2.º Jacques de Rancher, chevalier, seigneur d'Aigressoles, capitaine de cavalerie, tué à l'armée ;
3.º Anne de Rancher, mariée à Martin d'Allonneau, écuyer, seigneur de la Chaise, trésorier de France ;
4.º Madeleine de Rancher, alliée à Bernard de Grateloup, chevalier, seigneur de Manteleau ;
5.º Marie de Rancher, religieuse carmélite à Orléans.

VI. Julien DE RANCHER, chevalier, seigneur du Mardreau, de Villeforeux, de Marchevant, et de Pezay, gentilhomme du duc d'Orléans, intendant des plaisirs de ce prince, trésorier de France, conseiller-d'état le 7 mars 1657, fut député, en 1651, de la noblesse de son canton, pour les états d'Orléans. Il avait épousé, le 16 mars 1637, Marguerite de Palluan, fille de Jean de Palluan, écuyer, seigneur de Villeneuve, de Rougebourse, et de Charlotte de Busserolles. Il eut de ce mariage :

1.º Jean-Baptiste, qui suit ;
2.º Anne de Rancher, chevalier, seigneur de la Foucaudière, capitaine dans le régiment de la Reine ;
3.º Julien de Rancher, seigneur de Villeforeux, oratorien ;
4.º Anne de Rancher, mariée à Jacques Désessarts, écuyer, seigneur de Javery ;
5.º Madeleine de Rancher, alliée en 1674, à Pierre de Moreau de Puilly, écuyer, seigneur du Bois-Blandin ;
6.º Marie-Madeleine de Rancher, religieuse à Ste.-Marie de la Châtre ;
7.º Charlotte de Rancher, religieuse ursuline ;
8.º Marie de Rancher, morte sans alliance.

VII. Jean-Baptiste DE RANCHER, chevalier, seigneur du Mardreau et de Pezay, reçu, le 27 mars 1664, chevalier des, ordres de Saint-Lazare et de Notre-Dame du mont Carmel, épousa, le 4 mars 1665, Louise le Maye, fille de François le Maye, conseiller à la cour des aides de Paris, et de Philippine Bouette. Il eut de ce mariage :

1.º Jean-François de Rancher, chevalier, seigneur du Mardreau, capitaine au régiment du Roi, mort en 1701 ;

2.º Jean-Baptiste de Rancher, chevalier, seigneur de Pezay, lieutenant dans le régiment des Bombardiers, puis mousquetaire, mort le 30 juin 1693 ;

3.º Marie-Philippe de Rancher, mariée le 23 avril 1702, à Julien-Simon Brodeau, écuyer, lieutenant-général de Tours.

Branche des seigneurs de la Foucaudière, établie à Paris et dans le Vexin français (1).

V. Antoine DE RANCHER, Ier du nom de sa branche, chevalier, seigneur de la Foucaudière, second fils d'Antoine, IIIe du nom, et de Françoise de Peyron, fut chef du conseil du duc d'Alençon, maître des requêtes de son hôtel, conseiller en la cour de l'échiquier d'Alençon, puis conseiller au parlement de Paris, président des enquêtes et maître des requêtes de l'hôtel du roi en 1580. Il fut chargé par le roi, de commissions importantes depuis 1580 jusqu'en 1592. Il avait épousé 1.º Marguerite Miron, fille de Gabriel Miron, seigneur de Beauvoir, de Lissière et du Tremblay, conseiller au parlement de Paris, lieutenant-civil et conseiller d'état, et de Madeleine Bastonneau, dont il n'eut pas d'enfants; 2.º le 21 août 1580, Marguerite Versoris, fille de Pierre Versoris, et de Marguerite Coignet. Il eut de ce second mariage :

1.º Antoine, qui suit ;

_____

(1) Tout ce qui concerne cette branche est inséré dans les preuves, pour Malte, du 4 juin 1764, pour Charles-Louis de Rancher, qui forme le dixième degré.

2.º François de Rancher , seigneur de Cuzé , capitaine d'artillerie ;

3.º Autre François de Rancher, abbé de Monstierander en Champagne ;

4.º Pierre de Rancher , chanoine de Notre-Dame de Paris ;

5.º Marguerite de Rancher, mariée à N. le Guillon de Richebourg, officier d'artillerie , dont elle eut Anne le Guillon , qui épousa Armand-Jean de Peyré, chevalier , comte de Troiville , capitaine d'une compagnie de mousquetaires , et lieutenant-général du comté de Sainte-Foix.

VI. Antoine DE RANCHER II, chevalier, seigneur de la Foucaudière et de Verneil, conseiller au parlement de Paris, doyen de la grand'chambre , et maître des requêtes de l'hôtel du roi , épousa , le 4 juillet 1623 , Justine Portail, fille de Paul Portail, écuyer , seigneur du Bacle, conseiller au parlement de Paris , et de Justine le Pilleur, dame châtelaine de Séris. Il eut de ce mariage :

1.º Antoine-Marie, qui suit ;

2.º René de Rancher, qui a fait la branche des seigneurs de la Ferrière, rapportée ci-après ;

3.º Paul de Rancher, abbé de Genevraye ;

4.º René de Rancher, chevalier, seigneur de Vaux ;

5.º Marguerite de Rancher , mariée à François de Saintrailles, chevalier, comte de Saintrailles.

VII. Antoine-Marie DE RANCHER , chevalier, seigneur de la Foucaudière et de Trémémont , conseiller au parlement de Paris , et ensuite conseiller honoraire , épousa , le 18 avril 1657 , Elisabeth de Rubentel, fille de Mathurin de Rubentel , chevalier , seigneur de Maudétour , en Vexin français , maître d'hôtel de la reine , et de Géneviève de Catinat , de la famille du maréchal de France de ce nom, et nièce de Louis-Denis de Rubentel , lieutenant-colonel du régiment des Gardes françaises , et lieutenant-général des armées du roi. Il eut de ce mariage :

VIII. Antoine-Jacques DE RANCHER , chevalier, seigneur de Trémémont et de Maudétour , lieutenant de roi en la province et gouvernement de Berry , par provisions du 16 mars 1693 , ainsi conçues :

» Louis, etc., ayant créé par notre édit de février
» 1692 en chacune province de notre royaume des
» charges de nos lieutenants, pour représenter notre
» personne, et commander en l'absence des gouver-
» neurs, et notre intention étant de pourvoir de ces
» charges de nos lieutenants, des gentilshommes distin-
» gués par leur naissance, leurs services, ou ceux de
» leurs ancêtres, avons choisi pour remplir l'une de ces
» charges, notre cher et bien amé Antoine de Rancher,
» chevalier, seigneur de Trémémont, etc. Nous mettons
» d'ailleurs en considération les services qui nous ont
» été rendus et à nos prédécesseurs, par le sieur de
» Rancher, son père, l'un de nos conseillers en la
» grand' chambre de notre cour de parlement à Paris,
» et par ses ancêtres, et notamment le sieur de Ran-
» cher de la Ferrière, son oncle, qui s'est signalé en
» plusieurs occasions de guerre et qui eut l'année der-
» nière la conduite et le commandement de l'arrière-
» ban de notre province d'Orléans, et plusieurs autres
» personnes de son nom et de sa famille, dont trois
» ont été tués, le premier en 1573, au siége de la
» Rochelle, le second en 1684, à celui de Luxembourg,
» et le troisième en 1688, à celui de Philisbourg ; nous
» nous rappelons encore agréablement les services des
» sieurs de Rubentel, ses oncles maternels, dont un
» fut tué en 1656 au siége de Valenciennes, étant capi-
» taine au régiment des Gardes françaises, un autre,
» enseigne au même régiment, fut tué en 1657, au
» siége de Montmédy, et un troisième nous sert actuel-
» lement en qualité de lieutenant-colonel au dit régi-
» ment, et de lieutenant général de nos armées, nom-
» mons le dit sieur Antoine de Rancher, notre lieute-
» nant en notre pays et duché de Berry. »

Il épousa, le 26 octobre 1694, Geneviève-Angélique de
Machault, fille de Louis de Machault, chevalier, seigneur des Boursieres, conseiller au parlement de Paris,
et de Marie Carré de Montgeron. Il eut de ce mariage :

IX. Antoine DE RANCHER, IIIe du nom, chevalier,
seigneur de Maudétour, Mézières, la Bretêche, et Gé-
nainville en partie, dans le Vexin français, lieutenant
de roi de la province et gouvernement de Berry, conseiller, doyen de la grand' chambre, et ensuite con-

seiller honoraire du parlement de Paris, épousa, 1.º le
5 janvier 1738, Anne-Jeanne de Lavande, fille de
Charles-Augustin de Lavande et de Jeanne-Thérèse
Liénard, dont il n'eut pas d'enfants ; 2.º le 28 mai
1753, Marguerite-Guillemette Testu, de Balincourt,
fille de François Testu, marquis de Balincourt, chevalier, seigneur de Nelles et Verville, lieutenant des
gardes du corps du roi, lieutenant-général de ses armées, grand'croix de l'ordre royal et militaire de
Saint-Louis, frère du maréchal de Balincourt, et de
Rosalie de Cœuret de Nelles. Il eut de ce mariage :

1.º Antoine-Jean-Baptiste-Rosalie, marquis de
Rancher, chevalier, seigneur de Maudétour,
page du roi en sa petite écurie, le 15 mars
1770, ensuite officier au régiment des Gardes
françaises, mort sans alliance ;

2.º Charles-Louis, qui suit ;

3.º Trois garçons, morts en bas âge.

X. Charles-Louis, comte DE RANCHER, chevalier,
seigneur de Maudétour, de Mézières, de la Bretêche
et Genainville en partie, chevalier de l'ordre de Saint-
Jean de Jérusalem, reçu de minorité, le 9 juin 1759,
et depuis son mariage, chevalier honoraire du dit ordre,
page du roi en sa petite écurie, en 1774, puis sous-lieutenant au régiment de la Couronne, ensuite officier
au régiment des Gardes françaises, chevalier de l'ordre
royal et militaire de Saint-Louis, lieutenant de roi de
la province et gouvernement de Berry, laquelle charge
s'est éteinte dans ses mains pendant les troubles révolutionnaires, a épousé le 23 avril 1786, Elisabeth-
Marie-Pierrette le Vicomte de Blangy, fille de Pierre-
Constantin le Vicomte, comte de Blangy, chevalier,
seigneur de Blangy et de Villers le Bocage, lieutenant-
général des armées du roi, chevalier de l'ordre royal
et militaire de Saint-Louis, commandant pour le roi
dans la province de Normandie, et d'Anne-Marie
Pierrette de Bouthillier ; il a eu de ce mariage:

1.º Charles-Paulin de Rancher, chevalier;

2.º Amédée-Adrien-Louis de Rancher, chevalier;

3.º Charlotte-Amélie-Guillemette-Sophie de Rancher, mariée à René-Louis-Ferdinand, comte de Calonne, chevalier, seigneur d'Avesnes;

4.º Caroline de Rancher, morte en bas âge;

5.º Victorine-Henriette-Marie de Rancher;

6.º Anne-Clémentine-Philippine de Rancher;

7.º Nathalie-Charlotte-Adèle de Rancher;

Branche des seigneurs de la Ferrière.

VII. René DE RANCHER, chevalier, seigneur d'Ermagny, second fils d'Antoine, IIe du nom, seigneur de la Foucaudière, et de Justine Portail, d'abord page du roi, ensuite gentilhomme ordinaire de sa chambre lieutenant-colonel de cavalerie, commandant en 1692 et 1693 les escadrons de la noblesse de la généralité d'Orléans, épousa, le 6 août 1669, Aubane de Toutems, fille d'André de Toutems, chevalier, seigneur du Belair et de la Ferrière en Vendômois, exempt des gardes du corps du roi, et de Louise le Blond. Il eut de ce mariage :

1.º Paul-François, qui suit;

2.º René de Rancher, chevalier, seigneur d'Ermagny;

3.º Antoine de Rancher, page du roi en sa petite écurie en 1689.

VIII. Paul-François de Rancher, chevalier, seigneur et baron de la Ferrière, mousquetaire dans la première compagnie, ensuite capitaine au régiment d'Enghien, obtint en avril 1715, l'érection en baronnie de la terre de la Ferrière. Voici la teneur de ces lettres-patentes.

» Louis, etc. considérant la naissance et les bonnes » qualités de notre cher et bien amé Paul-François de » Rancher, seigneur de la Foucaudière en Touraine et » de la Ferrière en notre pays de Vendômois, issu » *d'une des plus anciennes familles de notre province* » *de Berry*, dont les ancêtres se sont toujours distin-» gués par leur zèle et leur fidélité au service des » rois nos prédécesseurs, dans différents emplois, tant » dans les armées qu'en plusieurs charges considérables,

» notamment *Antoine de Rancher*; qui vivait dans le
» seizième siècle, lequel, après avoir été employé en
» diverses négociations, *fut fait ambassadeur à la
» Porte Ottomane*, du quel emploi s'étant dignement
» acquitté, et servant dans les armées, *il fut tué
» commandant au siége de la Rochelle*, en 1573; il
» était petit-fils de *Nicolas de Rancher* et ○d'*Odrianne
» de Gonzagues;* les histoires font foi de sa valeur et
», et de sa prudence, qui lui avaient mérité la confiance
» des rois Henri II, Charles IX, et de la reine Ca-
» therine de Médicis; son fils aîné, *Antoine de Ran-
» cher*, fut fait maître des requêtes ordinaire de l'hô-
» tel, et *envoyé ambassadeur en Angleterre* par le roi
» Henri III, et rendit des services très-importants pen-
» dant toute sa vie; ainsi que *Julien de Rancher, son
» frère* en qualité de *lieutenant-général de l'artillerie
» de France, qu'il commanda en chef en plusieurs siéges,*
» et se rendit si recommandable par ses services que les
» rois Charles IX, et Henri III lui confièrent *le gouverne-
» ment de Calais après sa réduction*, et *du château de la
» Bastille.* A ces causes, voulant favorablement traiter
» le dit sieur de Rancher, maintenir et conserver sa
» famille dans l'éclat où elle a toujours été par un
» nouveau titre d'honneur qui puisse faire connaître à
» la postérité l'estime que nous faisons de sa personne,
» nous avons, de notre grâce spéciale, pleine puis-
» sance et autorité royale, créé, érigé et décoré,
» créons, érigeons et décorons, par ces présentes,
» signées de notre main, la dite terre, seigneurie et
» châtellenie de la Ferrière en nom, titre et dignité
» de baronnie, pour en jouir par le dit sieur de Ran-
» cher, ses enfants et postérité, mâles, nés et à naître
» en légitime mariage au dit nom, titre et dignité de
» baron de la Ferrière, etc. Donné à Versailles, au
» mois d'avril, l'an 1715, et de notre règne le soixante-
» douzième, signé Louis. » Et sur le revers, Phelypeaux; *visa* Voisin, et scellé du grand sceau de cire
verte.

Il épousa Antoinette-Constance-Parfaite Xevillard,
fille de Pierre Xevillard, écuyer, seigneur de Marigny,
et de Marguerite Faverel. De ce mariage vinrent :

1.° François-Michel-Antoine, qui suit;

2.º Anne de Rancher, mariée à Pierre le Peutre, lieutenant de roi, de Montlouis.

3.º Louise de Rancher, alliée à Pierre de Brandès, écuyer ;

4.º Marie de Rancher, morte fille.

IX. François-Michel-Antoine, marquis DE RANCHER, chevalier, seigneur et baron de la Ferrière, reçu page du roi, en sa petite écurie, le 18 mai 1728, ensuite capitaine de cavalerie, commandeur de l'ordre de Saint-Lazare, épousa, en 1755, Odille-Hélène-Thérèse Testu de Balincourt, fille de François Testu, marquis de Balincourt, chevalier, seigneur de Nelles et Verville, lieutenant des gardes du corps du roi, lieutenant-général de ses armées, grand'croix de l'ordre royal et militaire de Saint-Louis, frère du maréchal de Balincourt, et de Rosalie Cœuret de Nelles. Il a eu de ce mariage :

1.º Charlotte-Françoise-Félicité-Odille de Rancher, mariée à Alexandre-César, comte de la Tour du Pin, dont elle a eu un fils et une fille ;

2.º Rosalie-Marguerite-Marie-Thérèse de Rancher, mariée : 1.º à Alexandre Roger, marquis de Nadaillac, dont elle a eu un fils et une fille ; 2.º à M. le baron d'Escars.

La famille de Rancher est alliée à beaucoup de familles distinguées tant dans le militaire que dans la magistrature, telles que celles d'Aumont, d'Argouges, d'Abos, d'Aubigny, Amelot, de Bruc, de Blangy, de Bautru, de Boucherat, de Créquy, de Cœuret, de Catinat, de Capellis du Champ, de Flahault, de Fourcy, de Gonzagues, de Gilbert, de Harlay, la Bédoyère, le Pilleur, le Tonnellier, de Loménie, le Fèvre de Caumartin, de Machault, d'Ordre, Portail, Phélypeaux, de Peyre, de Rubentel, de Rougé, de Rochefort d'Ailly, de Rochouard, de Saintrailles, Testu de Balincourt, de Thumery, du Tillet, de Verderonne, de Verthamont, de Voyer d'Argenson, de Villars, de Favernay.

Armes : « D'azur, au sautoir d'or, cantonné de » quatre annelets de même. La branche cadette brise » d'une rose de gueules, posée en cœur du sautoir. »

BEAUPOIL DE SAINT-AULAIRE (de), maison des plus anciennes et des plus illustres de France, qui tire son origine de la Bretagne.

I. Raoul de Beaupoil, Ier du nom, mort en 1295, était au service d'Edouard Ier, roi d'Angleterre; il fut père de :

II. Robert de Beaupoil, Ier du nom, mort en 1344, qui fut amiral au service d'Edouard III, roi d'Angleterre, et père de :

III. Raoul de Beaupoil, IIe du nom, qui continua de servir sous Edouard III, roi d'Angleterre, et mourut en 1356; il fut père de :

1.° Jean de Beaupoil, qui fut l'un des soixante-quatorze écuyers de la compagnie que le duc d'Anjou donna à Benoît Chiperel, écuyer lombard, pour servir sous lui ès guerres de Gascogne, et qui fit montre à Villefranche en Rouergue, le 24 octobre 1369;

2.° Yves, dont l'article suit;

IV. Yves de Beaupoil, écuyer de la compagnie du duc d'Anjou, en 1369, épousa Françoise de Broon, de laquelle il laissa :

1.° Guillaume, dont l'article suit;

2.° Jean de Beaupoil, qui a fondé la branche des seigneurs de *Castelnouvel* et *de la Force*, qui s'est éteinte vers 1560, dans la personne de François de Beaupoil, seigneur de la Force, qui n'eut qu'une fille, Philippe de Beaupoil, dame de la Force, qui épousa, 1.° en 1542, François de Vivonne; 2.° en 1554, François de Caumont; de ce dernier mariage est venu Jacques de Caumont, pair et maréchal de France, souche des ducs de Caumont de la Force.

V. Guillaume de Beaupoil, chevalier, seigneur de Neomalet, dans le ressort de Rennes, fut un des six procureurs-généraux nommés le 11 septembre 1410, par Marguerite, comtesse de Penthièvre, vicomtesse de Limoges, pour reconnaître qu'elle avait ratifié l'accord fait le 8 août précédent, entre le duc de Bretagne et Olivier, son fils; ils obtinrent, le 23 décembre de la

même année, la ratification du duc. Guillaume de
Beaupoil fut aussi un des seigneurs qui prirent le parti
des Penthièvre, et ayant assisté à la prise de Jean VI,
duc de Bretagne, sa terre de Neomalet fut confisquée
en 1420, et donnée à Jean de Felès, écuyer. Mais par
le traité de Nantes du 27 juin 1448, il fut stipulé que
Guillaume de Beaupoil et Julien son fils, seraient réin-
tégrés dans les biens qu'on leur avait confisqués. *Dom
Lobineau*, l'historien le plus accrédité de Bretagne,
ajoute que Guillaume et Julien de Beaupoil s'établirent
ensuite dans le Limosin et le Périgord. Guillaume fit
son testament dans un âge fort avancé, le 8 août 1455,
et élut sa sépulture dans l'église de Saint-Aulaire, dont
son fils avait acquis la seigneurie. Il épousa, en 1420,
Flôrie de Complière qui testa en 1455, et de laquelle
il laissa :

VI. Julien DE BEAUPOIL, chevalier, qui acquit, le 7
janvier 1440, les terre et seigneurie de Saint-Aulaire
(ou Saint-Olaie), en bas-Limosin, de Remond Robert, seigneur de Lignerac. Jean de Bretagne, comte
de Penthièvre, vicomte de Limoges, l'en investit le 7
novembre 1441, et en reçut l'hommage.

Il fut *écuyer* de Charles VII, roi de France, qui lui
en délivra le brevet, le 13 octobre 1441, et Pierre de
Bourbon, comte de Clermont et de la Marche, le créa
son conseiller, et son chambellan, le 24 février 1479.
Il testa le 27 septembre 1486, et fut inhumé dans
la sépulture de Saint-Aulaire; il avait épousé, le 10
septembre 1443, Galienne Hélie de Vilhac, fille de
Golfier Hélie, seigneur de Vilhac et de Puyseguin, et
de Jeanne de Roffignac; elle testa en 1486. De ce mariage vinrent :

1.º Jean Iᵉʳ, dont l'article suit;
2.º François, protonotaire du Saint-Siége, curé de
Perpezac et de Saint-Nazaire, fondateur du
prieuré de l'Arche, près de Terrasson, département de la Dordogne; les armes de la maison de
Saint-Aulaire existent encore sur la porte de
ce prieuré. François testa le 21 septembre 1516;
3.º Jeanne, mariée à N..., seigneur de Sainte-
Fortunade;
4.º Marie, femme de N... de Verneuil;

5.º Catherine, mariée à N... seigneur de Perille;

6.º Antoinette, mariée dans la maison de Razatte;

7.º Louise, abbesse de la Règle en Limosin, où elle fit des fondations;

8.º Françoise, prieure de la même abbaye, où elle mourut en 1507.

Julien eut un fils naturel, dit le *bâtard de Saint-Aulaire,* qui fut compris dans la montre des cent hommes d'armes, dont la revue se passa à Blaye, le 16 novembre 1488.

VII. Jean de BEAUPOIL DE SAINT-AULAIRE, Iᵉʳ du nom, chevalier, seigneur de Ternac, la Grennerie, Mansac, et de Gironde, fut *premier échanson* du comte d'Armagnac en 1467, puis conseiller, *chambellan* et *maître-d'hôtel* de Pierre de Bourbon, comte de Clermont et de la Marche, en 1479.

Il fut aussi *maître-d'hôtel* de la duchesse de Bourbon, et gouverneur des vicomtés de Murat et de Carlat, et capitaine dudit château de Carlat. A cette époque, le nom de Beaupoil ne paraît plus dans les actes, en vertu d'un pacte de famille, à cause de la quantité de bâtards qu'il y avait alors sous ce nom. Il testa le 24 avril 1511. Il avait épousé, en 1479, Anne Gachet-de-la-Motte, dame d'Arsinge, fille d'honneur d'Anne de France, duchesse de Bourbon; elle lui porta la terre d'Arsinge, et testa en 1511; de ce mariage vinrent :

1.º Jean, IIᵉ du nom, dont l'article suit;

2.º Charles, seigneur d'Arsinge, tué en duel à Paris par le seigneur du Lons, limosin. Il fut enterré aux Cordeliers de Paris;

3.º Marguerite, mariée en 1511, à Jean, baron de Saint-Chamans.

VIII. Jean DE BEAUPOIL, chevalier, baron de Saint-Aulaire, IIᵉ du nom, maître des eaux et forêts du comté de Limosin, fut *maître-d'hôtel* du roi François Iᵉʳ, qu'il suivit en Italie, où il fut blessé à la journée de Pavie, en 1525. Il testa le 2 novembre 1540, et avait épousé, le 12 février 1506, Marguerite de Bourdeilles, fille de François, seigneur et baron de Bourdeilles, et d'Hilaire du Fou; elle lui porta les terres de Coutures, de Celles et de Bertry, et testa le 18 août 1540; de ce mariage vinrent :

1.° François Ier, qui suit;

2.° Germain, aumônier du roi, protonotaire du Saint-Siége, curé de Perpezac, et prieur de Notre-Dame de Beyne; il testa le 20 décembre 1563, et fut enterré aux Cordeliers de Tulle, où il avait fait ériger sa sépulture ;

3.° Pierre de Beaupoil de Saint-Aulaire, seigneur de Coutures et de Lanmary, qui a formé la souche des branches du *Pavillon*, de *Lanmary* et de *Fontenilles*, rapportées plus bas ;

4.° Marie, qui était mariée en 1540, à Robert de Champniers;

5.° Louise, mariée, avant 1540, à François, baron de Salers, dont elle était veuve en 1563;

6.° Gabrielle, mariée au seigneur de l'Isle; elle mourut en 1555;

7.° Susanne, abbesse de Ligueux, en Périgord;

8.° Françoise, religieuse en l'abbaye de Lavoine, en Auvergne.

IX. François DE BEAUPOIL DE SAINT-AULAIRE, Ier du nom, chevalier, fut *pannetier* des rois François Ier, Henri II et François II; il fit son testament avec sa femme, le 24 octobre 1567. Il avait épousé, le 27 décembre 1548, Françoise de Volvire, dame d'honneur de la reine, mère du roi, fille de René de Volvire, baron de Ruffec, et de Catherine de Montauban. Son père lui avait donné la baronnie de Sens, en Bretagne, et la terre des Estres, en Anjou. Elle fit un second testament, le 13 novembre 1583. De ce mariage vinrent :

1.° Germain, dont l'article suit ;

2.° François de Beaupoil de Saint-Aulaire, qui fut d'abord destiné à l'Eglise, mais qui prit ensuite le parti des armes et se jeta dans le parti des huguenots, dont il embrassa la religion. Il épousa 1.° en 1573, Jeanne du Barry ; 2.° en 1588, Marguerite d'Amelin. Ses enfants furent :

Du premier lit :

a. Jean de Beaupoil de Saint-Aulaire, qui fonda la branche des *Seigneurs de Gorre*, rapportée page 279;

Du second lit :

b. François de Beaupoil de Saint-Aulaire, qui a formé la branche des *Seigneurs de Brie*, rapportée, page 279;

3.º Gabriel, qui se maria à l'héritière de Creissat, en Périgord, et mourut sans postérité;

4.º Pierre, mort au berceau;

5.º Susanne, abbesse de Ligueux en 1607; elle rétablit son abbaye qui avait été ruinée par les huguenots, et mourut en 1612;

6.º Marguerite, religieuse à Lavoine;

7.º Anne, morte abbesse de Sainte-Claire, à Périgueux;

8.º, 9.º, 10.º, 11.º et 12.º Peronne, Françoise, Léonarde, Marie et Louise, qui ont été mariées.

X. Germain DE BEAUPOIL, baron de Saint-Aulaire, chevalier, élevé page de la chambre des rois Henri II et François; il fut *pannetier* du roi Charles IX, le 24 janvier 1563, puis gentilhomme de sa chambre; il fut nommé *chevalier de l'ordre du Roi*, le 10 octobre 1569, huit jours après la bataille de Moncontour, où il s'était signalé et avait eu un cheval tué sous lui. Il testa, le 9 février 1603 et avait épousé, 1.º Françoise de la Touche, héritière de la maison de la Faye, en Angoumois; ce mariage fut déclaré nul par arrêt du parlement, du 7 mars 1582, et il fut permis aux parties de se marier comme bon leur semblerait; 2.º le 28 juin 1582, Judith de Carbonnières, fille de Charles de Carbonnières, et de Françoise de Fraisse. De ce mariage vinrent :

1.º Antoine, accablé d'infirmités, qui céda son droit d'aînesse à son frère, et mourut le 9 avril 1646;

2.º Henri Iᵉʳ, dont l'article suit;

4.º Foucault, page du duc de Guise, chevalier de

Malte en 1612, maître-d'hôtel du grand-maître et commandeur des Echelles, en Savoie ; il vivait encore en 1651 ;

4.º Suzanne, abbesse de Ligueux, morte le 17 mai 1655 ;

5.º Françoise, qui épousa, 1.º Henri de Dozenac de Saint-Michel ; 2.º Samuel de Vervais de Masclat ;

6.º Susanne-Françoise, religieuse à Ligueux ;

7.º Marthe , mariée à Geoffroy de Fayart-de-Combes.

XI. Henri DE BEAUPOIL, baron de Saint-Aulaire, chevalier, se rompit une veine d'un effort qu'il fit , et mourut en son château de la Grennerie, le 30 janvier 1614. Il avait épousé, en 1610, Léonore de Talleyrand-Chalais, fille de Daniel de Talleyrand, prince de Chalais, comte de Grignols, et de Françoise de Montluc-Exideuil. De ce mariage vinrent :

1.º Daniel, qui suit ;

2.º N....., morte au berceau ;

3.º Susanne, co-adjutrice de Ligueux en 1646 ; elle mourut, le 5 mars 1677, après avoir embrassé la réforme ;

4.º Henriette, née posthume, et religieuse à Ligueux.

XII. Daniel DE BEAUPOIL, baron de Saint-Aulaire, servit dans les guerres de Piémont en qualité de capitaine de cavalerie, et vendit, en 1646, la terre de Ternac. Il avait épousé en premières noces, en 1625, Jeanne du Breuil, héritière de la terre de la Pourcherie ; elle mourut en 1641, ne laissant qu'une fille nommée Susanne qui se fit religieuse à Ligueux ; Daniel épousa en secondes noces, au mois de juillet 1643, Guyonne de Chauvigny-Blot, fille de Philippe de Chauvigny-Blot, seigneur de Saint-Agolin et de Guicharde de Veni d'Arbouze. De ce mariage vinrent :

1.º François-Joseph, dont l'article suit :

2.º André-Daniel, nommé à l'évêché de Tulle, le 20 avril 1702 ; il s'en démit en 1720 ;

3.º Foucault, chevalier de Malte, grand'croix et grand-maréchal de l'ordre en 1710 ;

4.° Gui, seigneur de Montart, non marié en 1702 ;

5.° Marie, qui épousa Armand d'Aydie-de-Vaugoubert ;

6.° Trois filles religieuses à Ligueux.

XIII. François-Joseph de BEAUPOIL, marquis de Saint-Aulaire, lieutenant-général pour le roi du gouvernement du haut et bas Limosin, quitta le service pour se livrer aux lettres et particulièrement à la poésie ; il fut reçu à l'Académie française, en 1706. La duchesse du Maine l'appela à sa cour, et il en fit les délices pendant près de quarante ans ; il mourut à Paris, le 17 décembre 1742, âgé de quatre-vingt-dix-huit ans. Il avait épousé, en 1676, Marie de Fumel, fille de Louis, vicomte de Fumel, et de Marguerite de Levis-Mirepoix. De ce mariage vinrent :

1.° Louis, qui suit ;

2.° Daniel, colonel d'un régiment d'infanterie de son nom, mort devant Turin, en 1706 ;

3.° Guy, capitaine au régiment du Roi, mort à Arras en 1712 ;

4.° Trois filles religieuses.

XIV. Louis DE BEAUPOIL, marquis de Saint-Aulaire, maréchal des camps et armées du roi, colonel du régiment d'Enghien, infanterie, fut tué au combat de Rumersheim, en Alsace, le 26 août 1709. Il avait épousé, en 1704, Marie-Thérèse de Lambert, fille d'Henri, marquis de Lambert, lieutenant-général des armées du roi, et de Thérèse le Maguenat-de-Courcelles, morte le 14 juillet 1731. De ce mariage il ne vint qu'une fille qui suit :

Thérèse-Eulalie, mariée le 7 février 1725, à Anne-Pierre, duc d'Harcourt, pair de France, comte de Beuvron, maréchal de France en 1764, chevalier des ordres du Roi.

Ainsi s'éteignit la branche aînée de la maison de Beaupoil-Saint-Aulaire, qui a fourni, comme on l'a vu, des grands-officiers à la couronne et à l'ordre de Malte, et qui a donné des officiers-généraux à l'armée, et des hommes distingués aux lettres. Les autres branches qui vont suivre n'exciteront pas moins notre attention, que celle que nous venons de rapporter.

SECONDE BRANCHE.

Seigneurs de Gorre.

XI. Jean DE BEAUPOIL DE SAINT-AULAIRE, chevalier, seigneur de Gorre, fils de François de Beaupoil et de Jeanne du Barry, mentionnés page 276 degré X, N° 2, fonda la branche des seigneurs de Gorre, avec Antoinette de Pourtène, qu'il avait épousée en 1607, et qui le rendit père de :

XII. Jean DE BEAUPOIL DE SAINT-AULAIRE, chevalier seigneur de Gorre, qui épousa, en 1640, Claude Delvieux de Saint-Alban, qui le fit père de :

XIII. Gabriel DE BEAUPOIL DE SAINT-AULAIRE, chevalier, seigneur de Gorre, marié en 1692, à Denise de Rousseau de Ferrières, de laquelle il eut :

XIV. Louis DE BEAUPOIL DE SAINT-AULAIRE, chevalier, seigneur de Gorre, marié en 1713, à Françoise de Guingan de Gensignac. De ce mariage vinrent :

1.° Martial-Louis de Beaupoil de Saint-Aulaire, né en 1720, évêque de Poitiers en 1759; émigré, mort dans les pays étrangers ;

2.° Henri de Beaupoil, marquis de Saint-Aulaire, seigneur de Gorre, qui épousa, en 1775, Adélaïde Thibault de la Rochetulon, et ne laissa point de postérité ;

3.° N..... dit le chevalier de Saint-Aulaire, lieutenant-colonel au régiment de Conti, cavalerie, mort sans avoir été marié ;

4.° N..... religieuse à l'abbaye de Ligueux ;

5.° N..... mariée au marquis de Morsanges, à qui elle porta les biens de la branche des seigneurs de Gorre.

TROISIÈME BRANCHE.

Seigneurs de Brie et de la Dixmerie.

XI. François DE BEAUPOIL DE SAINT-AULAIRE, chevalier, seigneur de Taillat, fils de François de Beaupoil et de Marguerite d'Amelin, mentionnés page 276, degré X, N.° 2, fonda la branche des seigneurs de Brie et de la Dixmerie, avec Jeanne de Charrière, qu'il avait épousée en 1621, et de laquelle il eut :

XII. Claude DE BEAUPOIL DE SAINT-AULAIRE, chevalier, seigneur de la Dixmerie, qui épousa, en 1651, Louise Desmier, qui le fit père de :

XIII. Alexis DE BEAUPOIL DE SAINT-AULAIRE, chevalier, seigneur de Brie, marié en 1686, à Marie de Racault. De ce mariage vint :

XIV. Antoine DE BEAUPOIL DE SAINT-AULAIRE, chevalier, seigneur de Brie, lequel épousa, en 1722, Bénigne-Honorée de Morineau. De ce mariage vinrent :

1.° Charles, dont l'article suit ;
2.° Moïse, chanoine de Poitiers, abbé de Coulombs, après la mort de son frère;
3.° Antoine-Charles, abbé de Coulombs, aumônier ordinaire de la reine, mort à Paris en 1784.

XV. Charles DE BEAUPOIL DE SAINT-AULAIRE, chevalier, seigneur de Brie, épousa, en 1763, Bénigne du Saujon de laquelle il eut :

1.° N... de Beaupoil de Saint-Aulaire, page de la reine en 1788;
2.° Guy de Beaupoil de Saint-Aulaire, aussi page de la reine ; il a émigré en 1792, s'est marié et n'a point d'enfants;
3.° et 4.° Deux filles mariées.

QUATRIÈME BRANCHE.

Seigneurs du Pavillon et de Lanmary.

IX. Pierre DE BEAUPOIL DE SAINT-AULAIRE, chevalier, seigneur de Coutures, troisième fils de Jean II et de Marguerite de Bourdeilles, mentionnés page 275, degré VIII, eut en partage les terres de Celles, Bertry et Coutures. Il testa, le 14 juin 1564, et avait épousé, le 7 juin 1550, Catherine de Laurière, fille de Jean de Laurière, seigneur de Lanmary, et de Marguerite de Saint-Chamans. Elle testa le 2 avril 1564. De ce mariage vinrent:

1.º Antoine, dont l'article suit ;

2.º Annet, qui fonde la branche de *Fontenilles*, que je rapporterai plus bas, page 287 ;

3.º Gantonnet, qui épousa l'héritière de la Barde, en Périgord, et mourut sans postérité masculine ;

4.º Pierre, capitaine d'infanterie, tué à Périgueux ;

5.º, 6.º, 7.º, 8.º et 9.º Marie, Françoise, autre Marie, Jeanne et Suzanne.

Alain, bâtard de Saint-Aulaire, fut légitimé au mois de mai 1599, et mourut l'an 1636. Sa mère se nommait Hilaire de la Vigne.

X. Antoine DE BEAUPOIL DE SAINT-AULAIRE, chevalier, seigneur de Coutures, de Celles, de Bertry et de Lanmary, fut *chevalier de l'ordre du roi et sénéchal de Périgord*. Les rois Charles IX et Henri III, par leurs lettres des années 1574, 1576, 1577, 1585 et 1587, lui témoignent leur satisfaction de ses services, et surtout d'avoir maintenu dans la fidélité et l'obéissance, la province de Périgord, après la mort du duc de Joyeuse. Le parlement de Bordeaux lui manda aussi, le 17 septembre 1588, que comme bon serviteur du roi et affectionné à son service, il eût à assister et secourir ceux qui étaient assiégés dans Sarlat. Il testa, le 25 septembre 1593 ; il avait épousé, le 30 avril 1584, Jeanne de Bourdeilles, veuve de Charles d'Aydie de Montbazillac et fille de Jean de Bourdeilles et de Claude de Gontaut-Saint-Génièz. De ce mariage vinrent :

1.º Marc-Antoine, dont l'article suit ;

2.º Claudine, mariée au seigneur de la Martonie de Puyguilhem ;

3.º Suzanne, religieuse à Ligueux.

XI. Marc-Antoine DE BEAUPOIL DE SAINT-AULAIRE, chevalier, seigneur de Coutures, Lanmary et autres lieux, mourut le 2 mars 1661. Il avait épousé, le 3 septembre 1624, Gabrielle d'Alègre, dame de Cabannes, fille de Jean d'Alègre et de Marie de Sédières. De ce mariage vinrent :

1.º François de Beaupoil, marquis de Lanmary, qui mourut, le 2 septembre 1705, sans enfants de

Jacqueline d'Aubusson, qu'il avait épousée, le 20 août 1650, , et qui mourut en janvier 1704;

2.º David, dont l'article suit; ·

3.º Antoine, capitaine de cavalerie au· régiment de Vivonne; il fut tué au siége de Mantoue, en Italie, sans laisser de postérité;

4.º Bon-François, qui a formé la branche des *marquis de Lanmary*, rapportée, page 285;

5.º Marie, qui épousa Pierre Jaubert, comte de Nanthiat;

6.º Autre Marie, abbesse de Ligueux en 1677, morte en 1707;

7.º Suzanne, religieuse.

XII. David DE BEAUPOIL DE SAINT-AULAIRE, chevalier, seigneur de Chabannes, capitaine de cavalerie au régiment de Saint-Simon, épousa, en 1653, Gabrielle Jaubert de Nanthiat, qui le fit père de :

1.º François-Antoine, dont l'article suit;

2.º Charles, aumônier de la reine en 1727, abbé de Mortemert en 1729, puis de Saint-Orin d'Évreux. Il avait été député de l'assemblée du clergé en 1715, et mourut en 1756.

XIII. François-Antoine DE BEAUPOIL DE SAINT-AULAIRE, chevalier, seigneur du Pavillon, mourut en 1735, et avait épousé, en 1693, Anne du Puy de la Forest, de laquelle il eut :

1.º Jean-Baptiste, dont l'article suit;

2.º Pierre de Beaupoil de Saint-Aulaire, évêque de Tarbes; mort en 1751;

3.º Marc-Antoine, abbé de Tourtoirac, en Périgord, en 1773;

4.º Anne, abbesse de Ligueux, morte en 1770;

5.º Antoinette, non mariée, morte en 1772, à Ligueux.

XIV. Jean-Baptiste DE BEAUPOIL, comte DE SAINT-AULAIRE, chevalier, seigneur du Pavillon, mort en 1757, avait épousé, en 1735, Catherine de Baillot de la Dournat, de laquelle il eut :

1.º Cosme, dont l'article suit;

2.º Pierre de Beaupoil de Saint-Aulaire, capitaine de

cavalerie au régiment de Berri, qui a épousé, en
1774, madame veuve de Saint-Mesmi, duquel
mariage il est né une demoiselle, mariée depuis
plusieurs années;

3.° N.... de Beaupoil de Saint-Aulaire, née en 1739,
mariée à Gabriel-Louis du Garreau, seigneur
de Grésignac, chevau-léger de la garde du roi.
De ce mariage est issu, entre autres enfants, Pierre,
comte du Garreau, dont il sera parlé plus bas, au
degré XVI;

4.° Charlotte de Beaupoil de Saint-Aulaire, abbesse
de Ligueux en 1787, aujourd'hui vivante. C'est
la neuvième abbesse du nom de Saint-Aulaire qui
a régi cette abbaye.

XV. Cosme de Beaupoil, comte de Saint-Aulaire,
chevalier, chef d'escadron des gardes-du-corps, lieutenant-
général des armées du roi, le 27 septembre 1814, commandeur de l'ordre royal et militaire de Saint-Louis, le
25 août de la même année, a eu l'honneur de monter
dans les carrosses du roi en 1781, après avoir fait ses preuves pardevant M. Chérin, généalogiste de S. M. Il a
épousé Marie-Madeleine de Saint-Janvier, qui a eu l'honneur d'être présentée le 21 janvier 1781. De ce mariage
sont issus :

1.° Frédéric-Martial-Luce, né en 1782, mort en
1790;

2.° Adélaïde, dont l'article suit :

XVI. Adélaïde de Beaupoil de Saint-Aulaire, née
en 1781, fille unique du précédent, a épousé, Pierre,
comte du Garreau. A raison de ce mariage, et par clause
expresse, il est dit que le nom de Beaupoil de Saint-
Aulaire se perpétuera dans les personnes et descendance dudit comte du Garreau, ce qui est confirmé
par ordonnance du roi, rendue au château des Tuileries le 2 septembre 1814, laquelle je rapporte ici :

« Louis, par la grâce de Dieu, roi de France et de
» Navarre, sur le rapport de notre amé et féal cheva-
» lier, chancelier de France, le sieur Dambray;

» Sur ce qui nous a été exposé par le comte de Saint-
» Aulaire, chef d'escadron de nos gardes du corps, qu'il

» a eu le malheur de perdre un fils, seul héritier de
» son nom, qu'il désire qu'il soit permis au comte
» Pierre du Garreau, son gendre, d'ajouter à son nom
» celui de Beaupoil de Saint-Aulaire, afin que ce nom
» passe à ses petits-enfants, qu'il en avait même fait
» une condition expresse du mariage de sa fille avec
» ce gentilhomme.

» Vû le titre II de la loi du 11 germinal an XI,
» notre conseil d'état entendu, nous avons ordonné et
» ordonnons ce qui suit :

ARTICLE PREMIER.

» Il est permis au comte Pierre du Garreau, d'ajou-
» ter à son nom celui de Beaupoil de Saint-Aulaire. »

ART. II.

» A l'expiration du délai fixé par les articles 6 et 8
» de la loi du 11 germinal an XI, l'impétrant se pour-
» voira, s'il y a lieu, devant le tribunal de première
» instance compétent, pour faire faire les change-
» ments convenables sur les registres de l'état civil du
« lieu de sa naissance. »

ART. III.

» Notre amé et féal chevalier, chancelier de France,
» le sieur Dambray, est chargé de l'exécution de la
» présente ordonnance qui sera insérée au bulletin des
» lois. Signé Louis, par le roi, le chancelier de
» France, signé Dambray.

» Certifié conforme par nous secrétaire-général de la
» chancellerie de France et du sceau, par ordre de
» monseigneur le chancelier, signé Lepicard. Enregis-
» tré à Paris, le 13 septembre 1814. »

Du mariage d'Adélaïde de Beaupoil de Saint-Aulaire,
avec ledit comte du Garreau, sont issus :

1.° Eugène du Garreau-de-Beaupoil-de-Saint-Au-
laire, né le

2.° Zoé, née le

3.º Deux autres enfants nés avant les précédents, et morts jeunes.

CINQUIÈME BRANCHE.

Marquis de Lanmary.

XII. Bon-François DE BEAUPOIL DE SAINT-AULAIRE, chevalier, marquis de Lanmary, quatrième fils de Marc-Antoine de Beaupoil de Saint-Aulaire et de Gabrielle d'Alègre, mentionné, page 282, degré XI, fut mestre de camp du régiment d'Enghien, cavalerie, en 1671, et premier écuyer du prince de Condé; il mourut en 1687, et avait épousé, le 16. mars 1661, Anne de la Roche-Aymon, fille de Philibert de la Roche-Aymon, marquis de Saint-Maixent, et de Jacqueline d'Aubusson. De ce mariage vinrent:

1.º Louis, dont l'article suit;
2.º Henri-Louis, chevalier de Malte en 1699;
3.º Marie-Anne, mariée à Louis-Christophe de Cugnac, marquis de Giversac, dont elle était veuve le 4 mars 1725;
4.º Antoinette,
5.º Thérèse,   } religieuses à Ligueux.
6.º Elisabeth,

XIII. Louis DE BEAUPOIL DE SAINT-AULAIRE, marquis de Lanmary., capitaine de cavalerie au régiment de Sourches, puis capitaine-lieutenant des gendarmes de la reine, fut pourvu de la charge de *grand-échanson de France*, sur la démission du marquis de Crenan ; il mourut à Cazal-Major, en Italie, au service du roi, le 22 juillet 1702. Il avait épousé, le 30 mars 1681, Jeanne-Marie Perrault, baronne de Milly, dame d'Angerville, fille de Jean Perrault, président en la chambre des comptes de Paris. De ce mariage vinrent :

1.º Marc-Antoine-Front, dont l'article suit;
2.º Henri-François, dont l'article viendra;
3.º François, mort jeune;
4.º Hélène, co-adjutrice de Ligueux en 1718;
5.º Julie, mariée à N..... de Cugnac, comte de Giversac;

6.º Elisabeth, religieuse à Ligueux ;

7.º Sabine, mariée à Armand du Laux, seigneur d'Allemans, morte en 1718; par ce mariage tous les biens de la branche des marquis de Lanmary, entrèrent dans la maison d'Allemans à la mort d'Antoine-Front de Saint-Aulaire, mentionné plus bas, au degré XV.

XIV. Marc-Antoine-Front DE BEAUPOIL DE SAINT-AULAIRE, chevalier, marquis de Lanmary, baron de Milly, *grand et premier échanson de France*, prêta serment pour cette charge, le 17 janvier 1703 , et s'en démit au mois de mai 1731. Il était mestre de camp de cavalerie, il fut nommé chevalier des ordres du roi, le premier janvier 1749, puis ambassadeur en Suède ; il mourut à Stockolm, le 20 avril 1750, et avait épousé, le 12 mars 1711, Elisabeth Neyret, fille de Jean Neyret de la Ravoye, seigneur de Lys et de Beaurepaire, grand-audiencier de France, et d'Anne Varice de Valières. De ce mariage il ne vint qu'une fille qui suit:

Anne-Elisabeth de Beaupoil de Saint-Aulaire, marquise de Lanmary, qui épousa Henri-François de Beaupoil de Saint-Aulaire, son oncle, dont l'article suit :

XIV. Henri-François DE BEAUPOIL DE SAINT-AULAIRE, chevalier, marquis de Lanmary, frère du précédent, fut reçu page de la grande écurie du roi en 1711, devint capitaine dans le régiment du Roi, et épousa en 1739, Anne-Elisabeth de Beaupoil de Saint-Aulaire, dame de Lanmary, sa nièce, de laquelle il eut :

XV. Antoine-Front DE BEAUPOIL DE SAINT-AULAIRE, chevalier, marquis de Lanmary, guidon de gendarmerie, lequel épousa, en 1760, Charlotte-Benigne de Bretonvilliers; il mourut à Ruremonde, en 1761, sans laisser d'enfants.

Cette branche s'est éteinte dans la maison d'Allemans.

SIXIÈME BRANCHE.

Seigneurs de Fontenilles.

X. Annet DE BEAUPOIL DE SAINT-AULAIRE, chevalier, seigneur de Fontenilles, second fils de Pierre de Beaupoil de Saint-Aulaire, et de Catherine de Laurière, mentionnés, page 281, degré IX, fit son testament le dernier novembre 1624. Il avait épousé, le 29 août 1788, Debora de Belcier, fille d'Annet de Belcier, seigneur de Fontenilles, et de Saint-Méry, et de Françoise du Bault. De ce mariage vint :

XI. David DE BEAUPOIL DE SAINT-AULAIRE, chevalier, seigneur de Fontenilles, de Douchamp et de la Rigale, capitaine au régiment de Riberac, qui testa le premier décembre 1664. Il avait épousé, le 21 mai 1624, Isabeau de Raymond, fille de Jean de Raymond, comte de Bourzac, et d'Anne de Guibourg. De ce mariage vinrent :

1.º Paul, mort à la guerre après le combat de Montaceis, en Périgord ;
2.º Gabriel, dont l'article suit ;
3.º Bernard, seigneur de Pontville et de Saint-Chaumont, marié, le 16 novembre 1664, à Anne de Raymond.

XII. Gabriel DE BEAUPOIL DE SAINT-AULAIRE, chevalier, seigneur de Fontenilles, de Saint-Méry et de la Rigale. épousa, en 1657, Jeanne-Marie de Talleyrand, fille d'André de Talleyrand, baron de Beauville, comte de Grignols, et de Marie de Corbon-Romagère. De ce mariage vint :

XIII. André-David DE BEAUPOIL DE SAINT-AULAIRE, chevalier, seigneur de Fontenilles, enseigne des vaisseaux du roi en 1678. Il épousa, en 1688, Catherine d'Alesmes, de laquelle il eut :

XIV. Joseph-Benoît DE BEAUPOIL DE SAINT-AULAIRE, chevalier, seigneur de Fontenilles, marié, en 1714, a Anne d'Aix de la Feuillade, qui le fit père de :

XV. Adrien-Blaise-François DE BEAUPOIL DE SAINT-AULAIRE, seigneur de Fontenilles et de la Feuillade, lequel épousa en 1756, Claire de Jehan de Preissac. De ce mariage vint :

XVI. Joseph DE BEAUPOIL DE SAINT-AULAIRE, chevalier, seigneur de Fontenilles, page du roi en 1771. Il épousa, en 1777, N..... de Noyant. De ce mariage est issu :

XVII. Louis DE BEAUPOIL, comte de SAINT-AULAIRE, chevalier, aujourd'hui préfet du département de la Haute-Garonne. Il a épousé, 1.º mademoiselle de Soyecourt, fille du marquis de Soyecourt et de la princesse Wilhelmine de Nassau Saarbruck, nièce de la duchesse de Brunswich ; 2.º mademoiselle du Roure.

Armes : « De gueules, à trois couples de chien d'ar-
» gent, posés en pals ; les liens d'azur, tournés en fasces. »

CHASTEAUFUR (DE) ; maison ancienne, originaire de Bretagne, province où elle réside encore de nos jours.

Personnages dont la filiation n'est point suivie.

Yvon de CHASTEAUFUR est témoin dans deux actes des mois d'octobre et de novembre 1337, entre Jehanne de Montmonrency et Hervé de Léon, son fils.

Guillaume de CHASTEAUFUR fit une reconnaissance de la somme de douze livres, à Catherine de Coetangars, femme de Bernard de Guernizac, avec le consentement de Jehan de Chasteaufur, son fils, par acte du 2 février 1379, dans lequel Anor, femme dudit Guillaume, renonce à prendre son droit de douaire sur la terre située en la ville et terroir de Quostiquonan, en la paroisse de Ploenevez.

Hervé, fils de Derien DE CHASTEAUFUR, rendit aveu, le 15 janvier 1402, de son hôtel de Creiskaer et dépendances, situés au village de Chasteaufur, en la paroisse de Ploenevez, tenu du fief et ramage d'Alain de Chasteaufur. Il avait épousé Marguerite de Coetangars de Lestremeur, qui, de son autorité, fit une vente, le 10 août 1383, de cent treize sillons de terre, en la paroisse de Sibitil.

Alain, fils de Jean, frère d'Hervé, et fils de Derien de CHASTEAUFUR, rendit trois aveux, les 5 juin 1432, 21 février 1437 et 5 juin 1443, de divers héritages sis au terroir de Bredeguerien tenus de ramage de *nobles homs Alain, seignour de Chasteaufur, écuyer.*

I. Alain DE CHASTEAUFUR ou CASTELFUR, seigneur dudit lieu, vivait en 1393. Un extrait de la chambre des comptes, du 6 mai 1444, prouve qu'il était compris au rang des nobles dans la réformation de la paroisse de Ploenevez, évêché de Léon, et que son métayer de Chastelfur était exempt de fouages. Ce fut lui qui reçut les aveux des 5 juin 1432, 21 février 1437, et 15 juin 1445. Il eut de damoiselle Mahaulte Marheuc, sa femme:

1.º Alain, ecclésiastique ;

2.º Hervé, dont l'article suit ;

3.º Meance de Chasteaufur, mariée à N.... Kernec-querault.

II. Hervé de CHASTEAUFUR, écuyer, seigneur dudit lieu, rendit aveu au duc de Bretagne, le 13 janvier 1441 ; reçut deux quittances, les 27 octobre 1462 et 29 septembre 1464, du seigneur de Kergournadec, auquel il rendit aveu, le 19 mars 1483, du manoir de Castelfur, d'un hôtel au village de Brendeguerien, et de l'hôtel de Creiskaer. Il est présent dans différents actes de 1479, 1481 et 1482. Il avait épousé Marguerite de la Rive, fille de Guion, et sœur de Riou de la Rive, avec lequel il passa une transaction le 7 mai 1470, et 14 mai 1473. De ce mariage sont issus :

1.º Yvon, dont l'article suit ;

2.º Olivier de Chasteaufur ;

3.º Marguerite, mariée le 28 octobre 1485, à Guillaume Denis.

III. Yvon DE CHASTEAUFUR, écuyer, seigneur dudit lieu, épousa, le 22 juillet 1492, Isabelle de Launay, fille de Guillaume de Launay, et de Marguerite de Lesquelen, dame de Coetmerec. Il est rappelé dans divers actes des années 1494, 1504 et 1507, et dans son testament, du 2 avril 1508, par lequel il élit sa sépulture en l'église de Ploenevez, où il avait fait des fondations , et dans laquelle avaient été inhumés ses prédécesseurs. Il laissa de son mariage :

1.º Tanguy, dont l'article suit ;

2.º Aliette, mariée à Mandat du Bot, et rappelée dans le testament de son père de 1508 ;

3.º Anne de Chasteaufur, qui testa le 17 janvier 1530.

IV. Tanguy DE CHASTEAUFUR , seigneur dudit lieu , est présent dans un acte de foi et hommage rendu à seigneurie de Kergournadec , le 18 avril 1509, par noble homme Yvon de Launay , seigneur de Coetimerec, au nom et comme tuteur de Tanguy, d'Aliette et d'Anne de Chasteaufur, et dans des actes de 1521 , 1536 et 1548. Il épousa demoiselle Françoise de Kerouzeré , sœur de noble homme Jacques, seigneur de Kerasquer , de laquelle il eut :

1.º Roland, dont l'article suit ;

2.º Isabelle de Chasteaufur, rappelée dans lle testament d'Anne de Chasteaufur, sa tante, de 1530.

V. Roland DE CHASTEAUFUR , écuyer , seigneur dudit lieu et de Kerdiffez , passa une transaction, le 28 mars 1548, avec noble homme Prigent Kernechquerault , seigneur dudit lieu. Il est présent dans deux contrats de vente de 1552 et 1554, et dans d'autres actes de 1556 et 1560. Il avait épousé Marie de Morizur, décédée en 1560, fille et principale héritière de noble Jehan de Morizur , seigneur de Kerdivez. De ce mariage vinrent :

1.º Tanguy de Chasteaufur , mort en 1583. Il avait épousé Louise de Kercoent , fille d'Alain et de Jeanne de Kergournadec, dont il eut :

a. Maurice de Chasteaufur , seigneur dudit lieu , de Kerdivez et de Lescoet, marié avec Perrine de Guernisac. Il testa le 19 mai 1608 , et n'eut qu'une fille, Renée de Chasteaufur, alliée, le 13 novembre 1614 , avec noble et puissant Jehan de Quelen, seigneur de Goudelin et du Dresnay , chevalier de l'ordre du Roi ;

b. Marie de Chasteaufur, partagée le 24 août 1549, et mariée à noble et puissant Pringent de Lescoet, seigneur de Kergo ;

2.° Jean, dont l'article suit;

3.° Claude, partagée en 1582, et mariée à Maurice le Bihan, sieur de Kerhellon ;

4.° Françoise de Chasteaufur, qui fut aussi partagée en 1582.

VI. Jean DE CHASTEAUFUR, Ier du nom, écuyer, sieur de Kerdivez ou Kerdiffez, partagea avec ses frère et sœurs les 22 octobre et 2 septembre 1582, passa un contrat de vente, le 19 juin 1586, dans lequel il est acquéreur pour sa demoiselle, Louise de Kercoent, dame douairière de Chasteaufur, curatrice de noble homme Maurice de Chasteaufur, son fils. Il est présent dans d'autres actes de 1591, 1592, 1609, 1610, et ne vivait plus le 5 novembre 1616. Il avait épousé, le 8 juin 1594, demoiselle Françoise de Kerenguen, de la maison de Kerlosquet. De ce mariage :

1.° Jean, dont l'article suit;

2.° Prigent de Chasteaufur, sieur de Keravel, mort en 1628.

VII. Jean DE CHASTEAUFUR, IIe du nom, écuyer, sieur de Kervolant, partagea avec son frère, le 14 avril 1623 et le 17 mai 1625. Il est présent dans divers actes de 1627, 1628 et 1640. Il avait épousé, le 6 juillet 1630, Anne du Chastel, dame de Mesmeurs, dont il eut :

1.° Maurice, dont l'article suit ;

2.° Yves, sieur de Langristin, né en 1645, mort ecclésiastique;

3.° Marie de Chasteaufur.

VIII. Maurice DE CHASTEAUFUR, chevalier, seigneur de Kervolant, de Trezel, etc., né en 1633, épousa, 1.°, le 25 mars 1658, demoiselle Renée Huon, dame de Kervingant, morte en 1669; 2.°, dame Françoise du Londel, dont il n'eut point d'enfants. Il est présent dans différents actes de 1670, 1671 et 1696. Ses enfants furent, de son premier mariage :

1.º Jean, dont l'article suit;

2.º Hervé de Chasteaufur, sieur de Goulannou, prêtre, partagé par son frère aîné, le 15 mai 1715.

IX. Jean DE CHASTEAUFUR, IIIᵉ du nom, écuyer, sieur de Chasteaufur et des Isles, né en 1661, mort au mois de juillet 1726, avait épousé, le 24 novembre 1695, demoiselle Françoise Chauvel, dont sont issus:

1.º Hervé, dont l'article suit ;

2.º Joseph, auteur de la branche rapportée ci-après ;

3.º Marie - Michelle, alliée à Charles Duplessix, sieur du Rest.

X. Hervé DE CHASTEAUFUR, écuyer, sieur dudit lieu, né en 1698, partagea avec ses frère et sœur le 19 janvier 1735, et mourut au mois de mai 1745. Il avait épousé, par contrat du 11 novembre 1727, demoiselle Anne-Marie Dineuf. Il eut de ce mariage:

1.º Charles-Jean, dont l'article suit ;

2.º Marie-Françoise, née le 14 janvier 1731 ;

3.º Claudine, née le 9 mars 1739 ;

4.º Anne-Julienne de Chasteaufur, demoiselle de Kerbignet, née le 27 octobre 1741.

XI. Charles-Jean DE CHASTEAUFUR, chevalier, seigneur des Isles, né le 20 décembre 1735, épousa, 1.º demoiselle Marie-Anne-Joseph de Kersaliou, morte en 1768; 2.º le 22 juillet 1777, Marie-Guillemette de Chasteaufur, sa cousine germaine. Ses enfants furent :

Du premier lit :

1.º Charles-Jean-Marie, né le 31 mars 1764, mort sans postérité ;

2.º Gilette - Marguerite de Chasteaufur, née en 1765;

Du second lit :

3.º Yves-Julien-Marie, dont l'article suit ;

4.º Jean-Marie-Baptiste de Chasteaufur, né le 23 février 1782, mort sans alliance.

XII. Yves-Julien-Marie DE CHASTEAUFUR, chevalier, seigneur des Isles, né le 28 février . 1781, a épousé Anne-Marie-Euphrosine Améline de Cadeville, fille de messire Nicolas-René-Marie Améline de Cadeville, et de dame Madeleine-Renée-Marie de Botmiliau.

SECONDE BRANCHE.

X. Joseph DE CHASTEAUFUR, écuyer, sieur des Isles et du Hellan, second fils de Jean, IIIe du nom, et de Françoise Chauvel, né en 1708, partagea avec Hervé de Chasteaufur, son frère, le 19 janvier 1735, et épousa, le 29 septembre de la même année, demoiselle Marie Anne de Kuerguelen du Mendy, de laquelle il laissa :

1.º Jean-Augustin, dont l'article suit ;
2.º Marie-Guillemette de Chasteaufur, née le 20 février 1747, mariée le 22 juillet 1777, à Charles-Jean de Chasteaufur, son cousin-germain.

XI. Jean-Augustin DE CHASTEAUFUR, chevalier, seigneur du Hellan, né le 2 novembre 1740, épousa, en 1771 demoiselle Christine de Kerguvelen de Gorrequear. Il a eu de ce mariage :

1.º Jérôme-François de Chasteaufur du Hellan, né le 15 juin 1777 ;
2.º Charles-Esprit-Marie de Chasteaufur du Hellan, né le 8 juin 1783 ;
3.º Marie-Augustine de Chasteaufur du Hellan, née le 4 août 1773 ;
4.º Julie-Charlotte-Françoise de Chasteaufur du Hellan, née le 19 février 1776 ;
5.º Marie-Anne-Charlotte de Chasteaufur du Hellan, née le 10 juillet 1785.

Cette famille a été maintenue dans sa noblesse d'ancienne extraction, par arrêt du 20 mars 1671.

Armes : « D'azur, au château d'argent, flanqué de » deux tours plus basses, de même, le tout joint en-» semble, et maçonné de sable. »

ROUVROY (DE) : famille noble de Flandres, établie à Lille depuis l'an 1550. Par ordonnance du roi, du 13 septembre 1697, en faveur de Jacques de, Rouvroy, seigneur de Fournes, elle a été autorisée à continuer de porter en plein les armes de l'illustre maison de Saint-Simon, dont l'origine remonte aux comtes de Vermandois. La famille de Rouvroy-Fournes existe en plusieurs branches ; elles sont représentées aujourd'hui par :

Albert, baron de Rouvroy. de Fournes, chevalier de l'ordre royal et militaire de Saint-Louis et de la Légion d'honneur, chef de la légion de la garde nationale du département du Nord, fils de Jean-Baptiste-Louis de Rouvroy, capitaine au régiment de la Tour-du-Pin, infanterie, en 1757, était , en 1792, aide-de-camp de M. le comte d'Orgères, maréchal-de-camp, son oncle, qui commandait une brigade de mousquetaires, en 1793. Il a épousé Agathe de Rouvroy, sa cousine germaine, dont un fils et deux filles encore jeunes.

Louis-Anaclet de Rouvroy, chevalier de l'ordre royal et militaire de Saint-Louis, capitaine au régiment de la Reine, dragons, en 1770, puis lieutenant-colonel, exempt des Cent-Suisses de monseigneur le comte d'Artois, était en 1790, prévôt royal et héréditaire de la ville de Lille. En 1792, il s'est marié à demoiselle le Comte Dubus, dont le père, chevalier de l'ordre royal et militaire de Saint-Louis, s'est distingué dans la guerre de sept ans. Il a deux fils, dont l'un capitaine, et deux filles.

Hippolyte-Joseph de Rouvroy de Lamairie, chevalier de la Légion d'honneur, a épousé demoiselle de Madre-de-Norque, dont il a deux filles en bas âge.

N.... de Rouvroy de Beaurepaire, âgé de 16 ans.

Ces quatre branches descendent de messire Alexandre de Rouvroy, seigneur de Fournes, mort en 1775.

Armes : « De sable, à la croix d'argent, chargée de cinq » coquilles de gueules. »

AMELINE de CADEVILLE, en Bretagne. Famille ancienne originaire d'Ecosse:

L'histoire de Bretagne, par dom Taillandier, tome V, page CXIX, rapporte une Aanor Ameline, abbesse de St-Sulpice, ordre de Saint-Benoît, diocèse de Rennes, qui vivait en 1201, et mourut en 1210. On trouve, en 1650, une Julienne Ameline, femme de Damien Jourdain, écuyer, seigneur de Richeval.

I. Daniel AMELINE, écuyer, passa d'Ecosse en France, et s'établit en Normandie, où il épousa Anne Thevenin. Il eut de ce mariage :

> 1.° Pierre Ameline, auteur de la branche des seigneurs de Quincy, éteinte à la quatrième génération ;
> 2.° Nicolas, dont l'article suit ;
> 3.° Autre Pierre, marié à Antoinette Gougeon,
> 4.° Antoine, qui épousa Michelle le Houx, } morts sans hoirs.
> 5.° Claude Ameline, chanoine et grand-archidiacre de Paris, qui vivait encore le 7 janvier 1700.

II. Nicolas AMELINE, Ier du nom, écuyer, seigneur du marquisat de Noisemont, dont il était possesseur, obtint dès lettres de maintenue de noblesse sous le nom d'*Ameline de Cadeville*, en 1698. Il avait épousé, par contrat du 6 novembre 1671, Françoise Dondel, de la ville de Vannes. Ses enfants furent :

> 1.° Nicolas, dont l'article suit ;
> 2.° Marc-Thomas Ameline de Noisemont, prêtre.

III. Nicolas AMELINE DE CADEVILLE, IIe du nom, maréchal-de-camp, gouverneur de l'île et du château d'Oleron, chevalier de l'ordre royal et militaire de Saint-Louis, mort en 1756, avait épousé, par acte du 12 septembre 1727, Renée Roger, dont il eut :

IV. Nicolas-Pierre-François AMELINE DE CADEVILLE, écuyer, marié, par contrat reçu par Lanoy, notaire à Morlaix, le 17 janvier 1752, avec Anne-Marie Michelle de Coetlosquet, d'une des plus anciennes maisons de Bretagne. Il mourut en 1751, laissant de son mariage :

1.º Nicolas-René-Marie, dont l'article suit ;

2.º René-Pierre-Anne-Marie Ameline de Cadeville, seigneur de Trédiec, né à Hennebon, le 26 juillet 1755, officier au régiment du Roi, infanterie, marié, par contrat du 18 janvier 1779, avec Jeanne-Marie de Lentivý de Bodory, dont :

    a. Nicolas-François-Silvain Ameline de Cadeville, né à Trédiec, évêché de Quimper, le 23 juillet 1782, mort dans les dernières guerres en Espagne ;

    b. Isidore Ameline de Trédiec, mort sans alliance ;

    c. Anne-Marie-Louise Ameline de Cadeville, née à Morlaix, le 28 mars 1780, mariée à M. Thevin de Guellerand ;

    d. Jennie Ameline de Cadeville de Trédiec, née en 1785, sans alliance ;

    e. Adèle Ameline de Cadeville de Trédiec, née en 1787, sans alliance ;

    f. Amélie Ameline de Cadeville de Trédiec, née à Munich, en Bavière, en 1801.

V. Nicolas-René-Marie AMELINE DE CADEVILLE, né à Hennebon, le 8 octobre 1752, capitaine commandant au régiment du Roi, infanterie, en 1792, nommé major retraité, en 1815, possédait le comté de Maillé, près Saint-Pol. Il a épousé, par contrat du mois de novembre 1781, reçu par Hervé, notaire à Quimperlé, Madeleine-Renée-Marie de Botmiliau. De ce mariage sont issus :

1.º Jacques-Louis-Marie-Prosper Ameline de Cadeville, né à Cologne, en 1792, garde-du-corps du roi, en 1815 ;

2.º Anne-Marie-Euphrosine Ameline de Cadeville, née à Morlaix, le 8 octobre 1782, mariée à Yves-Julien-Marie de Chasteaufur ;

3.º Eléonore Ameline de Cadeville, née en 1790.

Armes : « Bandé d'argent et de gueules de huit pièces ; » au chef d'azur, chargé d'un soleil d'or. »

MAS de la ROQUE (du), famille ancienne, originaire de Guienne.

I. Renault du Mas, seigneur dudit lieu, près Ségur, vivant en 1500, eut pour fils :

II. Jacques du Mas, seigneur dudit lieu, qui épousa Catherine de Salaignac. Renault du Mas, père de Jacques et Alain du Mas, prêtre, curé de Beyserac et de Saint-Eloi, frère dudit Renault, sont mentionnés dans le contrat de mariage de Jacques du Mas, du 13 janvier 1522, par lequel Renault, son père, lui concéda la moitié de ses biens, et Alain, son oncle, lui donne tous les siens et renonce à tous les droits qu'il pourrait avoir sur la maison du Mas. Jacques rendit hommage au vicomte de Limoges de sa terre du Mas, le 17 octobre 1541. Il eut entre autres enfants :

1.º Antoine, dont l'article suit ;
2.º Rigal du Mas, seigneur de Peyzac, qui épousa, le 7 mars 1567, Gabrielle de Bouchiat, héritière de Peyzac, dont il n'eut point d'enfants ;
3º. Antoinette du Mas, qui fut mariée.

III. Antoine du Mas, seigneur dudit lieu, épousa le 11 novembre 1544, Anne du Bois. Par le présent contrat, Jacques du Mas, concède à Antoine, son fils, la moitié de tous ses biens. De ce mariage vint :

IV. Pierre du Mas, seigneur dudit lieu, qui fut marié, le 6 février 1575, avec Léonarde de Beaupoil-Saint-Aulaire. Antoine donne à son fils la moitié de tous ses biens, et Rigal, oncle de Pierre du Mas, renonce en sa faveur à tous les droits qu'il pourrait avoir sur les biens de son frère. De ce mariage sont issus :

1.º Peyrot du Mas, dont l'article suit ;
2.º Trois demoiselles, dont deux furent mariées.

V. Peyrot du Mas, seigneur du Mas et de Peyzac, par le testament de Rigal du Mas, seigneur de Peyzac, son grand oncle, du premier janvier 1611, avait épousé, le 27 février 1609, Gabrielle d'Hauteclaire. Pierre du Mas, son père, lui concéda les trois quarts de tous ses biens, et testa, le 5 décembre 1619 ; instituant ledit Peyrot du

Mas, seigneur de Peyzac, son fils, son héritier universel.
Peyrot, eut pour fils ;

VI. Gabriel du Mas, seigneur dudit lieu et de Peyzac,
qui épousa, le 29 décembre 1643, Jeanne de Meillart.
Il testa, le 3 janvier 1670, et Jeanne de Meillart, le 15
septembre 1673. De ce mariage sont issus ;

    1.º Philippe, dont l'article suit ;
    2.º Henri, auteur de la seconde branche, rapportée
       plus loin.

VII. Philippe du Mas, seigneur de Peyzac, épousa,
le 7 novembre 1683, Susanne de Pommier, de laquelle
il laissa :

VIII. François du Mas, marquis de Peyzac, mestre
de camp d'infanterie, puis brigadier des armées du roi,
qui testa, le 23 mars 1741. Il avait épousé, le 16 juin
1722, Marie-Thérèse Paule de Boisse. Il a laissé de ce
mariage entre autres enfants :

IX. Joseph-François du Mas, marquis de Peyzac, son
héritier universel.

SECONDE BRANCHE.

Seigneurs de la Fougère et de la Roque.

VII. Henri du Mas, second fils de Gabriel, seigneur
de Peyzac, et de Jeanne de Meillart, écuyer, conseiller
au parlement de Guienne, mort le 13 décembre 1690,
eut pour fils :

VIII. Pierre-Louis du Mas, seigneur de la Roque,
lieutenant-colonel au régiment de Guienne, infanterie,
chevalier de l'ordre royal et militaire de Saint-Louis,
en 1734, mort le 3 septembre 1749, laissant de N.....
de Ballodès, son épouse :

    1.º Charles-François, dont l'article suit ;
    2.º Henri du Mas, major commandant à Landrecies,
       mort sans postérité ;
    3.º Henri du Mas, capitaine au régiment de Guienne,
       tué au siége d'Haguenau en 1700, sans enfants.
    4.º Autre Henri, écuyer, qui fut père de Pierre-

Henri du Mas de Meyney, qui a pris le nom de la Roque, et qui fut conseiller au parlement de Bordeaux ; il est père de Patrice-Urbain du Mas de la Roque, émigré, qui de son mariage avec dame de Seguineau, a plusieurs enfants.

IX. Charles-François DU MAS DE LA FOUGÈRE, écuyer, épousa Marie de Brudieu, dont il eut pour fils unique :

X. Louis DU MAS DE LA ROQUE, écuyer, sieur de la Fougère, commissaire des guerres, nommé par le roi, en 1814, puis chevalier de la Légion-d'honneur, le 17 janvier 1815. Il a épousé demoiselle Louise-Nicole du Mas de la Roque, sa cousine, de laquelle il a :

    1.° Pierre du Mas, né le 24 janvier 1799, garde-du-corps de S. A. R. MONSIEUR ;

    2.° François,
    3.° Louis, } nés le 13 février 1803.

Armes : « De gueules, à trois têtes de lion arrachées d'or. »

FIN DU QUATRIÈME VOLUME.

ERRATA.

TOME TROISIÈME.

Page 231, ligne 5, au lieu de Jean-Baptiste de Prugne, *lisez* : de Prugue.

Ibid. ligne 23, au lieu de 11 février 1795, *lisez* : 1796.

Page 379, ligne 39, au lieu de page 3o5, XV, *lisez* : page 3o5, XIII.

Page 38o, ligne 15, au lieu de même page, *lisez* : page 297.

Ibid. ligne 37, au lieu de XV, *lisez*: XIII.

TABLE ALPHABÉTIQUE

DES MATIÈRES

ET DES FAMILLES

CONTENUES DANS CE VOLUME.

C

D

E

F

G

H

J

K

V

W

FIN DE LA TABLE.

CATALOGUE GÉNÉRAL

ET ALPHABÉTIQUE

DES

FAMILLES NOBLES DE FRANCE,

ADMISES

DANS L'ORDRE DE MALTE,

DEPUIS L'INSTITUTION DE CET ORDRE JUSQU'A PRÉSENT,

SUIVI DE LA NOMENCLATURE GÉNÉRALE DES CHEVALIERS DE MALTE,
PUBLIÉE EN 1789.

A PARIS,

CHEZ L'AUTEUR, RUE DE LA VRILLIÈRE, N° 10.

Réimprimé en 1872-1873,

A LA LIBRAIRIE BACHELIN-DEFLORENNE,

3, Quai Malaquais.

DISCOURS PRÉLIMINAIRE.

Pour former le Catalogue général des familles de France, et de leurs diverses branches admises dans l'ordre de Malte, j'ai consulté tous les auteurs qui ont écrit sur cette matière, tels que Vertot, Goussencourt, Naberut, Boissard, Moréri, Waroquier, et autres. J'ai fait en sorte d'éviter les erreurs dans lesquelles ils sont tombés, et, cependant, malgré mes efforts, je ne me dissimule pas qu'il est possible qu'on rencontre encore ici un nombre assez considérable de fautes, causées par la mauvaise orthographe des noms. Ce sera alors aux familles qui les découvriront à me faire parvenir, *franc de port*, leurs rectifications, afin que, dans une nouvelle édition, ces noms se trouvent convenablement rétablis.

Dans un moment où la noblesse française regrette la perte de la plupart de ses actes, chartes et titres originaux, j'ai cru lui rendre un service essentiel que de réunir dans un seul point de vue, et dans l'ordre alphabétique, les familles de France qui ont fourni des chevaliers à l'ordre militaire le plus recommandable de l'Europe, et par ses services signalés et par son dévouement pour la religion catholique.

J'ai, à cet effet, choisi le plus ancien chevalier de chaque famille et de chaque branche, parce qu'il m'a semblé évident que telle famille qui a pu donner un chevalier à l'ordre il y a trois ou quatre siècles, a acquis depuis, par le nombre de degrés qui se sont accrus, un relief de noblesse bien plus considérable, qui la met en état de se présenter aujourd'hui avec infiniment plus d'éclat et d'assurance.

Si je n'ai signalé que le plus ancien chevalier de chaque famille, c'est qu'il m'a paru superflu de former deux volumes in-8° de la nomenclature générale des chevaliers de Malte ; l'impression en eût été très-dispendieuse, sans ajouter rien de plus à l'utilité de ce Catalogue.

Je l'ai augmenté néanmoins des noms des chevaliers portés sur l'état de 1789, publié par le comte de Waroquier, et de ceux dont j'ai pu me procurer l'admission depuis, ce qui sera sans doute agréable aux membres de l'ordre.

Nota bene. Messieurs les chevaliers dont les noms auraient été omis, pourront se présenter à mon bureau , et sur-le-champ on rétablira leur article.

CATALOGUE GÉNÉRAL

DES

FAMILLES NOBLES DE FRANCE

ADMISES

DANS L'ORDRE DE MALTE.

CET ordre est célèbre par les services importants qu'il a rendus à la Chrétienté. Il fut fondé à Jérusalem, vers l'an 1099, par le B. Gérard Tung, natif de Martigues, en Provence.

Le chef-lieu de cet ordre ne fut d'abord qu'un hospice, où les chrétiens et les pélerins venaient prendre asyle lorsqu'ils commerçaient avec le Levant, ou qu'ils visitaient les saints lieux. Mais après que Godefroi de Bouillon se fut emparé de Jérusalem, les frères hospitaliers devinrent des hommes de guerre; ils se chargèrent de défendre les pélerins dans leurs voyages, et de protéger les chemins contre les invasions et les attaques des infidèles. Ce fut alors qu'ils devinrent de véritables *chevaliers*, et que la plus grande partie de la noblesse de l'Europe accourut pour servir sous les bannières de l'ordre.

Après la prise de Jérusalem par les Sarrasins, en 1187, les chevaliers se retirèrent à Margat en Phénicie, puis à Ptolémaïde, ou Saint-Jean-d'Acre, où ils demeurèrent jusqu'en 1291, que cette ville fut reprise par les infidèles. De là ils se réfugièrent dans l'île de Chypre, où ils restèrent dix-huit ans; et l'an 1309, ils conquirent l'île de Rhodes, qui leur donna le nom de *Rhodiens*, ou de *chevaliers de Rhodes*, qu'ils portèrent jusqu'en 1522, que cette île fut prise par les Turcs.

Alors ils se retirèrent à Candie, puis en Sicile, et ensuite à Rome, où le pape leur donna la ville de Viterbe pour retraite; enfin, en 1530, l'empereur Charles-Quint leur céda l'île de Malte.

Cet ordre se compose de trois états: le premier comprend les chevaliers; le second, les chapelains, et le troisième les servants-d'armes. Il y a des prêtres d'obédience, qui desservent dans les églises; des frères servants d'office, ou serviteurs, et des donnats, ou demi-croix; mais ces derniers ne sont pas proprement du corps de l'ordre, qui ne renferme que les trois états, ou rangs que je viens de rapporter. Cette division fut faite, en 1130, par le grand-maître du Puy. Les chevaliers doivent être nobles de quatre races du côté paternel et maternel, et portent les armes. On a vu souvent des fils de roi et des princes honorer cet ordre. Les chapelains, ou prêtres conventuels, sont de familles considérables. Les servants-d'armes sont de même issus de familles au-dessus du commun. Quelquefois, en considération de leurs services, on les fait chevaliers de grâce, comme il arriva au chevalier Paul, vice-amiral de France.

Les chevaliers font vœu d'obéissance, de pauvreté et de chasteté, et de vouloir vivre en guerre contre les infidèles. Ils sont tenus de faire huit caravanes ou campagnes sur mer.

L'âge requis par les statuts est de seize ans accomplis, pour entrer au noviciat à dix-sept, et faire profession à dix-huit. C'est ce qu'on appelle âge de majorité.

Ceux qui se présentent en minorité, c'est-à-dire-au-dessous de seize ans, sont reçus en vertu d'une bulle du grand-maître, que son éminence leur accorde, suivant le pouvoir qui lui est donné par le pape ou par le chapitre général. Ils sont reçus de même du moment de leur naissance jusqu'à 11 ans. Leur ancienneté date du jour porté par leur bulle de minorité, pourvu que le passage soit payé un an après. On obtient d'abord le bref du pape à Rome, puis on poursuit l'expédition de la bulle de Malte. Dès que les preuves sont reçues, le présenté de minorité peut porter la croix.

On appelle *langues* les différentes nations dont l'ordre est composé; elles sont au nombre de huit.

1. *Provence*. Elle est la première, parce que Gérard, fondateur de l'ordre, était provençal. Le chef de cette langue est grand-commandeur de l'ordre.

2. *Auvergne*. Le chef est grand-maréchal de l'ordre.

3. *France*. Le chef est grand-hospitalier de l'ordre.

4. *Italie*. Le chef est grand-amiral de l'ordre.

5. *Aragon*. Le chef est grand-conservateur de l'ordre.

6. *Angleterre*. Le chef est premier commandant de toute la cavalerie de l'ordre. Cette langue ne subsistait plus depuis le schisme de Henri VIII; mais on l'a rétablie depuis sous le nom d'*anglo-bavaroise*, et on y a réuni un grand prince de Russie.

7. *Allemagne*. Le chef est grand-bailli de l'ordre.

8. *Castille, Léon*, et *Portugal*. Le chef est grand-chancelier de l'ordre.

Dans chaque langue il y a plusieurs grands-prieurés, des bailliages-capitulaires, et des commanderies. Les commandeurs doivent avoir fait cinq années de résidence à Malte, et quatre caravanes ou voyages sur mer.

Pour être admis dans l'ordre, chaque chevalier de majorité ou de minorité paye un certain tribut.

Lorsqu'un chevalier se marie, il ne peut plus porter la décoration de l'ordre, à moins qu'il n'obtienne une autorisation spéciale du grand-maître.

Il y avait en France deux couvents de religieuses chevalières de Malte; un à Beaulieu, en Quercy, et l'autre à Toulouse, et l'on comptait en Europe quatre dames qui étaient, en 1740, grands-croix de l'ordre par des priviléges particuliers. C'étaient madame la duchesse de Wurtemberg et madame la princesse de la Tour-et-Taxis en Allemagne; madame la princesse de Rochette en Italie, et madame la comtesse de Noailles en France.

La décoration de l'ordre est une croix émaillée de blanc, à huit pointes, suspendue à un ruban noir moiré.

SUCCESSION CHRONOLOGIQUE

DES

GRANDS-MAITRES DE L'ORDRE.

ÉPOQUES de leur ÉLECTION.		DURÉE de LEUR RÈGNE.
1099.	LE B. GÉRARD TUNG	19 ans.
1118.	RAYMOND DU PUY.	42.
1160.	AUGER DE BALBEN.	3
1163.	ARNAUD DE COMPS.	4
1167.	GILBERT ASSAILLIT.	2
1169.	GASTUS.	2 ou 4 mois.
1169.	JOUBERT.	10 ans.
1179.	ROGER DESMOULINS	8
1187.	GARNIER DE SYRIE.	10 mois
1188.	ERMENGARD D'APT.	4 ans.
1192.	GODEFROY DE DUISSON.	2
1194.	ALPHONSE DE PORTUGAL,	quelques mois
1194.	GEOFFROY LE RAT.	12 ans.
1206.	GUÉRIN DE MONTAIGU.	24
1230.	BERTRAND DE TEXIS.	10
1240.	GUÉRIN ou GUARIN.	4
1244.	BERTRAND DE COMPS.	4
1248.	PIERRE DE VILLEBRIDE.	3
1251.	GUILLAUME DE CHATEAUNEUF.	9
1260.	HUGUES DE REVEL.	18
1278.	NICOLAS LORGUE.	10
1288.	JEAN DE VILLIERS.	6

1294. ODON DE PINS.   2 ans.
1296. GUILLAUME DE VILLARET.
1308. FOULQUES DE VILLARET.   9

Établissement de l'Ordre, à Rhodes, en 1310.

1317. MAURICE DE PAGNAC *intrus*, du vivant de FOULQUES DE VILLARET, qui y rentra.   6
1323. HELION DE VILLENEUVE.   23
1346. DIEUDONNÉ DE GOZON.   7
1353. PIERRE DE CORNILLAN.   2
1355. ROGER DE PINS.   10
1365. RAIMOND BÉRENGER.   8
1373. ROBERT DE JUILLAC.   3
1376. JEAN-FERDINAND D'HÉRÉDIA.   7
1383. PHILIBERT DE NAILLAC.   38
1421. ANTOINE FLUVIAN, OU DE LA RIVIÈRE.   16
1437. JEAN DE LASTIC.   17
1454. JACQUES DE MILLY.   7
1461. PIERRE-RAIMOND ZACOSTA.   6
1467. JEAN-BAPTISTE DES URSINS.   9
1476. PIERRE D'AUBUSSON.   27
1503. EMERI D'AMBOISE.   9
1512. GUI DE BLANCHEFORT.   1
1513. FABRICE CARETTE.   8
1521. PHILIPPE DE VILLIERS DE L'ISLE-ADAM.   13

Les chevaliers perdent l'île de Rhodes, en 1522.

Charles V leur cède l'île de Malte, en 1530.

1568. PIERRE DE MONTÉ.   4
1534. PIERRE DUPONT,   environ   1
1535. DIDIER DE SAINT-JAILLE.   1

1536. JEAN D'OMÈDES.　18

1554. CLAUDE DE LA SANGLE.　3

1557. JEAN DE LA VALLETTE-PARISOT.　11

1572. JEAN L'ESVÈQUE DE LA CASSIÈRE　10 ans.

1582. HUGUES DE LOUBENX, DE VERDALE.　14

1596. MARTIN GARZEZ.　6

1602. ALOP DE VIGNACOURT..　21

1623. LOUIS MENDEZ VASCONCEL-
LOS,　environ six mois.

1623. ANTOINE DE PAULE.　13

1636. PAUL LASCARIS CASTELARD.　21

1657. MARTIN DE REDIN.　3

1660. ANNET DE CLERMONT DE CHAS-
TES-GESSAN,　environ trois mois.

1660. RAPHAEL COTONER.　3

1663. NICOLAS COTONER.　17

1680. GRÉGOIRE CARAFFE.　10

1690. ADRIEN DE VIGNACOURT.　6

1697. RAIMOND DE PERELLOS DE ROCCA-
FOULL.　22

1720. MARC-ANTOINE ZONDODARI.　2

1722. ANTOINE MANOEL DE VILLHENA.　14

1736. RAIMOND DESPUIG.　5

1741. EMMANUEL PINTO DE FONSECA.　32

1773. FRANÇOIS XIMENÈS DE TAXADA.　2

1775. EMMANUEL DE ROHAN DE POLDUC.　23

1797. HOMPESCH, se démet en　1802.

1802. RUSPOLI, désigné par le Pape.　1

1803. JEAN-BAPTISTE TOMMASI, nommé
par le Pape.　2

*Depuis Thommasi, il n'y a eu qu'un
lieutenant du magister.*

CATALOGUE GÉNÉRAL

Des familles nobles de France et de leurs diverses branches, admises dans l'ordre de Malte, depuis son origine jusqu'à présent (1).

A

Abancourt de Courcelles (François d'), en 1662.
Abbadie d'Arbocave (Henri d'), en 1703.
Abon Reynier (Pierre d'), en 1500.
Abos de Binanville) Maximilien d'), en 1631.
Abos de Thimericourt (Gabriel d'), en 1663.
Abzac (François d'), en 1549.
Abzac la Douze (François d'), en 1555.
Achard du Pin (François), en 1647.
Aché (Robert d'), en 1502.
Aché de Serquigny (Charles d'), en 1528.
Achet de Fontenay (Louis d'), en 1647.
Acigné Grand Bois (Claude d'), en 1647.
Acres de l'Aigle (Jean-Baptiste des), en 1683.
Acton d'Availles (Christophe) en 1526.

(1) Je dis des familles de France et de leurs diverses branches, admises dans l'ordre de Malte, parce que chaque famille retrouvera ici le plus ancien chevalier de Malte qu'elle ait fourni à l'ordre, et par la raison que, qui prouve plus prouve moins, il a été inutile de reproduire tous les chevaliers fournis par chaque maison, ce qui aurait occasionné deux gros volumes; il est suffisant que chaque famille puisse rencontrer ici le plus ancien chevalier qu'elle ait donné à l'ordre, pour justifier qu'elle peut y être admise.

Le catalogue de tous les chevaliers de Malte existants en 1790, se trouve entièrement complet, à la suite de ce chapitre.

Acton de Limons (Gaspard), en 1578.

Acton de Marsay (Pierre), en 1627.

Adhémar de Monteil (Charles), en 1654.

Adhémar de Monteil Grignan, (Louis) en 1602.

Adhossillon de Sauveterre (Paul), en 1529.

Agout (Balthazar) en 1571.

Agout d'Angles (Roland d'), en 1597.

Agout la Beaume (Jacques d'), en 1630.

Agout Chanousse (Thomas d'), en 1633.

Agout Olières (Gaspard d'), en 1616.

Agout Roquefeuil (Charles d'), en 1638.

Agout Roquefeuil Seillons (Charles, Honoré et Joseph d'), en 1634.

Agout Seillons (Marc-Antoine d'), en 1611.

Aide ou *Aipe* : trois frères chevaliers de ce nom, seigneurs de Marchois, furent faits esclaves en 1134.

Aigneville Harchelaines, en 1546.

Aigrade, (Jacques d') en 1517.

Aiguenyn le Duc (Nicolas), en 1573.

Aigues (Joseph des), en 1640.

Aiguières (Nicolas et Louis d'), en 1569.

Aiguières Méjanes (Claude d'), en 1582.

Aiguères Trignian (Charles d'), en 1661.

Aimard de la Roche (Jean), en 1556.

Aimé de Saint-Julien (Jean-Pierre), en 1611.

Aimer (Jacques), en 1527.

Aimier d'Arques (Charles d'), en 1551.

Alagonia Mairagues (Jean-Baptiste d'), en 1537.

Albert de Luynes (Charles-Hercule), en 1688.

Albert Sainte-Croix (Michel d'), en 1674.

Albert Saint-Hippolite (Jean-Joseph d'), en 1708.

Albert Saint-Martin (Antoine d'), en 1698.

Albertas Germenos (Surléon d'), en 1617.

Albertas Jouques (Pierre-Ange d'), en 1700.

Albertas Sainte-Maime (Surléon d'), en 1650.

Albertas Mairargues (Jean-Ignace d') en 1658.

Albon (Bertrand d'), en 1595.

Albon Chaseul (Claude d'), en 1610.

Albon Saint-Forgeulx (Bertrand d'), en 1603.

Alboy (Guillaume d'), en 1424.

Alboy Montrozier (Félix d'), en 1660.

Aleaume (Jean), tué dans un combat, en 1561.

Aléman (Charles), commandeur de Jalès, en 1480.

Aleman de Vaux Champiers (François), en 1714.

Alemand de la Roche Chenard (Charles), en 1480.

Aleschamps de Brye (Nicolas d'), en 1543.

Aligre (Etienne d'), en 1731.

Alinge (Louis-Hyacinthe d'), en 1718.

Allamont de la Massiuges (Antoine d'), en 1627.

Allegrain de Dian (François), en 1604.

Allein Hebrail (Gaudens d'), tué au siége de Malte, en 1565.

Allemand (Charles), grand-prieur de Saint-Gilles, en 1499.

Allemand Châteauneuf (Joseph), en 1565.

Allemans de Passy (Tanneguy l'), en 1643.

Allemony (Louis d'), en 1581.

Allogny (Louis d'), en 1683.

Allogny de Boismorand (Guy d'), en 1625.

Allogny de la Groye (Alexis d'), en 1684.

Allonhe des Arotz (Pierre), en 1554.

Allonhe du Breuil (Réné d'), en 1546.

Allonville (Pierre d'), en 1524.

Alou (Jean d'), en 1669.

Alou la Molette (Jacques d') en 1598.

Alrics Cornillane (Joseph-Louis des), en 1661.

Alrics du Rousset (Esprit-Joseph des), en 1677.

Aluies (Boniface d'), en 1522.

Amagnone de Bigny (Arnaud), commandeur de Verrières, en 1480.

Amalric de Lambert (Joseph d'), en 1576.

Amanzé (Jean d'), en 1550.

Amanzé de Chaufoilles (Jean d'), en 1578.

Ambel (N......), en 1517.

Amboise (Eméry d'), grand-maître de Rhodes, en 1503.

Amboise d'Aubijoux (François d'), en 1582.

Amboise de Clermont de Reynel (Clériades d'), en 1645.

Amédor de Mollau (Jacques), en 1713.

Amelot (Jean-Jacques), en 1668,

Amour (Gilbert de Saint-), en 1573.

Amours (Augustin d'), en 1598.

Anale (Jean d'), en 1522.

Ancezune Caderousse (Jacques d'), en 1618.

Ancienville (Claude d'), en 1511.

Andelot (Claude d'), en 1591.

Andigné (Charles), en 1597.

Andigné de Champjust (Jean d'), en 1597.

Andigné de la Chasse (Jean-Réné d'), en 1705.

Andigné de Sainte-Gemme (Jean-Baptiste d'), en 1704.

Andigné de Mayneuf (Joseph-Henri d'), en 1711.

Andigné de Vesins (Louis-Isidore d'), reçu de minorité, en 1671.

Andrault de Langeron (Claude d'), en 1656.

André (Antoine d'), tué dans un combat, en 1619.

Angennes la Loupe (René d'), en 1612.

Angeul (Claude d'), en 1512.

Angeville (Léonard d'), en 1568.

Anglebermer de Lagny (Robert), en 1644.

Anglure (Charles-Saladin d'), en 1410.

Anglure Bourlemont (Jean d'), en 1538.

Anjorant de Claye (Jacques), en 1595.

Annecy (François-Damas d'), en 1586.

Anneville (Guillaume-Eustache d'), en 1680.

Anselon de Clisy (Jean d'), en 1529.

Ansely de Menetou (François d'), en 1609.

Anterroches (François d'), en 1654.

Anthenay (Vernoux d'), en 1512.

Antiquemarette Villeneuve (Jean-François d'), en 1586.

Apchon (Henri d'), en 1607.

Aperoux (Pierre d'), en 1721.

Appelvoisin (Guillaume et Antoine), en 1523.

Appelvoisin de la Bodinatière (Henri d'), en 1560.

Apremont (Baltazard), en 1505.

Apremont Nantheuil (Jacques d'), en 1529.

Aprix de Morienne (François), en 1682.

Arbaleste de Melun (Louis) en 1625.

Arbaud (Honoré d'), en 1618.

Arbaud Bargemond (Honoré d'), en 1607.

Arbaud Brec Châteauvieux (François d'), en 1700.

Arbaud de Bresé (Antoine-François d'), en 1653.

Arces (Philibert d'), en 1567.

Archigeaud (Guillaume d'), en 1480.

Arcussia (Charles d'), en 1604.

Arcussia d'Esparron (Philibert d'), en 1545.

Arcussia Puimisson (Michel d'), en 1597.

Arcussia du Revest (Sextion d'), en 1658.

Arcy d'Ailly (Gabriel d'), en 1658.

Ardenne (Jean-Thomas), en 1673.

Ardillon (N.....), en 1546.

Arennes Septemes (Nicolas d'), en 1635.

Arfeuille (Blaise d'), de la Marche, en 1608.

Arfeuille (Léonard d'), du Bourbonnais, en 1652.

Argences d'Origny (Jacques d'), en 1565.

Argences de Soucy (Pierre d'), en 1543.

Argentine (Jean d'), en 1480.

Argeville (Bernard d'), tué dans un combat naval, en 1570.

Argillemont (Michel d'), commandeur de Saint-Etienne, en 1525.

Argilliers (Bastien d'), en 1535.

Argouges (Guillaume d'), en 1535.

Arlande Mirabel (Jean d'), en 1475.

Arlatan Beaumont (Claude d'), en 1549.

Arlemps Courselles (Jean d'), en 1551.

Armand Mison (Nicolas d'), en 1697.

Armel de Lanion (François), en 1690.

Armoises (Jean des), en 1581.

Arnaut (Charles d'), en 1635.

Arnaut de l'Espinasse (Joseph d'), en....

Arnaut d'Ornoulhac (Pierre d'), en 1620.

Arpajon (Jacques d'), en 1548.

Arpajon Brouquiez (Bertrand d'), en 1621.

Arquinvillier (Jacques d'), en 1541.

Arrerac (Jean d'), en 1608.

Arrot (François d').

Arrot de Lussière (Gabriel d'), en 1653.

Arsac (Etienne d'), en 1546.

Arsac de Ternay (Louis et Guillaume d'), en 1641.

Artaud de Montauban (Alexandre et Chrétien d'), en 1618.

Arud de Montmelard (Benoît d'), en 1715.

Ason (Pierre d'), en 1480, commandeur de Poullach.

Assignies d'Alloyne (Victor-Alexandre d'), en 1679.

Astoaud (Charles d'), en 1539,

Astoaud Bezaure (Louis d'), en 1619.

Astoaud Murs (Charles d'), en 1541.

Astoaud Velleron (Jacques d'), en 1595.

Astorg de Segreville (François d'), en 1572.

Aube Roquemartine (Antoine d'), en 1566.

Aube du Tourret (Claude d'), en 1543.

Aube du Tourret Roquemartine (Claude d'), en 1549.

Aubert de Laubuge (René), en 1549.

Aubery (Pierre d'), en 1620.

Aubery de Cauverville (Pierre d'), en 1680.

Aubery de Vatan (Claude d').

Aubeterre (Louis d'), en 1522.

Aubiere (Claude d'), en 1599.

Aubigné de la Besnardière (Pierre d'), en 1524.

Aubigné de Boismozé (Simon d'), en 1573.

Aubigny (Marc d'), en 1528.

Aubin (Antoine de Saint-), en 1528.

Aubin de Malicorne (Jean), tué au siége de Malte, en 1565.

Aubin de Saragouce (Archambault de Saint-), en 1578.

Aubineau de la Riscatellière (Jacques), en 1545.

Aubusson (Guyot d'), en 1548.

Aubusson la Feuillade (Ardouin d'), commandeur de Sainte-Anne, en la Marche.

Aucher du Puy (Antoine), en 1551.

Audebert (Jourdain), en 1523.

Audebert de l'Aubuge (Jean), en 1523.

Auderic, (Charles) en 1591.

Auderic de Lestans (Sébastien d'), en 1647.

Audibert de Lussan (Jean et Adam d'), en 1582.

Augustin de Courbat (Henri d'), en 1602.

Aulede Lestonnac (Pierre d'), en 1658.

Aulnis de Pondevie (Jean d'), en 1524.

Aultung (Theaude d'), en 1522.

Aulx (Olivier d'.) . . . . .

Aumalle (Antoine d'), en 1543.

Aumont (Pierre d'), en 1522.

Aunet (Jacques d'), en 1632.

Aunoy (Jean d'), en 1484.

Auray de Saint-Pois (Georges d'), en 1680.

Aurel (François-Thomas d'), en 1712.

Auriac (Pons d'), en 1480, commandeur de Golsech.

Aurillac de Barbote de Vialier (Gaspard d'), en 1596.

Ausonville (N..... d'), périt dans une tempête, allant au secours de Rhodes, en 1522.

Aussun (Jacques d'), en 1631.

Autanne Bonneval (Jean d'), en 1549.

Autribeau (Sextius d'), en 1664.

Autric (Jacques-Elzéard d'), en 1658.

Autric Vintimille (Marc-Antoine d'), en 1670.

Auvert des Maretz d'Yvry (Louis d'), en 1631.

Auvert de Rieux (François d'), en 1622.

Aux (N.., d'), tué au siége de Malte, en 1665.

Aux du Bournoys (Claude d'), en 1567.

Auzier, dit d'Ozan (Bertrand d'), tué à l'affaire de Zoara en 1552.

Avallioles de Roncée (François d'), en 1538.

Avanson (Jean), tué dans un combat, l'an 1552.

Averhoult (Antoine), en 1506.

Avesnes (Louis d'), en 1534.

Avet des Maretz (Gabriel d'), en 1619.

Azaville (Claude d'), tué à la prise de la ville d'Affrique, en 1550.

B

Babas (Claude de), en 1534.

Babou (Jean), tué au siége d'Alger, en 1515.

Babute (Jean de), en 1531.

Bagaris (Louis de), en 1599.

Bailleul (Alexandre de), du pays de Caux, en 1631.

Bâilleul (Antoine de), du diocèse de Thérouanne, en 1543.

Bailleul (Georges de), en 1518.

Bailleul (Réné de), en Provence, en 1646.

Bailleul (Réné du), en 1615.

Bailleul de la Pierre (Pierre du), en 1656.

Baillon de Boisdais (Sydrac de), en 1575.

Baillou (Nicolas de), tué dans un combat naval, en 1609.

Balaguier (Poncet de), en 1522.

Balathier de Lantage (Jacques), en 1650.

Balasuc (Charles de), en 1557.

Balbi (Absic), en 1442.

Baliud (Josse de), en 1522.

Ballerin (François de), en 1573.

Ballerin de la Maison Neuve (François de), en 1574.

Ballerin Meslon (Jean de), en 1571.

Ballore (Charles de), en 1615.

Ballue Villepreux (Jean de la), en 1533.

Balme (Sébastien de la), en 1585.

Balzac (Jean de), en 1639.

Balzac d'Antragues (Louis de), en 1584.

Ban de la Feuillée (Edme du), en 1689.

Bancs de Mareuil (François -Marie des), en 1659.

Bar (Guy de), en 1605.

Bar (Claude du), en 1677.

Bar Buranlure (Pierre de), en 1586.

Baradat (Bernard de), en 1671.

Barantin (Charles-Jean-Pierre de), en 1705.

Barbançois Sarsey (François de) , en 1680.

Barbesiers (Jean) , en 1566.

Barbesiers de Boisberthon , en 1550.

Barbezières Chemerault (Achille de) , en 1626.

Barcillon Mouvans (Jean-Baptiste de), en 1543.

Bardenenche (Michel de) , en 1527.

Bardenenche de Soussault (Louis de) , en 1532.

Bardouil de la Bardouillière (Antoine) , en 1638.

Bardoul (Jacques) , en 1480.

Barel (Louis) , en 1522.

Barge (Antoine de la), en 1582.

Barge (François de la) , en 1652.

Barge (Jacques) , en 1522.

Barjot (Charles) , en 1684.

Barjot de Moussy (Claude) , en 1590.

Barlot du Chastellier (Armand) , en 1678.

Baronat (Geoffroi) , en 1541.

Baroncelli Javon (Jacques de) , en 1594.

Baronnat (Guy) , en 1606.

Barques (François) , mort à la suite d'un combat naval , en 1626.

Barras (Louis de) , en 1522.

Barras Cluman (Charles de) , en 1583.

Barras Laure (Pierre de) , en 1520.

Barras Mirabeau (Jean de) , en 1536.

Barras Mélan (Jean de) , en 1545.

Barras la Pene (Gaspard) , en 1559.

Barras la Robine (François de) , en 1547.

Barre (Calais de la) , en 1530.

Barre (Calixte de la) , en Champagne , en 1530.

Barre (Charles de la) , en 1522.

Barre Gérigny (Jean de la) , en 1609.

Barre Hautepierre (Jacques de la) , en 1653.

Barre Saulnay (Léonor de la) , en 1654.

Barreau (Jean de) , en 1531.

Barrin de la Galissonnière (Achille) , en 1668.

Barry de Pontau (Jean de) , tué à la prise de la ville de Gerbes , en 1560.

Barthe Giscaro (Philippe-François de la) , en 1619.

Barthe de la Hache (Jean-Henri de la) , en 1723.

Barthélemy Sainte-Croix (Michel de) , en 1568.

Barton de Montbas (Sébastien) , en 1632.

Barvalis (Pierre) , en 1480 chapelain de l'ordre.

Barville du Couldray (Philippe de) , en 1539.

Basan de Flamanville (Jean), en 1619.

Baschi (Bernardin de), en 1480.

Baschi Sainte-Esteve (Honorat de), en 1474.

Baschi Saint-Pierre (Charles de), en 1610.

Bascle (Nicolas de), en 1683.

Bascle d'Argenteuil (Claude-Jean-Baptiste le), en 1676.

Bascle d'Argenteuil de Mailly (Jean-Pierre la), en 1679.

Bascle des Moulins (Claude-François le), en 1677.

Bascle du Pin (François le), en 1603.

Basincourt (Christophe du Plessier de), en 1664.

Bassompierre (Africain de), en 1608.

Bastide Château Morand (Joseph-Charles de la), en 1681.

Bastie (Léonard du), en 1571.

Bataille (Guillaume), en 1522.

Bataille de Cussy (Louis), en 1644.

Battevent (Claude de), en 1572.

Baude Duyx Vaulx (Gabriel de).

Baudean de Parabère (Philippe de), en 1637.

Baudemont (Ange), en 1522.

Baudet (Jacob), en 1535.

Baudet (Jacques), en 1522.

Baudet de la Fenestre (Jean), en 1656.

Baudet de la Marche, en 1566.

Baudet de Martrye (Jacques).

Baudier de Virginy (Louis-Just de), en 1681.

Baudouin (Guy), en 1552.

Baudry d'Asson (Réné), en 1617.

Baudry Piencourt (Louis de), en 1644.

Bauïn (Jean), en 1675.

Baulac de Trébon. (Pierre de), en 1522.

Baulme (Antoine de la), en 1582.

Baulme Montchalin (Baptiste de la), en 1673.

Baume d'Estays (Christophe-Louis de la), en 1677.

Bauquemare (Albert de), en 1665.

Baville (Jean), en 1480, servant d'armes et secrétaire du grand-maître.

Bazin de Bezon (Omer), en 1661.

Bazincourt (Gilles), en 1325.

Béat de Vignancourt (François), en 1693.

Beauclerc d'Achères (Claude de), en 1645.

Beauclerc de Frémigny (Antoine de), en 1608.

Beausset (François de), commandeur de Condat, en 1644.

Beaufort (Louis de), du Bugey, en 1577.

Beaufort Canillac (Philippe de), en 1595.

Beaufremont (Pierre de), en 1470.

Beaujeu (François de), de Champagne, en 1566.

Beaujeu (Philippe de), en 1699.

Beaujeu de Montot (Pierre de), en 1576.

Beaulieu Besthomas (Léonard de), en 1645.

Beaumanoir du Besso (Jean de), tué au siége de Malte, en 1365.

Beaumanoir de Lavardin (Charles de), en 1656.

Beaume (Théodore de la), en 1521.

Beaume Forsat (Jean de la), en 1650.

Beaume Montrevel (Nicolas de la), en 1663.

Beaume de Suze (François de la), en 1623.

Beaumont du Boulay (Aimond de), en 1545.

Beaumont Brison (Joseph-Laurent de), en 1701.

Beaumont Caira (Jean-Philibert de), en 1585.

Beaumont des Dorides (Pierre de), en 1526.

Beaunay du Tot (Charles-François de), en 1693.

Beaupoil Saint-Aulaire (Foucault de), en 1612.

Beaupoil de Saint-Aulaire | de Laumary (Henri-Louis de), en 1694.

Beaupry Piencourt (Louis de), en 1612.

Beauredon du Puy (Jean de), en 1630.

Beaurepaire Cauvigny (François de), en 1645.

Beauvau (Charles de), en 1661.

Beauveau (Claude-Eugène de), en 1716.

Beauveau Craon (Clément-Léopold de), en 1715.

Beauveau du Rivau (François-Joseph de), en 1650.

Beauverger Montgon (Pierre de), en 1630.

Beauvillier (Guyon de), en 1408.

Beauvoir Grimoard du Roure (Pierre de), en 1646.

Bec la Bussière (Claude de), en 1610.

Bec de Lièvre (Guy-Hilarion de), en 1715.

Bechillon (Jean de).

Bechillon d'Irlaud (Henri de), en 1672, commandeur de Bourneuf.

Bedons (Bernard de), en 1522.

Bedos Ferrieres (Michel de), en 1633.

Bègue Charles-Ernest (le), en 1703.

Beissière (François), tué au siége de Malte, en 1565.

Bel de la Jallière (Pierre-Guy le), en 1717.

Bel de la Tour (Michel le), en 1545.

Belhade (Jean de), en 1633.

Beligier Taulignan (Paul-Esprit de), en 1715.

Belin (Charles de Saint-), en 1512.

Belin de Rielles (François de Saint-), en 1593.

Belin de Vaudremont (David de Saint-), en 1631.

Belinaye (Jacques de la), en 1626.

Bellanger de Thorigny (Adam de), en 1575.

Bellanger Vauterneult (François de), en 1642.

Bellay (Nicolas du), en 1510.

Bellay des Buars (Charles du), en 1661.

Bellegarde d'Autremont (Jean de), en 1720.

Bellemare Duranville (André de), en 1627.

Bellièvre (Gaspard de), en 1632.

Bellot de Villette (Jacques-Bernard de), en 1718.

Belloy (Jacques de), en 1549.

Belloy (Louis de), de Picardie, en 1542.

Belloy de Castillon (Hierôme de), en 1657.

Belloy de Francières (Jacques de), en 1630.

Belloy Saint-Martin (Antoine du), en 1581.

Belum (Jean), en 1522.

Benoise (Philippe de), en 1677.

Benoît de la Charme (Joachim de Saint-), en 1667.

Benque (Alexandre de), en 1597.

Beon Casaux (Léon-Paul de), en 1612, et depuis grand-prieur de Toulouse.

Beon du Massez (Charles de), en 1622.

Beon du Massez Casaux (François-Paul de), en 1677.

Beon du Massés de Luxembourg (Henri de), en 1639.

Beraille Merville (Pierre de), en 1630.

Berangeville (Robert-Eude de), en 1564.

Berar Montalet (Gaspard et François de), en 1608.

Beraudière de l'Isle Jourdan (Gaspard de la), en 1611.

Berault de Beauvais Riou (Jean), en 1617.

Berbisey (Mathieu de), en 1682, commandeur de Beaune, et ensuite de Châlons sur-Marne.

Berceur de Fontenay (Réné-Bernard le), en 1702.

Berenger Bossac (Bernard), en 1480.

Berenguier Bertholene (Guyon de), en 1533.

Bererd (Robert), tué dans un combat, en 1411.

Berger (Etienne de), en 1573.

Beringhen (Jacques de), en 1658.

Berlaymont (Charles de), en 1554.

Bermont (Nicolas de), en 1550.

Bermond du Caylar Despondaillan Puisseguier (Hugues de).....

Bermonde Egriennes (Claude-Edmond de), en 1698.

Bermondes Goncourt (Louis-Robert de), en 1716.

Bermont de Rousset (Barthélemi de), en 1534.

Bernard Champigny (Louis de), en 1612.

Bernard de Montebise (Louis de), en 1523.

Bernard Montessus de Rully (Jean-Alexandre de), en 1665.

Bernart d'Avirnes (Guillaume de), en 1640.

Bernart de Courtemenil (Gilles de), en 1607.

Bernets (Filicien des), en 1725.

Bernon (André-Thomas de), en 1606.

Bernon de Ceire (François de), en 1660.

Berre (André de), en 1588.

Berre Colongue (Honoré de), en 1554.

Berre de Saint-Julien (Gaspard de), en 1634.

Bersé (Jean), tué à la prise d'un vaisseau du grand Turc, en 1564.

Bertaucourt (Pierre de), en 1566,

Bertheley Querquestin (Rolland), tué dans un combat. en 1570.

Berthoulat Ranchon (Sébastien de), en 1586.

Bertier de Puisaguel (Jean de), en 1627.

Bertoline (N.....), blessé à la prise de Zoara, dont il mourut à Malte, en 1552.

Berton (Jean de), en 1522.

Berton (Jacques de), en 1630.

Berton (Salomon le), cn 1678.

Berton d'Aiguille (Antoine le), en 1638.

Berton Crillon (Gérard et Georges de), en 1566.

Bertonnière de la Cour (Jacques), tué à la prise de Zoara, en 1552.

Bertrand de Beaulieu (Gabriel de), en 1634.

Bertrand de Beaumont (François de), en 1687.

Bertrand de Beuvron (François de), en 1610.

Bertrand Carmin, (François de) en 1620.

Bertrand de la Coste (Georges de), en 1556.

Bertrand du Lys Saint-Georges, (Charles de) en 1660.

Bertrand Madon, (Henri de) en 1703.

Bertrand de Villebussière (Claude de), en 1682.

Berulle (Robert de) en 1631.

Besançon (Martin de), en 1518.

Beslé (Pierre-Gabriel du), en 1677.

Bessay (Jacques du), en 1687, commandeur d'Amboise.

Besse de la Richardie (Pierre de), en 1685.

Betheville (François de), en 1517.

Bethisy (Jean de),.....

Bethisy de Mezières (Charles-Théophile de), en 1715.

Berthoulat de la Grange Fromenteau (Anne de), en 1603..

Bethune (Jean de), en 1541.

Bethune d'Orval (Armand de), en 1662.

Beuf de Guyonvelle (Guy le), en 1528.

Beusvier d'Espaligny (Séraphin de), en 1700..

Beusvier de Palliniers (Philippe), en 1627.

Beuvant la Bessière (Joachim de), en 1522.

Beynes (Nicolas de), tué dans un combat naval, en 1560.

Bezanne (Valentin de), en 1541,

Bezet (Pierre-Nicolas de), en 1701.

Bidoux |(Préjan de), grand-prieur de Provence , tué dans un combat , en 1528.

Biencourt Potricourt (Michel de), en 1611.

Bierne (Jacques de la), en 1522.

Bigars de la Londe (François de), en 1640.

Bigars Saint-Aubin (André de), en 1644.

Bigny (Charles de), en 1716.

Bigny d'Aisnay |(Alexandre de), en 1629.

Bigot de Gastines (Nicolas le), en 1637.

Bigot d'Islay (Philippe), en 1548.

Bildstein (Nicolas de), en 1596.

Billy (Pierre-Philippe de), en 1531.

Billy Montguinard (Philippe de), en 1615.

Binans (Jean de), en 1582.

Binet de Montifroy (François), en 1624.

Binos Gordan d'Arros (Louis de), en 1627.

Bionay (Claude de), en 1682.

Biord (François de), en 1604.

Biquebourge (Raimond de), en 1457.

Bitaut (François), en 1709.

Blacas (Antoine, Gaspard et Horace de), en 1604.

Blacas d'Aups (Honoré de), en 1547.

Blacas Carros (Pierre de), en 1631.

Blacas la Nouguière (Jean de), en 1632.

Blacas Redortier (Annibal de), en 1607.

Blacas Taurenes (Louis de), en 1533.

Blacas Varignon (Gaspard de), en 1646.

Blaise de Brugny (Claude de Saint-), en 1536.

Blaise de Changy (Jean-Philippe de Saint-), en 1571.

Blanc (Pierre le), tué au siége de Malte, en 1565.

Blanc Matagut (Bernard), en 1346.

Blanc du Roullet de la Croisette (Jacques le), en 1680.

Blanc de la Rouvière (Jean le), en 1608.

Blanc de la Rouvière la Roquette (Jean le), en 1610.

Blanc de la Vallière (François le), en 1628.

Blanchard Néaules (Jean et Pierre de), en 1576.

Blanchelaine (Nicolas), en 1550.

Blandin (Jean), tué à Zoara, en 1552.

Blé (Jean du), en 1543.

Blé d'Uxelles (Jean du), en 1572.

Blecourt Bethancourt (François de), en 1608.

Blecourt Trincourt (Louis-Roger de), en 1661.

Blein de Pouet Barry (François de), en 1700.

Blicsterwich (François-Bonaventure de), en 1680.

Bligny Cressy (Antoine de), en 1518.

Blimont Supplicourt (Jacques de Saint-), en 1589.

Bloqueaux de l'Estre Charles de), en 1539.

Blot (Gabriel de), en 1578.

Blot le Vivier (Claude de), en 1619.

Blottefière (Nicolas de), en 1697.

Blottefière de Vauchelle (Alexandre de), en 1711.

Blou Laval (Louis de), en 1574.

Blouet de Camilli (Pierre), en 1684.

Blymont (Oudart de Saint-), en 1545.

Bochard de Champigny (Honoré), en 1639.

Bocszosel (François de), en 1631.

Bocszosel Mongontier (Jean-Baptiste-Louis de), en 1684.

Boffiers (Renaud de), en 1480, commandeur de Fieffes.

Boffim d'Argenson (Jean-Baptiste de), en 1668.

Boffim la Saune (François de), en 1677.

Bohier (François), tué au fort Saint-Elme, en 1565.

Boinade la Faurie (Jean de), en 1389.

Bois (Antoine du), en 1522.

Bois Baudry de Trans (François de), en 1611,

Bois Bertrand (Bertrand de), en 1545.

Bois de Bussière (Jean du), en 1602.

Bois de Favières (Antoine du), en 1512.

Bois de la Ferté (Philippe-Augustin du), en 1657.

Bois de Givry (Alexandre-Thomas du), en 1689.

Bois Jourdan (Louis du), en 1664.

Bois de la Rochette (Antoine du), en 1696.

Boisay (Claude de), en 1720.

Boisern (Alain de), ...

Boisrond (Pierre de), en 1480.

Boissa (Claude de), en 1628.

Boisse (Michel de), en 1666.

Bossière (Thierri de la), en 1567.

Boissinard Margon (Honorat de), en 1667.

Boju de la Mesnolière (André de), en 1566.

Bollogne (Louis de), en 1666.

Bologne d'Alençon (Raimond de), en 1549.

Bonald (François de), en 1706.

Bonardi (Jean de), en 1626.

Bondiflart (Jean de), en 1480.

Ronet Brouillat (Artus), tué au siége de Malte, en 1565.

Boniface la Mole (François de), en 1585.

Bonissant de Roncerolles (Louis de), en 1650.

Bonlieu (Laurent de), tué au siége de Malte, en 1565.

Bonnaire (Emery de), en 1522.

Bonnard du Marais (François), ...

Bonne (Pierre de), en 1549.

Bonneau Verdus (Thomas de), en 1603.

Bonnefont de Presques (Jacques de), en 1574.

Bonnefont Biousat (Charles de en), 1557.

Bonnefoy Villiers (Jean-Blaise de), en 1613.

Bonneval (Antoine de), en 1518.

Bonneval de Jouy (Loth de), en 1548.

Bonneville (Jacques de), en 1644.

Bonnin de Monthomar (Philippe de), ...

Bonnin de la Regeuze (Louis de), en 1597.

Bonrarde (Gabriel de), en 1546.

Bonvoust d'Aulnay (Christophe de), en 1575.

Borde (Jean de la), en 1532.

Bordilles de Mentances (Gotier de), en 1522.

Bosc (Claude-Henri du), en 1700.

Bosc Radepont (Isambert du), en 1535.

Bosch Hermival (Michel du), en 1638.

Bosredon la Breuille (Louis de), en 1694.

Bosredon Vatange (Joseph-Guy de), en 1700.

Bosredon Vielvoisson (Jean-François de), en 1717.

Bosseregle (Jacques de), en 1522.

Bost (Etienne de), du Poitou, en 1538.

Bost (Gilbert du), en 1519.

Bost Codigniac (François du), en 1588.

Bostrech (N.....), tué dans un combat naval, en 1634.

Bot (Michel du), en 1531.

Botloy de Kerquestin (Roland de), en 1568.

Botonneau (Denis), en 1522.

Boubers de Vaugenlieu (Louis de), en 1626.

Boucaud (Henri de), en 1694.

Bouchard d'Aubeterre, en 1587.

Bouchard Delage (Gabriel), tué au siége de Zoara, en 1552.

Boucher d'Orsay (Charles), en 1702.

Boucherie (Mathurin de la), commandeur d'Aretin, en 1524.

Bouchet (Gui), en 1480, commandeur des Expauls.

Bouchet de Sourches (Louis–François et Louis-Vincent du), en 1692.

Boue Silly (Pierre de la) en 1544.

Boulles (Jean de), en 1597.

Bouer Panchian (François), tué au fort Saint-Elme, en 1565.

Boues (Jacques de), en 1531.

Boufflers (Antoine de), en 1529.

Bouhier (Benoit), de Dijon, en 1682, commandeur de Robecourt.

Bouillie-Turquan de Renom (Jean-François de), en 1681.

Bouilloney la Boutonnière (René de), en 1596.

Bouilly (Jean-Alleaume), de en 1535.

Boul de Cintré (Auguste-François de), en 1719.

Boulainvilliers-d'Ampval (Léonard de), en 1611.

Boulainvilliers de Froville (Anne de), en 1536.

Bouleur de Montgaudry (Christophe le), en 1570.

Boulieu du Mazel (Claude du), en 1635.

Boullenc-Bailleul (Antoine-René de), en 1661.

Boulliers de la Tour-d'Aigues (François de), commandeur de Saint-Pierre de Cental, tué au siége de Malte, en 1565.

Bourbon (Jacques de), grand-prieur de France, en 1536.

Bourbon Busset (Hiérôme de), en 1562.

Bourbon Malause (Armand de), en 1699.

Bourcier de Barre (Amic de), en 1600.

Bourdeilles (N... de), ...

Bourdonnay (François de la), en 1666.

Bourdonnay de Coëtoyon (Jean-Louis de la), en 1686.

Bourdonnière (Jean de la), en 1662.

Bourgade (Noël de), tué à la prise de Zoara, en 1552.

Bourgeois de Heauville (Joachim le), en 1637.

Bourgoin de Folin (Pierre de), en 1663.

Bournonville (Godeon de), en 1582.

Bourrelier Malpas Mantry (Denis-François de), en 1668.

Bouset (Jean de), en 1517.

Bouset-Bives (Octavien du), en 1657.

Bouset Poudenas (Pierre-Pons du), en 1655.

Bouset Roquepine (Pons-Brandelis de), en 1609.

Bousquet (Pierre), en 1680.

Boussay de la Tour (Pierre de), en 1607.

Bouteiller (Louis le), en 1518.

Bouteiller de Sainte Geneviève (Louis le), en 1557.

Bouthillier (Louis-Léon le), en 1723.

Bouthillier de Chavigny (Gilbert-Antoine), en 1657.

Bouthillier de Rancé (Henri), en 1681.

Boutiller de Moussy (Jean le), en 1544.

Bouton de Chamilly (Louis), en 1659.

Bouvard Roussieu (Sébastien de), en 1633.

Bouvens (Charles-Hyacinthe de), en 1709.

Bouvinière (Jacques-Philippe de la), en 1696.

Bouyssière (François de la), en 1529.

Boyer Brandols (Pierre-Jules de), en 1702.

Boves Coutenant (Jacques de), en 1630.

Boves de Rancé (Michel des), en 1541.

Boyaux (Jacques de), en 1579.

Boyaux Colombière (Gabriel de), en 1652.

Boye d'Aiguilles (Sextius-Luc de), en 1723.

Boyer de Sorgues (Charles de), en 1704.

Boynet (Claude-Joseph-Marie de), en 1699.

Boynet de la Touche (Jean-Etienne), en 1679.

Boys Richemont (Martial du), 1571.

Bozenne d'Aubais (Tristan de), en 1547.

Brachet de Mas Laurent (François de), en 1660.

Brachet Palnau (Jacques), en 1570.

Bragelongne (Charles de), en 1677.

Brail d'Alou (Alexandre de), en 1612.

Brail Merville (Pierre-Réné de), en 1659.

Brancas (Georges de), en 1584.

Brancas de Cereste (Louis-Paul de), ...

Brancion (Louis de), en 1714.

Brandon Sauset (Louis de), en 1541.

Bravard Desyac (Antoine de), en 1631.

Bréhault de l'Isle (Antoine-Louis de), en 1632.

Brehier d'Arqueville (Charles), en 1604.

Breil Chassenon (Jacques de), en 1446.

Bremont Rosset (Barthélemy), tué à la prise de Gerbes, en 1560.

Brenne de Mongay (François de), en 1698.

Breschard (Gabriel de), en 1541.

Breschard de la Motte (François de), en 1625.

Breschard le Ponsur (François), en 1576.

Bresle (Laurent de), en 1532.

Bresolis Bravins (Antoine), tué au siége de Malte, en 1565.

Bressieu (Laurent de), en 1579.

Bressieu de Beauversant (Laurent de), en 1578.

Bressieux (Charles de), en 1604.

Bressolle de Monterole (Antoine de), en 1528.

Bret de Flacourt (Pierre le), en 1661.

Bretel (Antoine de), en 1464.

Bretel de Gremonville (Nicolas), en 1597.

Bretin (Jean), en 1522.

Brette de Thurin (Pie-Anne de), en 1631.

Breuil Hélion de Combes (Benjamin), en 1657.

Breuil de Rais (François du), en 1612.

Breuillard Couran (François de), en 1615.

Brevedant de Sahurs (Pierre-Louis de), en 1695.

Briail d'Alou (Antoine Scipion de), en 1646.

Brianson Grasse (Jérôme), tué au siége de Zoara, en 1552.

Briantgrive (N.... de), en 1522.

Brias Hernicourt (Angleber de), en 1651.

Brichantean (Geoffroy de), en 1534.

Brichanteau Nangis (Alphonse de), en 1600.

Briçonnet (Guillaume) ; en 1651.

Bricqueville la Luzerne (Gabriel de), en 1704.

Bridiers (Jean de), en 1480, commandeur de la Marche.

Bridiers (Matelain de), en 1480, commandeur d'Orselles.

Bridiers de la Gardampe (Abel de), tué au siége de Malte, en 1565.

Briend de Brez (Pierre), en 1624.

Brilhac (Jean-Baptiste de), en 1702.

Brilhac (Louis de), en Saintonge, en 1674, commandeur de Blalan.

Brilhac de Nouzières (Claude de), en 1650.

Brion (Adrien de), en 1573.

Brion Morfontaine (Jean de), en 1583.

Briord (Edmond de), en 1650.

Brizay de Denouville (Octave de), en 1659.

Broch (Philippe) de , en 1522.
Broch (François du) , en 1550.
Broch Girault (Pascal), en 1522.
Brochard de la Roche (François), en 1571.
Broglio (Victor), en 1693.
Broissars (François de), en 1623.
Bron (François de), en 1704.
Bron la Liesgue (Joseph de), en 1576.
Bronllebaud (Pierre de), en 1480, commandeur de la
    Racherie,
Brosse (Claude de la), en 1521.
Brosse (Jacques de la) , en 1563.
Brosse (Josse de la) , en 1522.
Brossin des Rouzières.
Brotin (Jean), en 1546.
Brouchy (Robinet de), en 1456,
Brouilly Mainville (Magdelon de) , en 1565.
Brouilly Wartegny (Charles de), en 1673.
Bruc (Gabriel de), en 1693.
Bruel (Jean-Claude de) , en 1667.
Brulart (Denis) , en 1641.
Brulart d'Arbos (Jean-Baptiste) , en 1658.
Brulart de Genlis (François de) , en 1619.
· *Brulart Genlis Bethanconrt* (Hardouin) , en 1660.
Brulart de Sillery (Noël) , en 1598.
Brun (Jean le) , en 1388.
Brun Boisguillaume (Jacques le) , en 1631.
Brun de Castelane Royon (Louis de), en 1645.
Brun de Castelane Mujoux (André de) , en 1683.
Brune (Gaspard-Louis-Gilain de) , en 1724.
Brune de Villecomme (Emmanuel-Philippe de), en 1719.
Bruneau de la Rabatelière (Jacques), en 1611 ; tué dans
    un combat en 1525.
Brunefay (Hugues de) , en 1498.
Brunefay de la Carrouge (Christophe de), en 1594.
Brunefay Quincy (Esprit de) , en 1555.
Brunet (Pierre) , en 1616.
Brunetière du Plessis Gesté (Guy de la), en 1648.
Brunières (Charles), en 1480.
Bruniers (Charles de) , en 1470.
Bruslard (Pierre), en 1548.
Brussières de la Tour (Robert de) , en 1548.
Bruy de Parente (Charles), en 1522.
Bruyères Chalabre (Jean de) , en 1585.

Bucheron d'Ambrugeat (Gabriel du), en 1634.

Bude (Louis), en 1518.

Budes (Olivier de), en 1618.

Budes du Terre Jouar (François), en 1608.

Bufferant (Louis de), en 1518.

Buffeteau du Coudray (Yvon), en 1523.

Buffevent de Flagny (Claude de), en 1573.

Buffevent de Percey (Antoine de), en 1688.

Buisson (Jacques du), en 1635.

Buisson d'Aussonne (Mathieu du), en 1615.

Buisson Beauteville (Gaston du), en 1631.

Buisson Bournazel (Henri du), en 1662.

Bulle (Etienne de la), commandeur du prieuré de Toulouse, tué à la défense de Rhodes, en 1480.

Bulleux de Cresmenil (Jacques de), en 1613.

Bullion (Gabriel-Hiérôme de), en 1697.

Bullion Bonnelles (Auguste-Léon de), en 1695.

Bureau de la Motte (Pierre), en 1563.

Burlé d'Arcye (Guillaume de), en 1551.

Buronnière (Réné-Sibille de la), en 1597.

Burton (François de), en 1604.

Burton de Massenon (Pierre de), en 1597.

Busquet Brelac (Georges de), en 1522.

Busserolles du Mesnil (Antoine de), en 1539.

Bussière (Claude de la), en 1535.

Busson Chandivert (Georges-Etienne-Joachim), en 1713.

Buyssières (Lancelot de la), en 1551.

Buzet (Jean de), en 1522.

C

Cabestet (Jacques de), en 1573.

Cabré Roquevaire (Nicolas de), en 1713.

Cadelet Tamerlet (Charles de), en 1629.

Cadot de Sebeville (Jean-François), en 1657.

Cage (Pierre-Renaud de), en 1669.

Cagnol (Joseph de), en 1654.

Caiard (François), tué au siége de la Tour, près Tripoli, en 1557.

Caignou (Balthasard de), en 1581.

Caila de Cassagnes (Joseph de), en 1581.

Cajare Caganet (Antoine et Gilbert de), en 1540.

Caillebot de la Salle (Antoine-Claude de), en 1668.

Caillettes (Eutrope de), en 1525.

Cais (Anselme de), en 1637.

Cais la Fossède (Joseph et Pierre de), en 1664 et 1668.

Caissac (Jean-Joseph de), en 1683.

Caissot (Pierre-Joseph de), en 1725.

Calonne (Jean-François de), en 1700.

Calonne Courtebonne (Jean de), en 1604.

Calmonti (Jean de), en 1600.

Calvi de Reillane (Jacques de), en 1653.

Calvimont de Montague (Louis de), en 1605.

Calvimont de Saint-Martial (Louis de), en 1605.

Cambis Vellèron (Louis-Dominique de), en 1674.

Cambout (Guillaume de), en 1677.

Cambout de Coaslin (Charles-César du), en 1645.

Cambray (Jean de), en 1566.

Cambronne (N.... de), tué dans une sortie de Rhodes, en 1480.

Caminade (Jean-Louis de), en 1632.

Campagnhac (Jean de), ...

Campremy (Colinet de), en 1363.

Campremy du Breuil (Anne de), en 1604.

Camprond de Georges (Jacques-Antoine de), en 1669.

Camus d'Arginy (François de), en 1664.

Camus Pontcarré (Jacques), en 1638.

Can (Louis de), en 1531.

Candière (François de), en 1540.

Candière Granval (Jean de), en 1549.

Canius (N.....), capitaine d'une galiotte de l'ordre, en 1630.

Capel (Jean-André), en 1674.

Capel Peillon (Claude), en 1644.

Capelle (Antoine de la), ...

Capendu de Boursonnes (René de), en 1669.

Caperon (Charles), en 1480.

Capoise (Pierre de), en 1559.

Capon Lamberica (Jean de), en 1609.

Caradas (Jean-François de), en 1683.

Caradas du Héron (Jean-François de), en 1686.

Carbon (François), tué dans un combat en 1625.

Carbonnières (François de), en 1705.

Carbonnières la Barthe (Pierre de), en 1602.

Cardaillac de Laumé (Arnaud de), en 1653, comman

deur de Mauléon, de Soule, de St.-Christol, et de Marseille.

Cardaillac d'Ozon (Jean-Paul), en 1631, commandeur de Riscle.

Cardevrac d'Havrincourt (Charles-Henri de), en 1711.

Carel Mercey (Jacques de), en 1612.

Cariolis (François-Laurent et Louis de), en 1653.

Cariolis, d'Espinouze (Joseph de), en 1723.

Caritat (Louis), tué à Zoara, en 1552.

Carleau (Philippe), en 1522.

Carnin Théodore, (Marie de) en 1701.

Carondelet de Postelles (Antoine, de) en 1567.

Caruel de Merey (Pierre de), en 1603.

Carvoisin d'Achy (Louis de), en 1620.

Carvoisin, de Viefvillier (Honoré de), en 1644.

Caseaux Laran (Joseph de), en 1669.

Cassagnet Firmacon (Aiméric de), en 1708.

Cassagnet Tilladet (Gabriel de), en 1573.

Cassagnet de Tilladet Firmaçon (Henri de), en 1702.

Castagnet (Bernard), en 1522.

Castagnière Châteauneuf (Charles-Joseph de), en 1692.

Castagnerre (Giron de), tué dans un combat, en 1556.

Castelbajac (François-Remi), en 1490.

Castel de Saint-Pierre (Louis-Hiacinthe de), en 1681.

Castellane (Antoine de), en 1522.

Castellane d'Alui (Jean de), en 1553.

Castellane d'Andon (Jean-Baptiste de), en 1619.

Castellane du Biose (Honoré de), en 1604.

Castellane Chaudon (Jean-Gaspard de), en 1623.

Castellane Claret (Melchion de), en 1568.

Castellane Esparron (Scipion et Jean-Baptiste de), en 1640.

Castellane Frailnouze (Bernard de), en 1651.

Castellane Loubère (Jean-François de), en 1622.

Castellane Magnan (Henri de), en 1643.

Castellane Majastres (Claude-Henri de), en 1716.

Castellane Majolz (André de), en 1683.

Castellane Malestres (Jean de), en 1622.

Castellane Mazaugues (François de), en 1583.

Castellane de Mazaugues d'Andon (Joseph de), en 1666.

Castellane de Montméjau (Gaspard de), en 1579.

Castellane Saint-Julien (Gaspard de), en 1553.

Castellane Saint-Yeurs (Charles de), en 1614.

Castellane Salernes (Thomas et Charles de), en 1564.

Castellane Tournon (Annibal et Ascanie de), en 1573.

Castellet (N......), tué dans un combat, en 1625.

Castelnau Bretenoux (Jean de), en 1450.

Castelnau la Loubère (Jean-François de), en 1622.

Castelnau Serviez (Pierre de), en 1623.

Castelpers (Guiot de), en 1471.

Casteras (Esprit de), en 1646.

Casteras Sourgnac (Esprit de), en 1650.

Castille Chenoise (Louis Alphonse de), en 1659.

Castillon (Barthélemi), tué au siége de la Goulette ; en 1570.

Castillon du Castellet (Claude, Honoré et Jean de), en 1582.

Castillon Cucuron (André de), en 1584.

Castillon Saint-Victor (Georges et Louis de), en 1624.

Catalan (Louis-Anne de), en 1712.

Cattiers Vermettes (Pierre), de en 1522.

Caubatens Roquorlan (Gabriel de), en 1619.

Cauchon d'Avise (Charles), en 1619.

Cauchon d'Avise Lhéri (Henri), en 1665.

Cauchon de Neuflize (François de), en 1631.

Cauchon Trelon (Philippe de), en 1608.

Caulet (Jean-Georges de), en 1657.

Caulhys du Caillou (Pierre de), en 1533.

Caumont Berbigniers (Ange de), en 1550,

Caurel Tagny (Jean de), en 1558.

Cauret Dampcourt (Jean de), en 1605.

Caylar de Spondillan (Poncet du), en 1522.

Caylus (Pierre de), en 1537.

Caylus Colombières (Jean-Pierre de), en 1568.

Cazeau de Fontaines (Jean), en 1555.

Cecillon du Cosquet (Pierre), en 1626.

Ceizez Cirac (Jean des), en 1568.

Celle Boiry (Gabriel de la), en 1573.

Celles (Thierry de), en 1645.

Cenami (André), en 1603.

Cenesme (François de), en 1512.

Cenesme Luzarches (Louis de), en 1549.

Centurion (Geoffroi de), en 1543.

Cerezier (N.....), en 1619.

Certaines (Charles de), en 1652, commandeur de Nancy.

Certaines de Villemoulin (Edme des), en 1650, commandeur de la Romagne.

Chabaud (Pierre de), en 1551.

Chabaud Tourettes (Philippe-Emmanuel de), en 1604.

Chaboly (Pierre de), en 1527:

Chabot (Antoine), en 1480.

Chabou Feuillan (François de), en 1556.

Chaffault de la Cenardière (Réné-Antoine du), en 1719.

Chabrillant (François de), pris et fait mourir par les Turcs, en 1552.

Chailan (Jacques), en 1645.

Chailar (Fouquet de), en 1552.

Chailons (François), tué dans un combat, en 1557.

Challemaison (Antoine de), en 1528.

Chaluet (Henri-Louis de), en 1684.

Chalus (Jean de), en 1537.

Chalus Vialevelour (Jean de), en 1572.

Chamant du Peschier (François de Saint-), en 1579.

Chambert Bisanet (Anne de), en 1661.

Chambes Boisboudrant (Gabriel de), en 1597.

Chambes Monsoreau (Charles de), en 1550.

Chamblat (Paul de), en 1579.

Chambly Monhenault.

Chambon (Jean), commandeur de Foules, tué à la défense de Rhodes, en 1480.

Chambon d'Arbouville (Alexandre-Adrien de), en 1667.

Chambon de Desternes (Jean), en 1647.

Chambon Marsillac (Louis de), en 1677.

Chambray (Jacques de), en 1701.

Chambre (Louis de la), en 1545.

Chambre Lescoussois (Jean en), 1530.

Chamissot d'Andevannes (Pierre de), en 1505.

Champagne (Pierre de), en 1480, commandeur de Monsonès.

Champestières (Claude de), en 1613.

Chamblais de la Bourdellière (Gabriel de), en 1581.

Champlastreux (Gui Aurillot de), en 1548.

Champonay Fesins (Joseph de), en 1716.

Champs Marcilly (Antoine des), en 1631.

Chanredon (Charles de), en 1556.

Chanron (Philippe de), en 1604.

Chantelot (Pierre-Louis de), 1581.

Chantemerle (Pierre de), mort dans les guerres de Sicile, contre les Turcs, en 1500.

Chanteret (Charles de), en 1644.

Chaon (Joseph-Robert de), en 1646.

Chapelle Jumihac (Pierre de la), en 1661.

Chapoise (Pierre de), en 1559.

Chaponay (Robert de), en 1560.

Chappellerie de Larceau (Jacques de la), en 1576.

Chappron (Charles).

Chappron de Bourneuf (Gaspard), en 1629.

Chapteul de Maucune (Joachim de), tué au siège de Montauban, en 1622.

Charadas du Héron (Jean-François de), en 1686.

Charbouneau de la Fortescuyère (Charles), en 1654.

Charbonneau Lehasserie (Louis de), en 1627.

Charbonneau de la Moricière (Louis), en 1647.

Chargère (Bernard de), en 1720.

Charioz (Christophe du), en 1636.

Charnacé (Simon de,) en 1523.

Charpentier (Simon), en 1480.

Charpin de Genetines (Louis), en 1558.

Charry (Christophe de).

Charry des Gouttes (Léon de), en 1659.

Chaslain (Claude), en 1578.

Chaslonne (Paul Guyot de), en 1671.

Chastaigner (Giron), en 1523.

Chastaigner de Rouvre (Réné de), en 1617.

Chastaigneraye de Fourny (Louis de là), en 1584.

Chastaignier (Ambroise).

Chastaignier de la Blouère (Charles de), en 1612.

Chaste (Guy de la), tué dans un combat, en 1570.

Chaste Clermont Geslan (Annet de), en 1604.

Chasteau (Jean).

Chasteausac (N... de), tué dans un combat, en 1557.

Chasteignier (Louis), en 1558.

Chasteigniers (Gilles des), en 1533.

Chastelane (Gaspard de), en 1522.

Chastelet (Antoine-Bernardin du), en 1701.

Chastelet (Charles du), en Franche-Comté, en 1612.

Chastelet (Jean du), en 1500, commandeur de Châlons-sur-Saône.

Castelet de Frenières (Gabriel du), en 1641.

Chastelet de Lomont (Florent-François du), en 1704.

Chastelet Moyencourt (Henri du), en 1605.

Chastellux (Alexandre de), en 1610.

Chastellux d'Avallon (César de), en 1600.

Chasteneraye (Bonaventure de la), tué dans un combat, en 1606.

Chastillon (Louis de), en 1529.

Chastre (Pierre de la), en 1533.

Châteaubodeau (Antoine de), en 1572.

Châteauchâlons (Jacques de), en 1258.

Châteaufort (Antoine de), mort en 1560.

Châteauneuf (Jean de), tué au fort Saint-Elme, en 1565.

Châteauneuf d'Entraigues (Antoine de), en 1560.

Châteauneuf Moleges (Scipion de), en 1570.

Chateauneuf Randon (Charles de), en 1625.

Chatellard (Jean-Jacques de), en 1699.

Chatenay (Claude de), en 1556.

Chatenay Lanty (Gabriel de), en 1556.

Chatenay de Saint-Vincent (Antoine), en 1596.

Chatruyau de Montorgueil (Charles), en 1531.

Chauffault de Cenardière (Réné-Antoine du), en 1718.

Chaugy (Gabriel de).

Chaugy de Roussillon (Louis de), en 1633.

Chaulnes (Jean de), en 1636.

Chaumejan (Blaise de), en 1698.

Chaumont (Louis de), en 1644.

Chaumont Boissy (Raoul de), en 1546.

Chaumont de Guitry (Guy de), en 1663.

Chaumont Saint-Cheron (François de), en 1584.

Chaussecourtes (Léonard , Louis et Jacques de), en 1617.

Chaussée (Jean de la), en 1584.

Chaussée d'Arrest (Jérôme-François de la), en 1572.

Chaussin de Beauchemin (Nicolas de), en 1572.

Chauveron de la Mette (Jean).

Chauvigny (Philibert de), en 1541.

Chauvin de la Chutellière (Louis), en 1545.

Chavagnac (François de), en 1569.

Chaza de la Rochehenri (André de), en 1616.

Chazé (Robert de), en 1555.

Cheilus (Claude de), en 1540.

Cheminée de Boisbenest (Simon), en 1570.

Cheminée de la Mesnardière (Paul), en 1612.

Chenel de Meux (Artus), en 1611.

Chenu du Basplessis, (George) en 1597.

Chenu du Belloy, (Jacques du) en 1605.

Cherisey (René de), en 1619, commandeur de Châlons-sur-Saône.

Cherité la Verdrie (Jacques de), en 1651.

Cherité de Viosine (Charles de), en 1605.

Cherlet d'Esbly (Germain), en 1631

Cherue (Jacques de la), en 1512.

Chery (Claude de), en 1553.

Chesme (Aimé de), tué dans un combat, en 1570.

Chesnel de Meux (Jérôme-Philippe), en 1668.

Chesne (David du).

Chesnes (Aimé de), en 1566.

Chevalier de la Coindardière (Jean en), 1612.

Chevalier de Saulx (Louis), en 1665.

Chevalier du Tais (François), en 1648.

Chevestre de Cintray (Nicolas de), en 1630.

Chevreuse (Jean de), en 1480.

Chevrier (Claude de), en 1533.

Chevrier de Pody (Gilbert de en), 1552.

Chevrière de la Saugeraye (François de), en 1630.

Chevriers Saint-Mauris (Léonard de), en 1665.

Chevriers de Taney (Claude de), en 1683.

Chevron de la Villette (Philippe de), en 1603.

Chevry la Réole (Pierre de), en 1607.

Chief (Charles du), en 1522.

Chier (Jean du), en 1522.

Chillau (François du), en 1547.

Chinteret (Pierre-Louis de), en 1578.

Chiret (Guillaume de), en 1599.

Chirou Davi (Réné de), en 1647.

Chissey (Guillaume de), en 1600.

Chivalet Chaumon (André de), 16....

Chivron (Simphorien de), en 1532.

Choiseul (Mathieu de), en 1410, commandeur de Valeur.

Choiseul d'Aigremont (Joachim de), en 1538.

Choiseul Beaupré (Réné de), en 1571.

Choiseul de Chevigny (Hardy de), en 1559.

Choiseul d'Eguilly (Charles de), en 1640, commandeur de Thors.

Choiseul d'Hostei (Denis de), en 1668.

Choiseul d'Iche (Claude de), en 1609.

Choiseul de Langües (Charles de), en 1470, commandeur de Valeur.

Choiseul du Plessis Praslin (Jean de), en 1527.

Choiseul Rimancourt (Antoine de).

Choisy (François de), en 1528.

Chouppes (Lancelot de), en 1632.

Chovigny Blot (Antoine de), en 1560.

Ciabanolles (Guillaume de), en 1622.

Ciand (Philippe de), en 1522.

Ciovens Bloc (François de), en 1522.

Cirgue la Vauve (Jean de Saint-), en 1557..

Cirier de Semeur (René de), en 1548.

Claerhout (Adrien de), en 1531.

Clapiers (Joseph de), en 1658.

Clapiers Colongue (Charles de), en 1640.

Clapiers de Greoux (François de), en 1673.

Clapiers Jouques Gréoux (Alphonse), de en 1683.

Clapiers Puget (Mechion de), en 1616.

Clapiers Seguiran (Gaspard de), en 1633.

Claret Saint-Felix (Nicolas-Edouard de), en 1584..

Claret Trucheu (Robert de), en 1548.

Clausel (Pierre), du en 1657.

Clausse de Marchaulmont (Pierre), en 1595.

Clauzet Moillon (Gabriel), de en 1617.

Claveson (François de), en 1567.

Clavet de Montfort (Barthélemi), tué à la prise d'Alger , en 1541.

Claveusrier de la Rousselière (Jacques), en 1558.

Clavieres (Jean de), en 1554.

Clémens (Jean de), en 1616.

Clémens Vertabren (Louis et André de), en 1656.

Clément de Vuault (Charles du), en 1551.

Clérambault des Briffières (Pierre), en 1570.

Clere (Jean de), en 1584.

Clerel (André), en 1683.

Clergue de Guimare (Louis), en 1546.

Cleriade du Pasquier (Jean de), en 1553.

Cleriade du Pasquier la Villette (Frédéric), en 1702.

Clermont (Alexandre de), en 1668, du Dauphiné.

Clermont d'Annemoine (Antoine de), en 1667.

Clermont de Bosc (Louis de) , en 1669.

Clermont Chaste (Perceval et Antoine de).

Clermont Chaste (François de), en 1633.

Clermont Chaste Tressans (Annet de), en 1660 ; élu grand-maître.

Clermont de Crusy (Louis de), en 1653.

Clermont Montoison (Etienne de), en 1688.

Clermont Rochechouart (Pierre de), en 1712.

Clermont de Thury (Jacques de), en 1604.

Clermont Tonnerre (Henri de), en 1625.

Cleron (Claude de), en 1578.

Clinchamp Bellegarde (Claude de), en 1645.

Clinchamp de la Buysardière (Marin de), en 1581.

Clinchamp Caudécoste (Simon de), en 1560.

Clouet (Pierre), en 1480.

Clugny (Jacques de), en 1610.

Clugny du Colombier (Noël de), en 1678.

Clugny Travoisy (Chars de), en 1610.

Cluis (Joachim de), en 1522.

Cluix (Philippe et Pierre de), en 1480.

Cluys (Pierre de).

Cochefilet (Jean de), en 1531.

Cocq de Corbeville (Jean le), en 1658.

Cocq d'Egrenay (Christophe le), en 1534.

Codigliac Violes (Jacques), tué dans un combat, en 1606.

Coëtlogon (César de), en 1701.

Cogneux (Jean le), en 1664.

Colbert (Louis Henri), en 1688.

Colbert de Maulèvrier (Henri), en 1689.

Colbert de Linières (Louis-Bernard), en 1701.

Colbert de Saint-Pouanges (Gabriel), en 1647.

Colbert de Seignelay (Antoine-Martin), en 1667.

Colbert de Villacerf (Pierre-Gilbert), en 1673.

Coligny (Jean de), tué à la prise de Saint-Anthonin, en 1622.

Collans (Henri et Pierre), de 1560.

Collaus de Beaume (Balthasar), de en 1528.

Collins (Abraham des), en 1605.

Colombe (Claude de Sainte-), en 1682.

Colombe l'Aubepin (Hector-Eléonor de Sainte-), en 1679.

Colombe du Poyet (Jacques de Sainte-), en 1691.

Colombier (André du), en 1559.

Colombière (Antoine-Pascal de), en 1595.

Colonges (Jacques de), en 1539.

Colonges de la Motte (Jacques de), en 1576.

Colongues (Claude de), en 1703.

Combault (Gilbert), en 1522.

Combault de Labour (Merry de), en 1526.

Comberg (Antoine de), en 1351.

Comblanc (Renaud de), en 1480.

Comblar de Vic (François de), en 1609.

Combles (Pierre de), en 1541.

Combre (Pierre de), en 1606.

Comenges (Antoine), en 1480.

Comminges de la Ferrière (Gaspard de), en 1631.

Comte de Nouant. (Jean), le en 1598.

Comtes (Bertrand des), tué en la Terre-Sainte, en 1247.

Conaisque de Marteau (Jacques), en 1608.

Condan (Jean de), en 1549.

Condat (Antoine de), en 1555.

Condé de Vendières (Jean de), en 1529.

Conflans (François de), en 1551.

Conflans Saint-Remi (Antoine de), en 1614.

Conigan de Cangé (Hercule de), en 1615.

Conschesac (Jean de), en 1522.

Consens de Coursy (Charles-Adrien de), en 1707.

Constant Fontpertuis (Claude de), en 1549.

Constantin (Honoré de), en 1652.

Constantin de Tourville (Anne-Hilarion de), en 1647.

Contarmaret de Marsilly (Gilbert de), en 1546.

Conti (Antoine de), en 1516.

Conti Gaucourt (Jean de), en 1577.

Contremorel (François de), en 1582.

Contremoulins (Adrien de), en 1611.

Contremoulins (Adrien de), en 1611.

Copier d'Hiers (Alexandre), tué dans un combat contre les Turcs, en 1525.

Coppeanville (Raoul Duval de), en 1631.

Coq (Claude le), en 1521.

Corbière de Juvigné (François-Marie de la), en 1670.

Corbinaye de Bourbon (François de la), en 1665.

Cordelier Mongazon Chenevrière (Guillaume), en 1549.

Cordes (Cerdan de), tué au combat de Zoara, en 1552.

Cordier du Trocq (Georges le), en 1671.

Cordon (Jacques de), en ......

Cordon (Jacques de), en 1585.

Cordurier (Aimeric de), en 1555.

Corino de Saint-Pale (Henri de), en 1524.

Cormis (Guillaume de), en 1362.

Corn (Aunet de), en 1544.

Corn-de-Caissac (Jean de), en 1682.

Corn d'Ampard (Jean de), en 1549.

Corneillan (Marcel de), en 1521.

Corneillan Magrin (Augustin de), en 1630.

Cornillon Meyren (Jean), tué au siége de Malte, en 1565.

Cornu (Pierre le), en 1502.

Cornu de la Courbe (Simon de), en 1584.

Corsier (Olivier), en 1585.

Cortembach Helmont (Floris de), en 1568.

Cos la Hite (Jean-Philippe du), en 1607.

Cossé Brissac (Jean-Paul de), en 1702.

Cossin de la Godinière (Jacques), en 1580.

Costard de la Motte (Jean), en 1609.

Costard de Saint-Léger (Philippe de), en 1702.

Coste (Simon de), tué au combat de Zoara, en 1552.

Cottard (Jean de), en 1550.

Cotteblanche (Christophe de), en 1548.

Cotthereau de Glabech (Charles), en 1585.

Cottrel (Jean de), en 1519.

Coublant de la Touche (Olivier de), en 1595.

Couché de Lestang (Charles de), en 1599.

Coué de Betz de Lusignan (Paul de), en 1663.

Coullon du Pré (Jacques de), en 1624.

Coupiez (Antoine de), en 1540.

Cour Basleroy (Louis-Jacques de la), en 1699.

Couraud de la Roche Chevreuse (Jacques-César), en 1699.

Courbeaux (Louis de), en 1582.

Courcelles Rouvray (François de), en 1608.

Courcy Magny (Nicolas de), en 1624.

Couret d'Aulnay (Pierre-Nicolas-Joseph de), en 1681, commandeur de Vircourt.

Coursac (Guillaume de), en 1522.

Coursier Cesteras (Olivier de), en 1586.

Court de la Bretonnerie (Jacques de la), en 1557.

Court Moltot (Guillaume de la), en 1645.

Courtenay (Jean de), en 1527.

Courtenay Chevillon (Jean de), en 1586.

Courtene la Barre (Claude Réné de), en 1665.

Courteval Saint-Remy (André de), en 1618.

Courtignon (Georges et Jean de), en 1516.

Courtil Fretoy (François du), en 1529.

Courtin de Rosay (Dreux), en 1595.

Courtin de Villers (Louis), en 1689.

Cousery (Jean de), en 1506.

Cousint de Saint-Denis (Claude de), en 1595.

Coustances de Baillou (Louis de), en 1595.

Coustances de la Fredonnière (Jean), en 1551

Coustin de Manadau (Isaac de), en 1653.

Couturier (Godefroi le), en 1480.

Couxel Medavi (Jacques), en 1595.

Crailli (Louis de), en 1619.

Craon de Coullaines (Claude de), en 1544.

Crécy (Henri de), en 1560.

Crémeaux (Antoine de), en 1623.

Crémeaux Chamoillet (François de), en 1581.

Créquy (Gabriel de), en 1506,

Créquy Hémoud (Robert de), en 1719.

Crespelaine (Guillaume de), en 1370.

Crespy de la Mablière (Jean-Baptiste-Charles-Joseph-Camille), en 1719.

Crest (Claude de), en 1634.

Crestes (Hugues de), en 1548.

Crevant Bauché (Louis de), en 1632.

Crévant Cyagé (François-Alexandre de), en 1631.

Crevant d'Humières (Rogier de),, en 1638.

Crèvecœur (Claude de), en 1584.

Crèvecœur de Vienne (Louis de), en 1532.

Cro (Charles de), en 1623.

Crocelay de la Viollays (Réné). en 1644.

Crocq d'Auterat (Gilbert du), en 1604.

Croc Chenevrières (Abel du), en 1586.

Crocq de Viermes (Claude de), en 1597.

Croisy (Amedée), de commandeur de Belle-Croix, tué à la défense de Rhodes, en 1480.

Croix Bertinières (Claude de la), en 1566.

Croix Castries Roch (François de la), en 1670.

Croix Pisançon (Joachim de), en 1682.

Croixmare (Jacques de), en 1630.

Croixmare Saint-Just (Guillien de), en 1615.

Cropte de la Maynardie (François de la), en 1598.

Cros (Godefroy du), en 1480.

Cros de Planezès (Guyot du), en 1571.

Crose Laincel (Antoine-François de), en 1662.

Crosey, (Hermand du) en 1660.

Crotz du Chon (Charles des), en 1632, commandeur de la Romagne.

Crox de Grolée (Gabriel du), en 1665.

Croy (Albert-François de), en 1692.

Croy-Chanel, (Jean) en 1553.

Croy de Solre (Jacques-Bertin de), en 1701.

Crussol (Louis de), en 1557.

Crussol d'Usez (Alexandre de), en 1627.

Crussol d'Usez-Amboise (Alexandre de), en 1662.

Crusy Marsillac (Béraud de), en 1587.

Cubières Ribaute (Antoine de), en 1601.
Cugnac Caussade (Hélie de), en 1551.
Cugnac de Dampierre (François de), en 1693.
Cugnac d'Ismonville (Louis de), en 1612.
Culant Hébert (Louis de), en 1724.
Cullan (Pierre de), en 1624.
Gullan de la Brosse (Alphonse de), en 1665.
Cullan de Saint-Ouen (Nicolas de), en 1621.
Cursol (Bernard de), en 1644.
Cussigny de Vianges (Christophe de), en 1626.
Custine (Jean-Louis de), en 1715.
Cuvyler de Coucy (Jean de), en 1541.

D

Dabos de Binanville (Maximilien), en 1631.
Dalons de Bequistens (N.....), tué au siége de Malte, en 1565.
Damas (Jean de), en 1599.
Damas d'Anlezy (Jean-François), en 1631.
Damas d'Annecy (François), en 1586.
Damas du Breuil (François), en 1674.
Damas de Crux (Jean-François), en 1669.
Damas de Marsilly (Jean et Antoine), en 1549.
Damas de Saint-Bonart (Guillaume), en 1561.
Damatte (Simon), en 1472.
Damian (Jean de), en 1658.
Damian Verneque (François de), en 1662.
Dampare (Jean et Anne), tués à l'entreprise de Zoara, en 1552.
Dampont (Maximilien de), en 1595.
Dangeul (Claude de), en 1550.
Danglara (Gilbert), en 1597.
Danois Geoffreville (Adrien le), en 1582.
Dapchier (François), en 1590.
Darçon (N.......).....
Daron (Sébastien), en 1597.
Dassé (Denis-Louis), en 1720.
Daudriet (N.....), en 1591.
Dauses (Bertrand), en 1551.
Dauxonne Dasuyarp (Antoine-Gabriel), en 1672.
Daverch (Guillaume), en 1415.
Dauvet Desmarets (François), en 1726.
Davances (Antoine), en 1480, commandeur des Echelles.
Davry de la Pommeraye (Jacques), en 1610.

Davy d'Anfreville (Charles-Bernardin), en 1723.

Davy de la Brulerie (Jean), en 1541.

Davy de la Pailletterie (Charles-Martial) , en 1670.

Davy de la Pommeraye (Jacques), en 1610.

Davy de Sartouville (Réné-Hervé), en 1660.

Daydie de Ribérac (Antoine-Angélique-Daniel), en 1721.

Dax Daxat (Aimée de) , en 1704.

Deffand de Saint-Loup-d'Ordon (Louis du), en 1656.

Deffiez de la Ronce (Jacques), en 1543.

Deimier d'Arques (Chárles de), en 1653.

Delfin le Comte de la Tresne (Antoine), en 1716.

Demandols (Honoré de), en 1531.

Demandols Châteauneuf (Pierre de), en 1627.

Demandols la Pala (Gaspard de), en 1530.

Demandols Trignace (Georges de), en 1555.

Deschamp Morel de Crécy (Pierre), en 1726.

Descrones Briqueville (François), en 1538.

Desefèvres (François), en 1605.

Desguets (Jacques), en 1519.

Desnos (Nicolas-Pierre), en 1725.

Despenses (Antoine), tué à Zoara, en 1552.

Desprez d'Hercules (Breton), ...

Dicace de Maugiron (Just-Henri), en 1678.

Die la Serre (Edme de), en 1638.

Dienne (Astorg), de commandeur de Blondeau, puis grand-prieur d'Auvergné en 13.....

Dienne Chavanhac (Balthazard de), en 1654.

Dieudonné de Hautefort (Emmanuel), en 1700.

Digoine du Palais (Camille), en 1666.

Dio (Georges de), en 1548.

Dive de Sainte-Foy (François-Nicolas de la), en 1725.

Doichet (Charles de), en 1682.

Doin (Hector de), en 1620.

Doin Mareschal la Valdizière (Joseph de), en 1699

Doine Cordebœuf (François de), en 1569.

Doineau de la Charrie (Toussaint), en 1653.

Doiron Saint-Jeu (Antoine), en 1579,

Donas (Anne), en 1703.

Doni (Jean-Baptiste de), en 1661.

Doni de Beauchamp (Joseph de), en 1661.

Doni de Goult (Jean-Baptiste de), en 1658.

Donquerre (François de), en 1512.

Dorel (Thomas), en 1712,

Doria (Alexandre), en 1597.

Dorin de Ligné (Gabriel), en 1601.

Dormans (Louis), en 1519.

Dormoys (Jean), tué au siége de Zoara, en 1552.

Dorton (Claude-Aimar de), en 1682.

Doullé de Neuville (François et Réné), en 1585.

Dourete (Louis), en 1553.

Doynel de Montécot (Pierre-Amboise. et Gabriel de), en 1686.

Drayac (Jean de), tué dans un combat, en 1500.

Dracille (Gaspard de), en 1612.

Dreux (Joachim de), en 1714.

Drouet de la Neufville (N.....), en 1409.

Drouillin de Saint-Christophe (Joseph), en 1682.

Drouillon de Chanteloup (Maurice), en 1614.

Droyn (Claude de), en 1570.

Drozay de Sainte-Marie (Jacques), en 1631.

Drujon (Jean), en 1480, chapelain de l'ordre.

Dufaux (Daniel), en 1633.

Duglas d'Arancy (Louis), en 1615.

Duin de Mareschal (Hector de), en 1615.

Dumas (Antoine), en 1480, du prieuré de Saint-Gilles.

Dumas (Antoine), en 1480, commandeur de Chambéry; du prieuré d'Auvergne.

Dumond la Lande (Pierre), en 1626.

Duprat (Jean), en 1581.

Dupuis (Jean), de la langue de France.

Dupuis (Pierre), en 1480; du prieuré d'Auvergne.

Dupuis (Pierre), en 1522; de la langue de Provence.

Dupuy Vatan (Etienne-François), en 1522.

Durand (Jean de), tué au siége de Malte, en 1565.

Durand Sartoux (Pierre de), en 1635.

Durand de Villegagnon (Nicolas), en 1531.

Durand de Villegagnon de Champforest (Noël), en 1632.

Durfort (Pierre de), en 1549.

Durfort Civrac (Claude de), en 1663.

Durigni (Jean), en 1480, commandeur de Vaudrome.

Duval de Couppeauville (Charles), en 1613.

E

Echalard la Boulaye (Charles d'), en 1523.

Ecoubleau de Sourdis (Pierre d'), en 1612.

Elbene (Nicolas d'), en 1519.

Eltouf de Pradines (Pierre d'), en 1555.

Eltouf de Pradines de Sesmontier (Baptiste d'), en 1578.

Emé de Saint-Julien (Jean-Pierre), en 1611.

Emeguin (Jean), en 1480.

Egure Armagnac (Guyot d'), en 1547.

Epine Aulan (Louis de), en 1526.

Epine du Pouet (Pierre de l'), en 1665.

Epine (Louis-François de l'), en 1705.

Entraigues (Nicolas-Hyacinthe d'), en 1709.

Erquemboure de Tourville (Jacques d'), en 1529.

Erre (Jean), en 1480.

Escairac Lauture (Louis d'), en 1669.

Escales Bros (Henri et Jean d'), en 1584.

Escalin des Aimars (Jean-Antoine), en 1634.

Escottez de la Chevallerie (Ambroise des), en 1586.

Escures (Louis des), en 1532.

Esgully (Louis d'), en 1534.

Esparbez (Guillaume d'), en 1523, commandeur d'Abrin.

Esparbez Carboinneau (Jean-Paul d'), en 1608.

Esparbez de la Fitte (Bernard d'), en 1488 , commandeur de Saint-Nazaire.

Esparbez Lussan (Pierre d'), en 1522.

Esparbez de Lussan d'Aubeterre (Léon de), en 1628.

Esparbez de Lussan de Carbonneau (Jacques d'), en 1617.

Esparbez de Lussan la Motte (Jean-François d'), en 1663.

Espinay Saint-Luc (François d'), en 1590.

Espronnière de Vris (François de l'), en 1659.

Essarts (Pierre des), en 1531.

Essarts Lignières (Charles-François des), en 1641.

Essarts de Magneulx (Anne des), en 1583.

Estaing (Gabriel d'), en 1619.

Estaing Murel (Charles d'), en 1607.

Estaing du Terrail (Jean-Maximilien d'), en 1686.

Estampes (Achille d'), en 1606.

Estampes d'Autry (Robert d'), tué dans un combat, en 1625.

Estampes de Valancey (Isaac d'), en 1658.

Estang (Genest de l'), en.....

Estang de Parade (Guillaume de l'), en 1510.

Estang Saint-Christophe (Antoine de l'), en 1561.

Estards Laudun (Jean des), en 1562.

Estards Laudun de Gont (Rostaing des) , en 1562.

Estendart d'Angerville (Charles-Dominique de l') , en 1700.

Estendart de Bully (Anne l') , en 1630.

Estourmel (Pierre d'), tué dans un combat, en 1543.

Estouville (Robinet d'), en 1363.

Estrade (Antoine de l'), en 1550.

Estrades (Jacques d'), en 1663.

Estuard Mars (Jean-Louis d'), en 1688.

Esturicq (Joseph-Marie d'), en 1687.

Etang (Gabriel de l'), en 1517; de la langue d'Auvergne.

Etrange (Gilbert de l') , en 1574.

Evêque de Saint-Etienne (Aimeric l') , en 1608.

Eyguivières Saint-Gilles (Etienne d') , en 1547.

F

Fabre (Jean) , mort à Malte des blessures qu'il reçut à Zoara, en 1552.

Fabres (Maximilien de), en 1586.

Fabres Ponfra (Marc-Antoine de) , en 16....

Fabres Ponfra (Charles de) , en 1661.

Fabri Fabrègues (Jean), en 1649...

Fabri Mazan (Charles de) , en 1664.

Faisati (Jean), en 1480, commandeur de Rochebrune.

Falesse (François de) , en 1607.

Falcos (Jean de) , en 1675.

Falcos la Blache (Bernardin de) , en 1597.

Falcos du Metrail (Claude de) , en 1696.

Falesse (François de) , en 1607.

Fallet (Boniface du), en 1513.

Fare (Antoine-Hercule de la), en 1622.

Farges Barneuf (Pierre de) , en 1546.

Farges la Tour Gouion (Gilbert de) , en 1545.

Fargues (Gilbert de) , en 1581.

Farrou de la Vallière (François de) , en 1652.

Fassion Sainte-Jay (Claude de) , en 1666.

Faudoas (Jean de) , en 1521.

Faudoas Cabanac (Bertrand de) , en 1619.

Faudoas Saint-Aubin (François de), en 1565.

Faudran Laval (Claude de), en 1561.

Faudras de Châteautier (Etienne de) , en 1656.

Faucher du Tesson (Claude), en 1570.

Faulcon de Frianville (Claude de), en 1612.

Faulcon de Rys (François de), en 1594.

Faulquier Chámpluy Sery (Jean-François de), en 1570.

Faulquier de Vitry (Jean de), en 1631.

Faur de Pibrac (François-Jacques du), en 1631.

Faure de la Frigarède (Honoré), en 1707.

Faure de Fogeirolles (Antoine), en 1642.

Fautereau de Villers (Thibault de), en 1541.

Foy (Jean de), bailli de la Morée, tué par les Turcs, en 1462.

Foy la Bastie (Jean de), en 1639.

Fay Châteaurouge (Guillaume du), en 1525.

Fay Gerlande (Louis de), en 1631.

Fay Heugueville (Félix du), en 1654.

Fay de Maubourg (Joseph de), en 1708.

Fay de la Mensegère (André du), en 1623.

Fay Peraud (Alexandre de), en 1622.

Fay Puisieux (Louis du), en 1573.

Fay Saint-Romain (Girard du), en 1532.

Fay la Tour Maubourg (Jean de), en 1587.

Fayard des Combes (Henri du), en 1635.

Faye Despesses (Louis), en 1635.

Fayn Rochepierre (Joachim de), en 1689.

Fayoles Puiredon (Charles de), en 1611.

Fèbvre du Quesnoy (Hervé le), en 1709.

Félinet la Hénaudie (Paul de), en 1637.

Félix (Jacques), en 1522.

Félix (Scipion de), en 1671.

Félix d'Ollières (François de), en 1696.

Félix de la Reynade (Jean-Baptiste de), en 1539.

Félix la Reynade du Muy (Louis-Nicolas-Victor de), en 1712.

Fera de Rouville (Victor), en 1693.

Feret de Montlaurens (Barthelemi), en 1610.

Feret de Varimont (Louis de), en 1718

Fernande de Vaudreg (Jean), en 1569.

Ferrier (François), tué à la prise de la ville d'Affrique, en 1550.

Ferrier le Saint-Julien (Magdelon), en 1640.

Ferrières Champigny (Jacques de), en 1643.

Ferrières Sauvebeuf (Aimar de), en 1549.

Ferron (Mondot de), en 1551.

Ferté (Hubert de la), en 1484.

Fervesei (Antoine de), en 1480.

Fessart de Beaucourt (Charles de), en 1632.

Feuldran de Lauris (Claude), tué au siége de Malte, en 1565.

Feuquerolles Cantelou (Nicolas de), en 1541.

Feuquières de Beauvoisin (Jérôme de), mort en 1622.

Fèvre (Robert le), en 1573.

Fèvre de la Barre (Cyprien le), en 1681.

Fèvre de Caumartin (Paul-Victor-Auguste le), en 1695.

Fèvre d'Eaubonne (Louis-Michel le), en 1711.

Fèvre de la Malmaison (Antoine le), en 1689.

Fèvre de Mormans (Médéric le), en 1664.

Fèvre d'Ormesson (Charles le), en 1667.

Fèvre du Quesnoi (Hervé le), en 1709.

Feydeau de Vaugien (Louis), en 1647.

Fies (Jean de Saint), en 1521.

Fieubert de Castonet (Anne de), en 1635.

Filleul de Chenest (Louis-Gabriel), en 1712.

Flandres (Philippe de), en 1545.

Fléchières (Melchior de), en 1620.

Fleurac de la Stade (François), tué à la défense de Malte, en 1565.

Fleurigny (Antoine-Jean-Baptiste), en 1683.

Fleurigny le Clerc (François-Octave de), en 1640.

Fleurigny le Clerc de la Vallière (Jacques de), en 1659.

Fleurigny le Clerc Vauvilliers (Hugues de), en 1660

Fleurigny la Forest (Jacques de), en 1630.

Fleury (Guillaume de), en 1534.

Fleury de Carrouge (Charles de), en 1550.

Florant Schetz de Grobbendoucq (Jean), en 1602.

Flossat (Louis de), en 1545.

Flotte (Boniface), en 1522.

Flotte la Bastie (Jean), en 1549.

Flotte de Cuebris (Gaspard), en 1590.

Flotte de Meaux (Mansuet), en 1544.

Floyer de la Burcerie (Valentin du), en 1551.

Fogerolles (Antoine de), en 1641.

Foissard (Louis de), en 1578.

Foissard Saint-Jeannet (Balthasar), en 1572.

Foissy Chamesson (Jean-Philibert de), en 1560.

Fondé (N....), tué dans un combat naval en 1564.

Fondut (Liviot), en 1654.

Fonlebon (Jacques de la), en 1522.

Font (Gabriel de la), en 1579.

Fontaine (Claude de), en 1519.

Fontaine (Pierre de la), en 1512.

Fontaine Bachets (Jean de la), én 1554.

Fontaine de Lesche (Anne de la), en 1566.

Fontaine Malgenestre (Charles de la), en 1597.

Fontaine la Neuville (Beaugeois de), en 1541.

Fóntaine d'Ognon (Guillaume de la), en 1539.

Fontaines (Antoine de), en 1541.

Fontanet la Vallette (Claude de), en 1679.

Fontanges (Jacques de), en 1696.

Fonteste (Robert de), en 1669.

Forben (Michel), en 1522.

Forbin la Barbent (Gaspard et Jean), en 1584.

Forbin Bonneval (Albert de), en 1589.

Forbin la Fare (Vincent de), en 1621.

Forbin Gardin (Henri et Pierre de), en 1486.

Forbin Janson (Melchior de), en 1634.

Forbin la Marthe (Jean-Louis de·), en 1632.

Forbin Meinier Opède (Vincent de), en 1635.

Forbin Opède (Jean et Vincent de), en 1633.

Forbin la Roque (Allemand et Melchior de), en 1615.

Forbin Sainte-Croix (Renaud de), en 1652.

Forbin Soliers (Nicolas de), en 1584.

Forest (Dominique de la), en 1613; de la langue d'Auvergne.

Forest Blacon (Jacques et Mathieu de), en 1640.

Forest de la Frettière (René de la), en 1555.

Foresta (Christophe de), en 1642.

Foresta Collongues (Jean de), en 1619.

Foresta Venelle (François de), en 1669.

Foresta d'Osseville (Jean-Antoine le), en 1697.

Forgette (Guillaume-Germain de), en 1523.

Forsat (Claude de), en 1551.

Fort de Bonnebosc (Antoine le), en 1640.

Fort de Villemandeur (Antoine le), en 1656.

Fortia Montréal (Dominique de), en 1631.

Fortia de Piles (Joseph de), en 1634.

Fossés Collioles (Antoine des), en 1605.

Fosseʒ (Jean des), en 1518.

Fosseʒ (Maximilien de), en 1604.

Foucaud (Guerin de), en 1565.

Foucault de Saint-Germain Beaupré (François-Gabriel-Henri), en 1672.

Foucher du Gué (Bertrand), en 1554.

Foucrand de la Noue (Pierre), en 1596.

Foudras (Simon de), en 1551.

Foudras de Coutansson (Raimond de), en 1633.

Fougasse (Antoine de), en 1636.

Fougasse la Bartalasse (Jean Gilles), en 1603.

Fougasse la Bastie (Joachim de), en 1653.

Fougières (Jacques de), en 1599.

Fougières du Cluseau (Gilbert de), en 1650.

Fougières du Creux (François de), en 1644.

Fouichant (Jean de), en 1620.

Fouille d'Escrainville (Jacob de), en 1654.

Fouilleuse Flavacourt (Nicolas de), en 1543.

Foullet (Pierre de), en 1480.

Foulogne d'Anctoville (Olivier de), en 1631.

Foulongne du Londet (Nicolas de), en 1606.

Foulq de Pouilly (Charles), en 1585.

Fouquet (Louis), en 1679.

Four de Longuerue (Jacques du), en 1627.

Four Montastruc (Melchior du), en 1620.

Fourcy (Balthasard-Henri de), en 1675.

Fourneau (Antoine-Charles de), en 1666.

Fourneaux de Cruykembourg de la Chapelle (Evrard de), en 1655.

Fournel de Puiseguin (Gabriel-Jean de), en 1693.

Fournier de Fradines (Claude de), en 1664.

Fournières de Cas (Charles de), en 1660.

Foyal d'Allonnes (Jacob de), en 1601.

Fraguier (Jean-François de), en 1701.

Fraigne (Etienne de), en 1532.

Framondie (François de la), en 1549.

Franc (Jacques de), en 1666.

Franc Mongey (Louis de), en 1715.

Francières (Jean de) .....

Francières (François des), en 1599.

Francières de Misselier (Pierre de), en 1550.

Franconville (Jean de), en 1605.

Francs de la Bretonnière (Louis des), en 1583.

Franey d'Anisy (Sigismond de), en 1595.

Franquetot de Coigny (Henri de), en 1696.

Franqueville Colart de), en 1373.

Fransures de Villiers (Charles-François de), en 1598.

Fredeville (François de), en 1603.

Frenaye (Lancelot de la)...

Frenel de Loupy de Mancy (Alphonse de), en 1589.

Fresnel (François de), en 1522.
Fresneau de Marigny (Jacques de), en 1612.
Fresnoy (Nicolas de), en 1666.
Fresnoy (Jean du), en 1666.
Fresque de la Vaigne (Jean-Louis de), en 1631.
Fressange (David-Christophe de la), en 1566.
Fretet (Tristan), en 1518.
Frettart (Magdelon), en 1525.
Frettart Lotebon (Jean), en 1535.
Frezeau de la Frezelière (Hilarion), en 1706.
Friches Brasseuse (Hugues des), en 1567.
Friches Doria de Brasseuse (Hubert des), en 1682.
Fricon la Dauge (François de), en 1612.
Fricon de Parsa (Jean de), en 1700.
Fromenton (N ....), en 1566.
Frottier de la Fougeraye (Charles), en 1613.
Froissard de Broissia (Charles-Louis de), en 1679.
Frottier la Messelière (Gaspard), en 1623.
Froullay (Louis de), en 1682.
Froullay de Tessé (René-François de), en 1688.
Frugières de Villiers (Léon de), en 1566.
Fruguier (François-Jean), en 1690.
Fumée de Bourdeilles (Jacques de), en 1582.
Fumée des Roches (Louis de), en 1595.
Fussey (Antoine de), en 1546.
Fussey Menessaire (Henri de), en 1633.
Fussey de Sarrigny (Jean de), en 1571.

G

Gabaris (Louis de), en 1599.
Gabriac (Pierre de), en 1545.
Gacoing de la Musse (Louis le), en 1657.
Gaillard (Joseph de), en 1667.
Gaillard Bellafaire (François de), en 1658.
Gaillard de Courcy (Denis de), en 1654.
Gaillarbois Marconville (Jean de), en 1530.
Galand de Chavance (Claude de), en 1701.
Galéan (Octave de), grand-prieur de Toulouse, en 1726.
Galéan (Louis de), en 1592.
Galéan Gastelnau (Marc-Antoine de), en 1652.
Galéan Châteauneuf (Octavien de), en 1658.

Galien de Chabon (Charles de), en 1673.

Galiens Castelnau (Jean-Baptiste de), en 1664.

Galiens des Issard (Joseph de), en 1596.

Galiens Veiadene (Antoine de), en 1592.

Gallot de Favières (Jean de), en 1528.

Galot (Jacques de), en 1519.

Gallart (Bernard de), en 1536.

Gamache (Pierre de), en 1546.

Gamersille-Monpont (Arnoult), tué dans un combat en 1543.

Gameville (Jean de), en 1554.

Ganay Chastenay (Jean de), en 1539.

Gand (Charles-François de), en 1656.

Gand de Villain (Adrien de), en 1536.

Gandille d'Oudeauville (Nicolas de la), en 1603.

Garaud (Jean-Antoine de), en 1631.

Gard (Paris du), en 1532.

Garde Chambonas (Anne de la), en 1597.

Garde de Vins (Toussaint de), en 1621.

Garges Macquelines (Guillaume de), en 1576.

Garges de Villeneuve (Christophe de), en 1617.

Garges de Villers (Christophe de), en 1584.

Garige (Pierre), en 1480, commandeur de Trèves-Esclaret.

Garnier du Rousset (Jean-Augustin de), en 1628.

Garnier Fonblanche (Antoine de), en 1697.

Garnier Saint-Julhans (Pierre de), en 1670.

Garnier Saint-Julhans Fonblanche (Jean de), en 1695.

Garric (Jean de), en 1593.

Garsabal (Jean de), en 1666.

Garsabal de Reculat (François de), en 1613.

Gaspari (Jean de), en 1672.

Gasqui Bregançon (François-Joseph de), en 1651.

Gassau de la Vienne (Etienne), en 1708.

Gassian Seillons (François de), en 1677.

Gast (Henri de), en 1623.

Gast de Mongauger (Charles du), en 1612.

Gast de Luppu (Jean de), en 1546.

Gastanerre (Giron de), en 1535.

Gat de Bazancourt (Charles le), en 1608.

Gaubert Gaminade (Jean-Louis de), en 1632.

Gaucourt (Paul de), en 1675.

Gaudechart de Bachevillier (Nicolas de), en 1661.

Gaudechard du Fayel de Bachevillier (Gaspard de), en
.1620.

Gaufreteau des Francs (Jacques -Philippe de)....

Gaulejac Peccavel (René de), en 1588.

Gaultier (Antoine), en 1480, commandeur de Mâcon,
châtelain de Rhodes.

Gaune Conigny (Jacques de), en 1612.

Gautier Aiguines (Jean de), en 1643.

Gautier Calabre (Joseph-Paul de), en 1718.

Gayant de Varastre (Henri), en 1599.

Gayetan (Xavier de), en 1725.

Gazeau de la Coupperie (Gabriel), en 1680.

Geart Montbadon (Hélie de la), en 1634.

Gehellie (Louis de la), en 1573.

Gelas d'Ambres (Daniel-François de), en 1688.

Gelas Peberon (Pierre-Adrien de), en 1574.

Gellan de Tenissey (Claude de), en 1581.

Genas (Jean de), en 1576.

Genas d'Aiguilles (Jacques de), en 1547.

Genest (Philippe de), en 1561.

Gennes (François de), en 1660.

Gennes de Launay (Ambroise de), en 1579.

Gentils de Puygollet (Adrien de), en 1614.

Georges (Philippe de Saint-), en 1559.

Georges Fons (Jacques de), en 1547.

Georges Taraud (Jacques de), en 1655.

Gept Ginestet (marquis de) ,en 1649.

Gerard (N.....), en 1465.

Gerard (Barthélemy de), en 1578.

Gerardin (Nicolas), en 1718..

Geraud de la Mogatrie (Jacques), en 1575.

Gerenies (Odard), tué dans un combat, en 1557.

Gerente (Fouquet de), en 1516.

Gerente la Bruyère (Balthazard de), en 1573.

Gerente Carri (Jean-Baptiste de), en 1619.

Germain (Annet de Saint-), en 1562.

Germain Apchon (Charles de Saint-), en 1551.

Germain Beaupré (Armand-Louis-Joseph-Foucaud de),
en 1697.

Germain Merieu (François de Saint), en 1616.

Germihney (Jean-Charles de), en 1705.

Gernac (Jean de), tué en un combat naval, en 1570.

Gerri (François de), en 1480.

Geyrat-Boussette (Georges), en 1551.

Gibertos (Julien), tué à Zoara, en 1552.

Giborreau (Christophe), en 1548.

Gibot de la Perrinière (Claude de), en 1632.

Giffard de la Pierre (Louis de), en 1640.

Gigault-Bellefonds (Julien-Victor-Claude), en 1715.

Gilbert (N.....), tué à Zoara, en 1552.

Gilbertet (Guillaume de), en 1550.

Gilier de Puygareau (Emmanuel), en 1611.

Gillain de Brune (Nicolas-Tolentin-Xavier et Gaspard-Louis de), en 1724.

Gillain de Vilsterein (Nicolas), en 1723.

Gillière (Gilbert de la), en 1534.

Ginestoux Saint-Maurice (Jean-Joseph de), en 1666.

Giou (Claude), commandeur de Garlat, tué à la défense de Rhodes, en 1480.

Girard Saint-Paul (Jean de), en 1620.

Giresme (Johannet de), en 1394.

Gironde (Marquet de), en 1533.

Gitons Baronnière (Briant des), en 1546.

Giverlay Champoullet (Olivier de), en 1593.

Giverville de Saint-Maclou (Marc-Antoine-Antoine de), en 1657.

Givreau (Florent), en 1522.

Glandeveᶎ (Jean de), en 1522.

Glandeveᶎ Beaudiment (Blaise de), en 1545.

Glandeveᶎ Beaudinar (Jean de), en 1678.

Glandeveᶎ Bignosc (Gaspard de), en 1659.

Glandeveᶎ Canet (Louis de), en 1673.

Glandeveᶎ Castellet (Jean de), en 1620.

Glandeveᶎ Cuges (Jacques de), en 1540.

Glandeveᶎ Extrevaux (Jacques de), en 1569.

Glandeveᶎ Guetᶎ (Joseph de), en 1578.

Glandeveᶎ Hugues (Jean-Baptiste de), en 1646.

Glandeveᶎ Montblanc (Jean de), en 1574.

Glandeveᶎ Nioᶎelles (François de), en.....

Glandeveᶎ Nioᶎelles (Charles de), en 1706.

Glandeveᶎ Porrières (Sauveur de), en 1639.

Glandeveᶎ Puimichel (Honoré de), en 1550.

Glandeveᶎ Puipin (Honoré de), en 1546.

Glandeveᶎ Rousset (Antoine de), en 1677.

Glandeveᶎ Saint-Cassien (Antoine de), en 1646.

Glanret (Annet de), en 1562.

Glas Ployart (Philippe du), en 1555.

Glegny (Louis de), en 1534.

Gleon (Jean de), en 1525.

Gobelin de Morainvillier (Antoine), en 1632.

Godet de Soudé (Antoine-Théodoric), grand prieur d'A-
quitaine, en 1726.

Gognies (N..... de), en 1388.

Goheau de la Brossardière (Réné), en 1572.

Goite (N......), tué dans un combat en 1571.

Golart (Artus de), en 1522.

Golien (Jacques), tué à Tripoli, en 1546.

Gombault de Champfleury (Bonaventure), en 1551.

Gombert (Sébastien), en 1480.

Gombert Dromond (Jean-Baptiste de), en 1660.

Gomer du Breuil (Jacques de), en 1530.

Gomer de Luzancy (Louis de), en 1662.

Gondrin d'Antin (Pierre de), en 1696.

Gonnellieu (Jacques de), en 1549.

Gontaud Saint-Geniez (Jean de), en 1554.

Gontault Biron (Louis-Antoine de), en 1702.

Gontaut Roussillon (Charles de), en 1666.

Gordes la Chapelle (Cerdan de), en 1535.

Gorses (François de), en 1583.

Gortoise (Alexandre de la), en 1548.

Goué (Gilles de), en 1675.

Goué de Villeneuve (Gabriel de), en 1644.

Gouffier (Guillaume-Georges de), en 1692.

Gouffier de Boissy (François et Charles), en 1581.

Gouffier de Roannais (Charles), en 1626.

Gouffier de Thois (Alexandre), en 1667.

Gougeul Rouville (Louis de), en 1373.

Goujon de Condé (Charles-François), en 1681.

Goulard (Jacques de), en 1538.

Goulard Gastelnar (Géraud de), en 1517.

Goullard (Jean), en.....

Goullard de la Greffardière (Gabriel), en 1555.

Goullard d'Invillier (Jacques de), en 1612.

Goumart (François), en 1697.

Gourdan (Henri de), en 1641.

Gourdeau (Louis), en 1523, commandeur de Thévalle.

Gourdon Genouillac de Vaillac (Jean), en 1621.

Gouriault (Pierre et Jean), en 1523.

Gourmont de Courcy (Pierre de), en 1623.

Gourmont de Gié (Robert de), en 1659.

Gournay (Jean de), en 1534.

Gourviller (Pierre de), tué à la défense de Malte, en 1565

Goussencourt (Jean de), tué au siége de Rhodes, en 1522.

Goustiménil Martel (François de), en 1666.

Goutte (Pierre de la), en 1534.

Gouy (François-Louis de), en 152...

Gouy Campremy (Philippe de), en 1519.

Goyet de la Raturière (Pierre-Alexis), en 1681.

Goʒon (François de), en 1521.

Goʒon Mélac (Pierre de), en 1516.

Goʒon Montmour (Dieudonné de), en 1654.

Goʒon Orlionac (Jean de), en 1559.

Goʒon Paliers (Jean de), en 1688.

Goʒon Saint-Victor (Pierre de), en 1516.

Grailly (Scipion de), en 1607.

Grailly de Serteaux (Louis de), en 1580.

Grain Saint-Marsault (André et Pierre), en 1582.

Grain de Saint-Marsault du Parcoul (Pierre et André), en 1582.

Grainville d'Estanville (Jacques de), en 1628.

Grambus (Pierre de), en 1583.

Gramont Vachères (Jean-Baptiste de), en 1515.

Grammon (Pierre de), en 1553.

Grammont (Ferdinand de), en 1715.

Grammont (Claude-François de), en 1685.

Grange (Pierre de la), en 1480.

Grange d'Aquian (Henri de la), en 1629.

Grange Billemont (Guy de la), en 1531.

Grange Puyguyon (Charles de), en 1666.

Grange Trianon (Charles de la), en 1580.

Granger Montfermier (François de), en 1558.

Gras Preigne (Paul-Antoine de), en 1700.

Gras Preuille (Joseph de), en ....

Gras Preuille (Balthasard de), en 1706.

Grasse (Jean-Baptiste de), en 1522.

Grasse du Bar (Gaspard de), en 1620.

Grasse Briançon (Charles et Jérôme de), en 1547.

Grasse Cabris (Honoré de), en 1601.

Grasse Couletes (Jean de), en 1636.

Grasse Montauroux (Honoré de), en 1601.

Grasse Saint-Tropèʒ (Christophe de), en 1614.

Gratian Seillons (Balthasard de), en 1677.

Gratté (Marc de), en 1656.

Gratté de Dolomieu (Henri de), en 1656.

Gratton (Mathieu de) , en 1528.

Graubois (Pierre et Michel de) , en 1706.

Graves Sérignan (Jacques de) , en 1571.

Gravière (Philippe de la) , en 1591.

Grellier de Consize (Charles-Auguste) , en 1725.

Grenier (François de), en 1552.

Grenoillon (Alexis de) , en 1542.

Grenoillon de Reigny (Pierre de) , en 1571.

Grieu (Maximilien de), en 1637.

Grieux (Nicolas de) , en 1683.

Grignan (Balthazard de), en 1634.

Grignan d'Auteville (Jean-Baptiste de) , en 1668.

Grignon de la Fourestrie (Jean) , en 1572.

Grille (Honoré de) , en 1543.

Grille Cassillac (Gabriel de) , en 1625.

Grille d'Estoublons (Honoré-François de) , en 1719.

Grille Robillac (Gaspard-Joachim de) , en 1702.

Grillet (Pierre de), en 1612.

Grilletz (Honorat) , tué à Zoara, en 1552.

Grillière (Claude de) , en 1555.

Grimaldi (Impérial de) , en 1549.

Grimaldi d'Antibes (Charles de) , en 1681.

Grimaldi de Beuil (Jean-François de), en 1609.

Grimaldi Courbons (Claude de) , en 1632.

Grimaldi Gatières (César de), en 1594.

Grimaud (Baptiste), tué à la défense de Rhodes , en 1480.

Grimaud Antibes (Frédéric de).....

Grimaud de Nice (Claude de) , en 1616.

Grimaud Regusse (Charles de) , en 1667.

Grimauld (Jean), en 1480.

Grimoard du Roure (Balthazard de) , en 1551.

Grimonval Favellores (Alexandre de) , en 1607.

Grisel (Jacques), en 1535.

Grivel Grassové (Briand de) , en 1517.

Groignet de Vassé (René), en 1596.

Groin (Antoine le) , en 1519.

Groin Mochel (François le) , en 1549.

Groin la Romagère (Albert de) , en 1699.

Groin de Villebouche (Guillaume le) , en 1534.

Grolée (Jean de) , en 1522.

Grolée de Montbreton (César de), en 1656.

Grolée Viriville (César de), en 1605.

Grolée Viriville Montbreton (Claude de) , en 1659.

Grollier (N..... de), Lyonnais.

Grollier Servières (Charles-Joseph de) , en 1725.

Grossollès d'Angeville (N..... de) , en 1635.

Grossolles de Caumond (Bernard de)', en 1477.

Grossolles de Flamarens (Jean de), en 1566.

Grou (Pierre de) , en 1534.

Groussin Boingly (Magdelon), en 1525.

Gruel de la Frette (Gilles de) , en 1623.

Gruel Laborel (Jean de), en 1530.

Grussy (Humbert de) , en 1532.

Gruterie Maisonseule (Gaspard de la) , en 1614.

Guadagne (Guillaume de) , en 1590.

Guay (Claude, César de) , en 1671.

Gubernatis (Horace de) , en 1700.

Guédon de la Rouère (Jacques de) , en 1630.

Guérand de Grousteau (Pierre), en 1594.

Guérin (Jean de), en 1644, de la langue de Provence.

Guérin de Lugeac (Charles-Yoland de) , en 1723.

Guérin de Tencin (Louis de) , en 1716.

Guérinière de la Roche (Henri-Louis de la) , en 1669.

Guerres (Charles de) , en 1530.

Guers (Pierre-Raimond de) , en 1480.

Guers Castelnau (Sébastien et Guillaume de) , en 1553.

Guet (Jean de) , en 1675.

Guets de la Potinière (Pierre de) , en 1610.

Gutbalti (Charles), en 1536.

Guibert de la Rostide (Bernard de), en 1611.

Guiche (Gabriel de la '), commandeur, tué dans un combat, en 1570.

Guiche Savignon (Marie de la), en 1671.

Guiernade Bérenger (Jean de), en 1563.

Guette (Balthazar), en 1522.

Guiffrey du Frénoy (Antoine de), en 1608.

Guigneville (Colin de), en 1371.

Guibert Coullonce (François de), en 1623.

Guiles (Claude), en 1522.

Guillards de Vielmarcolle (Guillaume), en 1537.

Guillaumanches (Guillaume), en 1751.

Guillin (Jean de Saint-), en 1522.

Guillin (Paschalis), en 1725.

Guillon Montjustin (Palamède de), en 1624.

Guillon de Richebourg (Antoine de), en 1633.

Guinebault de la Gostière (François-Jacques), en 1716.

Guines de Bonnières (Gui-Louis de), en 1700.
Guines de Bonnières Souastres (Gui-Louis), de en 1705.
Guinibal de Béraudie (Louis de), en 1610.
Guiran (Denis de), en 1544.
Guiran la Brillane (Jérôme de), en 1687.
Guiry de Roncières (Charles de), en 1613.
Guiscard (Benoît de), en.....
Guissencourt (Philippe de), en 1603.
Guisselin (Christophe de), en 1519.
Guistelle (Guillaume), en 1502.
Guitteau de la Touche (Mathurin), en 1548.
Guival (Charles), tué à la prise d'Alger, en 1541. °
Guivereaux (Bernard), tué au siége de Rhodes, en 1522.
Gurin de Bagny (Pierre), en 1566.
Guy la Tournelle (Jacques de), en 1546.
Guyé (du),.....
Guynot d'Aricy (Hélie de), en 1700.
Guyon de la Vauguyon (François de), en 1695.
Guyot (Gilbert de), en 1577.
Guyot de Chaslonne (Paul), en 1671.

H

Hallencourt (Hugues de), en 1541.
Hallenviller (Jean de), en 1503.
Hamel (Jean du), en 1638.
Hamel Bellengrise (Louis de), en 1601.
Hamel de Bourseville (Jacques-Gabriel du), en 1661.
Hamel Villechien (René du), en 1637.
Han la Neufville (René du), en 1631.
Hangest d'Hargenlieu (Daniel de), en 1651.
Hangest du Menil Saint-Georges (Charles de), en 1526.
Haraucourt (Jacob de), en 1625.
Haraucourt de Chamblay (François-Henri de), en 1608.
Haray de Beaumont (Jean de), commandeur en 1524.
Harcourt de Bevron (Charles), en 1682.
Harlay (Jean-Jacques de), tué dans un combat près de Tripoli, en 1530.
Harlay de Beaumont (Claude de), en 1536.
Harlay Bonnœil (Jacques-Augustin de), en 1696.
Harly de Sancy (Jacques de), en 1573.
Harlimont (Michel de), en 1483.

Harville (Antoine.de), en 1527.

Harville de Villennes (Antoine de),......

Haultoy (Jean du), en 1529.

Haurech de Prelle de Valenciennes (Pierre de), en 1613.

Hautay de Recycourt (Georges du), en 1560.

Hautpoul (Joseph du), en 1717.

Hautpoul Cassaignoles (Antoine-Jean du), en 1671.

Hautpoul Rennes (Louis-François du), en 1672.

Havart (Christophe de), en 1606.

Havart Senantes (Louis de), en 1618.

Havrie (N.....), tué dans un combat en 1365.

Haye (Jean de la), en 1480.

Haye (François de la), en 1525.

Haye (Jacques de la), en 1549.

Haye Bonneville (Antoine de la), en 1540.

Haye Coulonces (Gabriel de la), en 1637.

Haye de Montbault du Chasteiller (Gilbert de la), en 1700.

Haye Vantelay (Hiérôme de la), en 1656.

Hayes d'Espinay Saint-Luc (Antoine des), en 1536.

Hazeville-Vaulchamps (Christophe de), en 1519.

Hébrail (Gaudens d'), en 1516.

Hébrard Pélegrin (Antoine d'), en 1594.

Hébrard Saint-Sulpice (Jean d'), en 1549.

Heère (Alexis-Simon de), en 1712.

Heère de Vaudoy (Jacques de), en 1645.

Heltouf (Pierre de), en 1506.

Hennequin du Cury (Jacques), en 1604.

Hennin Liétard (Philippe de), en 1613.

Hennin Liétard de Blincourt (Pierre de), en 1708.

Hennor de Théville (Joseph), en 1718.

Hennot (Jean-François de), en 1700.

Hérail Brisis (Jean-Baptiste d'), en 1666.

Herbouville de Saint-Jean (Jean-Baptiste d'),....

Hère Glandages (Pierre de l'), en 1538.

Héricourt (François d'), en 1536.

Hermenigilde de Vignancourt (Jean-Baptiste), en 1701.

Herpin (Charles d'), en 1534.

Herpin Coudray (N.....)

Herrissy Fierville (Guillaume-François de), en 1673.

Herselin de Gondrecourt (Jean de), tué dans un combat en 1569.

Hertophe (Pierre de), en 1503, commandeur de Hautaverne.

Heruet (Jacques), en 1528.

Hervieu de Valogne (Jean de), en 1539.

Hesselin Gascourt (Charles), en 15....

Hesselin de Gascourt (Christophe), en 1551.

Hesselin de Gondrecourt (Jean), en 1530.

Hilaire (Louis de Saint-), en 1684.

Hilaire de Retail (Jean de Saint-), en 1546.

Hillière Polastron (N.....), mort en 1543.

Hirel du Hastres (Jean), en 1555.

Hiryen (César de Saint-), en 1571.

Hodicq (Louis d'), en 1534.

Hodicq d'Avocq (Adrien d'), en 1527.

Homblières (Hiérôme de), commandeur de Chanteraine. en 1523.

Hombrouck (Corneille de), en 1525, commandeur de Flandres.

Honnevay (François Gaspard d'), en 1721.

Hontvault (Tenne de), en 1503.

Horman de Fontenay (Timoléon), en 1631.

Hostager (Dominique d'), en 1525.

Hoste de la Hombarderie (N.....), en 1410.

Hôtel des Cotz d'Oncourt (Basilé-Ignace de), en 1679.

Hothung (Jacques d'), en 1632.

Hotman (Timoléon et Mathieu d'), en 1700.

Hottes (François des), en 152....

Honel de Morainville (Charles-Louis de), en 1696.

Huault de Bussy (Alexandre), en 1630.

Hucher Langonner (Jean), en 1646.

Huchet de Kerbiget (Jean), en 1645.

Huel de la Paumeraye (Antoine de), en 1642.

Hugon du Prat (François), en 1644.

Huhault de Montmagny (Charles), en 1622.

Humières (Jean d'), commandeur de Hautaverne, en 1523.

Hurault (Jacques), en 1535.

Hurault de Vibray (Paul-Maximilien de), en 1705.

Husson Lesson (Jean), en 1480.

Huys d'Aiguemorte (Jean de Saint-), en 1581.

I

Igny de Bizancourt (Claude d'), en 1572.

Illiers (Louis Léon d'), en 1693.

Illiers d'Antragues (Joachim d'), en 1649.

Inteville (Pierre d'), en 1470.

Iseran (Jean d'), commandeur de Lomus, mort au siége de Rhodes, en 1522.

Iseran de Beauvoir (Jacques d') , en 1578.

Isimieux (Aymar d'), en 1566.

Isle d'Andrezy (Maximilien d'), en 1651.

Isnard (Josserand d'), en 1526.

Isnard de Fraissinet (Jean-Jacques d'), en 1589.

Isnard de Salon (Gaspard d'), en 1542.

Isoard de Chenerilles (François d'), en 1578.

Isoard Fraissinet (Pierre d'), en 1660.

Isoard (François-Bertrand), en 1660.

Isoré (Jacques d')....

Isoré (Georges d'), en 1664.

J

Jacob de Tigné (René de), en 1719.

Jacquelin (Adrien de), en 1566.

Jaillard (Paul), en 1688.

Jaille (René de la), en 1599.

Jallot de Beaumont (Adrien de), en 1657.

Jamey (Antoine de), en 1522.

Janis (Pierre), en 1522.

Jagnaut (Julien), en 1529.

Jardine (Thomas de la), en 1594.

Jarnaud de la Garnerie (Marc), en 1544.

Javi Ricard (Dominique de la), en 1696.

Jay de la Maison rouge (Claude-Joseph le), en 1670.

Jay Montonneau (Raimond), en 1559.

Jean (Jean de Saint-), en 1555.

Jean la Bastide Mousoulens (Antoine de Saint-), en 1646.

Jean Mousoulens (Antoine de Saint-), en 1636.

Jean Saint Projet (Antoine de Saint-), en 1558.

Jegou de Kervillio (Gilles), en 1650.

Joffroy (Claude de), en 1634.

Johane de Sornery (Jacques de), en 1688.

Johannis la Brillane (Gaspard-Alexandre de), en 1631.

Johannis Châteauneuf (Jean-Baptiste de), en 1647.

Joigny de Bellebrune (René de), en 1611.

Jonas de Bisseret (Guy de), en 1647.

Jonques (Charles-Gabriel) , en 1689.
Jouin (Artus de Saint), en 1599.
Journac (Pierre de), en 1521.
Josian de Granval (Michel), en 1644.
Jossineau de Fayat (Pierre de), en 1621.
Jousseaume de Courboureau (Christophe), en 1570.
Joux (François du), en 1528.
Joyeuse Grandpré (Armand de), en 1637.
Jubert (Nicolas), en 1519.
Jubert du Thil (Georges), en 1669.
Juigné de la Brossinière (Henri Lancelot de), en 1664.
Jugie Rieux (Jacques de la), en 1584.
Julien (Siphorien de Saint), en 1605.
Julien la Chassette (Jean de Saint), en 1609.
Julien Ferrier d'Auribeau (Henri de Saint), en 1691.
Julien Flayat (Michel de Saint) , en 1620.
Julien Perudette (Jean de Saint) , en 1572.
Julien de Saint-Marc (Michel de Saint) , en 1636.
Julien Vernière (Bernardin de Saint) , en 1551.
Jumont (Jacques de) , en 1461.
Jussac d'Ambleville (Nicolas de), en 1618.
Jussac de la Folaine (Antoine de) , en 1603.
Jussac de la Morinière (Alexis de), en 1666.
Justas Châteaufort (Antoine de), en 1543.

K

Kaerchouart (Charles-Achille-Paul de), en 1706.
Kahideuc (Jean), en 1527.
Kerabel (René-Chrétien de), en 1664.
Kerbouric la Boissière (François de), en 1577.
Kerleau (Philippe), commandeur de la Guerche , en 1523.
Kermenec (Roland de),.....
Kerpoisson (Pierre de), en 1653.
Kersauson (René-Pierre de), en 1651.
Kerverzic (Yvon-Jourdan de)en 1562.

L

Lac la Clausse (Raimond du), en 1667.
Laffont Saint-Projet (Jacques de) , en 1683.

Lafonde (N.....), tué dans un combat naval, en 1564.

Lage (René de), en 1663.

Lagnes Junius (Jean-Hyacinthe de), en 1668.

Laidet Calissane (Joseph de), en 1657.

Laidet Sigoyer (Joseph de), en 1669.

Lallemand de Vaitte (Jacques), en 1651.

Lambertie (Jean de), en 1621.

Lambertie Montbron (Jean de), en 1603.

Lamberty (Camille de), en 1715.

Lambesc (N.....), tué au siége de Malte , en 1565.

Lambez Marembat (Frédéric de), en 1588.

Lamezan de Jamet (François de), en 1611.

Lamoignon (Jean de), en 1677.

Lanaty   Viscomty   (Charles-Henri-Ferdinand) ,   en
   1719.

Lancombleau de la Brouillerie (Jean), en 1567.

Lancry de Banis (Claude de), en 1602.

Lancry de Pronleroy (Jean de), en 1604.

Lande (Amable de), en 1660.

Lande des Plains (François-Alexandre la), en 1717.

Lannes (Nicolas des), en 1465.

Landes de Saint-Palais (Jacques des), en 1647.

Lanfernat Prunières (François de), en 1574.

Lange (Jean de), en 1572.

Lange la Chenault (Louis de), en 1529.

Langlois de Motteville (Bruno-Emmanuel), en 1684.

Langon (Antoine de), en 1605.

Langor Mondabon (Jean-Louis de), en 1640.

Lanharré de Chevrières (Adrien de), en 1544.

Lanharré de Maisonrouge (César de), en 1610.

Lanharré Mouceaux (Claude de), en 1536.

Lanharré Tiercelin (Jacques de), en 1536.

Lannion (Jean-Baptiste-Pierre-Joseph de), en 1702.

Lannoy d'Ameraucourt (Denis de), en 1569.

Lannoy de Serens (Georges de), en 1610.

Lanoy Molinoux (Juvénal de), en 1556.

Lansac Roquetaillade (Léon de), en 1638.

Lardenois de Ville (Christophe), en 1666.

Lari de la Tour (Antoine de), en 1612.

Larroquan Thous (Jean-Louis de), en 1603.

Lascaris (Jean-Baptiste de), en 1551.

Lascaris Castellar (Jean-Paul de), en 1638.

Lastic (Adémar), en 1480.

Lastour (Sébastien de), en 1647.

Latier (Georges et Pierre de), en 1567.
Latier Bayane (Charles de), en 1635.
Latier Saint-Paulet (Joseph de), en 1693.
Lau (Claude-Martin du), en 1701.
Laube (Antoine-Joseph de), en 1703.
Laubepin Sainte-Colombe (François de), en 1631.
Laurancye (Jean-François de), en 1700.
Laurault de Varennes (Jacques de), en 1529.
Laure (Jean de), en 1534.
Lauris Taillades (Jean-Charles de), en 1677.
Laugier Beaucouse (Jean-Baptiste de), en 1715.
Laugier Verdaches (Louis de), en 1643.
Laurens Puy la Garde (Antoine de), en 1621.
Lausières (Fulcrand de), en 1485.
Lausière de Saint-Baulise (François de), en 1645.
Laval Boisdauphin (Gilles de), en 1637.
Laval (François de la Feigne), en 1631.
Laval Montmorency (Joseph de), en 1684.
Lavedan (Jacques de), en 1517.
Laverne (François de), en 1572.
Laye (Claude de), en 1621.
Laygue (Pierre de), en 1620.
Leaumond d'Arsac (Honoré de), en 1634.
Leaumond Puy Gaillard (Réné de), en 1701.
Leger (Milon Saint-), en 1480.
Lehaut (, Jacques) tué dans un combat naval, en 1543.
Lempe (Philibert), en 1540.
Lenoncourt de Marolles (Henri de), en 1631.
Lentillac (Florent de) en 1593.
Léon Castillon (Pierre de), en 1480.
Lermite (Claude de), en 1569.
Lesbay (Nicole de), mort en 1505.
Lescherenne (Claude et Pierre de), en 1554.
Lescot de Lissy (Jean), en 1531.
Lescouet de la Mognelaye (Gilles de), en 1539.
Lescout Romegas (Mathurin de), en 1547.
Lescure (Jean de), en 1513.
Lesmeleuc de la Salle (Maurice de), en 1581.
Lesmerie (Jean), en 1679.
Lesmerie du Breuil (Jacques de), en 1606.
Lesmerie de Lucé (Philippe-Joseph de), en 1668.
Lespine (Louis-François de), en 1703.
Lestang (Jacques de), en 1629.
Lestang du Breuil (Jacques de), en 1581.

Lestau (Gabriel de), en 1522.

Lestilier (Pierre), en 1480.

Lestours (Raimond), tué à la prise de Macry, en 1410.

Lestrange (Jean de), en 1647.

Lestrade (Antoine de), en 1550.

Leugny (Jean de), en 1549.

Leuville (François-Olivier de), en 1531.

Levemont de Monfflaines (Jean de), en 1566.

Levesque (Jean de), en 1528.

Levesque de Marconnay (François), en 1632.

Lévis Charlus (Jean de), tué à la prise d'Alger, en 1541.

Lévis Gaudiez (Joseph de), en 1671.

Lévis Ventadour (Christophe-François de), en 1606.

Leygue (Claude de), en 1621.

Leynières la Boudy (César de), en 1569.

Lezardière (André-Robert de), tué à la défense de Malte, en 1565.

Lhuillier d'Orgeval (Geoffroy), en 1612.

Lhuillier d'Orville (Réné), en 1629.

Lhuillier de Saint-Mesmin (Philibert), en 1539.

Liberton de Figueville (Antoine de), en 1636

Liège du Charrault (Jacques du), de 1586.

Lière (François de la) tué au siège de Malte, en 1565.

Ligier (Octavien de Saint-), en 1568.

Lignaud (Louis de), en 1686.

Lignerac (Robert de), en 1651.

Ligneris (Geoffroy de), en 1602.

Lignes (Philippe de), en 1519.

Ligneville (Jean de), en 1480.

Ligneville de Tantonville (Jacques-Philippe de), en 1554.

Ligneville Vanne (Jacques Réné de), en 1601.

Ligny (Emmanuel de), en 1652.

Ligny de Baray (Claude de), en 1529.

Ligondes (Jean de), en 1149.

Ligondes Saint-Domet (François de), en 1679.

Ligue (Antoine de la), en 1522.

Limoges (Jacques de), en 1526.

Limoges Saint-Just (Gabriel de), en 1566.

Limoges Renneville (Louis de), en 1612.

Limoges Saint-Saen (Gabriel-Adrien de), en 1680.

Lindin (Thierry de), en 1531.

Linguella (André de), en 1592.

Linières d'Amaillou (Guillaume de), en 1556.

Linières de la Bourbelière (Hippolyte de), en 1613.

Liniers (N......) grand prieur de Toulouse en 1620.

Liobart (Claude de), en 1554.

Lion (Antoine de), en 1522.

Lion (Annet du), en 1556.

Lioncel (Etienne de), tué à la défense de Rhodes, en 1522.

Lions Despaux (Jean de), en 1512.

Liques (Jean de), en 1522.

Livenue Verdille (François de), en 1633.

Livenne Vousan (Paul de), en 1522.

Livron Bourbonne (Charles-Henri de), en 1631.

Livron Savigny (Melchior de), en 1634.

Lizardière (André-Robert de), en 1561.

Lizay de Lusignan (Mathieu de), en 1650.

Lochart (Guillaume), commandeur de Chanut, mort en 1525.

Loches (Berard et Claude de), en 1581.

Lodan (Jean), tué à la prise de Zoara, en 1552.

Logdain la Coste (Louis de), en 1572.

Logerie Pouérian (Olivier), tué dans un combat en 1557.

Loi (Gui de la), en 1480.

Lombard Castellat (Joseph de), en 1674.

Lombard Saint-Benoît (François de), en 1663.

Lombelon (Antoine de) en 1578.

Loménie de Brienne (François et Denis de), en 1691.

Lona (N .....), en 1566.

Long (Antoine le) en 1528.

Long Chenillac (Gilbert le), en 1538.

Long de Lorme (Jean le), en 1516.

Longpérier de Corval (François de), en 1588.

Longueil de Maisons (Pierre de), en 1546.

Longueil Sèvre (Louis de), en 1626.

Longueraye (Roland de la), en 1539.

Longueval (Hugues de), en 1535.

Longueval Haraucourt (Bernard de), tué à la prise de Zoara, en 1552.

Longueval Manicamp (René de), tué dans un combat en 1622.

Lopis la Fare (Charles et Guillaume de), en 1660.

Loques Puimichel (Pierre de), en 1626.

Loras (François-Abel de), en 1681.

Lordat (Pons de), en 1612.

Lordat de Bram (Jacques de), en 1644.

Lore (Philippe de) , en 1607.

Loric Lascourmes (N.....) , en .....

Lorraine de Brie (Charles de) , en 1608.

Lorraine de Guise (François de) , en 1567.

Lorraine d'Harcourt (Louis-Alphonse de) , en 1648.

Lorron Damecy (Hugues de) , en 1573.

Losse (David de) , en 1664.

Lot (Bertrand de) , en 1519.

Lottin de Charny (François-Marguerite) , en 1698.

Loubens (Gratian de) , en 1591.

Loubens Verdale (Hugues de) , en 1545.

Loubère (Jean-François de) , en 1625.

Loubert de Martainville (Alexandre de) , en 1700.

Loue (Philippe de la) , en 1605.

Louet Aujargues (Louis de) , en 1609.

Loup de Montphan (Arnaud le) , en 1633.

Loupiac la Devize (Charles-Louis) , en 1664.

Lousine des Moulins (Jacques de) , en 1539.

Louvet Calvisson (Jacques de) , en 1557.

Louvet Saint-Ariban (Anne de) , en 1617.

Louvet Arnaison (Anne-François de) , en 1667.

Louvet Carnetecourt (Claude de) , en 1571.

Louvet de Glisy (Louis) , en 1666.

Louvet de Murat de Calvisson (Louis de) , en 1670.

Louvet Nogaret Calvisson (Louis de) , en 1607.

Louverot (Alexandre-Antoine de), en 1682.

Louviers Vaulchamps (Claude) , en 1640.

Louvilliers Poincy (Philippe de) , en 1604.

Luc (Regnault du) , en 1584.

Lucas (Claude) , en 1522.

Ludres (Nicolas de) , en 1539.

Lugy (Adrien de) , en 1550.

Luppé (Jean de) , en 1513.

Luppé Castillon (Jean-Gaston de) , en 1623.

Luppé Garrané (Jean-Bertrand de) , en 1597.

Lurieux (N.....) , commandeur de Genevois.

Lusanne (Gabriel de) , en 1522.

Lussan (Léon de) , en 1625.

Lussinges (Georges de) , en 1572.

Lursinges Leshaline (Georges de) , en 1575.

Luzerne de Beuzeville (Paul Royer de la) , en 1687.

Lymermont (Antoine de) , en 1536.

Lys (François du) , tué dans un combat, en 1580.

M

Mabart (Philibert de), en 1569.

Macanan (Louis de), en 1544.

Machault (Charles de), en 1629.

Machault de Villepreux (René de), en 639.

Machy Teveny (Pierre de), en 1601.

Madron (Joseph de), en 1662.

Maes Bodeghen (Jean-Baptiste de), en 1618.

Magdelaine de Ragny (Claude de la), en 1649.

Magelancourt (N.... de), tué à la prise de la ville de Ma
homette, en 1602.

Magnan (Jean), en 1522.

Magnene, (Louis) tué au fort Saint-Elme, en 1565.

Mahiel Saint-Clair, (François de) en 1644.

Mahiet Ravenel, (N....) en 1386.

Maignart de Bernières (Jacques et Charles), en 1631.

Maignaud Montaigut (Bernard de), en 1575.

Maigne de la Salevave (Louis de), en 1660.

Maillac (Jean de), en 1547.

Maillé de Benehart, (Henri de) en 1663.

Maillé de Brezé (Claude de), en 1595.

Maillé de la Tour Landry (Philippe-Michel), en 1691.

Mailleret (Renaud de), en 1639.

Mailloc Saquenville (Louis de), en 1540.

Mailly (N...... de) , grand-prieur d'Auvergne, maréchal
de l'ordre, tué au siége de Damiette, en 1218.

Mailly d'Arc (Alexandre de), en 1566.

Mailly de Haucourt (Antoine de) , en 1634.

Mailly de Seilly (Jean de), en 1554.

Maimye Clairac (André de la) , en 1662.

Maire de Paris Fontaine (François le), en 1681.

Maireville Agafin (Antoine de), en 1593.

Maisonseule (René de), en 1637.

Malenfant de Preissac (Antoine de), en 1602.

Maleret Lussac (Jean de), en 1570.

Malin Digoine (Claude de), en 1534.

Malin de Lux (Guillaume de), en 1524.

Mallard de Fontaine (Gilles), en 1631.

Mallesec Chastellus (Philippe de), en 1604.

Mallevau de la Mangotière (Jean de), en 1546.

Malleville Tégra (Guyon de), en 1595.

Mallon de Jupeaux (Claude de), en 1598.

Mallon de Morieux (Guillaume de), en 1606.

Mallortie Champigny (Louis de), en 1645.

Maloye (Philibert de), en 1566.

Mandcaye de Montreuil (François de), en 1546.

Mandre (Africain de), en 1570.

Mandre de Monthureux (Georges de), en 1569.

Mangirols (Léonard), en 1480.

Manneville Auzonville (Louis de), en 1647.

Mansel Saint-Léger (François du), en 1588.

Manssea (Henri), en 1522.

Manthon Beaumont (Georges de), en 1581.

Marans (Charles de), en 1636.

Marans des Ondes Saint-Martin (François), en 1370.

Marbeuf (Claude de), en 1644.

Marc Châteauroux (Antoine de), en 1584.

Marcastel (André-Joseph de), en 1690.

Marcel Crochant (Jacques de), en 1599.

Marcel de Galéan (Jean-Jérôme et Lazare de), en 1616

Marcel Ferrier (Charles de), en 1653.

Marcelange d'Arçon (Marcelin de), en 1685.

Marcelange de la Grange (Antoine de), en 1667.

Marche (Gilles de la), en 1480.

Marche Montberard (Balthazard de la), en 1659.

Marche Parnac (Louis de la), en 1658.

Marcheville (Joachim de), en 1566.

Marconnaye de Cursay (René de), en 1660.

Marcoussey (Louis de), en 1581.

Mare du Theil (Nicolas de la), en 1634.

Mares Bellefose (Jacques des), en 1634.

Mares de Breuil (Antoine des), en 1546.

Mareschal (Godefroi), en 1480, commandeur de Bugnes.

Mareschal (Anselme de), en 1675.

Mareschal Franchesse (Louis de), en 1627.

Mareste (Claude de), en 1639.

Marette (Charles de), tué à la prise de la ville d'Afrique, en 1541.

Margalet (Charles de), en 1625.

Margalet Miribel (Salomon de), en 1614.

Margalet Saint-Auguile (Joseph-Antoine de), en 1670.

Marie (Claude de Sainte), en 1548.

Marie d'Espilly (Jacques de Sainte), en 1623.

Marigny de la Touche (Antoine de), en 1535.

Marinier de Cany (Jean-Baptiste le), en 1666.
Marinier Cany Barville (Nicole le), en 1666.
Marlat (Jean de), en 1573.
Marle (Jean de), en 1512.
Marmier (Claude de), en 1635.
Mars Liviers (Jean de), en 1571.
Marseille (François de), des comtes de Vintimille, en 1598.
Marsilly (Jean de), en 1548.
Martel (Claude de), en 1572.
Martel de Chambines (François), en 1627.
Martel de Fontaines (Adrien), en 1633.
Martel Lundrepoutre (Joseph-René de), en 1698.
Martel du Parc (Damiens), en 1625.
Martin (Charles de), en 1628.
Martin (Jean de Saint-), en 1522.
Martin de Garennes (Jean de Saint-), en 1545.
Martin Puylobier (André de), en 1561.
Martin de Viviez (Louis de), en 1665.
Martinet Peinabeyraux (Jacques de), en 1583.
Martonie (César de la), en 1603.
Marvilleau (Joachim), en...
Marzac de Saulhac (Jean de), en 1571.
Mas Castellane Allemagne (Jean-Baptiste du), en 1631.
Mas Wassal (Jacques), en 1618.
Mascon du Chey (Balthazard de), en 1677.
Mascrany (Jean de), en 1640.
Maskarel Boisgeoffroy (Charles), en 1612.
Maskarel de Hermanville (Jean de), en 1585.
Masparault Chevrières (Antoine de), en 1633.
Massas (Marsal de), en 1546.
Masse (Gérard de), grand commandeur, en 1536.
Massencome la Garde Montluc (Joseph-Franç. de), en 1663.
Masson d'Authume (Jean Léger de), en 1711.
Masson de la Noue (Antoine), en 1601.
Masson de la Vairronnière (André), ...
Massuez Vercoiran (Pierre et Louis de), en 1565.
Matharel (Antoine-Alexandre-Augustin de), en 1676.
Mathan de Semilly (Jean de), en 1644.
Mathay (N.....), en......
Matheron Salignac (Antoine de), en 1614.
Mathieu du Revest (François de), en 1624.
Matignon (Jacques de), en 1651.
Maugiron (François de), en 1521.
Maulbec (N.....) en......

Mauléon (Henri de) , en 1565.

Mauléon la Bastide (Jean-Jacques de) , en 1571.

Mauléon Savaillan (François de) , en 1674.

Maulins (Antoine de) , en 1582.

Maupeou (Louis de) , en 1631.

Maur (Charles de Saint) , en 1627.

Maur Lordoue (Jacques de Saint) , en 1615.

Mauras de Chassenon (Samuel) , en 1617.

Maure (Claude de Sainte) en 1512.

Maure-Montauzier (Léon de Sainte) , en 1531.

Maurel d'Arragon (Jean-Scipion de) , en 1650.

Mauris (Pierre de Saint) , en 1672.

Mauris d'Augeran (Antoine-Bernard-Joseph de) , en 1702.

Mauris Lune (Jean-Baptiste de Saint) , en 1609.

Mauroy (Antoine) , en 1484.

Mauselle (Henri de) , en 1522.

Maynard Bellefontaine (Jacques-Auguste) , en 1661.

Mazères Gramont (Antoine de la) , en 1598.

Mazoyer Verneuil de Villeserin (Philippe de) , en 1662.

Méalet de Fargues (Guy de) , en 1555.

Meaux (Mansuet de) , en 1544.

Meaux Boisbaudran (Guillaume de) , en 1579.

Meaux de Charny (Jacques de) , en 1555.

Meaux Chéry (Jacques de) , en 1531.

Meaux de Douy (Josias de) , en 1638.

Meaux de Marly (Jean de) , en 1558.

Meaux la Bamée (Louis de) , en 1612.

Meaux Rocourt (Philippe de) , en 1607.

Mehec Desfontaines (Guillaume) , en 1545.

Mehun la Ferté (Gilbert de) , en 1608.

Meiran d'Ubaye (André de) , en 1592.

Melignan Triguan (Bernard de) , en 1567.

Mellechastel (Adrien de) , en 1666.

Melun (Guy de) , grand hospitalier de l'Ordre en 1466.

Menas (Jacques de) , grand prieur de Provence, en 1528.

Menesin (François de) , en 1537.

Menil Jourdan (Charles-François du) , en 1703.

Menou de Charnesay (Louis de) , en 1677.

Mercatel (Jean de).....

Mercier (Claude de) , en 1553.

Merieu (Antoine de) , tué à la prise de la ville de Sainte-Maure , en 1625.

Merle (Tristan de) tué au siége de la ville de Suze , en Barbarie , en 1538.

Merle de Blancbuisson (Louis-César du),en 1667.

Merles Beauchamps (Thomas-Joseph de), en 1634.

Merode (Bernard de), en 1557.

Merry (Jacques de Saint), en 1503.

Merry Guerville (Jacques de Saint), en 1526.

Mertras de Saint-Ouen (François de), en ......

Meschatin (Claude), en 1605.

Meschatin la Faye (Claude), en 1656.

Mesgrigny (Louis de), en 1624.

Mesgrigny de Villebertin, (Jean-Antoine de), en 1703.

Mesmes (Claude de), en 1645.

Mosmes Morolles (Louis de), en 1549.

Mesnard Mesnardière (Jean), en 1539.

Mesneust du Chastellier de Bretquigny (Charles-Martian le), en 1704.

Mesnil de Livry (Bernardin du), en 1701.

Mesnil de Simon (Louis du), en 1614.

Mesnil Simon Beaujeu (Pierre du), en 1619.

Messemé (Charles de), en 1601.

Messemé de Saint-Christophe (René-Vincent de), en 1704.

Mest Pampinière (Georges), tué à la prise d'Afrique, en 1550.

Metayer de la Haye le Comte (Martin le), en 1607.

Mialet (Joseph de), en 1711.

Micaut de Lespine (Antoine), en 1540.

Michaelis (Jean-Baptiste de), en 1661.

Michelière (Martin), mort à la suite de l'entreprise de Zoara, en 1552.

Midorge (Jean de), en 1598.

Millaut de Vaulx (François de), en 1549.

Milly du Plesier (Philippe de), en 1602.

Milon (Ives de), en 1480, commandeur d'Amboise.

Mine (Guillaume de), grand hospitalier de l'Ordre, en 1400.

Miossens Sansou (Pierre-Paul de), en 1624.

Miraumont (Antoine de), en 1476.

Miremont de Berrieux (Alphonse), en 1612.

Miromesnil (Sébastien-Jean de), en 1699.

Misselier Fontier (Pierre), tué à Zoara, en 1552.

Mistral Mondragon (Paul-Jean de), en 1654.

Modarre (Pierre), en 1480.

Modènes Pommerol (Joseph de), en 1699.

Moictier de Thumberel (Philippe de), en 1660.

Molé (Mathieu), en 1630.

Moletes Morangiers (Anne de), en 1665.

Mollan (Jacques - Amédor,de), en 1713.

Monancy (Martial de), en 1577.

Monbel de Champeron (Baptiste-Royer de), en 1629.

Moncalme Castellet (Ferrand de), en 1597.

Monceaux (Charles de), en 1531.

Monceaux d'Hanvoilles (Gabriel de), en 1622.

Monceaux la Houssaye (Jean de), en 1602.

Moncel de Gouy (Jacques de), en 1631.

Moncél Martinvast (François du), en 1654.

Monchau (Guillaume de), en 1484.

Monchy d'Inquessant (Nicolas de), en 1559.

Monchy de Vismes (Jean-François de), en 1702.

Mondenard (Antoine de), en 1549.

Mondion (Charles-François de), en 1723.

Mondion Favincourt (Jean de), en 1602.

Mongniet (Martin de), mort en 1538.

Monier de Sausses (Magdelon de), en 1649.

Morlhon Laumière (Jean de), en 1644.

Mons (Jean de), en 1667.

Mons la Caussade (Pierre de), en 1638.

Mons Savasse (Jean de), en 1592.

Mons Verlieu Savasse (Jean de), en 1629.

Mons Villemontré (Michel des), en 1581.

Mousou du Mun (Jean du), en 1601.

Monsures d'Auvilliers (Nicolas de), en 1707.

Monstier (Joseph de) . . . . .

Monstier Venlaron (Antoine de), en 1549.

Monstrejols (Jean de), en 1554.

Mont (Charles du), en 1535, de la langue d'Auvergne.

Mont (Roger du) , en 1634, de la langue de Provence.

Mont de Cardaillac Sarlabous (Jean du) , en 1672.

Montagnac Larfeuillère (Claude de) , en 1607.

Montagnac Lignières (Jacques de), en 1665.

Montagu (Philippe de), en 1631, de la langue de France.

Montagut (Henri-Antoine de) , en 1613.

Montagut Bouzols (Joseph de) , 1685.

Montagut Fromigères (Jean de) , en 1526.

Montaigu (Otton de) , grand prieur d'Auvergne et maréchal de l'Ordre, en 1617.

Montaigu Boisdavy (François de) , en 1582.

Montal (Alain de) , en 1565.

Montal la Prade (François de) , en 1555.

Montalais (Hélie de) , en 1548.

Montalambert (Léon de), en 1525.

Montalambert de Vaulx (Gabriel de), en 1542.

Montalier (Jean de), tué à la prise de la ville de la Mahomette, en 1550.

Montarby de Loupvigny (Christophe de), en 1593.

Montarnauld (Gui de), en 1480.

Montaut d'Arles (Roger de), grand prieur de Provence, en 1355.

Montbason (Troilus de, en 1561), tué au siége de Malte, en 1565.

Montblanc Sausses (Mathieu de), en 1563.

Montbron (Jean-Baptiste de), en 1656.

Montbron d'Ampval (Joseph de), en 1661.

Montbron de Fontaine (Yves-Balthasard de), en 1631.

Montbron Soudon(Eustache de), en 1661.

Montchal (Jean de), tué au siége de la ville d'Alexandrie, en 1366.

Montchenu (François de), en 1554.

Montchenu Saint-Jean (Claude de), en 1556.

Monteau Labat (Philippe-Thémoléon de), en 1649.

Monteaud Castelnau (Nicolas de), en 1628.

Montecler (André-Marie de), en 1683.

Montecler de Charné (Louis de), en 1613.

Montelier (Claude de), en 1538.

Montenar (Franç. de), tué dans un combat naval, en 1557.

Montesquiou (Guillaume de), tué dans un combat, en 1534.

Montesson (Jean-Baptiste de), en 1668.

Monteynard la Pierre (Claude de), en 1608.

Montfalcon Saint-Pierre (Claude-François), en 1685.

Montfaucon (Otton de), tué près d'Escalon, en la Terre-Sainte, en 1110.

Montferran (Sébastien de), en 1572.

Montfort (Pierre de), en 1528.

Montfoucon (François de), en 1625.

Montfoucon Roquetaillade (Jean de), en 1525.

Montomery (Louis de), en 1584.

Monthiers Boisroger (Lancelot de), en 1611.

Montholon (Antoine de), reçu du temps du grand-maître d'Aubusson.

Montigny (Alexandre de), en 1539.

Montjournal (Jean de), en 1611.

Montjouvent (Pierre de), en 1605.

Montlaur (Pierre de), en 1522.

Montlezun (Bernard de), en 1480, commandeur de Caubin.

Montlezun Besmaux (Hippolyte-Joseph de), en 1644.

Montlezun Campaigne (François de), en 1682.

Montliat (Louis de), en 1578.

Montluc (Jean de), en 1556.

Montluc Balagny (Gabriel de), en 1619.

Montmelin (Vroile de), commandeur d'Oson, tué au siége de Rhodes, en 1480.

Montmirail (Nicolas de), en 1535.

Montmire (Nicolas de), en 1470.

Montmoras (Jean de), en 1532.

Montmorel (Humbert de), en 1517.

Montmorency (Claude de), en 1509.

Montmorency de Luxembourg (Chrétien-Louis de), en 1676.

Montmorillon (Saladin de), en .....

Montmorillon (Claude de), en 1554.

Montmorin (Jean de), en 1546.

Montmorin de Saint-Herem (Jean et Charles de), en 1643.

Montmoyen (N..... de), mort en 1527.

Montolieu (Melchion de), en 1584.

Montpezat (Nicolas de), mort à l'affaire de Saragosse, en 1625.

Montredon (Pierre de), en 1572.

Montreuil (Charles de), en 1531.

Montrical (Henri de), en 1599.

Montroignon des Crotes (Claude de), en 1595.

Montroufa (Hugues de), en 1516.

Montroux de Perissat (François de) en 1653.

Montsalvin (Charles de) en 1670.

Montsoreau (Charles de), tué dans un combat, en 1557.

Montspey la Vallière (Joseph-Henri de), en 1715.

Monty (Charles de), en 1724.

Monty de Launay Charles-Claude de), en 1721.

Moranvillier d'Orgeville (Gabriel de), en 1594.

Morard (François de), en 1662.

Moréal Coinmenaille de Vernois (Nicolas de), en 1716.

Moréal de Vernois (Pierre-François de), en 1709.

Moreau du Feuillet (René), en 1605.

Moreilhian Louis de, en 1632.

Morel d'Aubigny (Alexandre-René de), en 1682.

Morel Cateville (Adrien de), en 1566.

Moreton (Claude de), en 1624.

Moreton Chabrillan (François et Christophe de), en 1546.

Moretz de Garancières (René de), en 1524.

Morgé (Louis de), en 1592.

Morges (Guigue de), en 1549.

Morges Ventaron (François de), en 1625.

◦ *Morier* (Jean), en 1518.

Morin (René), en 1480, commandeur d'Aix.

Morin de Paroy (Louis), en 1600.

Moriniers (Imbert de), maréchal de l'Ordre en 1544, et grand prieur d'Auvergne, en 1547.

Morisot (Jean), mort en 1625.

Morlat de Doix (Jean de), en 1577.

Morlhon Laumière (Marc-Antoine de), en 1658.

Mornay Chenu de Montchevreuil (Philippe de), en 1632.

Mornay de Villarceaulx (Antoine de), en 1570.

Morrier (Georges), en 1522.

Morru de Saint-Martin (Emile de), en 1588.

Mortemar (Joachim de), en 1522.

Mosnard (Jacques de), en 1605.

Motier de Champestières (Jean-Marie), en 1694.

Motier de la Fayette (Philibert de), en 1613.

Motte (Claude de la), en 1522, de la langue d'Auvergne.

Motte (Gaspard de la), en 1547, de la langue de Provence.

Motte Houdancourt (Jacques de la), en 1625.

Motte d'Issault (Charles de la), en 1653.

Motte Longlée (Antoine de la), en 1556.

Motte d'Orléans (Charles de la), en 1666.

Motte Saint-Pardons (Philippe-Joseph de la), en 1660.

Mottel (Jean de), en 1628.

Mouart Savar (Jacques de), en 1607.

Mouchy (Georges de), en 1686.

Mouchy d'Hocquincourt (Dominique de), en 1637.

Moucy (Pierre de), en 1679.

Mourenne (Antoine de), en 1578.

Moury (François de), en 1533.

Moussy Boismorant (François de), en 1528.

Moustier (Léonor de), en 1617.

Moustier de Sainte-Marie (Jacques-Louis du), en 1700.

Moustier Sarragousse (Louis de), en 1543.

Mouxi de Loches (Clair de), en 1659.

Moy (Nicolas de), en 1560.

Murat (Antoine de), en 1480, commandeur de Burgau.

Murdrac de Graneville (Jacques-Félix de), en 1698.

Muret Clavier (Jean), tué dans un combat, en 1554.

Murinays (Octavien de), en 1611.

Murviel (Henri de), en 1624.

Mussard (Jean de), en 1535.

Myée Guepray (Thomas de), en 1540.

Myre d'Angerville (Gilles le), en 1603.

Myron (Charles de), en 1635.

Mysec Villiers Loys (Nicolas de) , en 1546.

N

Nagu Varennes (Hugues de) , en 1529.

Naillac (Pierre de) . grand prieur d'Aquitaine, en 1390.

Namur (Philippe de), en 1589.

Nanteuil (Ithier de) , grand prieur de France, en 11...

Naucase (François de) , en 1595.

Navarret (Louis) , tué à la prise de la ville d'Alger, en 1541.

Navinault de la Durandière (Nicolas de) , en 1646.

Nedez (Pierre de) , commandeur de la Feuillée, en 1529.

Negre (Jean de) , en 1480 , commandeur de Braux.

Nemond (André de) , en 1659.

Nesmond (François de) , en 1627.

Nettancourt (Joseph de) , en 1729.

Nettancourt Vaubecourt (Charles de) , en 1612.

Neucheze (Jean de) , en ....

Neucheze (François de) , en 1623.

Neufport de Lerbaudière (François de) , en 1540.

Neufville (David de la) , en 1460.

Neuvillars Jean de , en 1659.

Neuville (Guillaume de) , en 1570.

Neuville d'Alincourt (Ferdinand de) , en 1610.

Neuville Boisguillaume (Guillaume de) , en 1613.

Nevers (Gérard, bâtard de) , en 1476.

Nicey de Courgivault (Philibert de) , en 1603.

Nicolay (Aimard - Chrétien - François - Michel de) , en 1721.

Nicolleau (Pierre) ,en 1540.

Nini Claret (Richard de) . en 1586.

Noailles (Jacques de) , en 1657.

Noberet (Jean de) , en 1571.

Noble des Plats Saint-Amadour (Jean de) , en 1647.

Noblet Chenelettes (Antoine de) , en 1699.

Noblet Tercillac (Nicolas de) en 1613.

Noblot des Carmes (Joseph de) , en 1643.

Nocey Boucey (Charles de), en 1603.

Nochières (François de), en 1523, commandeur d'Angers.

Noë de Azay (Nicolas de la), en 1580.

Noël de la Conardin (Claude de), en 1573.

Nogaret (Pierre de), en 1552.

Nogaret Calvisson (Louis de), en 1639.

Nogaret Roqueferrière (Nicolas de), en 1557.

Nointel (Paul-Olivier de), en 1663.

Noir Fontaine (François de), en 1535.

Noir de Panein (Etienne le), en 1620.

Nollant de Boudanville (Etienne de), en 1625.

Nollent Couillarville (Jean de), en 1621.

Noncourt (Pierre le), en 1522.

Norroy (Charles de), grand commandeur, en 1474.

Nos (Nicolas-Pierre des), en 1724.

Nossay de la Forge (François de), en 1679.

Noue (Adrien de), en 1567, de la langue d'Auvergne.

Noue (Pierre de), en 1515, de la langue de Provence.

Noue (Pierre de la), en 1662.

Noue Montoussin (Alexandre de), en 1587.

Noue Monlezun (Alexandre de), en 1589.

Noue de Villers (François de), en 1642.

Noues (Jean de), en .....

Nourry du Mesnil Ponthoray (Louis le), en 1643.

Nouzillac (Jean de), en .....

Nouzillac (Philippe de), en 1594.

Noves (Pierre de), en 1480, commandeur de Pontverve.

Novince d'Aubigny (Jacques de), en 1650.

Nozières (Jean de), en 1553.

Nuchelles (Jean de), grand prieur d'Aquitaine, en 1559.

Nupces (Jean-Baptiste de), en 1701.

O

O (Robert d'), en 1643.

Offange (René de Saint-), en 1592.

Ognies (Jacques d'), en 1520.

Oiselet (Jean d'), en 1617.

Olivier (François d'), en 1663, tué au siége de Malte, en 1565.

Onvalle de Preugny (Jean d'), en 1523.

Omières (Jean d'), en 1522.

Oradour (Charles-Louis d'), en 1658.

Oradour d'Authesat (Jean-Louis et Charles-Louis d'), en 1666.

Oraison (César d') , en 1612.

Oraison Boulbon (Charles-Félix d'), en 1642.

Orbessan (Odet d'), en 1560.

Orbessan Lissac (Philippe-Pierre d'), en 1619.

Orgerolles (Gilbert d'), en 1579.

Orgerolles Saint-Polque (Louis d') , en 1554.

Oriault d'Hauteville (Robert et Jean-Jacques d') , en 1582.

Orléans (Charles , bâtard d'), en 1587.

Orléans la Motte (Balthazar d') , en 1717.

Orme Pagnac (Jacques de l') , en 1654.

Ornaison de Chamarante (Ange-François d') , en 1699.

Ornay (Charles de l'), en 1639.

Ortaus (Claude d') , en 1566.

Orvaux (Léonor-Louis-Alphonse d') , en 1689.

Osmond (Antoine) , en 1630.

Osmond d'Aubry (Jean-Baptiste) , en 1668.

Osmont de Beufvilliers (Antoine d'), en 1638.

Ostrel de Chambligneul (Gilles d') , en 1630.

Ouchy de Sacy (Louis d') , en 1616.

Oullé de Neuville (Jacques d'), en 1613.

Ourche (Claude d') , en 1567.

Outremont (Jacques d') , en 1566.

P

Paci (Nicolas de) , en 1522.

Pageza d'Aza (Chavarin de) , en 1530.

Pageza (Philippe de) , en 1686.

Paillon (Guyon de), en 1530.

Paladin (Claude) , tué dans un combat , en 1557.

Palais (François du) , en 1522.

Palatin de Dio Montmort (Nicolas-François de) , en 1682.

Palatin de Dio de Montperoux (Jacques) , en 1549.

Palavicini (Jean-François de) , en 1701.

Palavicini Sforce (Jean-Barthélemy de) , en 1701.

Palue (Gaspard de la) , en 1522.

Palustre de Chambonneau , (César), en 1643.

Panac (Jean de) , en 1522.

Panisse (Charles de), en 1570.

Panisse Oiselet (Joseph de), en 1618.

Panisse Merveilles (Charles de), en 1582.

Panisse Montfaucon (Joseph de), en 1547.

Papefilt (Pierre), en 1480.

Papillon (N.....)

Pardaillan (Aimar de), en 1557.

Pardaillan Gondrin Montespan (Jean-Louis de), en 1620.

Pardessus (Claude de), en 1614.

Parfouru (Guillaume-Simon de), en 1625.

Paris Boissy (Nicolas de), en 1643.

Parisot de la Valette Broua (Bigot), tué à Zoara, en 1552.

Parriers du Bauchet (Ambroise de), en 1606.

Pas (Antoine de), en 1457.

Paschal de Colombiores (Antoine), en 1595.

Passage Sinnhery (Louis du), en 1646.

Passier (Pierre de), en 1638.

Paule (Antoine de), en 1571.

Paule de Soudeilles (François de), en 1720.

Pauvre (René le), en 1523.

Pauvre de la Vau (Gilles le), en 1529.

Pavée Villeville (François-Joseph de), en 1685.

Pavie Fourquevaux (Arnaud de) , en 1651.

Pavières (Pierre de), en 1613.

Pechpeyrou Beaucaire (François de), en 1667.

Pechpeyrou Comenge Guitaud (Charles de), en 1621.

Pechpeyrou Guitaud (Charles de), en 1612.

Peguineau de Villaumaire (Roland de), en 1609.

Peirou de Saint-Hilaire (Annet du), en 1546.

Pelegrin la Roque (Hector) , en 1540.

Pelegua (Antoine de) , en 1522.

Pellegrin du Gauville (Philippe le), en 1654.

Pellevé du Salcay (François), en 1622.

Pelloquin (Bertrand), ...

Pelloquin (Jacques), en 1523, commandeur des Roc.

Pelloquin de la Plesse (Pierre), en 1528.

Pelons (Meraud du), tué dans un combat, en 1618.

Penne la Ferrandie (Bernard de), en 1584.

Penfenteunio (François-Claude de), en 1709.

Pepin (Honorat), tué dans un combat, en 1557.

Perdicque (Philippe de), en 1524.

Peret de Vienne (Jean), en 1522.

Péricard (Émery de) , en 1584.

Perrier (Jacques du) , tué en 1680.

Perière d'Allons (Jean de) , en 1688.

Pern du Laté (Charles de Saint) , en 1662.

Perne (Gaspard de) , en 1650.

Perou (Pierre du) , en 1702.

Peroux (François du) , en 1663.

Peroux Mazières (Charles du) , en 1686.

Perrier du Mené (Olivier du) , en 1651.

Perron Benesville (François du) , en 1635.

Perrot (Henri-Barnabé-Crépin) , en 1632.

Perrot de Saint-Dié (Henri en) 1658.

Perrot de la Malmaison (Christophe) , en 1623.

Persil de Genest (Claude et Hugues de) , en 1567.

Persy (Pierre-Jean-Baptiste de) , en 1703.

Perussis (Louis de) , en 1609.

Perussis du Baron (Fabrice de) , en 1642.

Peryer Maupertuis (Roch de Saint) , en 1548.

Pésant de Boisguibert (Pierre-Hubert le) , en 1700.

Peschard de la Botheliseraye (Gilles) , en 1606.

Pestivien de Cuvillier (Louis de) , en 1622.

Petit (Philippe) , en 1522.

Petit de la Guerche (François) , en 1623.

Petit de la Hacquinière (Simon le) , en 1578.

Petit de la Vauguyon (Gabriel le) , en 1573.

Petroment (Ignace-Philippe de) , en 1713.

Phalle (Adrien de Saint) , en 1519.

Phalle de la Haute-Maison (Hector de Saint) , en 1505.

Phalle de Neuilly (Claude Saint) , en 1607.

Philippe de Saint-Viance (François de) , en 1572.

Philippes (Pierre) , tué au siége de Rhodes, en 1522.

Phélypeaux de Châteauneuf (Balthazard de) , en 1694.

Phélypeaux de Pontchartrain (Jean-Frédéric et Paul-Hiérôme de) , en 1703.

Phélypeaux de la Vrillière (Augustin) , en 1650.

Picard (Henri la) en 1500.

Picar Sevigny (Charle le) , en 1566.

Picart (Pierre) , en 1522.

Picart d'Artilly (Gui le) , en 1577.

Pichier de la Poche (Noël) , en 1553.

Picher de la Poche-Picher (Louis) , en 1646, commandeur de Mauléon.

Pichon (Jacques de) , en 1664.

Pichon Bradelle (Jacques de) , en 1612.

Picon Muscadel (Jacques de), en 1663.

Picot de Combreux (Jacques-François) , en 1709.

Picot de Dampierre (Charles) , en 1723.

Piédefer (Jean), en 16...

Piédefer Bourdregnault (Pierre de) , en 1556.

Piédefer Champlost (François de) , en 1602.

Piédefer de Guiencourt (François) , en 1624.

Piennes (Antoine de) , en ....

Pietremont (Charles de) , en 1693 .

Pignau Rochemaure (André de) , en 1480.

Pignion (Antoine du) , en 1549.

Pillot de la Tihonnière (Michel) , en ...

Pinart Cadoallan (Guillaume) en 1635.

Pingon (Antoine) , tué dans une entreprise, en 1552.

Pinot (Jean) , tué à la prise d'Alger , en 1541.

Pins (Odon de) , en 1292.

Pins Montbrun (Louis de) en 1554.

Pinsson (Amédée) , en 1522.

Piolenc (Joseph-François le) , en 1684.

Piram (Louis) , en 1522.

Place Eumechon (Philippe de la) , 1631.

Plaignier (Georges de) , en 1538.

Plancy (Pierre de) , grand prieur, en 1327.

Plane et *Arduin* (Guillaume de) la , en 1480, commandeurs de Selve et de Crisens.

Plantavit-Murgon (Joseph-Gaspard de) , en 1663.

Plantis Landreau (Charles du) , en 1650.

Plastière (Gabriel de la) , en 1683.

Plessier de Basincourt (Christophe du) , en 1564.

Plessis (Nicolas du) , en Poitou, tué au siége de Malte, en 1565.

Plessis Baudoin (Lancelot-Pierre du), en 1595.

Plessis Châtillon (Anne-Hilarion du) , en 1725.

Plessis Richelieu (Charles du) , en 1546, tué à Zoara, en 1552.

Plexis de la Bayejarno.

Ployer (Léon du) , en...

Pocapaglia (François-Marie de) , en 1555.

Podenas (Gabriel de) , en 1534.

Poippe (Laurent de la) , en 1584.

Poippe Ferrières (Laurent de la) , en 1582.

Poippe Vertrieu (Claude de la) en 1640.

Poictevin Duplessis Landry (Nicolas) , en 1561.

Poictevin de la Ridollière (Pierre) , en 1604.

Poincignon (Jean de), en 1480, commandeur de Marbotte.

Poinpon (Jean de ,) en 1581.

Poissieux (Gaspard de), en 1614.

Poisson du Mesnil (Gilbert), en 1687.

Poissy (Claude de) ,...

Poitier Alan (Jean de), en 1491.

Poix Marescreux (Vincent-François de), en 1701,

Pol- Hecourt (Charles-Pierre de Saint), en 1714.

Polastron (Denis de), en 1519.

Polastron de la Hilière (Royer de), en 1480.

Polastron la Hilière Saint-Cassien (François de), en 1651

Poligniay (Jean de), en 1520.

Poligny (Claude-Louis et Charles-Antoine de), en 1702.

Polin (André), grand prieur de France, en 11...

Pollod de Saint-Agnin (Annet de), en 1642.

Pomat (Jean-Baptiste de), en 1612,

Pomerols (Gabriel de), lieutenant-général du grand-maître de l'ile Adam, tué au siége de Rhodes, en 1522.

Pommereu (Pierre de), en 1529.

Pommereu la Brétesche (François de), en 1631.

Pompadour (Jean de), en 1621.

Pomponne (Jean-Baptiste-François-Félix-Arnaud de), en 1705.

Pons (Pontus de), mort à la prise de Rhodes, en 1309.

Pons (Pierre de), en 1480, du prieuré d'Aquitaine.

Pons (Rostaing de), en 1371, de la langue de Provence.

Pons (Balthasard de), en 1656, de la langue d'Auvergne.

Pons la Grange (Antoine de), en 1655.

Pons de Montfort (François de), en 1530.

Pont (Antoine du), en 1560.

Pont d'Eschully (Robert du), en 1551.

Pons du Géan (Pierre du), en 1628.

Pont du Goult (Pierre du), en 1624.

Pont de Renepont (Pierre de), en 1625.

Pontac (Charles de), en 1625.

Pontac Montplaisir (Jean-Baptiste de), en 1603.

Pontailler (Adrien de), en 1565.

Pontailler de Thaillemey (Michel de), en 1584.

Pontanier (Jean-Antoine de), en 1652.

Pontevez (Honorat de), en 1532.

Pontevez d'Amirat (Honoré de), en 1552.

Pontevez Saint-André (François de), en 1648.

Pontevez Bargeme (Gaspard de), en 1633.

Pontevez Biez (Gabriel de), en 1640.

Pontevez Buous (Gabriel de); en 1642.

Pontevez Castellar (Jean de) , en 1631.

Pontevez Maubousquet (Alphonse de), en 1700.

Pontevez Tournon (Louis de) , en 1695.

Pontis (Louis de) , grand commandeur, en 1560.

Pontrin Amberieu (Hercule), en 1578.

Popillon de Riau (Georges de) , en 1651.

Porcellet (Porcellus) , en 1194.

Porcellet Maillane (Taneguy de) , en 1519.

Porcellet Fos (Jean de) , en 1539.

Porcellet d'Ubaye (Pierre et Maurice de), en 1592.

Porcheron de Sainte-Jame de Beroute (René) , en 1682.

Porte (Jean de la) , en 1548, de la langue d'Auvergne.

Porte (Amador de la), en 1584, de la langue de France.

Porte de la Valade (Louis de la) , en 1561.

Portier (Charles de) , en 1605.

Postel d'Ormoy (Jean) , en 1555.

Pot de Rhoddes (Charles) , en 1629.

Potier (Jacques de) , en 1687.

Potier (Jean) , en 1522, de la langue de France.

Potterie (Michel de la), en 1662.

Pottier de Gesvres (Jules-Auguste) , en 1665.

Pottier de Novion (Claude) , en 1665.

Poudenx (Antoine de), en 1712.

Poully (Erard de) , en 1572.

Pourroy Laube Rivierre (Pierre-Emmanuel de) , en 1724.

Poussard de l'Homellière (Joachim), en 1533.

Poussemothe de l'Etoile de Craville (Louis-Armand de), en 1687, commandeur d'Ivry le Temple.

Poussemothe de Tiercenville (Charles-Antoine de) , en 1686, commandeur d'Orléans et de Fiolette.

Poustalandre (Antoine de) , en 1673.

Poute de Château Dompière (François), en 1648.

Poyet (François de) en 1534.

Pra (N..... de), ...

Pra de Pezeux (Louis-Cleriadus de) , en 1684.

Pracomtal (Pierre de) , en 1525.

Prat (Jean de) , en 1596.

Prat de Barbançon (François-Henri du) , en 1695.

Pré (Jean du) , en 1625, de la langue de Provence.

Preissac (Antoine de) , en 1528.

Preissac Esclignac (Louis de) , en 1670.

Prel (Pascal du) , en 1686.

Prévost de Malasis (Louis lé) , en 1549, tué à Zoara, en 1552.

Prezeau de Lorzelinière (Charles) , en 1585.

Priest (Charles de Saint), en 1614.

Prilhac (Pierre de) , en 1649.

Privat Fontanilles (François de) , en 1656.

Privé d'Arigny (Robert de Saint) , en 1572.

Proissy (Philippe de), en 1629.

Prouville Harponlieu (François de) , en 1569.

Provenquières Monjaux (Guillaume de) ,....

Provenquières Monjeaux (Jean de) , en 1669.

Proveroy (Guillaume de) , en 1386.

Pruc (Gabriel de) en 1655.

Prudhomme d'Hally (Pierre de) , en 1634.

Prudhomme de Vitrimont (Blaise-Léopold) , en 1715.

Prunier (Jacques de) , en 1540.

Prunier Beauchaine Saint-André (Joseph de) , en 1700.

Prunier de Lemps (Nicolas de) , en 1686.

Puchot des Alleurs (Thomas) , en 1676.

Puech du Cormoux (Guy del) , en 1612.

Puente (Ferdinand-Joseph de la) , en 1721.

Pugal (Jean), grand prieur, en 1462.

Puget (François de), en 1541.

Puget Saint-André (Pierre de) , en 1674.

Puget Barbantane (François de) , en 1623.

Puget Cabassone (Marc-Antoine de) , en 1558.

Puget Chastuel (Honoré de) , en 1570.

Puget Châteauneuf (Antoine de) , en 1682.

Puget Clapiers (Joseph de) , en 1659.

Puget Rivière (François de) , en 1663.

Puget Rochebrune (Melchior de) , en 1557.

Puisieux (Colinet de) , en 1372.

Puy (Charles du) , en 1534, de la langue d'Auvergne.

Puy (Dominique du) , en 1516, de la langue de Provence.

Puy Saint-André (Louis du) , en 1715.

Puy du Fou (Joachim du) , en 1523.

Puy Saint-Germain (Nicolas du), en 1607.

Puy Michel (Honorat du) , tué dans un combat, en 1557.

Puy Rochefort (Claude du) , en 1567.

Puy Trigonan (François du) , en 1604.

Puygny de Puydoré (Tristan de) , en 1549.

Puyrigaud de Chazettes (Germain de) , en 1535.

Puytesson (René de) , en 1546.

Puyvert de Serze (Jean) , en 1545.

Pinats (Ginot de), grand prieur de Provence, en 1536.

Pytoys de Chaudemay (Pierre de), en 1522, commandeur de Bellecroix.

Q

Quarré d'Alligny (Etienne), en 1665.

Quartier (Pierre), en 1522.

Quatrebarbes de la Rongère (Philippe), en 1663.

Quatrelivres (Pierre de), en 1506.

Queille (Anne et N... de la), frères, tué au siége de Rhodes, en 1522.

Quenelec Cœursoly (Rolland du), en 1550.

Querhoant (Toussaint de), en 1688.

Quesne du Boscage (Robert du), en 1637.

Quesne de Franlieu (André du), en 1697.

Quesnel Coupigny d'Allaigre (Joseph-Antoine du), en 1660.

Quetier (Edmond), tué au siége de Malte, en 1565.

Quincy (Augustin-Sevin de), en 1656.

Quiqueran (Jacques de), en 1657.

Quiqueran de Beaujeu (Honoré de), en 1582.

Quiqueran Ventabren (Claude de), en 1629.

Quiret (Antoine), en 1522.

R

Rabasse de Bergons (Honoré de), en 1631.

Rabastin Paulin (Jean de), en 1545.

Rabat Vasselieu (Imbert-Louis de), en 1635.

Rable du Lude (Louis de la), en 1619.

Rabodanges (Louis de), en 1655.

Rabutin de Bussy (Hugues de), en 1596.

Racault de Reuly (Roch), en 1638.

Rachecourt (Philippe de), en 1595.

Rachecourt Ausserville (Jacques de), en 1566.

Rachel Vernatel (Jean), tué au siége de Malte, en 1565.

Rafelis Grandbois (Michel-Jules de), en 1706.

Rafelis Rognes (Pierre de), en 1626.

Raffin (Pierre), commandeur, en 1460.

Raffin Monteil (François de), en 1561.

Raguier de Poussé (Etienne de), en 1631.

Raigecourt (François-Léopold de), en 1703.

Raimond (Gabriel-Philippe de), en 1598.

Raimond d'Eaux (Marc-Antoine de), en 1561.

Raimond Modène (Jean de), en 1550.

Raimond Pomerols (Conrard° de), en 1641, commandeur du Breuil.

Raimond la Visclède (Jean de), en 1633.

Raincourt d'Orival (Abdon-Victor de), en 1698.

Rainier-Guercy (Georges de), grand prieur d'Aquitaine, en 1595.

Raity Villeneuve (Jacques de), en 1683.

Raity Vitré (Antoine de), en 1631.

Rama (Geoffroy de la)...

Rama du Plessis Hérault (Charles de la), en 1532.

Ramade Transet (André de), en 1542.

Rambures (Guillaume de), en 1597.

Ramec Castelane (Jean-Baptiste de), en 1669.

Ramilly (Gabriel de), en 1518.

Ramilly Charnay (Gabriel de), en 1617.

Ranc Vibrac (Antoine de), en 1661.

Raousset (Joseph de), en 1697.

Raoux (Claude de), en 1654.

Raquin des Gouttes (Philippe), en 1599.

Ras (Antoine du), en 1528.

Rascas (Jacques de), en 1670.

Rascas Canet (André de), en 1683.

Raspaud Colomiez (Jean-Gabriel de), en 1608.

Rate (François de), en 1615.

Rate Cabous (François de), en 1614.

Ravenel Sablonières (Claude de), en 1586.

Raxi (Charles de), en 1675.

Raxi Flassan (Gaspard de), en 1661.

Razes (Guillaume de), en 1625.

Razilly (Gabriel de), en 1591.

Réale (Pierre), en 1522.

Réaulx (Claude-François des), en 1670.

Rebey (Antoine de), en 1595.

Rechinevoisin (Pierre de), en...

Rechinevoisin du Guron (Jean de), en 1627.

Reffray (Pierre), périt au siége d'Alger, en 1541.

Refuge (Charles de), en 1528.

Refuge de la Ravignière (Guillaume de), en 1553.

Reilhac (Joachim de), en 1571.

Reilhane (André-François de), en 1681.

Reillac (N) .....

Relaure Montfort (Marc de), en 1547.

Remigny (Charles-Camille et Louis-Marie de), en 1723.

Remusat (Pierre de) en 1547.

Renaud (Louis de), en 1422.

Renaud d'Alin (Philippe-Emmanuel de), en 1637.

Ressy (Jacques de), en 1565.

Revest (Jacques de) , tué dans un combat , en 1570.

Revest de Varchères (Jacques), tué à Zoara , en 1552.

Ribier (Guillaume), en 1658.

Riboy (Jean de), en 1528.

Ricard (Jean), en 1364 ; commandeur d'Aix.

Ricard (Raymond), grand prieur de Provence , et lieutenant-général du grand-maître d'Aubusson , tué au siége
de Rhodes , en 1480.

Ricard (Guillaume), grand commandeur, tué à la défense de Rhodes, en 1480.

Ricard Cromey (Jean-Etienne de), en 1697, commandeur
de la Romagne.

Ricardière (Claude-Gabriel), tué dans un combat, en
1625.

Ricarville la Vallouine (Jacques de), en 1621.

Richard de la Tour (Jean) , en 1579.

Richardie (Guillaume de la) , en 1573.

Richardie d'Auliac (Marc de la) , en 1689.

Richardie de Besse ; voy. *Besse de la Richardie*.

Richebourg (Georges de) , en 1673.

Richomme de la Goberie (François de) , en 1574.

Riddes (Antoine de) en 1580.

Rieu (Jean du), en 1619.

Rigaud de Laygle Serezin (Jean de), en 1680.

Rigaud de Millepied (Olivier) en 1630.

Riqueti (Thomas-Albert de), en 1639, commandeur de
Ranneville.

Riqueti Mirabeau (François de) , en 1645.

Riscatellière (Marin-Raimond et Jacques Aubineau de
la), en 1545.

Rivery Potonville (Réné de), en 1583.

Rives (Claude et Léonard de), en 1480.

Rivière (Thomas de), en 1550.

Rivière (Christophe de la) , en 1582 , de la langue d'Auvergne.

Rivière (Adrien de la), en 1529. de la langue de France.

Rivière d'Ampbernard (Jean de la) , en 1603.

Rivière d'Arschot (Ernest-François de), en 1637.

Rivière Sainte Geneviève (Adrien de la), en 1547.

Rivoire (Hector de la) , en 1608.

Robien (Sébastien de) , en 1686.

Robin de la Tremblaye (Louis), en 1623.

Robins Barbantane (Richard de), en 1652.

Robins Gaveʒon (Paul-Antoine de), en 1604.

Robins Gradel de Beauregard (Henri de), en 1701.

Rochas (Pierre de), en 1522.

Rochas Aiglum (Balthazard et Honoré de), en 1557.

Roche (Geoffroy de la) , en 1578 , de la langue d'Auvergne.

Roche (Réné-Aymard de la) , en 1551, du prieuré d'Aquitaine.

Roche (Louis de la) , en 1655, de la langue de Provence.

Roche Aimon (Jean-François de la), en 1665.

Roche Aimon Barmon (Joseph de la), en 1676.

Roche Andry (Jean de la) , en 1527, commandeur de Nantes.

Rochebaron (Artaud de) , en 1562.

Roche la Boullaye (Louis de la), en ...

Roche Chamblas (François de la) , en 1586.

Rochechouart (Faucaud de), grand prieur de France, en 1546.

Rochechouart Clermont (Pierre de) , en 1712.

Rochechouart Faudoas (Honoré de), en 1550.

Rochechouart de Jars (François de) , en 1607.

Rochechouart Montpipeau (Pierre de), en 1627.

Rochechouart Sircy (Gabriel de) , en 1572.

Roche Coudun (Gilbert de la) , en 1652.

Roche Dragon Buisclavau (Bernard de), en 1603.

Roche Dragon Lavoreille (Jean de la) , en 1654,

Roche Fontenilles (Jean-Antoine de la) , en 1720.

Rochefort (N...)

Rochefort (Réné de) , tué dans un combat, en 1570.

Rochefort de Lussay (Dominique de), en 1657.

Rochefort la Valette (Claude de) , en 1551.

Rochefoucault (Jacques de la), en 1621.

Rochefoucault Bayers (Réné de la) , en 1610.

Rochefoucault Chaumont (Antoine de la), en 1584.

Rochefoucault Gondras (Charles-Louis de la), en 1675.

Rochefoucault Langeac (Pierre-Louis de la), en 1699.

Rochefoucault de Marcillac (Charles-Hilaire de la) , en 1645.

Rochefoucault de Neuilly (Jacques de la), en 1540.

Roche de Gueimps (Alexandre de la), en 1685.

Roches Herpin (Pierre des), en 1639.

Rochelambert (François de la), en 1626.

Roche Lavedan (Antoine de la) , en 1661.

Roche Loudon (Annet de la) , en 1669. (1)

Rochemonteil (Gilbert de) , en 1682.

Roche Pich Chelle (N.....) , mort en 1635.

Roche Sabosan (François de la) , en 1574.

Roche Salernet (Antoine de la) , en 1546.

Roches Coudray (François des) , en 1706.

Rochette (N.....), tué à la prise du Simbolat, en 1608.

Rocosel (Jean de), en 1564.

Rodel (Charles-Antoine de), en 1528.

Rodulph (Jean de), en 1574.

Rodulph Beauveƶet (Arnaud et François de) , en 1614.

Rogier de la Ville (Louis), tué au siège de Malte, en 1565.

Rogres (Louis-Anne de), en 1671.

Rogres de Champignelles (Charles de) , en 1663.

Roguée de Ville (Louis de) , en 1554.

Rois Ledignan (Jean de) , en 1584.

Rolands (François des), en 1583.

Rolands Reauville (Joseph des), en 1695.

Rolands Reillanete (Pierre des), en 1646.

Rolat de Brugeac (Jean-Louis de), en 1599.

Romain (Jean de), mort en l'expédition d'Afrique, en 1570.

Romé de Fresquiennes (Louis) , en 1631.

Romé de Vernouillet (Charles) , en 1616

Romieu (Bertrand de) , en 1337.

Romieu Beltƶ (Jean-Aimon de), tué dans un combat , en 1550.

Romillé de la Chesnelaye (Hyppolite-Alexandre de), en 1717.

Rommecourt (Claude de) , en 1545.

Ronerolles (Antoine-François de), en 1690.

Roncherolles (Philippe de), en 1615.

Roncherolles de Maineville (Jean de) , en 1629.

Roncherolles de Pont-Pierre (Albert de), en 1631.

Ronssard de Glatigny (Louis) , en 1611.

---

(1) Cette famille n'est pas la même que la Roche-Coudun.

Roquan (Fouleran de la), en 1551.

Roquan d'Aiguebert (Jean-Bertrand de la), en 1654.

Roque (Guy de la), en 1526, de la langue d'Auvergne.

Roque (Jean-Pélicier de la), en 15.., de la langue de Provence.

Roque (Gilles de la), en 1522, de la langue de Provence.

Roque la Breigne (Raimond de la), en 1567.

Roque de Fontaville (Jean-Marc de la), tué dans un combat naval, en 1570.

Roquefeuil Convertis (Jacques de), en 1531.

Roquefeuil (François de), en 1510.

Roquefeuil Gabriac (François de), en 1672.

Roquefeuil Londres (Pierre de), en 1670.

Roquefeuil du Pinet (Jacques de), en 1630.

Roquefeuil la Roquette (Jean de), en 1559.

Roquefort Marquain (Charles de), en 1677.

Roquelaure (Bernard de), en 1565.

Roquelaure Saint-Aubin (Pierre de), en 1556.

Roquelaure Sansas (Jean-Pierre et Scipion de), en 16...

Roquemaure (Dominique de), en 1646.

Roquemaurel (Jean de), en 1651.

Roquette (N....), tué au siége de Malte, en 1565.

Roquistons Saint-Laurens (Annibal de), en 1608.

Rorteau de la Crestinière (Guy), en 1536.

Rosat Marcay (Louis de), en 1695.

Roset (Bertrand de), en 1522.

Rosmadec (Marc de), en .....

Rosmadec (Marc-Jacinthe de), en 1656.

Rostaing (Christophe et Gilbert de), en 1633.

Rotteau de la Roche (Georges), en 1548.

Roucel de Veneville (François de), en 1595.

Rouch d'Arnoye (Raimond de), en 1559.

Roucy (Bon de), en 1549.

Roucy (Gabriel du), en 1519.

Roucy de Maure (Antoine de), en 1611.

Roucy de Meyré (Jacques de), en 1541.

Rouère Chamoy (Alderard de la), en 1551.

Rouffignac Saurat (François de), en 1604.

Rougée de Ville (Adrien de), en 1545.

Rouhault de Gamaches (Ignace), en 1639.

Rouil de Bray (Etienne du), en 1565.

Roulin (Pierre), en 1480, commandeur de Fontaine.

Rousseau de la Guillotière (François), en 1254.

Roussel (Henri), en 1379.

Rousselé de Sachay (René du) , en 1609.

Rousselet de Château Renault (Balthazard de) , en 1699.

Rousset (Charles de) , en 1640.

Rousset d'Aurons (André de) , en 1640.

Rousset des Roches (Nicolas) , tué dans un combat , en 1526.

Roussignac (Charles de) , en 1569.

Routemaret (François de) , en 1585.

Rouvillasc (Charles de) , en 1596.

Rouvroy (Bertrand de) , en 1523, commandeur de Ville-dieu-la-Montagne.

Roux (Charles le) , tué au siége de Malte , en 1565.

Roux d'Arbaud (Jacques de) , en 1724.

Roux des Aubiers (Charles le) , en 1654.

Roux Beauveser (Pierre de) , en 1555.

Roux du Bourg Theroulde (Robert le) , en 1631.

Roux de Champfleury (Pierre de) , en 1605.

Roux de la Corbinière (Victor-Henri le), en 1701.

Roux d'Esneval (Claude-Adrien le) , en 1690.

Roux Gaubert (Jean-Baptiste de) , en 1701.

Roux de Lamanon (Baptiste de), en 1560.

Roux Saint-Laurent (Joseph de), en 1633.

Roux de Sigy (Claude du) , en 1565.

Roux de Tachy (Gabriel du) , en 1604.

Roux Targue (Gaspard de) , en 1594.

Roux de la Trémouillière (Jean le), tué au siége de Rhodes , en 1522.

Rouxel de Medavi (Jacques), en 1646.

Rouxel des Roches (Nicolas) , en 1529.

Rouy (Roland de) , en 1523.

Rouy de Bussières (Emmanuel de) , en 1561.

Roy du Mesnil (Jean le), en 1539.

Royers de la Brisolière (Jacques de), en 1665.

Roysin (Humbert de) , en 1518.

Rozel de Cagny (François de) , en 1665.

Rozen (Eléonore-Félix de), en 1715.

Rue de Bernières Boisroget (Jean-Charles de la) , en 1706.

Rue de Sillant (Eustache de la), en 1711.

Ruel Saint-Maurice (Charles du) , en 1642.

Ruellan (Achille-Louis de) en 1713.

Ruffin (Pierre de) , en 1480 , commandeur de Garidech.

Runes Vallenglart (François de), en 1541.

Rupière Suruye (François de), en 1607.

Russel la Ferté (Charles de), en 1682.
Ruynal (Jacques-Pierre de), en 1579,
Rynault du Huron (Thibault), en 1545.

S

Sabateris (Jean de), en 1651.
Sabran (Melchior), en 1547.
Sabran d'Aiguine (Elzéard et Jean-François de), en 1658.
Sabran Ansouis (Claude de), en 1531.
Sabran Beaudinar (Honoré de), en 1652.
Sabran Romouses (César de), en 1628.
Sabran Salaperière (François de), en 1678.
Sabrevoirs des Mousseaux (Claude de), en 1620.
Sacconyn (Jean de), en 1548.
Sacconyn Bresoles (Christophe de), en 1621.
Saconai (Jean de), en 1480, commandeur de Montcénis.
Sade (François de), en 1638.
Sade Eyguières (Antoine de), en 1662.
Sade Mazan (Richard de), en 1639.
Saffalin Vachères (François de), en 1554.
Sagnes (Joseph de), en 1644.
Saignet d'Astoaud (Laurent), en 15...
Sailhac (Louis de), en 1555.
Saillant (Geoffroy du), en 1660.
Saint-Bonnet de Thoyras (Guillaume de), tué à la défense de Malte, en 1565.
Saint-Gremont (David de), tué dans un combat, en 1662.
Saint-Mur (Henri de), tué dans un combat, en 1625.
Saint-Pris (Charles de), tué à l'entreprise de Suze, en Barbarie, en 1618.
Saint-Perier (César de) tué à la prise de Suze, en 1608.
Sainte-Camele (Anastase de), commandeur de Tronchierie, tué au siége de Rhodes, en 1522.
Saintrailles (Henri de), en 1584.
Saisseval (Claude-Louis de), en 1667.
Saive de la Motte (Henri de), en 1679.
Saix de Chervé (François-Joachim du), en 1703.
Salagnad (Jean de), en 1640.
Sale Colombière (Claude de la), en 1597.

Sales (Tristan) de , en Savoie, grand-commandeur, tué au siége de Rhodes, en 1522. .

Sales (Charles de) , en 1643 , de la langue d'Auvergne.

Sales (Guyot de), en 1513, de la langue de Provence.

Sales (d'Annecy Georges de) , en 1694.

Sales Lescoublère (Urbain de), en 1646.

Salier la Touche (Claude de), en 1684.

Salins (Guillaume de) , en 1604.

Salive (Claude-François-Marie de), en 1713.

Salle (Henri de la)', en 1629.

Salles (Guyot de) , en 1522.

Salle₃ard (Annibal de), en 1548.

Sallo Senugne (René) , en 1631.

Salmon du Chastellier (Léonor de), en 1648.

Saluces (Imbert de), en 1582.

Salviati (François de), en 1544, commandeur des Fieffes.

Sanguin de Livry (Hippolyte-François), en 1721.

. *Sanson Millon* (Joseph et Claude de) , en 1665.

Sapier (Gilles) , en 1528.

Sàran d'Adrieu (Jacques de) , en 1626.

Sarcus (Hugues de) , grand-prieur de France, en 1420.

Sare (Gilbert de), en 1561.

Sare (François de la), commandeur de Sainte-Anne , tué à la défense de Rhodes, en 1480.

Sarret (Jean de), en 1550.

Sarret d'Agnac (Jean de), en 1551.

Sarret Fabrègues (Jean de), en 1596.

Sart (Charles le)', en 1522.

Sart (Jean du) , en 1525, commandeur de Boux et Merclan.

Sart de Thury (Hugues et Louis du), en 1546.

Sassenage (Guillaume-Antoine de) , en 1644.

Saufer (François de), en 1528.

Saugniac (Guion de), en 1550.

Saugniac Belcastel (Guion de), en 1598.

Saulcières de Tenance (André de), en 1548.

Saulx Tavannes (Nicolas de) , en 1692.

Saumaise de Chasans (Hierôme de), en 1642.

Sauvaget des Clos (René-Jean de), en 1668.

Sauvestre de Clisson (Jacques), en 1523.

Sau₃et Destignières (Louis de), en 1573.

Savary Lancosme (Louis-Antoine de), en 1716.

Saveuse Bouquinville (André de), en 1627.

Savoguerre (Jean de), tué au siége de Malte, en 1565.

Savonnières la Bretesche (René et Damien de) , en 1610.

Savoye de Soïssons (Jules et François-Emmanuel de) , en 1668.

Saye (Jacques) , tué dans un combat, en 1557.

Scoraille (Jean de), en 1670.

Sébastien (Louis de Saint-), grand-prieur d'Auvergne, en 1440.

Secondat Montesquieu (Jean-Joseph de) , en 1640.

Secq de la Cressonnière (Gallias le), en 1542.

Seelles de l'Estanville (Guillaume de), en 1539, tué dans un combat naval, en 1543.

Segrais (Charles de) , en 1550.

Seguier Bouloc (François de), en 1559.

Seguier de Saint-Brisson (Hierôme), en 1539.

Seguier de la Gravière (Philippe), en 1591.

Seguier de la Varrière (François), en 1594.

Seguins Beaumettes (Claude et Joseph de) , en 1660.

Seguins Buscabassole (André de), en 1695.

Seguins Cabassole (François-Gabriel de), en 1623.

Seguins Pigeon (Joseph de), en 1642.

Seguiran (Annibal de), en 1653.

Seguiran Auribeau (Sextuis de) , en 1663.

Seguiran Boue (Antoine de), en 1636.

Ségur (Pierre de), en 1684.

Sehaès (Bernard), en 1522.

Seiches (Jean de), en 1567.

Seigneuret de la Borde (François), en 1623.

Seignoret Fabresan (Claude de), en 1640.

Seissel (Amédée de), en 1480.

Séjourne de Courtil (François de), en 1529.

Selves (Antoine de) , en 1581.

Selves de Cromières (Pierre-Lazare de), en 1623.

Semur (Henri de), tué dans un combat, en 1625.

Senally Rimaucourt (Nicolas de), en 1539.

Seneterre (Annibal-Jules de), en 1689.

Senevoy (Joachim de) , en 1615.

Sengle (Claude de la), en 1522.

Senicourt de Sesseval (Nicolas de), en 1684.

Sens de Folleville (François le), en 1626.

Serainchamps (André de .) , en 1712.

Sercien (David de), bailli de la Morée, en 1480.

Serens (Pierre de) , en 1663.

Serocourt (Jean de), en 1575.

Serocourt de Roumain (Philippe de), en 1580.

Serpens (Gilbert de), en 1529.

Serpens Brunyard (Jacques de), en 1546.

Serre (Pierre de), en 1572.

Serre (Jean-Olivier de la), en 1616.

Serres d'Orcières (Jacques de). . . . . .

Servien (Alexandre), tué dans un combat naval, en 1625.

Servière (Guillaume de), en 1573.

Sesmaisons (Jean-Baptiste de), en 1654.

Seure de Lumigny (Michel de), en 1539.

Seuyat (Antoine de), en 1534.

Severac (Antoine de), tué à l'entreprise de Zoara, en 1552.

Sevigné d'Olivet (René de), en 1622.

Sevin de Quincy (Augustin), en 1656.

Seymier (Guillaume de), en 1574.

Seytres (François de), en 1634.

Seytres Caumont (Christophe de), en 1584.

Seyturier (N....) . . . .

Seyvert d'Urigny (Alexandre de), en 1628.

Signac du Plessis (Pierre de), en 1630.

Signier (Jean de), en 1660.

Signier Piozin (François de), en 1655.

Silbeul Saint-Ferriol (Alexandre de), en 1642.

Silvarin de Fougions (Charles), en 1639.

Simiane (Melchior de), tué dans un combat, en 1557.

Simiane la Caste (Balthazard de), en 1555.

Simiane Gordes (Jean de), en 1526.

Simon (Joachim de Saint-), commandeur de Moulins, en 1527.

Six (Michel de), grand-prieur de Champagne, en 1548.

Soessons de Pothières (André de), en 1547.

Solages (François de), en 1603.

Solages Saint-Jean d'Alzac (Jean), en 1615.

Soligniac (Pierre de), en 1519.

Solorney (André de), en 1562.

Sommièvre (Nicolas de), commandeur de Thors.

Sommièvre (Charles de), en 1380.

Sommièvre de Lignon (Nicolas de), en 1546.

Soreau Saint-Géran (Claude de), en 1517.

Sorel de Villiers (Christophe de), en 1555.

Soubiran (Gaspard de), en 1546.

Soubiran d'Arifat (Jean de), en 1555.

Soubiras (Balthasard-François de), en 1701.

Souche (Louis de la), en 1555.

Souich de la Ferrière (Louis de), en 1594.

Souillac (Hérard de), en 1572.

Souvré (Jacques de), en 1605.

Spes (Charles), mort en esclavage, en 1547.

Spifame (Pierre), en 1512.

Spifame des Granges (Raoul), en 1570.

Spondigliac (Poncet de), en 1522.

Stainville (Antoine de), en 1598.

Stainville de Couvonge (Henri de), en 1623.

Stretel (Tristan de), en 1522.

Stuard d'Aubigny (Giraud), tué par les Turcs, en 1533.

Stud (Antoine-Joseph de), en 1698.

Stud Assay (Gilbert de), en 1628.

Stud de Tracy (Louis de), en 1625.

Suarez d'Aulnan (Henri de), en 1718.

Sublet de Romilly (Pierre), en 1657.

Succeule (François de), en 1522.

Sulpice (Antoine de Saint-), tué à Zoara, en 1552.

Sulpice Hébrard (Jean de Saint-), tué aussi à Zoara, en 1552.

Suriette Lauberey (Christophe), en 1543.

Suroty (Henri), en 1529.

Suyrot des Champs (Aimable), en 1598.

Syrisier (Emmanuel de), en 1607.

T

Taide Villenaire (Bernard de), en 1488.

Taillade d'Ampas (Jean-Charles de), en 1677.

Taits Peon (Gilbert de), en 1571.

Talaru Chalmazel (Alexandre), en 1636.

Talerons de Grignaux Chalais (Anne de), en 1618.

Talhoet (François de), en 1646, commandeur de Moulins et de Loudun.

Talhouet (Jean de), en 1575.

Talmet (Adrien), en 1531, tué à la défense de Malte, en 1565.

Tambonneau (Antoine de), en 1634.

Tants (Jean de Saint), en 1581.

Tardieu de Melleville (François-Ignace de), en 1625.

Targue Mirabeau (Jean de) , en 1527.

Teil Samoy (Henri du) , en 1620.

Tellier (Adrien-Claude le) , en 1677.

Tellier de Louvois (Louis-Marie-François le) , en 1669.

Tellier de Souvré de Rebenac (Louis-François le), en 1704.

Tenay Saint-Christophe (Claude de), en 1631.

Tenarre de Montmain (Simon de) , en 1686.

Tenissey (Bénigne-Edouard de), en 1650.

Tenremonde (Guillaume de), en 1398.

Ternes Boisgirault (Maurice de) , en 1551.

Terremolterre (N... Beautrimolet), tué au siége de Malte en 1565.

Tersot Cambor (Claude de), en 1554.

Terzac Montberaud (Louis de), en 1567.

Tesse la Motte (François de) , en 1609.

Tessu de Balincourt (Timoléon) , en 1664.

Texier de Hautefeuille (Etienne) , en 1633.

Thaon Saint-André (Jean-Baptiste de) , en 1720.

Thaon du Revel Saint-André (Pierre-Ignace de), en 1719.

Theré (Julien-Robert de) ; en 1700.

Thesan (Antoine de), en 1558.

Thesan Saze (Guillaume de), en 1633.

Thesan Saint Genies (Gaspard de), en 1594.

Thesan Venasque (Antoine de) , en 1540.

Thianges (François de) , en 1551.

Thianges du Croset (Charles de), en 1534.

Thiard Bissy (Claude-François de) , en 1672.

Thiard de Bragny (Ponthus-Joseph de) , en 1680.

Thibaud Tizati (Pierre de) , en 1667.

Thibault de la Carte (François), en 1633.

Thiboust de Grez (François), en 1610.

Thiboux Gaujac (Pierre de) , en 1600.

Thieuville (Guillaume de), en 1654.

Thieuville Bricquebosq (Jacques de) ; en 1631.

Thil (Georges Jubert de) , en 1669.

Thiust (Pierre), en 1522.

Tholon Sainte-Jaille (Louis de) , en 1526.

Thomas (Annibal et François-Filandre de), en 1655.

Thomas d'Ardenne (Jean de), en 1665.

Thomas Châteauneuf (Joseph de) , en 1698.

Thomas d'Evene (François de), en 1647.

Thomas la Garde (Paul, Pierre et Joseph-Paul de), en 1694.

Thomas Sainte-Marguerite (Henri de) , en 1631.

Thomas Millaud (Jean-Baptiste de), en 1621.

Thomas Millaud Gignac (Jean-Joseph-Robert) , en 1713.

Thomas Pierrefeu (Antoine de) , en 1634.

Thoron la Copede (Félix de) , en 1692.

Thoumasset de la Boissinière (Antoine) , en 1629.

Thyremois de Tertu (Gilles-Pierre de) , en 1694.

Tiembrune (Jean de) , en 1609.

Tiembrune Valence (Henri de) , en 1677.

Tiercelin (Jean) , tué à la bataille de Lépante, en 1571.

Tigernère de Marchias (René de la) , en 1567.

Tillet (Hélie du) , en 1624.

Tilly (Jacques de) , en 1622.

Tilly Blaru (Maximilien de) , en 1654.

Tinteville (Pierre de) , en 1480.

Tir de Valduse (N...) , tué à la prise de Zoara , en 1552.

Tison d'Argence (François) , en 1550.

Torgnel de Penses (Antoine) , en 1539.

Tomassin (Jean) , en 1522.

Tonduti (Louis de) , en 1654.

Tonduti Falicon (Jean-Louis de) , en 1658.

Tonnelier de Breteuil (Antoine le) , en 1650.

Torchard de la Panne (Louis de) , en 1624.

Torchefelon (Jean de), en 1577.

Tornielle (Henri de) , en 1648.

Tot de Varnainville (Nicolas du) , en 1584.

Touche Marigny (Antoine de la) , en 1548.

Touchet (Charles de) , en 1575.

Touges Noaillan (Jean de) , en 1517.

Toulongeon Rancours (François-Adrien de) , en 1705.

Toulouse Lautrec (Jean de) , en 1612.

Tour (Antoine de la) , en 1328, de la langue d'Auvergne..

Tour (Honorat de la) , en 1533, de la langue de Provence.

Tour (Jean de la) , en 1543, du prieuré de Champagne.

Tour (Raymond de la) , en 1582, du prieuré d'Aquitaine.

Tour d'Auvergne (Emmanuel-Maurice de la) , en 1692.

Tour d'Auvergne de Bouillon (Ignace-Constantin de la) , en 1662.

Tour de Bonnemie (Olivier de la) , en 1546.

Tour Lachan de Montauban (Charl.-Louis de la), en 1725.

Tour Limeuil (Antoine de la) , en ...

Tour Murat (Thomas de la), en 1546.

Tour du Pin (Godefroy de la), tué dans un combat contre les Maures en la Terre-Sainte, en 1250.

Tour Saint-Quentin (Guillaume de la) , en 1620.

Tour Reniez (Jacques de la) , en 1557.

Tourette (Claude de la) , en 1480.

Tournay (Claude de) , en 1639.

Tournelle (Jacques-Guy de la) , en 1548.

Tournemine la Hudonaye (Jean de) , en 1526.

Tranchelion (Antoine de) , en 1532.

Traves (Claude de) , en 1548.

Trazegines (Charles de) , en 1533.

Trebous Beaulac (Pierre de) , grand-prieur de Toulouse, en 1556.

Treille Trouhières (Arnaud de la) , en 1593.

Tremolet (François de) , en 1671.

Tremolet Montpesat (Henri de) , en 1598.

Tressemanes (Auguste de) , en 1572.

Tressemanes Chastuel (Vincent de) , en 1582.

Trestondan (Jean de) , en 1541.

Trimorel de la Trunolerye (Raoul), en 1562.

Trissac (Olivier de), tué au siége de Rhodes, en 1522.

Tristan (Philibert), en 1609, tué dans un combat, en 1617.

Trollière (Jean de) , en 1539.

Trosty (Armand de) , en 1663.

Troussebois (Jean de) , en 1539.

Trye (Jean de) , en 1373.

Tubières Grimoard (Louis de) , en 1624.

Tubières Verseuil (Pierre, Guillaume et François de), en 1570.

Tude Ganges (Bernardin de la) , en 1652.

Tudert (Charles-François de) , en 1717.

Tudert de la Bournalière (Anne-Charles de) , en 1699.

Tuillier de Hardemont (Philippe de) , en 1566.

Tulles Villefranche (Gaspard de) , en 1657.

Tumery Boissize (Michel de) , en 1638.

Tumery la Cambe (Jean de) , en 1611.

Turc (Jean le), premier grand-prieur de France.

Turène d'Ainac (François de) , en 1661.

Turgot de Saint-Clair (Antoine) , en 1631.

Turpin de Crissé (Antoine de) , en 1554.

Turquan (Gabriel) , en 1635.

Tury (N..... de), tué dans un combat, en 1548.

Tusseau de Maisontiers (Louis de) , en 1665.

U

Ulenhove (Georges), en 1480.

Uniète (Giraud), tué à la prise de Zoara, en 1552.

Urre (Philippe d'), en 1536.

Urre Brettes (Louis d'), en 1605.

Urre Grané (Joseph d'), en 1712.

Urre Molans (Paul d'), en 1604.

Urre Pâris (Claude d'), en 1646.

Urre du Puy Saint--Martin (François d'), en 1582.

Urre de Thessiers (Charles d'), en 1543, grand-commandeur, général de l'armée de Tripoli, en 1559.

Urre la Touche (Alexandre d'), en 1594.

Ursins (Charles des), en 1527, prieur d'Aquitaine.

Ursins la Chapelle (Jacques des), en 1552.

Ussel (Joseph d'), eu 1546.

Ussel Châteauvert (Albert d'), en 1694.

Ussel Saint-Martial (Louis-François d'), en 1698.

Usson Bonac (Louis d'), en 1705.

Ustou la Mollette (Jacques d'), en 1598.

V

Vachène Bellegarde (Gabriel de), en 1628.

Vacher (Alexis le), en 1699.

Vachères (Esprit de), en 1657.

Vachères du Revest (Georges de), en 15...

Vachet (Louis de), en 1549.

Vachon Belmont (Jean-Baptiste) de, en 1653.

Vaivre (Joachim de), en 1597.

Val la Faigne (Robert de la), en 1631.

Valavoire (Hercule de), en 1573.

Valbelle (Jean-Baptiste de), en 1640.

Valbelle Mairargues (Paul-Ignace de), en 1660.

Valbelle Monfuron (Joseph-Antoine de), en 1668.

Valbelle Saint-Simphorien (Léon-Alphonse), en 1658.

Valence (N.... de), maréchal et lieutenant du grand-maître de l'ordre de Saint-Jean de Jérusalem, en 1510, grand-prieur d'Auvergne.

Valens (Robert de), en 1480, commandeur de Bourges.

Valette de Cornusson (Henri de la), en 1550.

Valette Parisot (Jean de la), en 1515.

Valier (N... de Saint-), grand-prieur d'Auvergne.

Valière (Gaspard de la) , en 1516.

Vallée (Louis de la), en 1522.

Vallée Passy (Louis de), en 1524.

Vallin (Luc de), maréchal de Rhodes, en 1350.

Vallin (Pierre de), en 1650.

Vallin Rousset (Honoré-Marie de), en 1696.

Valliquerville (Anne de), en 1620.

Valois (Charles de), en 1584.

Valon (Richard et Emilien), en 1664.

Vançay (Jean de), en 1532.

Vandel (Jean du), en 1525.

Vanssay de Brestel (Calais de), en 1612.

Vaqueras (N.... de), grand-prieur de Toulouse, en 16......

Varadier (Claude et Melchior de) , en 1639.

Varadier Saint Andiol (Bertrand de), en 1548.

Varadier·Gaubert (Robert de.); en 1580.

Varagne Belesta (Louis-Hippolyte de); en 1701.

Varax (Annet de), en 1528.

Varde (Claude de), en 1633.

Vargiers de la Roche Jacquelin (Simon du), en 1614.

Varroc Jambedelou (Jean de), en 1603.

Vassadel Vaqueiras (Jean de), en 1508.

Vassé (Louis-Alexandre de), en 1678.

Vassé de Laulnay (Jacques de), en 1623.

Vasselot (Marin de) , breveté en 1569, mais non reçu, parce qu'il se maria.

Vateville (François-Emmanuel de), en 1715.

Vau des Forges (Roland du), en 1582.

Vauborel de Lapantis (Jean de), en 1616.

Vaudetart de Persan (François de), en 1630.

Vaudrey (Louis de); en 1470.

Vaudrey Saint-Phalle (Antoine de), en 1531, tué à la prise d'Alger, en 1541.

Vaugué (Gaspard de), en 1600, tué dans un combat naval, en 1606.

Vaugué Rochecolombe (Gratien de), en 1595.

Vaulpergue (Claude de), en 1565.

Vaultier de Rebercy (Charles), en 1662.

Vauquelin de Chesnes (Eustache de), en 1682.

Vaux Champiers (François-Aleman de), en 1714.

Vaux Hocquincourt (Claude de), en 1523.

Vaux de Palanim (Pierre-Ignace de), en 1712.

Vaux de Sales (Annet de), en 1543.

Vauzé (Etienne de), tué dans un combat, en 1639.

Vayer de la Maisonneuve (François le), en 1533.

Véelu Baby (René de), en 1555.

Véelu de Passy (Guillaume), en 1645.

Vendevelle (Louis-Anne de), en 1695.

Vendôme (Philippe de), en 1666.

Veneur de Tillières (Eustache de) , en 1686, commandeur de Hautavanne.

Vengius (Jean), en 1480, commandeur de Puimesson.

Vento (Philippe de), en 1513.

Vento Pennes (Gaspard de), en 1647.

Venzeles (Georges de), en 1522.

Ver de Caux (Jacques de), en 1633.

Verault de Varennes (Philippe de), en 1546.

Verboux (François de), en 1544.

Verdelin (Jean de), en 15...

Verdelot de Villiers St.-Georges (Charles de), en 1621.

Verdelot des Prez (Nicolas de), en 1546.

Verdonnée (Charles de), en 1673.

Verduzan (Charles de), en 1588.

Verduzan Saint-Cric (Jean-Paul de), en 1608.

Verduzan Miran (Jean-Roger de), en 1678.

Veré (François), tué dans un combat en 15...

Veré de la Bruyère (Robert) , en 1578.

Vergeur Saint Soupplet (Guillaume de), en 1642.

Vergier de la Fucardière (Ambroise du), en 1530.

Vergne Monbasin (Charles de la), en 1622.

Vergne Tressan (Philippe de la) , en 1489.

Vernat (Joiger de) , en 1578.

Vernay (N... du), en....

Vernay la Garde (Pierre du), en 1566.

Verney (Antoine du) , en 1492, commandeur de Chazelle en Forez.

Vernon de Chaussery (Jean de), en 1556.

Vernon de la Motte (Maurice de), en 1576.

Vernoux (Jean de), en 1548.

Versey (Jean de) en 1534.

Versure (Claude de la), en 1588.

Vesc Beconne (Louis de), en 16...

Vesc de Comps (André de), en 1551.

Vesc de Montjous (Louis de), en 1518.

Vesnois de Ruilly (Jacques du), en 1570.

Vest (Antoine le), tué dans un combat, en 1622.

Veufve du Metiercelin (Antoine de la), en 1658.

Vexel du Tertre (René le), en 1610.

Veynes du Prayet (Joseph de), en 1708.

Viallard (Emile), en 1531, tué au siége de Malte, en 1565.

Viault de l'Allier (Isaac), en 1596.

Viault du Breuillac (François), en 1668.

Viault de Buygonnet (Louis et Pierre), en 1571.

Vichy Champron (Antoine de), en 1625.

Vicomte de Blangy (Pierre-François le), en 1594.

Vidal (Alexandre de St.), tué à la bat. de Lépante, en 1571.

Vidonne de Villy (Joseph de), en 1664.

Viefville de Vignacourt (Adrien de la), en 1692.

Viel Castel de Vertilly (Denis de), en 1529.

Vieilmaison (Jean de), en 1528.

Vienne (François de), en 1566.

Viennisse de la Salle (Archembaud), en 1545.

Viescamps (Beranger de), en ...

Vieuville (Jean de la), en 1678.

Vieux (Louis de), en 1546.

Vieuxmaison (Marc de), en 1522.

Vieuxpont (Etienne de), commandeur de Vaubourg, en 1523.

Vieuxpont Fatouville (Jean de), en 1610.

Vieville de Cermoise (Louis de la), en 1656.

Vigier (Pierre de), en 1552, tué à la prise d'un vaisseau turc, en 1564.

Vigier de la Lardière (François de), en 1537.

Vignacourt (Joseph de), en 1565.

Vignacourt d'Aurigny (Jacques de), en 1529.

Vignaud (Louis de), en 1623.

Vignes la Bastide (Charles de), en 1645.

Vignes la Bastide Parisot (Charles de), en 1688.

Vigny (Victor de), en 1717.

Viguyer (Jacques de), en 1706.

Vilanes (Philippe de), en 1522.

Vildon de Pereffon (Magdelon de), en 1615.

Villages (Charles et Louis de), en 1618.

Villages la Chassane (Paul-Antoine de), en 1649.

Villages la Chassagne Muroux (Jacques de), en 1683.

Villages la Grationne (Gaspard de), en 1685.

Villages de la Salle (Nicolas de), en 1572.

Villars (Archambaut de), de la langue d'Auvergne, tué à Zoara, en 1552.

Villars (Charles de) , en 1650.

Villars de Blancfossé (Hugues de) , en 1528.

Villeden de Sansay (Alexis-Henri-François- de) , en 1711.

Villefallet (Laurent de) , en 1528.

Villelongne (Jean-Jacques de) , en 1682.

Villelume (Gilbert de) , en 1645.

Villelume Barmontes (François de), en 1572.

Villemarin (François de), en 1556.

Villemontel (Antoine de), en 1554.

Villemur Paillès (Marc-Antoine de), en 1598.

Villeneuve (Etienne et Pierre de), en 1522.

Villeneuve (Claude de), en 1548, de la langue d'Auvergne.

Villeneuve (Gaspard de), en 1563, de la langue de Provence.

Villeneuve des Arcs (Giraud de), en 1519.

Villeneuve la Barlière (Gaspard de), en 1566.

Villeneuve Barrème (Louis de), en 1605.

Villeneuve Beauregard (César de), en 1657.

Villeneuve Cananilles (Melchior de), en 1647.

Villeneuve Châteauneuf (Jean de), en 1567.

Villeneuve Clemensane (Claude de), en 1604.

Villeneuve Cluman (Charles de), en 1641.

Villeneuve la Croisette (Paul de), en 1610.

Villeneuve la Croisille (Antoine de), en 1578.

Villeneuve Faryesse (Antoine et François-Alexandre de), en 1637.

Villeneuve Fayance (Jean de), en 1620.

Villeneuve Flamarens (Jean de), en 1643.

Villeneuve Saint-Germain (Gaspard de), en 1644.

Villeneuve Grolière (Etienne de), en 1495.

Villeneuve Lascaris (Jean de), en 1592.

Villeneuve Maurens (Tristan de), en 1591.

Villeneuve Monts (Antoine de), en 1571.

Villeneuve Ribaut (Antoine de), en 1602.

Villeneuve Spinosa (Antoine de), en 1522.

Villeneuve Torenq (Jean-Baptiste de), en ...

Villeneuve Torenq (Henri de), en 1615.

Villeneuve Tourène (Jean-Baptiste et René de) , en 1606.

Villeneuve Tourettes (Jean de) , en 1565.

Villeneuve Tourettes-lès-Fayance (Jean de), en 1615.

Villeneuve Tourettes-lès-Vence (François de), en 1560.

Villeneuve Trans (Arnaud de) , en 1593.

Villeneuve Vauclause (Gaspard de) , en 1585.

Villeneuve Vence (Etienne de), en 1521.

Villeneuve Villevielle (Gaspard et Honoré. de); en 1593.

Villerceau (Edme de), en 1546.

Villiers la Faye. (François de), en 1641.

Villiers la Faye de Vanssay (Jean de), en 1641.

Villesuastre (Jean de), en 1537.

Villet (Claude), tué à Zoara , en 1552.

Villiers (Jean de) , en 1357.

Villiers Laubardière (Charles de), en 1647.

Villiers Vaulbuyn (Charles de); en 1572.

Vincens Causans (Alain de.), en 1531.

Vincens la Jardine (Jean de), en 1628.

Vincens Propiac (Claude de) , en 1631.

Vincens Savoillan (Guillaume de), en 1584.

Vintimille (Honoré de) , en 1522, tué au siége de Rhodes.

Vintimille (Bertrand de) , des comtes de Marseille d'Ollioules, en 1547.

Vintimille (Louis-Joseph de) , des comtes de Marseille de Luc , en 1626.

Vintimille (Louis de), des comtes de Montpezat , en 1608.

Vintimille Baudean (Joseph d'Autric de), en 1698.

Vintimille du Revest (Jules et Hercule de), en 1570.

Violle (Pierre) , en 1584.

Violle d'Atis (Louis de), en 1613.

Violle de Soulerre (Robert) , en 1613.

Vion de Gaillon (Paul de), en 1700.

Vion de Grostouvré de Tessancourt (François-Pierre de) , en 1676.

Vion de Huanville (Pierre) , en 1584.

Vion de Tessancourt (Denis de), en 1631, tué dans un combat naval, en 1638.

Vipart de Silly (Claude) , en 1651.

Virieu (Jacques de) , en 1556.

Virieu Pupetières (Laurent de) , en 1577.

Viry (Jean de), en 1538,

Viry la Forest (Luc de) , en 1546.

Vital de Nice (Honoré de), en 1624.

Vitalis Pourcieux (Jean-Joseph de) , en 1715.

Viton (Antoine) , en 1480.

Vivier (N... du), commandeur de Lureuil, en 1583.

Vivonne (Roux de) , en 1...

Vogué Gourdan (Vincent de), en 1685.

Voisins (Severin de), en 1532.

Voisins Blagnac (Accurse de), en 1664.

Voisins Pennes (Timoléon de), en 1601.

Voissent (François de) , en 1622.

Volpis (Jean) , en 1480.

Volvire du Bois de la Roche (Claude de) , tué au fort Saint-Elme, en 1565.

Vonnes Fontenay (Pierre de), en 1599.

Vorrion (Jacques de) , en 1580.

Vouery Vidonne (Nicolas de), en 1632.

Voye (Pierre de la) , en 1685.

Voyer de Paulmy (Hardouin de) , en 1625.

Voyer de Polliers (François de) , en 1595.

Vy (Jean de) , en 1569.

Vy d'Iocoulan (Jean-Baptiste de), en 1594.

Vy Mabuloir (Benigne de), en 1586.

Vy de Maillerencours (Marc-Antoine de), en 1616.

W

Wanguetin (Jean de) , en 1563.

Warignies de Blainville (Antoine de), commandeur d'Orléans, en 1527.

Was Bligny (Emery), en 1547.

Wicht (Girard), en 1547.

Y

Yon (Marc de Saint-), en 1634.

Ysoré de Saint-Aubin (Jean) , en 1567.

Ysoré de Pleumartin (Regnault), en 1528.

Yrbeuf (Nicolas d'), en 1529.

Z

Zauzet (Bernard) , tué au siége de Malte , en 1565.

ÉTAT GÉNÉRAL

DES

CHEVALIERS DE MALTE,

PUBLIÉ EN 1789.

LANGUE DE PROVENCE.

A

AGOULT (Alphonse-Charles), reçu le 12 octobre 1784.

AILLY MACARANI (Octave d'), reçu le 24 mai 1771.

ALBERT SAINT-HYPOLITE (Esprit d'), reçu page le 9 août 1735, et depuis commandeur en 1780.

ALBERT SAINT-HYPOLITE (Jean-François-Auguste-Tulle d'), reçu page le 2 août 1738.

ALBERTAS JOUCQUES (Alphonse-Rodolphe d'), reçu le 26 octobre 1751.

ALBERTAS SAINT-MAYME (Joseph-Marie-Pierre-Marguerite d'), reçu le 28 juillet 1749.

ALBIGNAC (Jean-Louis-Hector d'), reçu le 24 février 1778.

ALGAIRES DUFOUR de BARBAZAN (Jean-François-Philippe-Joseph d'), reçu le 23 août 1766.

ANGOS-BOUCARRES (Jean-Auguste d'), reçu le 17 juillet 1784.

ANSELME-GRUGIÈRES (André-François-Gaspard d'), reçu page le 25 octobre 1747.

ARAIGNAN-VILLENEUVE (Emmanuel-Amable-Félix d'), admis le 2 octobre 1779.

ARBAUD DE JOUQUES (MELCHIOR-ANDRÉ-ELZÉAR D'),
reçu le 9 février 1780.

ARCHE (PIERRE-ANTOINE D'), reçu le 23 mai 1785.

AUREL (FRANÇOIS-AUGUSTE D'), reçu le 3 décembre 1779.

AUXION (ANTOINE-DENIS-MARIE D'), reçu le 9 juillet 1780.

AVESSENS MONTCAL (FRANÇOIS-AUGUSTE-MARIE D'),
admis le 17 mars 1780.

AVESSENS-MONTCAL (JEAN-JOSEPH D'), reçu page le
10 décembre 1768.

AVISARD (ALEXANDRE-JOSEPH D'), reçu le 22 mai 1784.

B

BARBOTAN (PIERRE-ANTONIN-CHARLES-GILBERT-ALEXANDRE
DE), admis le 10 juillet 1779.

BARDONNENCHE (ANTOINE-RENÉ DE), reçu le 2 septembre 1756.

BARDONNENCHE (CÉSAR-PIERRE-ALEXANDRE DE), reçu
le 22 avril 1774.

BARONCELLI-JAVON (AUGUSTIN-MICHEL DE), reçu
le 19 mars 1779.

BARONCELLI-JAVON (JOSEPH-PAUL-ANTOINE DE),
reçu le 24 décembre 1738, et depuis, commandeur en
1788.

BARRAS (PIERRE-FRANÇOIS-XAVIER DE), reçu le 27 juin
1786.

BARRET (PIERRE-MARIE DE), admis le 28 mai 1785.

BARSA (N.... DE), commandeur de Saint-Blaise-les-Monts,
en 1786.

BEAUCAIRE (AMABLE-ANTOINE-BRUNAT DE), reçu le 30
avril 1785.

BEAUCAIRE (AUGUSTE-LOUIS-JEAN DE), reçu le 30 avril
1785.

BEAUME PLUVINEL (PIERRE-ANTOINE-TESTULE DE LA),
reçu page le 5 décembre 1758.

BEAUMONT (LOUIS DE), reçu le 29 octobre 1784.

BEAUREGARD (ALPHONSE-DAVID DE), reçu page le 29
mai 1781.

BEAUSSET DE ROQUEFORT (MARIE-JOSEPH), reçu le
15 juin 1780.

BELLISSENS (GUILLAUME-ELISABETH DE), reçu le 14
juillet 1778.

BELLISSENS (PIERRE DE), reçu le 8 décembre 1778.

BELMONT (DE), bailli et commandeur d'Astros, en 1780.

BELSUNCE (JEAN DE), reçu le 16 juin 1777.

BERNIER DE PIERREVERT (FERDINAND-MARC-ANTOINE DE), reçu page le 19 septembre 1774.

BERTRAND (JEAN-ANDRÉ DE), reçu le 9 août 1759.

BÉRULLE (BALTHAZARD-JOACHIM-LAURENT-CHARLES-PIERRE-MARIE-HUGUES DE), reçu le 6 novembre 1770.

BLACAS D'AUPS (PIERRE-LOUIS-JEAN-CASIMIR DE), reçu le 11 mai 1771.

BLACAS-CARROS (PIERRE DE), reçu page le 24 août 1723, et depuis commandeur et bailli.

BONAL (JACQUES-HENRI DE), reçu le 16 mars 1787.

BONNET MAUREILHAN (JOSEPH-ETIENNE DE), reçu le 12 janvier 1778.

BOSREDON-RANSIJEANT (N..... DE), commandeur de Puissoubran, en 1788.

BOURG (ARMAND DU), admis le 7 décembre 1779.

BOUZET (JEAN-MARIE-SILVESTRE DU), reçu le 27 mars 1784.

BOYER D'AIGUILLE (LUC DE), reçu le 16 janvier 1780.

BOYER D'AIGUILLE D'ARGENS (ALEXANDRE DE), reçu le 22 février 1780.

BOYER D'ARGENS (ALEXANDRE-LUC DE), reçu le 1er juillet 1776.

BOYER D'ARGENS (PAUL-LUC DE), reçu le 9 février 1776.

BOYER PEIRAUX (MARC DE), admis le 27 août 1786.

BRETTES-THURIN (ETIENNE-FRANÇOIS DE), reçu le 27 juin 1750.

BRILLANNE (N... DE LA), bailli et commandeur de Bordères en 1779.

BRILLANNE (N.... DE LA), bailli et commandeur de la Capelle, en 1759.

BUISSON BOURNAZEL (CLAUDE-MAGDELEINE-JOSEPH-XAVIER DE), reçu le 23 décembre 1776.

BUISSON BOURNAZEL (JEAN-ALPHONSE-XAVIER DE), reçu le 23 décembre 1776.

BUSSUEJOULX ROQUELAURE (ANTOIN-E JOSEPH-MARIE-CATHERINE-LOUIS-ETIENNE DE), reçu le 30 juin 1772.

C

CADOLLE (BERNARD-JACQUES-PAULIN DE), admis le 28 octobre 1773.

CAHUS ACDECAUX (CHARLES-MAGDELEINE-ROGER DE.),
admis le 14 octobre 1780.

CAISSOTTI-ROUBION (VICTOR - MARIE - PHILIPPE),
reçu page le 8 octobre 1754.

CAMBIS (ADRIEN-AMABLE-FRANÇOIS DE), reçu le 22 janvier 1785.

CANOLLE-LESCOURS (BERNARD-CHARLES-FRANÇOIS DE),
reçu le 31 juillet 1784.

CANOLLE-LESCOURS (JACQUES-FRANÇOIS-VICTOR),
reçu le 30 avril 1785.

CAPELLIS (JEAN-LOUIS-GABRIEL DE), reçu le 7 juin 1771.

CAPRIOL (AUGUSTIN-VICTOR DE), reçu le 9 décembre 1783.

CARDAILLAC (ELIE-GRATIAN DE), reçu page le 20 décembre 1772.

CARRIÈRE-D'AUFRERY (PIERRE-CLÉMENT DE), reçu le 1er mai 1755.

CARRION DE NISAS (ANNE-HENRI-LÉOPOLD DE), reçu le 15 octobre 1763.

CARRION DE NISAS (ROCH-LAMBERT-HENRI DE), reçu le 31 mars 1773.

CARROS (N... DE), bailli, commandeur de Goulphech, en 1788.

CASTELBAJAC (MARIE-BARTHELEMY DE), reçu de minorité le 1er juin 1783.

CASTELLANE (ALPHONSE DE), commandeur de Barbantane, en 1788.

CASTELLANE (FRANÇOIS-ADONIS DE), reçu page le 5 novembre 1743.

CASTELLANE (JEAN-BAPTISTE-EUGÈNE-ELISABETH-PULCHÉRIE-HYPOLITE), reçu le 25 septembre 1772.

CASTELLANE (LOUIS-BONIFACE DE), reçu le 3 février 1761.

CASTELLANE MAJASTRES (CÉSAR-ELZÉAR DE), reçu le 11 décembre 1784.

CASTELLANE-SAINT-JURA (HONORÉ-ALPHONSE DE),
reçu le 22 août 1740.

CASTELNAU (PIERRE-FRANÇOIS DE), admis le 4 février 1771.

CASTELNAU (THIBAUD DE), admis le 4 février 1771.

CASTRERAS (LOUIS-FRANÇOIS-MARTIN-JEAN-MARIE-DENIS-CATHERINE DE), admis le 16 mai 1772.

CATELAN (FRANÇOIS-HENRI-AUGUSTE DE), reçu le 20 octobre 1729, et depuis commandeur, en 1781.

CATELAN (JOSEPH-AMABLE DE), reçu page le 13 mai 1774.

CATELAN (PONCE-ROGER DE), reçu le 22 novembre 1757.

CAUCABANNE BAUDIGNAN (FRANÇOIS-BERNARD DE), reçu le 17 juillet 1784.

CAYS (HONORÉ-ROGER-MARIE DE), admis le 8 novembre 1770.

CHABANS RICHEMONT. (FRANÇOIS-JEAN-BAPTISTE-JACQUES DE), admis le 7 février 1776.

CHAILAN MORIES (AUGUSTE DE), reçu le 13 mai 1784.

CHAILAN-MORIES (CHARLES- FRANÇOIS DE), reçu page le 16 juin 1739.

CHAILLAN (JEAN-BAPTISTE DE), admis le 14 juin 1772.

CHALVET (HENRI-MARIE-PHILIPPE DE), reçu le 11 juillet 1751.

CHALVET (JACQUES-FRANÇOIS-MARIE DE), reçu page le 16 avril 1756.

CHALVET (JEAN-BAPTISTE-LOUIS DE), reçu le 26 septembre 1751.

CHALVET (JOSEPH DE), reçu page le 13 mai 1755.

CHANALEILLES (CHARLES-FRANÇOIS-GUILLAUME DE), reçu en 1794.

CHANALEILLES (JOACHIM DE), reçu page en 1624, et mort à Malte en 1625.

CHANALEILLES (LOUIS-CHARLES-ISIDORE DE), reçu en 1787.

CHARMAIL (N ... DE), bailli et commandeur de Montpellier en 1778.

CHASTENET PUYSÉGUR (MARIE-JEAN-HERCULE DE), reçu le 8 février 1786.

CHATEAUNEUF (N ... DE), commandeur de Durbans en 1785.

CHATELARD (ANTOINE-JOSEPH-MARIE DE), admis le 15 août 1778.

CHATELARD (PIERRE-JACQUES-FRANÇOIS-MARIE DE), reçu le 22 décembre 1763.

CHAYLAN (PIERRE-FRANÇOIS-CHARLES DE), admis le 15 juin 1774.

CHIAVARY CABASSOLLES (JEAN-BAPTISTE-JOSEPH DE), reçu page le 5 octobre 1782.

COLBERT (ALEXANDRE-PIERRE-MICHEL DE), reçu le 11 janvier 1787.

COMMARGUES (Raimond-Joseph de), admis le 26 août 1785.

COMMINGES (Marc-Antoine-François-Silvain-Théodore de), admis le 15 juillet 1786.

CONTI-MONT-VALLAT (Jean-François-Casimir-Magdeleine de), reçu le 27 mars 1782.

CORIOLIS ESPINOUSE (Joseph-Antoine-François-Xavier de), admis le 25 septembre 1772.

CORIOLIS ESPINOUSE (Jean-Charles-Régis de), reçu page le 29 mai 1737, et depuis commandeur en 1783.

CORN-CAISSAC (Joseph-Claude-François de), reçu page le 26 juillet 1778.

CORN-CAISSAC (Mercure-Joseph-Jean-Pierre de), reçu le 28 décembre 1773.

CROIX de CHEVRIERS (Anne-Félix de la), reçu le 25 mai 1775.

CROIX de CHEVRIERS (Charles-Paul de la), reçu le 10 avril 1759.

CROIX CHEVRIERS SAINT-VALIER (Jean-Claude-Marie de la), reçu le 2 août 1758.

CROIX CHEVRIERS de SEYVE (Mathieu-Antoine de la), reçu le 3 juillet 1778.

CROIX PISANÇON (Claude de la), reçu le 17 avril 1758.

CROIX PISANÇON (Gabriel-Alexandre-Mathieu de la), reçu le 17 octobre 1761.

CROIX de SEYVE (Gaspard-François de la), reçu le 7 mai 1720; et depuis commandeur en 1775.

CROPTE CHANTERAC (Louis-Charles-Hypolite-Édouard de la), admis le 15 juin 1776.

CROSE LINCEL (Antoine-François de), reçu page le 20 août 1741.

CRUCY MARCILLAC (Armand-Marie-Joseph-Magdeleine de), admis le 12 février 1773.

D

DAMAS (Claude-Charles-Gilbert de), reçu page le 24 février 1773.

DAVID BEAUREGARD (Alexandre-Jacques-Isidore de), reçu le 9 février 1786.

DAVID BEAUREGARD (Arnault-Hippolyte), reçu page le 22 octobre 1782.

DEMARTIN du TYRAC (André-Joseph), comte de Marcellus, bref du grand-maître, portant autorisation de se décorer de la croix, quoique marié, le 13 février 1776.

DEMARTIN du TYRAC de MARCELLUS (Charles-Louis-Artus), fils du précédent, reçu le 14 janvier 1774.

DEMARTIN du TYRAC (Marie-Louis-Auguste), comte de Marcellus, le 13 juillet 1776, frère du précédent.

DEMARTIN du TYRAC de MARCELLUS (Alexandre-Paul-Adrien), autre frère, reçu en 1781.

DEMELAT (Jean-Baptiste-François-Joseph), admis le 16 août 1773.

DERIGAUD de VAUDREUIL (François-Maurice-Charles), reçu le 9 juin 1774.

DESHON FAVOL (Joseph-François-César), reçu le 10 juillet 1779.

DESPENNES (N...), commandeur d'Avignon en 1780.

DESPIERRE-DESPORTS de BERNIS (Pons-Pierre-Frédéric), reçu le 16 mars 1769.

DISE de ROSANS (Louis), reçu le 12 février 1738, et depuis commandeur en 1783.

DORIA (Joseph-André), reçu le 13 septembre 1778.

DOUHET d'AUZERS (Jean-Louis de), reçu le 4 août 1770.

DUBOURG (François-Marie-Louis-Joseph), reçu page le 28 avril 1766.

DUBOURG (Bruno-Gabriel), reçu page le 17 novembre 1773.

DUFAUR BÉRAL CUPENS VITAL (François-Théodore), reçu le 9 juin 1775.

DULAC (Emmanuel-Jean-Joseph-Marie), reçu le 13 avril 1771.

DULCIDE de SÉVIN de SÉGONGNAC (Jean-Chrisostôme), reçu le 27 décembre 1773.

DUPAC BELLEGARDE (Gabriel-Jean), reçu le 16 mars 1775.

DUPILLE (André-Charles-Gabriel), admis le 21 mai 1786.

DUPILLE (Henry-Nicolas-François), admis le 21 mai 1786.

DUPOET (Gaspard), commandeur d'Argence en 1786.

DUPUGET (CHARLES-PIE-THOMAS-D'AQUIN-FRANÇOIS-DE-PAULE SATURNIN), reçu le 29 mai 1768.

DUPUIS-LAGARDE-SAINT-ANDRÉ (JACQUES-ALEXIS), reçu le 10 février 1748.

DURAND DE SARTOUS (JACQUES DE), reçu le 10 février 1741, et depuis commandeur en 1787.

DURAND DE SARTOUS (JACQUES-JOSEPH-EMMANUEL DE), admis le 11 septembre 1784.

E

EAULX (N...D'), bailli et commandeur de Renneville en 1785.

EBRAIL (HENRI-MARIE-DOROTHÉ D'), reçu le 8 mai 1779.

EBRAIL (PAUL-VICTOR-MARIE D'), reçu le 21 juillet 1773.

EPINE DUPEUET (PHILIBERT-GABRIEL-JEAN-JOSEPH-SILVESTRE DE L'), reçu le 6 décembre 1761.

ESPAGNE (MARIE-ANDRÉ-VALENTIN D') , admis le 30 mars 1775.

ESPINOUSE (N... D'), commandeur de Lugan en 1783.

ESTANG (GASPARD DE L') commandeur de Grezans en 1787.

ESTANG PARADE (GASPARD-JOSEPH DE L'), reçu le 12 mars 1750.

ESTANG PARADE (JACQUES-JOSEPH DE L'), reçu le 21 mai 1759.

ESTANG PARADE (JOSEPH-MELCHIOR DE L') reçu le 5 septembre 1772.

ESTANG PARADE (JEAN-JOSEPH-ALEXIS DE L'), reçu le 11 octobre 1770.

F

FABRY-FABREGUE (CHARLES-JEAN-AUGUSTE DE), reçu le 26 mai 1776.

FANTZUN (ANTOINE DE LA), admis le 28 février 1787.

FANTZUN (HENRI DE LA), admis le 28 février 1787.

FAY SOLIGNAC (PAUL-LOUIS-FORTUNÉ DE), admis le 22 avril 1786.

FERVAUX (JOSEPH-ALEXANDRE DE), reçu le 4 juillet 1776.

FLOTTE (Jean-François-Eugène de), reçu le 30 octobre 1784.

FLOTTE (Louis-Ferdinand-Marie de) , admis le 6 février 1787.

FORBIN la BARBEN (Adrien-Elzéar-Victor de), reçu le 30 mai 1779.

FORBIN la BARBEN (Louis-Nicolas-Philippe-Auguste de), reçu le 11 janvier 1781.

FORBIN des ESSARTS (André-Joseph-Félix de), admis le 21 mai 1786.

FORBIN des ESSARTS (Charles-Joseph-Léon de), admis le 2 novembre 1778.

FORBIN des ESSARTS (Joseph-Henri de), admis le 2 novembre 1778.

FORBIN GARDANE (François-Auguste Fort de), reçu page le 9 février 1784.

FORBIN GARDANE (Gaspard-Antoine de) , reçu le 22 septembre 1762.

FORBIN-D'OPPÈDE (Arsène-Charles-Marie-Sextius de), reçu le 7 janvier 1768.

FORBIN-D'OPPÈDE (François-Réné de), reçu page le 11 août 1734.

FORESTA (Bruno-Marie de), reçu le 19 juin 1736, et depuis commandeur en 1781.

FORTIA de PILLES (Alphonse-Nicolas-Joseph-Marie-Brunet de) , reçu le 28 mars 1775.

FOSSERIES GONES (Jean-Baptiste-Alexandre-Marie-de), admis le 15 septembre 1777.

FRAMOND (Auguste-Charles-Marie de), reçu le 7 avril 1781.

FRANC MONGEY (Louis de), reçu le 21 novembre 1715 , et depuis commandeur en 1781 , et grand prieur de Saint-Gilles en 1788.

FUMEL (François-Joseph de), reçu le 28 juillet 1751.

FUMEL (Jacques-Pons de), admis le 25 septembre 1772.

FUMEL (Joseph-Jules-César-Marie), reçu le 9 juin 1786.

FUMEL (Louis-Julien de) , admis le 28 mars 1782.

FUMEL (Marie-Joseph de), reçu le 4 juillet 1776.

G

GAILLARD (N....de), commandeur de Beaulieu en 1785.

GAILLARD D'AGOULT (CHRYSOSTÔME DE), reçu page le
14 novembre 1736, et depuis commandeur en 1744.

GAILLARD D'AGOULT (DOMINIQUE-GASPARD-BALTHAZARD
DE), reçu page le 6 mai 1732, et depuis commandeur
et bailli.

GALART (JEAN-JACQUES-ROSE-VICTOIRE DE), reçu le
17 août 1762.

GALLÉAN GADAIGNE (CHARLES-MARIE-FÉLIX DE),
reçu le 19 janvier 1762.

GALLÉAN GADAIGNE (MARIE-JOSEPH-GASPARD DE),
reçu le 19 février 1759.

GARDE SAINT-ANGEL (FRANÇOIS DE LA), reçu page le
7 septembre 1740, et depuis commandeur en 1781.

GARDE SAINT-ANGEL (PIERRE DE LA), reçu page le
19 juillet 1739, et depuis commandeur en 1788.

GARNIER SAINT-ANTONIN (JOSEPH-FRANÇOIS-FÉLIX
DE), reçu page le 5 mars 1745.

GASE LA GASQUÉ (JEAN-FRANÇOIS-LÉON DE), admis le
31 juillet 1784.

GASTE (LOUIS-MAGNIN DE), reçu le 11 avril 1785.

GÉNEBROISE (JEAN-LOUIS-MARIE DE), admis le 29 mars
1775.

GÉRÈS DE LOUPPÉS (FRANÇOIS-JEAN-JOSEPH DE), reçu
le 25 octobre 1778.

GERÈS DE LOUPPÉS (JEAN-JOSEPH DE), reçu le 15
septembre 1777.

GERÈS DE LOUPPÉS (PIERRE DE), reçu le 28 mars 1782.

GINESTOUX GRAVIÈRES (JEAN-LOUIS DE), reçu le
6 août 1781.

GINESTOUX GRAVIÈRES (JEAN-MARIE-FRANÇOIS-
VICTOR DE), reçu le 8 octobre 1782.

GIRONDE MONTCORNEIL (PIERRE-CATHERINE DE),
admis le 19 janvier 1771.

GLANDEVÉS-CASTELLET (CHARLES DE), reçu page le
23 mars 1752.

GLANDEVÈS-CASTELLET (FRANÇOIS DE), reçu page
le 28 juillet 1748.

GLANDEVÈS-CASTELLET (JEAN-BAPTISTE DE), reçu le
10 décembre 1733 ; et depuis commandeur en 1781.

GRANGE-GOURDON-FLOIRAC (HUGUES-AUGUSTE DE
LA), reçu le 24 mars 1779.

GRAS PREIGNE (FERDINAND-LOUIS-ANTOINE DE), admis
le 5 février 1776.

GRAS-PRÉVILLE (Angélique-Raimond de), reçu le 14 mars 1751.

GRAS-PRÉVILLE (Louis-Dominique de), reçu le 31 mars 1724; et depuis commandeur en 1776.

GRAS-PRÉVILLE (Réné-Charles de), reçu page le 30 avril 1744.

GRAS-PRÉVILLE (Réné-Louis-Dominique de) , reçu le 2 août 1758; et depuis commandeur en 1776.

GRATET du BOUCHAGE (François-Joseph de), reçu le 30 novembre 1765.

GRATET du BOUCHAGE (Gabriel de) , reçu le 15 août 1778.

GRATET du BOUCHAGE (Marie Joseph de), reçu le 27 mai 1763.

GRATET d'OLOMIEU (Joachim de), reçu le 2 août 1723 ; et depuis commandeur en 1775.

GRAVE (Jacques-Réné-Marie de), admis le 27 septembre 1777.

GRILLE-ESTOUBLON (Charles-Hyacinthe de) , reçu le 9 mai 1752.

GRIMALDI (Anne-Marie-Joachim de) , reçu le 9 mai 1771.

GRIMALDI (Charles- Elzéar-Jean-François-Régis de) , admis le 5 mai 1768.

GRIMALDI (Louis-Antoine-Joachim- Marie-Ignace de) , reçu page le 13 juin 1768.

GRIMALDI-BOEIL (Jean-Baptiste - Antoine-Marie-Hilipac de), reçu le 29 février 1756.

GRIMALDI RAGUSE (Alphonse-Léon de), reçu le 22 mai 1778.

GRIMALDI RAGUSE (Esprit-Auguste de) , reçu le 6 août 1774.

GRIMOARD de BEAUVOIR du ROURE de BEAUMONT BRISSON (Denis de) , reçu le 9 janvier 1779.

GUEYDAN (Etienne-Alexis de) , reçu le 12 avril 1743.

GUEYDAN (Pierre-Claude-Secret de) , reçu le 29 avril 1739; et depuis commandeur en 1785.

GUEYDAN (Timoléon de) , reçu le 24 août 1744.

GUIBERT (Guillaume-Marthe-Aimé de) , reçu le 24 juillet 1772.

GUIGNARD de SAINT-PRIEST (Charles - Antoine-Fulcrand-Emmanuel-Languedoc) , reçu le 2 août 1760, et depuis commandeur en 1788.

GUIRAN-LABRIANNE (Henry-François de), reçu le 19 novembre 1443 ; et depuis commandeur et bailli.

H

HAGET (Bernard-Louis du), reçu page le 13 décembre 1754.

HAUTPOUL (Charles-Marie-Benjamin d') , admis le 3 mai 1777.

HAUTPOUL (Jean d'), reçu le 8 février 1740.

HAUTPOUL (Joseph-Paul-Marie-Louis d'), reçu le 14 juin 1772.

HAUTPOUL (Joseph-Marie-Grégoire-Prosper d'), admis le 22 juillet 1775.

HUGUES (Jean-François-Adolphe d') , reçu le 12 mai 1780.

I

ISARN FRAISSINET (Antoine-Godefroy d') , reçu page le 18 décembre 1742.

ISARN FRAISSINET (Louis-Amiot d') , admis le 13 juillet 1787.

ISNARD (Cyriaque-Laur-Toussaint-Joseph-Jules-François) , reçu le 29 novembre 1768.

ISNARDS (Esprit-Dominique-Stanislas des), reçu le 29 septembre 1760.

ISNARDS (Gabriel-Joseph-Martial des) , reçu le 11 février 1786.

ISNARDS (Jean-Charles-Gaspard des) , reçu le 15 décembre 1764.

J

JARENTE (N... de) , commandeur de Caignac en 1786.

JARENTE (Augustin de), reçu le 23 août 1725 , et depuis commandeur en 1778.

JOANNIS la BRIANNE (Henry-Jean-Louis de) , reçu le 4 décembre 1775.

L

LABAY VIELLA (Louis-Henry de), reçu le 16 mars 1787.

LAFAYE (Jean de), admis le 18 janvier 1773.

LAMANON d'ALBE (Jean-François de Paule), reçu le 2 mai 1780.

LANGON (Pierre), admis le 18 octobre 1775.

LARY la TOUR (Étienne de), reçu le 7 août 1744.

LARY la TOUR (Jean-Paul de), reçu le 7 août 1744.

LASCARIS (Jules-François-Marie-Guillaume de), reçu le 25 décembre 1768.

LASTIC SAINT-JAL (Jean-Marie-Charles-Honoré de), admis le 6 août 1775.

LASTIC SAINT-JAL (Jérome-Marie de), admis le 5 février 1781.

LATIER-LA-TOUCHE (Jean-Baptiste de), reçu le 22 décembre 1742.

LATREILLE-FOSSIÊRES (Jean-François-Roch-Olivier de), admis le 22 avril 1786.

LAURENS (Alexandre-Frédéric des), reçu le 19 septembre 1780.

LAURENS (Isidore-Louis de), admis le 22 avril 1786.

LAUMONT (Jérome-Magdeleine-Charles-Augustin de), reçu le 8 décembre 1767.

LAUMONT (Louis-Auguste de), reçu le 1er mai 1774.

LAUMONT (René-Louis de), reçu le 10 décembre 1771.

LAUMONT-PUIGAILLARD (Jérome de), reçu le 29 juin 1751.

LEBLANC de LISSE (Jean-Baptiste-Joseph-Nicolas), reçu le 3 juillet 1733, et depuis commandeur en 1784.

LEBLANC de LISSE (Louis-Guillaume), reçu le 3 juillet 1733.

LESTRADE (Jean-Baptiste de), admis le 6 mai 1772.

LESTRADE (Léon-Pierre-Marie de), reçu le 16 janvier 1780.

LEZAY MARNÉSIA (Anne-Etienne de), reçu le 30 juillet 1737.

LINCEL (N.... de), commandeur de Nice, en 1784.

LOMBARD-MONTAUROUX (Pierre de), reçu le 20 avril 1723, et depuis commandeur en 1778.

LOPIS-LAFARE (Louis-Siffren-Benoit de), reçu le 22 juillet 1724, et depuis commandeur en 1776.

LORDAT (Louis-Philibert-Victor de), reçu le 26 octobre 1785.

LORDAT BRAM (François-Anne-Louis de), reçu le 16 juillet 1751.

LORDAT BRAM (Joseph-Gabriel de), reçu le premier mai 1750, et depuis commandeur en 1762.

LUSTRAC CANABUSE la BASTI (Louis-Benoit de), admis le 18 juin 1786.

M

MALLARD (Anne-Isidore de), reçu page le 5 décembre 1768.

MAILLARD (François de), reçu le premier juin 1767.

MALVIN MONTAZET (Léon de), reçu le 10 juin 1753, et depuis commandeur en 1768.

MALVIN MONTAZET de PACHIN (Jean-Baptiste-Claude de), reçu page le 17 octobre 1762.

MALVIN MONTAZET PACHIN (Jean-Joseph-Jacques de), reçu page le 12 juillet 1766.

MANDOLX (Pierre-Jean-Baptiste-Alexandre de), reçu le 17 juin 1737, et depuis commandeur en 1788.

MANDOLX LAPALU (Jean-Gaspard de), reçu le 6 juillet 1773.

MARCEL BLAIN du POET (Joseph-Ambroise de), reçu le 3 juin 1777.

MARCEL BLAIN du POET (Joseph-Gaspard de), reçu le... 1740.

MARCEL du POET (Joseph-François-Ignace de), reçu le 23 novembre 1739.

MARCIEU (Alexandre-Amé de), reçu le 13 juillet 1775.

MARGALLET (Joseph-Constance de), reçu le 11 janvier 1783.

MARK PANISSES TRIPOLY (Pierre-Léandre de), reçu le 26 mai 1770.

MARK TRIPOLI (Alexandre-Jean-Baptiste-Auguste de), admis le 16 janvier 1780.

MARK TRIPOLI PANISSES (Auguste-Alexandre-Jean-Baptiste de), admis le 4 mai 1782.

MARNEZIA (N.... de), commandeur de Douzens en 1786.

MARTIN DE MAILHOLAS (JEAN-JOSEPH DE), reçu le 22 mars 1769.

MAULÉON MONLEZUN (JEAN-BAPTISTE DE), reçu le 2 août 1775.

MAZELIÈRES (JOSEPH-MARIE DE), reçu le 30 mai 1775.

MELET (GUILLAUME-AMAND DE), admis le 5 mai 1787.

MERLE DE LA GORCE (JEAN-MATHIEU DE), reçu le 4 juillet 1776.

MOLETTE-MORANGIÉS (JEAN-ADAM DE), reçu le 27 avril 1738.

MONTAUROUX (N...), commandeur d'Arcins en 1785.

MONTCALM-GOZON (GILBERT-FRANÇOIS-DIEUDONNÉ DE), reçu le 5 juillet 1744.

MONTCALM (LOUIS-BARTHELEMI-DIEUDONNÉ DE), reçu le 19 août 1765.

MONTCALM-GOZON (LOUIS-MARIE-ANDRÉ - DIEUDONNÉ DE), admis le 18 juin 1786.

MONTCORNEIL (DOMINIQUE-LOUIS DE), admis le 26 mai 1770.

MONTEYNARD DE MONTFRIN (JOSEPH-IGNACE), reçu le 17 avril 1773.

MONTEYNARD DE MONTFRIN (JUSTE-HENRI-FRANÇOIS DE), reçu le 16 avril 1773.

MONTGEY (N.... DE) , grand-prieur de Saint-Gilles en 1788.

MONTRATIER DE PARAZOLS (JEAN-BAPTISTE-ANTOINE DE), reçu le 21 juin 1777.

MORARD (JEAN-BAPTISTE-ANDRÉ-AVELIN- MARIE - MARTIN DE), reçu le 2 juin 1761.

MOREL VILLENEUVE MONS (JOSEPH-PHILIPPE-ANDRÉ DE), reçu le 4 juillet 1787.

MORETON CHABRILLANT (LOUIS DE), reçu page le 19 janvier 1627 , et depuis commandeur et bailli.

MORIÉS (N ... DE), commandeur de Cavalis en 1787.

MOTHES DE BLANCHE (ARMAND-AUGUSTIN-JULES DE), admis le 8 décembre 1786.

N

NAVAILLES (HENRI DE), admis le 4 février 1777.

NETTANCOURT (JACQUES-MARIE DE), admis le 30 juillet 1786.

NOÉ (ARMAND-ÉDOUARD-PONCE DE), reçu le 12 mai 1780.

O

ORDEIGNES (Bernard d'), reçu le 17 juillet 1784.

P

PAGEZE-SAINT-LIEUX (Louis-Philippe de), reçu le 6
mai 1747.

PANOUSE du COLOMBIER (Alexis-César de la), reçu
page le 12 octobre 1776.

PANOUSE du COLOMBIER (Ange-François - Charles
de la), reçu page le 9 février 1779.

PANOUSE du COLOMBIER (Charles-François de la),
reçu le 16 juin 1777.

PANOUSE du COLOMBIER (René-Joseph-Louis de la),
reçu page le 2 avril 1775.

PAVÉE VILLE-VIEILLE (Louis-Raimond-Annibal de),
reçu le 30 octobre 1747.

PECHPEIROU (Anne-Charles-Marguerite-Marton-Louis
de), reçu le 11 octobre 1784.

PELLETIER de la GARDE (Auguste-Marie-Balthazard
de), reçu le 19 juin 1784.

PENNES (de), bailli et commandeur de Burgaud, en
1784.

PERIER (François-de-Sales-Jules de), reçu le 8 mai
1787.

PERIER (Louis du), reçu le 23 septembre 1780.

PEYRE CHATEAUNEUF (Raimond-Paulin-Étienne
de), reçu le 5 octobre 1786.

PEYRE CHATEAUNEUF (Sophie - Anselme-Alexis Benoît de), reçu le 16 octobre 1761.

PINA (Dominique-Arthur de), admis le 30 juin 1782.

PINA (Simon - Louis-François de), reçu le 12 juin
1779.

PINS (Jean-Paul-Marie-Joseph de), reçu page le 7
décembre 1753.

PIOLENC (Joseph-Henri de), reçu le 6 septembre 1746,
depuis commandeur en 1759.

POËT (Ignace du), commandeur en 1788.

POLASTRON (Louis - Emmanuel - Marthe - François),
admis le 23 août 1766.

PONTEVÈS (Auguste-Léon de), reçu le 21 novembre 1776.

PONTEVÈS MAUBOUSQUET (Charles de), reçu le 13 février 1756.

POURROY l'AUBÉRIVIÈRE QUINSONAS (Adélaïde Edme-Henri de), reçu le 27 mars 1775.

POURREY l'AUBÉRIVIÈRE QUINSONAS (Emmanuel-Victor de), reçu le 27 février 1776.

POYPE (Pierre-Christophe de la), admis le 2 octobre 1779.

PRADINES BALSA (Albert de), reçu le 14 août 1742.

PRADINES BALSA (Dominique de), reçu le 27 décembre 1870.

PUEL PARLAN (Jean-Joseph-Auguste-César de), reçu le 2 octobre 1779.

PUGET BRAS (Joseph-Henri de), reçu page le 24 mars 1753.

PUGET BRAS (Louis-Honoré Alexandre de), reçu page le 12 novembre 1752.

PUIMIROL (Gérard-Raimond-Paulin de), reçu le 16 juin 1775.

R

RABASTENS (Jean-Hyacinthe de), reçu page le 17 août 1746.

RANE VIBRAC (Henri-Jules-César de), reçu le 3 juillet 1786.

RAOULX RAOUSSET BOULBON (André de), reçu le 30 juillet 1784.

RAOULX RAOUSSET BOULBON (Louis de), reçu le 12 juin 1783.

RAOUSSET de SEILLON (Guillaume-Charles de), reçu le 16 janvier 1784.

RAPHAELIS d'AGOULT ROGUES (Antoine-Joseph-Isidore-Casimir de), reçu le 11 juin 1772.

RAPHAELIS SOISSAN (Joseph-Auguste-Casimir de), reçu le 12 août 1781.

RAYMOND d'EAULX (Charles-Antoine de), reçu le 28 septembre 1781.

RAYMOND d'EAULX (Pierre-Antoine de), page le 16 mai 1717, et depuis commandeur et bailli.

REINAUD (Alexandre-Claude-François-Emmanuel de), admis le 18 juin 1786.

REINAUD FALICON (Clément de), reçu page le 19 décembre 1756.

REINAUD FALICON (Octave-Emilien-Marie-Benoit de), admis le 9 juillet 1780.

RESSEGUIER (Jérôme-Ignace de), reçu le 7 août 1744, et depuis commandeur et bailli.

RETZ (Louis-Philippe de) , reçu page le 20 juin 1785.

RETZ BRESSOLLES (Joseph-Marie Raimond de) , admis le 15 juillet 1786.

REVEL (Marie-Ignace-Octave-Louis-Isidore de), reçu le 11 juin 1763.

RIQUETTI MIRABEAU (Jean-Antoine-Joseph-Charles-Elzéar de) , reçu le 31 juillet 1720 , et depuis commandeur et bailli.

ROBIN BARBANTANE (Étienne-Claude.) , reçu le 10 septembre 1764.

ROCHE NÉGLI (Charles-Amable de la), admis le 27 juillet 1782.

ROCHE FONTENILLE (Pierre-Paul de la), reçu le 12 octobre 1766.

ROFFIGNAC (Nicolas de), reçu le 17 juin 1761.

ROGER de CAUX (Charles-François-Marguerite), reçu le 14 mai 1749.

ROHAN (N . . . . de) , commandeur de Pazenats en 1768.

ROLAND DUPONT (Jean-Jacques de) , reçu le 27 juillet 1782.

ROLAND DUPONT (Jean-Maurice de), reçu le 27 juillet 1782.

ROQUEFEUIL (Casimir de) , reçu page le 16 avril 1769.

ROQUEFEUIL (Charles Balthazard de) , reçu page le 12 juillet 1766.

ROQUEFEUIL (François-Joseph de) , reçu le 2 juin 1762.

ROQUEFEUIL (Louis-Pierre-Marie-Emmanuel de) , admis le 24 février 1778.

ROQUEFEUILLE (Philippe de), reçu le 31 mai 1767.

ROQUELAURE SAINT-AUBIN (Jean-Marie-Silvestre de) , reçu le 18 mai 1777.

ROQUELAURE SAINT-AUBIN (Pierre-François-Julie de) , reçu le 8 décembre 1767.

ROQUEMAUREL (Jean-Baptiste-Julie de), reçu le 10 juillet 1779.

ROLANS (N.... de), commandeur de Cap en 1783.

ROUX LAFARE (Louis-Joseph-Hilarion de), reçu le 5 juillet 1786.

ROUX de PUIVERT (Victor-Charles-François de), reçu le 3 décembre 1770.

S

SADES (Louis-Philippe-Henri-Élisabeth de), reçu le 15 septembre 1750.

SADES MAZAN (Richard-Jean-Louis de), reçu page le 12 octobre 1715, et depuis commandeur, bailli et grand prieur de Toulouse.

SAINT-EXUPÉRY (Jacques- Jean de), reçu le 15 octobre 1780.

SAINT-EXUPÉRY de ROUFFIGNAC (Marc-Antoine-Emmanuel de), reçu le 4 décembre 1775.

SAINT-FÉLIX (Anne-François de), reçu page le 6 décembre 1753.

SAINT-FÉLIX (Célestin-Catherine de),. reçu le 6 octobre 1775.

SAINT-FÉLIX (Jean-François-Marie-Elisabeth de), reçu le 23 juin 1764.

SAINT-FÉLIX (Jean-Jacques de), reçu le 24· juillet 1778.

SAINT-FÉLIX (Jean-Thérèse-Paulin. de), reçu le 15 septembre 1777.

SAINT-FÉLIX MAUREMONT (Philippe-Joseph-Gabriel de), admis le 10 juin 1787.

SAINT-MARTIN (Alexandre de), reçu le 19 mars 1780.

SAINT-VIANCE (Charles-Étienne-Armand de), reçu le 12 décembre 1776.

SEGUIN PAZZIS (Jean-Baptiste-Nicolas de), reçu le 3 janvier 1768.

SEGUINS de VASSIAUX (Paul-César-Bruno de), reçu. le premier février 1775.

SENTOUT· (Jean-Joseph de), reçu page le 28 décembre 1741.

SEVIN de SEGONGNAC (Jean-Chrysostôme-Duleide de), reçu le 27 décembre 1773.

SEVIN SEGONGNAC (Pierre-Thérèse-François-Xavier de), reçu le 18 décembre 1775.

SEVIN SEGONGNAC (Pierre-Théobades de), reçu le 8 juin 1774.

SEYTRES CAUMONT (Amarle-Victor Joseph-François-de-Paule de), reçu le 27 avril 1767.

SEYTRES CAUMONT (Charles-Joseph-Marie de), reçu le 14 août 1775.

SEYTRES CAUMONT (Olivier-Eugène-François de) , reçu le 15 janvier 1746.

SEYVE (N... de), bailli de Manosque en 1784, commandeur de Saint-Félix en 1785.

SIFFREN d'AURELE (François-Marie), reçu page le 27 octobre 1747.

SIFFREN des ISNARDS (Toussaint), reçu le 17 mai 1756.

SIREGAUD d'ERCÉ (Alexis-Gaston), reçu page le 17 décembre 1756.

SIREGAUD d'ERCÉ (Arnaud-Henri de), admis le 21 mai 1786.

SIREGAUD d'ERCÉ (Jean-Henri-Hercule de), reçu lé 27 mars 1784.

SOBIRATS (Pierre-Annibal de), reçu le 20 novembre 1751.

SOLAGES (Paulin-Guillerme-Augustin de), reçu le 28 octobre 1776.

SUFFREN (Emmanuel de), reçu le 10 août 1784,

SUFFREN (Paul-Julien de), reçu le 27 septembre 1737, et depuis commandeur en 1772.

SUFFREN (Pierre-André), reçu le 27 septembre 1737, et depuis commandeur en 1783.

SUFFREN SAINT-TROPÈS (N.... de), commandeur de Homps en 1784.

SUFFREN SAINT-TROPÈS (N... de), bailli et commandeur de Puymoisson en 1786.

T

TAURIAC (Antoine de), reçu le 3 juillet 1786.

TAURIAC (Louis-Jean-Antoine de), reçu le 3 juillet 1786.

TEISSIÈRES (Louis-François), admis le 6 juin 1784.

THAON REVEL (Jean-Paul-Marie-Maurice de), reçu le 11 mai 1771.

THOMAS CHATEAUNEUF (Honoré de), reçu page le 28 juin 1732, et depuis commandeur en 1764.

THOMAS la VALETTE (Gaspard-Marie-Félix de), admis le 2 mars 1786.

THOMASSIN de SAINT-PAUL (Louis-François-Henri-Paul-Rainaud de), reçu le 29 janvier 1782.

TONDUTI GAÉTAN (François-Antoine-Clément de), admis le 9 octobre 1777.

THORON ARTIGUOSE (Victoire de), reçu le premier juin 1748.

TOUCHEBOEUF BEAUMONT (Pierre-François-Maximilien-Joseph-Augustin-Armand de), admis le 26 décembre 1785.

TOUR (N... de la), bailli et commandeur de Bordeaux en 1775.

TOUR LANDOSTE (Joseph-Ignace-Marie de la), reçu le 17 février 1776.

TOUR du PIN (Louis-Martin Gaston de la), reçu le 16 juin 1777.

TOUR du PIN MONTAUBAN (Enard-Louis-François de la), reçu le 2 mai 1774.

TOUR du PIN MONTAUBAN (Sigismond de la), reçu le 6 décembre 1779.

TOURNAY la BROSSE (Joseph-François-Victor de), admis le 18 août 1787.

TOURNON (Alix-Eugène de), reçu le premier mai 1780.

TOURNON SIMIANE (Philippe-Camille-Casimir de), reçu le 15 août 1778.

TOURRETTE d'AMBERT (Silvestre-Jean-François de la), admis le 12 juillet 1783.

TREILLE FOSIÈRES (Marie-Joseph-Jacques-Philippe-François de la), reçu le 16 juin 1762.

TRESSEMANES (Surléon de), reçu le 30 juillet 1755.

TRESSEMANES BRUNET (Charles de), reçu le 14 juin 1739, et depuis commandeur en 1785.

TRESSEMANES BRUNET (Charles-Benoit-Fortuné-Joseph de), reçu le 16 novembre 1774.

TRESSEMANES CHASTEUIL (Emilien de), reçu le 27 octobre 1747.

TRESSEMANES CHASTEUIL (Joseph-Charles-Raymond

..DE), reçu le 12 août 1738, et depuis commandeur en 1784.

TRESSEMANES CHASTEUIL (RAYMOND DE), commandeur de Praissac.

TRESSEMANES CHASTEUIL ROUSSEL (MELCHIOR-MAXIME DE), reçu le premier avril 1738, et depuis commandeur en 1787.

TREVEY CHARMAIL (JEAN-MARTIN DE)., reçu page le 3 août 1726, et depuis commandeur et bailli.

TULLE VILLEFRANCHE (GASPARD-LOUIS DE), reçu le 18 juin 1720, et depuis commandeur en 1780.

TURENNE D'AINAC (HENRI-AMÉDÉE DE), admis le 24 février 1779.

U

URRE (JOSEPH-HYACINTHE-ANTOINE-FRANÇOIS D'), reçu le 30 mai 1748.

URRE D'AUBAIS (FRANÇOIS-MAURICE D'), reçu le 9 décembre 1782.

URRE D'AUBAIS (THIMOTHÉ-ANNE-FRANÇOIS D'), reçu le 18 mars 1785.

URTUBIE GARRO (JEAN-BAPTISTE-PHILIPPE D'), reçu le 26 mars 1783.

V

VACHON (MARIE-FRANÇOIS-AMÉDÉE DE), admis le 13 septembre 1778.

VACHON BELMONT (VICTOR-NICOLAS DE), reçu le premier avril 1731, et depuis commandeur et bailli.

VALLIÈRE (ALEXIS-HENRI-LUCRÈCE DE), reçu le 26 février 1785.

VALORI DERTILLY (HENRI-ZOZIME DE), admis le 9 septembre 1786.

VASSAL MONTVIEL (JEAN-BAPTISTE-FRANÇOIS DE), reçu le 24 février 1778.

VAULSERRE DES ADRETS (ALPHONSE-PIERRE DE), reçu le 20 mai 1770.

VENTO DE PENNES (HENRI DE), reçu le 29 novembre 1741, et depuis commandeur en 1780.

VENTO DE PENNES (TOUSSAINT DE), reçu le 23 juillet 1721, et depuis commandeur et bailli.

VIC (JEAN-JACQUES-MARIE DE), reçu le 18 octobre 1772.

VILLAGES (ALPHONSE-GABRIEL-JEAN-BAPTISTE DE), admis le 14 juin 1783.

VILLAGES (LOUIS-FRANÇOIS DE), admis le 24 août 1780.

VILLAGES (N.... DE), commandeur des Argentins en 1788.

VILLAGES VILLE-VIEILLE (JEAN-FRANÇOIS-GABRIEL-ALPHONSE DE), reçu page le 5 avril 1754.

VILLE FRANCHE (N... DE), grand-commandeur de la Langue de Provence, le 8 mai 1787.

VILLENEUVE D'ANSOUIS (SILVESTRE-HENRI-SÉBASTIEN-THÉODOSE DE), reçu le 25 juillet 1771.

VILLENEUVE BARGEMONT (EMMANUEL-FERDINAND DE), admis le 17 mars 1780.

VILLENEUVE BARGEMONT (JEAN-BAPTISTE DE), reçu le 28 janvier 1782.

VILLENEUVE TRANS (THOMAS-BERTH-ALEXANDRE-BALTHAZARD DE), reçu le 22 décembre 1772.

VIRIEU BEAUVOIR (JOSEPH-LOUIS DE), reçu le 28 février 1750.

LANGUE D'AUVERGNE.

A

AGAY (Antoine - Thérèse - Joseph d'), reçu le 5 juillet 1773.

ALBON (Charles-Bonnaventure d'), admis le 4 juillet 1777.

ALBON (Charles-Bonnaventure d'), admis le 21 mai 1779.

ANGEVILLE (Guillaume-Charles-Marie d'), reçu le premier octobre 1777.

ANTEROCHES (François d'), admis le 11 avril 1785.

AUBERJON de MURINAIS (Antoine-Louis-Victor d'), reçu le 12 mai 1783.

AUBERJON de MURINAIS (Guy-Joseph-François-Louis) Thimoléon d'), reçu le 2 janvier 1761.

B

BANCENEL (Jean-François de), reçu le 4 mai 1768.

BARBANÇOIS (Hector-Louis de), reçu le premier avril 1764.

BARENTIN MONTCHAL (Charles-Guillaume de), reçu le 9 mai 1777.

BARONNAT (Louis de), admis le 9 juillet 1777.

BARTHON de MONTBAS (Alexandre-François de), reçu le 29 mars 1775.

BARTHON de MONTBAS (Léonard de), reçu le 9 décembre 1770.

BEAUMONT (François-Bertrand de), reçu page le 7 juillet 1765.

BEAUREPAIRE (Jean-Joseph de), reçu le 13 août 1777.

BEGON de la ROUSIÈRE (Claude de), reçu le 3 juillet 1780.

BEGON DE LA ROUSIÈRE (MICHEL-DENIS-MARIE DE), reçu le premier janvier 1780.

BERNARD DE MONTESSUS (IGNACE-MARIE DE), reçu le 2 juin 1770.

BERTRAND DE BEAUMONT (FRANÇOIS-URSULE DE), reçu le 15 février 1783.

BERTRAND DE BEAUMONT (JEAN-BAPTISTE DE), reçu le 14 décembre 1775.

BERTRAND DE BEAUMONT (LOUIS-FRANÇOIS DE), reçu le 14 janvier 1780.

BERTRAND DE BEAUMONT POLIGNY (FRANÇOIS DE), reçu le 17 décembre 1770.

BESSE (N... DE), commandeur de Chazelles en 1784.

BESSE (N... DE), commandeur d'Olloix en 1775.

BOCSOZEL MONTGONTIER (ALEXANDRE DE), reçu le 9 juin 1766.

BOCSOZEL MONTGONTIER (JEAN-BAPTISTE-LOUIS DE), reçu le 29 avril 1765.

BOISSÉ DE COURCENAY (CLAUDE-GUILLAUME DE), admis le 22 mai 1777.

BONLARON DE COSTA (FRANÇOIS-JEAN-ANTOINE-THÉLÉMAQUE DE), reçu le 16 février 1767.

BONNAULT (JEAN-BAPTISTE-DAUPHIN DE), admis le 21 avril 1787.

BONNEVAL (FRANÇOIS-LOUIS-ANNE DE), reçu page le 6 novembre 1783.

BORDES DU CHATELET (CHARLES-JOSEPH-BONNAVENTURE DES), reçu le 3 février 1781.

BORDES DU CHATELET (JEAN-BAPTISTE DES), reçu le 20 novembre 1784.

BORT DE PIERREFITTE (PIERRE DE), reçu le 17 avril 1786.

BORT DE PIERREFITTE (PIERRE-LÉONARD DE), reçu page le 4 mai 1776.

BOSREDON (FRANÇOIS-LOUIS DE), reçu page le 8 juillet 1749, et depuis commandeur.

BOSREDON (JEAN-FRANÇOIS DE), admis le 9 juin 1775.

BOSREDON (LOUIS DE), admis le 23 mai 1777.

BOSREDON (SILVAIN DE), reçu le 23 décembre 1778.

BOSREDON DE LIGNY (N.... DE), commandeur de Monterolle en 1788.

BOSREDON DE LIGNY (SIDOIN DE), reçu le 13 janvier 1758.

BOSREDON du MANOUX (Joseph de), reçu page le 14 juin 1759.

BOSREDON du POIRIER (N.... de), commandeur de l'Hureuil en 1785.

BOSREDON du POIRIER (Jean de), reçu page le 6 novembre 1754.

BOSREDON de RANSIJEAT (Jean de), reçu page le 10 juillet 1753, et depuis commandeur en 1783.

BOSREDON de VATANGES (Jean-Marie de), reçu page le 16 février 1782.

BOSREDON VATANGES (Jean-Marie de), reçu page le 8 septembre 1784.

BOSREDON VILVOISIN (Jean - François-Magdeleine de), reçu le premier août 1766.

BOVET (Claude-Marius de), admis le 8 février 1781.

BRETTES de la MOTTE (Louis-François de), admis le 18 septembre 1781.

BUFFEVANT (N... de), commandeur de Rome-Portocarero en 1788.

BUFFEVANT (Jean-François de), reçu le 12 juillet 1756.

C

CARBONNIÈRES (Louis-Eugène de), admis le 30 mars 1776.

CARBONNIÈRES de BOUSSAC (Henri-Auguste-Edme de), reçu le 11 janvier 1774.

CASTELLAS (Henri), reçu le 3 août 1778.

CASTELLAS (Jean-Louis de), admis le 8 novembre 1780.

CELLE de BONARY (Benjamin de la), reçu le 30 juin 1765.

CHAMBORANT (Barthelemi de), reçu le 29 juillet 1771.

CHAMBORANT de DROUX (François de), reçu le 2 juin 1770.

CHAMPAGNE (Marc-Marie de), reçu le 16 février 1784.

CHASSAIGNE (Benoit de la), admis le 15 août 1778.

CHATILLON (François-Marie de), reçu le 26 juin 1753.

CHAVAGNAC (Louis-Vig de), reçu le 18 octobre 1775.
CLERMONT de TOUCHEBOEUF (Jean-Louis-Alexandre de), reçu le 29 juin 1766.
CORBEAU (François-Maurice de), admis le 7 juin 1777.
CONTY FALETANS (Bernard-Ignace-Marie-Joseph de), reçu le 11 septembre 1774.
COSNAC (Louis de), admis le 26 décembre 1768.
COSTA (Henri-François Victor de), admis le 27 mars 1782.
COUSTIN de MASNADEAU (Charles-Adrien de), reçu le 5 juillet 1783.

D

DAMAS (Casimir-Abraham-Claude de), reçu le 9 mars 1775.
DESCHAUX (N... du), commandeur des Feuillets en 1786.
DIENNE (Jean-Louis de), reçu en....
DOUET de MARLAT (Jean-François de), reçu le 16 janvier 1780.
DRÉE (Antoine-Gilbert de), admis le 11 janvier 1772.
DRÉE (Gilbert-Auguste de), admis le 8 octobre 1786.
DUC (Joseph-Antoine-Henri), reçu page le 10 janvier 1772.
DUPEYROUX (Antoine-Silvain), reçu le 8 février 1777.
DUPEYROUX (François du), reçu le 10 janvier 1750, et depuis commandeur en 1779.
DUPEYROUX (Joseph), reçu page le 11 décembre 1770.
DUPEYROUX de JARDON (Réné-Joseph), reçu le 18 février 1771.

E

ESMOING (Jean-Emmanuel d'), admis le 29 novembre 1786.

F

FAY (Just-Charles César de), reçu le 6 août 1774.

FAY de la TOUR-MAUBOURG (Joseph-Clément de), reçu le 2 octobre 1768.

FORET (Etienne-Annet de), reçu le 24 février 1767.

FERRÉ (N.... de), commandeur de Montferrand en 1783.

FONTANGES (Hugues-Marien de), reçu le 21 juillet 1765.

FOUCAULD (Valentin-Auguste-Joseph de), admis le 29 avril 1784.

FRICON (N.... de), commandeur de Macon en 1784.

FRICON (Joseph-Alexandre de), reçu la 26 juin 1753, et depuis commandeur en 1777.

FROISSARD (Pierre-Bonnaventure de), admis le 24 mars 1779.

FROISSARD BROSSIA (Bernard-Angélique de), reçu page le 14 juillet 1731.

FROSSARD de POLIGEY (N... de), reçu le 10 juillet 1785.

G

GAIN de LINARS (Joseph de), reçu le 19 février 1771.

GAIN de LINARS (Pierre-Jean de), reçu page le 18 juillet 1743, et depuis commandeur en 1783.

GARDE de SAIGNES (Jean-Marc-Gabriel de la), reçu page le 4 mars 1755.

GARNIER (Eugène-Philippe-Frédéric de), reçu le 27 mars 1784.

GARNIER (Paul-Eugène de), admis le 22 avril 1786.

GARRIC d'UZECH (Maréchal de), bailli en 1787.

GARRIC d'UZECH (Marie-Louis-Antoine de), reçu le 21 janvier 1723, et depuis commandeur en 1784.

GERBAIX de SONAS (Hippolyte de), admis le 14 décembre 1783.

GRATET DOLOMIEU (Alphonse-Guy-François de), reçu page le 9 mars 1769.

GRATET DOLOMIEU (Artus-Louis-Marie de), reçu 25 juillet 1770.

GRATET DOLOMIEU (Casimir-Auguste de), reçu le 17 juin 1769.

GRATET DOLOMIEU (Dieudonné-Silvain-Guy de), reçu le 4 octobre 1750, et depuis commandeur en 1781.

GRIVEL (Claude-Emmanuel-Joseph-Fidèle de) , admis le 29 décembre 1782.

GROSLIER FRESTOL (Antoine-Charles-Eugène de) , reçu le 4 mai 1776.

GUILLAUMANCHES (François de) , reçu le 28 juillet 1774.

GUILLAUMANCHES (Jean-Baptiste de) , reçu le 11 juillet 1774.

GUILLOT de DOUSSAY (Charles de) , reçu page le 4 juin 1776.

H

HANNOVILLE (N.... d'), commandeur de Salins en 1772.

HAUTIER (Antoine-François de), reçu le 14 juillet 1779.

HAUTIER (Henri de), reçu le 29 juillet 1776.

HAUTIER de VILLEMONTÉE (Antoine de), reçu le 30 janvier 1784.

HAUTIER de VILLEMONTÉE (Louis-Auguste de), reçu le 22 avril 1785.

HUMIÈRES (Pierre-François-Joseph d'), admis le 21 avril 1787.

J

JAQUOT d'ANDELAR (François-Éléonor-Prosper de), reçu le 26 juin 1777.

JAQUOT d'ANDELAR (Jean-Louis-Ainard de), reçu le 18 juillet 1772.

JOUSSINAUX (François-Marie de) , reçu le 18 février 1778.

JUIGNIEN de LESCOURS (Jean-Baptiste), admis le 17 juin 1768.

L

LAFOREST d'IVONNE (Louis Marie-Ferdinand de) , reçu le 22 décembre 1778.

LAFOREST D'IVONNE (Marie-Antoine-François de), reçu page le 19 mai 1779.

LANTILLAC SÉDIÈRES (Alexandre-Louis-Maire-Anne), admis le 12 juin 1780.

LASTERIE du SAILLANT (Henri de), admis le 11 octobre 1874.

LASTERIE du SAILLANT (Jean de), reçu page le 2 juin 1766.

LASTERIE du SAILLANT (Jean-Baptiste de), reçu le 7 juillet 1748, et depuis commandeur en 1778.

LASTERIE du SAILLANT (Louis de), admis le 5 mars 1782.

LAURAS (Charles-Abel de), reçu le 15 juin 1739, et depuis commandeur en 1777, bailli.

LEDUC (Marie-Joseph-François), reçu le 8 [avril 1777.

LEGRAIN (Joseph de), reçu le 22 février 1778.

LEGRAIN (Louis-Marie de), reçu page le 22 décembre 1778.

LEUSSE (Joseph-Augustin-Claude-Gabriel de), reçu le 5 septembre 1772.

LEUSSE (Marie-François de), reçu page le 26 mai 1779.

LIGONDÉS (Amable-Frédéric de), reçu le premier juin 1771.

LIGONDÉS (Antoine de), commandeur de Maissonisse en 1787.

LIGONDÉS (Claude de), admis le 2 août 1786.

LIGONDÉS (François de), admis le 29 novembre 1786.

LIGONDÉS (Hercule de), commandeur de Courteferre en 1788.

LIGONDÉS de NOUZERIENS (Pierre de), reçu le 8 février 1777.

LIGONDÉS ROCHEFORT (Amable de), reçu le 10 août 1762.

LIGONDÉS ROCHEFORT (Antoine de), reçu le 10 mai 1765.

LIGONDÉS ROCHEFORT (Hercule de), reçu le 17 décembre 1754.

LORAS (N.... de), commandeur de Villedieu en 1785.

LORAS (N.... de), bailli de Montchamp en 1788.

LORAS (Louis-Charles de), admis le premier juin 1776.

LORAS (Louis-Rosalie-François de), reçu le 10 janvier 1742, et depuis commandeur en 1777.

LUZY COUZANS (Gilbert de), reçu le premier juillet 1775.

M

MARCELLANGES (N.... de), commandeur de Charières en 1772.

MARCELLANGES (Aimé-Philippe de), reçu le 17 juin 1765.

MARCHANT de la CHATELAINE (Ferdinand-Henri de), admis le 20 mars 1787.

MARESCHAL (Gaspard de), reçu le 17 juin 1769.

MARESCHAL (Jean-François-Annibal de), en.....

MARGOT du BOIS de SAINT-BRIENNE (N....), admis le 6 décembre 1778.

MARSANGE (Charles-Jacques de), reçu le 23 décembre 1776.

MASSON d'ESCLANS (Charles-Marie-Pierre-Félix de), reçu le 23 mars 1765.

MAURIS CHASTENOIS (Louis-Emmanuel-Alexandre de), reçu page le 10 février 1770.

MEALLET de FARGUES (François de), admis le 4 août 1770.

MEALLET de FARGUES (François-Jean-Népomucène de), reçu le 24 avril 1773.

MEALLET de FARGUES (Jean-Joseph de), admis le 7 juin 1777.

MÉALLET de FARGUES (Jean-Joseph-Amant-Barthelemi de), reçu le 4 juin 1765.

MEALLET de FARGUES (Jean-Joseph-Louis de), reçu le 28 juin 1760.

MEALLET de FARGUES (Jean-Joseph-Marie-Magdeleine de), reçu page le 14 juillet 1774.

MENON de VILLE (N.... de), commandeur de Bellecombe en 1784.

MENON de VILLE (Joseph-Pie-Gabriel), reçu le 27 janvier 1746, et depuis commandeur en 1776.

MENTHON (Marie-Bernard-Ennemond), reçu le 9 août 1787.

MERIGOT de SAINT-FERE (Achille-Joseph de), reçu le 18 août 1770.

MILLET D'ARVILLARS (Joseph-Jean de), reçu le 2 avril 1754.

MONDOR (Charles-Humbert de), reçu le 11 janvier 1774.

MONESTAY DE CHAZERON (Charles-Joseph de), reçu le 19 janvier 1771.

MONESTAY CHAZERON (Pierre-Antoine-Octavie de), reçu le 24 juillet 1777.

MONGENET (François de), reçu le 15 janvier 1787.

MONSPEY DE VALLIÈRE (N.... de), commandeur de Montbrisson en 1785.

MONSPEY DE VALLIÈRE (Pierre-Paul-Alexandre de), reçu page le 16 mars 1754, et depuis commandeur en 1783.

MONTAIGNAC (N... de), commandeur de Villefranche en 1787.

MONTAIGNAC (Gilbert de), reçu page le 16 décembre 1772.

MONTAIGNAC (Gilbert-Amable de), reçu page le premier janvier 1756, et depuis commandeur en 1780.

MONTAIGNAC CHAUVENCE (Alexandre de), reçu le 2 mars 1773.

MONTAIGNAC CHAUVENCE (Joseph de), reçu le premier mars 1773.

MONTS DE SAVASSE (Adolphe-Louis-François de), admis le 20 mai 1787.

MOREL DE LA COLOMBE (Gilbert-Charles), admis le 17 octobre 1784.

MORETON CHABRILLANT (N... de), commandeur de Sales et Montseigny en 1788.

MORETON CHABRILLANT (Charles-Alexandre de), reçu le 11 janvier 1774.

MORETON CHABRILLANT (Charles-Alexandre-Henri de), admis le 25 février 1783.

MORETON CHABRILLANT (Jules-Edouard de), admis le 4 septembre 1785.

MOUCHET DE BATTEFORT L'AUBESPIN (Aimé-Marie-François-Emmanuel de), admis le 8 février 1781.

P

PERROTIN DE BELLEGARDE (Henri), admis le 13 octobre 1779.

PESTEILS LA CHAPELLE (FRANÇOIS-ANDRÉ DE), reçu le 10 septembre 1770.

PESTEILS (JACQUES-JOSEPH DE), reçu le 6 mai 1761.

PETREMANS DE VALLAY (ANNE-PHILIPPE DE), reçu le 28 juillet 1740, et depuis commandeur en 1781.

PETREMANS DE VALLAY (DÉSIRÉ-ADRIEN DE), reçu le 27 mai 1775.

PETREMANS DE VALLAY (JEAN-ELÉONOR DE), reçu le 6 mars 1786.

PEYROUX (N . . . . DE), commandeur de Carlat en 1786.

POIX (LOUIS-FÉLIX-ANNE DE), reçu le 20 octobre 1779.

POIZ (LOUIS-MARIE-ALEXANDRE DE), reçu le 19 octobre 1775.

POIX (THOMAS-LOUIS-BENJAMIN DE), reçu le 12 décembre 1773.

PORTE (JOSEPH DE LA), reçu le 23 août 1759.

POUGNY DE GUILLES DE MONTHOUX (OTHON-LAURENT-FRANÇOIS DE), reçu le 7 septembre 1771.

Q

QUEUILLE (ARMAND-JEAN-LOUIS DE LA), reçu le 17 avril 1758.

QUEUILLE (SÉBASTIEN-MARIE-ANNE-GILBERT-FRANÇOIS DE LA), reçu le 5 avril 1734, et depuis commandeur en 1784.

R

RAYNAUD DE MONTS (MARC-ANTOINE DE), reçu le 28 juillet 1759.

RAYNAUD DE MONTS (MARIE-ANTOINE-SÉRAPION DE), reçu le 28 juillet 1759.

RECLESNE (FRANÇOIS-XAVIER-AUGUSTIN DE), reçu le 9 décembre 1770.

RECLESNE (NICOLAS-ELÉONOR-LÉOPOLD DE), reçu le premier juin 1771.

RENSIGEAT (N . . . . DE), commandeur de Feniers en 1738.

RICHARDIE de BESSE (Gaspard de la), reçu le 6 octobre 1738 , et depuis commandeur en 1775.

RIGAUD SEREZIN (Thomas de), reçu le 18 octobre 1751 , et depuis commandeur en 1783. .

RIGAUD de SEREZIN (Henri-François de), reçu page le 30 mars 1775.

RIGAUD SEREZIN (Marc-François de) , reçu le 11 août 1773.

RIVOIRE de la TOURETTE (Antoine-Armand de), reçu page le 23 novembre 1776.

RIVOIRE de la TOURETTE (Marie-Auguste-Antoine de), reçu le 22 juillet 1778.

RIVOIRE de la TOURETTE (Marie-François-Antoine de) , reçu le 28 juin 1760.

RIVOIRE de la TOURETTE (Marie-Louis-Antoine-Hercule de), reçu le 17 avril 1758.

ROCHE AIMON MENSAC (Jacques de la) , reçu le 5 mars 1739, et depuis commandeur en 1771.

ROCHETTE (Amable-Saint-Julien de la), reçu le 29 juin 1738, et depuis commandeur en 1783.

ROCQUET DE TRESSES (Jacques de) , reçu page le 23 décembre 1756.

ROY d'ALLARDE (Jean le) , reçu le 14 juillet 1779.

ROYS (Gilbert-Marie des), reçu le 14 mai 1776.

ROYS (Louis-Anne-Silvain des) , admis le 25 février 1781.

ROYS (Marie-Étienne des) , reçu le 14 décembre 1775.

ROZE (Louis-Joseph-Alexandre de) , reçu le 25 décembre 1781.

S

SAINPIGNY (Ignace-Hyacinthe de), admis le 4 septembre 1785.

SAINT-JULIEN (N .... de), commandeur de Chamberaud en 1783.

SAINT-MARTIN de BAGNAC (Michel-Victor de), admis le 31 octobre 1785.

SAINT-MAURIS (Alexandre de), reçu page le 10 janvier 1772.

SAINT-MAURIS CHATENOIS (Gabriel-Bernard de), admis le 4 septembre 1774.

SAINTE-COLOMBE (Guillaume de), reçu le 27 septembre 1777.

SAINTE-COLOMBE (Pierre-Antoine de), admis le 31 octobre 1785.

SAINTE-COLOMBE de LAUBEPIN (Claude-Marie de), reçu le 18 octobre 1722, depuis commandeur en 1780, et grand-prieur le premier mai 1783.

SARAZIN (Marie de), reçu le 14 juillet 1779.

SARAZIN (Marien de), reçu le 8 octobre 1780.

SARAZIN LAVAL de PERRIGÈRES (Claude-Louis-Susanne de), admis le 11 octobre 1773.

SAVARY LANCOSME (N.... de), bailli de l'Ormiteaux en 1762.

SAVARY LANCOSME (N.... de), commandeur de Dôle en 1781.

SAVARY LANCOSME (Esprit-Louis-Charles-Alexandre de), admis le 31 juillet 1784.

SAVARY LANCOSME (Louis-Alexandre de), reçu le 11 janvier 1728, et depuis bailli de Bourganeuf en 1788.

SAVARY LANCOSME (Louis-Charles-Auguste de), reçu le 20 août 1785.

SEYSSEL (N.... de), commandeur de Celle en 1788.

SEYSSEL (Jean-Jacques de), reçu le 23 décembre 1746, et depuis commandeur en 1777.

SENNETERRE de DREUILLE (François de), reçu le 22 décembre 1766.

T

THOISY (Adrien de), admis le 21 avril 1787.

THY (Antoine-Louis de), admis le 17 juillet 1784.

TOULONGEON (Pierre-Joseph-Louis de), admis le 12 janvier 1783.

TOUR (Jean-Joseph- de la), reçu le 2 septembre 1780.

TOUR (Joseph-Clément de la), reçu le premier octobre 1768.

TRION (Jean-Baptiste de), reçu page le 22 juin 1785.

TRION (Charles-Joseph de), reçu page le 7 septembre 1785.

U

USSEL de CHATEAUVERT (N.... d'), commandeur de Saint-Georges en 1773.

USSEL DE CHATEAUVERT (FRANÇOIS-AIMÉ D'), reçu le
11 août 1746, et depuis commandeur en 1783.

V

VALLIN SAINT-DIDIER (FRANÇOIS-LUC DE), admis le
12 février 1774.
VALLIN SAINT-DIDIER (MELCHIOR-ALEXANDRE DE),
admis le 23 mai 1777.
VALLON DU BOUCHERON D'AMBRUGEAT (JOSEPH-
ALEXANDRE), reçu le 16 décembre 1772.
VARAX (JOSEPH DE), reçu le 16 juillet 1774.
VARENNES (JEAN-BAPTISTE DE), reçu le 21 avril 1777.
VARENNES (JOSEPH DE), reçu le 23 septembre 1762.
VILLEFRANCHE (N . . . . DE), commandeur de Compe-
zières en 1764.
VAULCHIER DU DESCHAUX (GEORGE-SIMON DE),
reçu le 5 septembre 1749, et depuis commandeur en
1780.
VESC DE BÉCONNE (MARIE-JOSEPH-HENRI DE), reçu le
premier juin 1776.
VIRIEU DE BEAUVOIR (JEAN-LOUP DE), reçu le 9 fé-
vrier 1750, et depuis commandeur en 1780.

LANGUE DE FRANCE.

A

ACHARD DE BONVOULOIR (Charles-François-Auguste), admis le 29 mars 1774.

AGIS DE SAINT-DENIS (Charles-Jules), admis le 25 août 1787.

AGUISY (Antoine-Marie-Aimé d'), admis le 1.er juillet 1786.

ALLONVILLE (Antoine-Jean d'), reçu le 9 février 1768.

ALLONVILLE (Louis-Alexandre d'), reçu le 10 décembre 1771.

ALSACE (N..... d') , commandeur d'Abbeville en 1769.

ALSACE (N..... d'), bailli de la Morée , en 1779.

AMIRAULT (Louis-François L'), reçu le 12 juin 1759.

ANDLAU (Louis-Stanislas d') , admis le 31 juillet 1784.

ANDROUINS (François-Joseph-Théodose des), reçu le 6 février 1782.

ANGERVILLE (Augustin d') , admis le 26 août 1783.

ANNEVILLE (Paul-Bernardin d'), reçu le 13 avril 1767.

ANSEL DE BOFFLE (François-Henri d'), admis le 5 octobre 1775.

AOUST (Marie-Eustache-Bernard d'), admis le 9 novembre 1780.

ARCHAMBAUD DE MILLEVILLE (David-François-Gabriel), admis le 1er juillet 1786.

ARCLAIS DE MONTANY (Anne-Pierre-Chrétien d'), admis le 3 novembre 1771.

ARNERVILLE DE CHIFFREVAST (François-Antoine-Henri d'), reçu le 10 janvier 1787.

ASPECT (Alexandre-Gabriel d'), admis le 20 mai 1781.

ASPECT (Jean-Alexandre-Brigide d'), admis le 11 mars 1783.

ARTAYSE (Charles-Gilles-Louis), admis le 18 avril 1779.

ASTORG (Alexandre-Eugène-Louis-François-Saturnin d'), admis le 28 février 1787.

AUBELIN de GIVRY (Louis-Auguste), admis le 18 mars 1780.

AUGEARD (Charles-Gabriel-Mathieu), admis le 19 avril 1783.

AURAY de SAINT-POIS (Louis-Auguste d'), admis le 12 avril 1771.

B

BALB-BERTON (Louis-François de Paule de), admis le 11 mars 1781.

BAILLEUL (Armand-François de), admis le 12 juin 1779.

BAILLEUL (Charles-Louis-Desiré de), admis le 28 mai 1785.

BAROMÉNIL (N..... de), commandeur de Sours et Arville, en 1784.

BARRE (Louis-Ferdinand-Joseph de la), reçu le 10 janvier 1787.

BARRES (N..... des), commandeur de Lagny-le-Sec, en 1776.

BARRES (Charles-Louis-Gabriel des), reçu le 22 mars 1760.

BASCLE d'ARGENTEUIL (Henri-Louis le), reçu le 1er mai 1757.

BASSOMPIERRE (Adolphe-Marc-Elisabeth de), admis le 4 octobre 1783.

BEARN de BRASSAC (Alexandre-Louis-Toussaint de), admis le 16 mars 1775.

BEAUCHAMP (Charles de), admis le 28 juillet 1787.

BEAUCLERC (Anne-Charles-Frédéric-Amboise de), reçu le 9 septembre 1773.

BEAUDRAP (Louis-Hyacinthe-Augustin de), admis le 3 juin 1786.

BEAUFORT (Achille-Louis-Victor de), admis le 5 mai 1787.

BEAUFORT (Amédée-M... de), admis le 4 septembre 1785.

BEAUFORT (Alphonse-Charles-Marie-Constant de), admis le 3 juillet 1784.

BEAUFORT (CHARLES-JULES DE), admis le 3 juillet 1784.

BEAUFREMONT (JOSEPH-HENRI-OCTAVE DE), admis le 10 juillet 1779.

BEAUMONT (ADRIEN-JACQUES-JOSEPH-CHARLES DE), admis le 5 mai 1787.

BEAUMONT (CHRISTOPHE-ARMAND-VICTOIRE DE), reçu le 3 mars 1770.

BEAUNAY (NICOLAS-LOUIS DE), admis le 18 avril 1777.

BEAUREPAIRE (ANNE-GAÉTAN DE), admis le 12 mars 1787.

BEAUREPAIRE (PHILIPPE-AMÉDÉE DE), admis le 27 juin 1780.

BÉGUE (HENRI-CHARLES DE), admis le 8 mai 1779.

BÉGUE (PHILIPE-CHARLES-GABRIEL DE), admis le 6 avril 1778.

BELLE ISLE DE SAINT-PIERRE (BON-AUGUSTE DE), admis le 13 mars 1784.

BELLOY (MARIE BONAVENTURE DE), reçu page le 23 juillet 1768.

BÉRAIL DE MASSEBEAU DE SEDAGES (PIERRE-FRANÇOIS DE), admis le 25 juillet 1773.

BERCHOVE (FRANÇOIS-ANTOINE-MAXIMILIEN DE), admis le 9 novembre 1780.

BERENGER (BON-LOUIS-FERDINAND DE), admis le 21 avril 1787.

BERENGER (CHARLES-RAIMOND-SILVAIN DE), reçu le 23 mai 1777.

BERNARD (LOUIS-AUGUSTE DE), reçu le premier février 1781.

BERTIER (ANNE-FERDINAND-LOUIS), admis le 2 mars 1786.

BERTOULT (AMABLE-LOUIS-ÉLÉONORE DE), reçu le 6 août 1774.

BERTOULT (ARMAND-PHILIPPE-LOUIS DE), admis le 14 novembre 1777.

BERTOULT (CHARLES-LOUIS DE), admis le premier février 1781

BÉTHUNE (JULES-THÉODORE-LÉON DE), admis le 24 juin 1781.

BETHUNE HESDIGNEUL (FÉLIX-FERDINAND-FRANÇOIS-PHILIPPE DE), admis le 19 juin 1784.

BETHUNE HESDIGNEUL (MARIE MAXIMILIEN DE), admis le 7 septembre 1777.

BEZIADE d'AVARAY (Armand-Louis de), reçu le 10 janvier 1787.

BEZIADE d'AVARAY Joseph-Théophile-Parfait de), reçu le 3 février 1774.

BIGOT (Robert), admis le 16 juin 1769.

BISSEMONT (Armand-Vespasien de), reçu le 23 octobre 1781.

BLOCQUEL de WISMES (Arnould-Louis-Armand), admis le 11 septembre 1784.

BOMBELLES (Charles-René de), admis le 13 août 1786.

BONIFACE (François-Marie-Jean-Baptiste de), reçu le 13 novembre 1735, et depuis commandeur en 1774.

BONIFACE du RÉEL (François-Pierre-Marie-Joseph de), reçu le 18 septembre 1740, et depuis commandeur en 1774.

BONNY (Joseph-Amédée de), admis le 6 mai 1776.

BORGIA PIGNATELLI D'ARAGON (Charles-Joachim-Marie - Louis - Gonzague - Dominique - Vincent - Ferrier-François de), admis le 17 avril 1771.

BORLUUT d'HOOGHSERATEN (Emmanuel-Joseph-Louis de), reçu le 29 mai 1768.

BORLUUT d'HOOGHSERATEN (Jean-Baptiste-Bernard-Désiré de), reçu le 15 septembre 1770.

BOSCHENRY de DRUCOURT (François de), reçu le 23 septembre 1757.

BOSCHENRY de DRUCOURT (Michel-Jean-Baptiste de), reçu le 26 octobre 1785.

BOUBERS (André de), admis le 17 décembre 1766.

BOUBERS (Nicolas-François de), admis le 2 avril 1768.

BOUILLÉ (Frédéric-Camille-Albert de), admis le 29 mars 1777.

BOUILLÉ du CHARIOT (Hippolyte-Charles-Marie de), reçu le 5 septembre 1277.

BOULENGER (Charles-Pompée le), admis le 16 juin 1777.

BOULLENE (Charles-Gabriel le), admis le 4 juillet 1778.

BOULLENE (Gilles-Bon le), admis le 23 mai 1778.

BOURBEL (Antoine-Alexis de), reçu le 6 février 1780.

BOURBEL (Louis-Auguste de), reçu le 6 février 1780.

BOURDONNAYE BLOSSAC (Amédée-Esprit-Eugène de la), admis le 7 décembre 1785.

BOURDONNAYE BLOSSAC (Joseph-Isidore-Esprit de la), admis le 10 avril 1787.

BOUTHILLIER (Charles-Marie de), admis le 8 octobre 1786.

BOUZIÈS (Ferdinand-Louis de), admis le 23 septembre 1787.

BOUZIÈS (Ferdinand-Joseph-Constant de), reçu le 28 janvier 1774.

BRIDIEU de SAINT-GERMAIN (Cyprien-Joseph-Louis de), admis le 23 septembre 1777.

BROGLIO de REVEL (Alphonse-Gabriel-Octave de), admis le 2 mars 1786

BROSSARD (Amédée-Hippolyte de), admis le premier juillet 1786.

BUAT (Pierre-Louis-Georges du), reçu le 18 mai 1757.

BUCY (Alexandre-Louis-François de), admis le 29 décembre 1784.

BUDE de GUÉBRIANT (Charles-Louis de), admis le 15 avril 1776.

BUDE de GUÉBRIANT (Hilaire-Tiburce de), admis le 4 juin 1781.

BUDE de GUÉBRIANT (Silvestre-Louis de), admis le 29 mars 1779.

BURGES (Louis-Jules de), admis le 3 janvier 1787.

C

CACHELEU (Alexandre-Gabriel de), reçu le 8 février 1786.

CACHELEU de MAISONCELLES (Bernard -Louis Ferdinand de), admis le 26 mars 1785.

CADOT de SEBEVILLE (Bernard), admis le 14 juin 1783.

CAILLEBOT de la SALLE (Charles), admis le 16 juin 1769.

CALONNE (N....de), commandeur de Maupas et Soissons, en 1787.

CALONNE d'AVESNES (Bon-Louis-Thomas de), admis le 17 septembre 1780.

CALONNE d' AVESNES (François-Charles de), reçu le 22 juin 1746, et depuis commandeur en 1779.

CALONNE DE COURTEBONNE (CHARLES-JEAN-BAPTISTE), reçu le 24 février 1757.

CAMPION (N..... DE), commandeur de Noisy et Magny, en 1787.

CAMPION MONTPOIGNANT (ANNE-GEORGES DE), reçu page le 30 mars 1759.

CAMPION MONTPOIGNANT (JEAN-CONSTANT DE), reçu le 16 avril 1753.

CANONVILLE (AMANT-JULES-ELISABETH DE), admis le 25 juin 1785.

CAPENDU DE BOURSONNE (AMABLE DE), admis le 24 février 1777.

CAQUERAY DE LORME (JEAN-BAPTISTE DE), reçu le 27 janvier 1783.

CAQUERAY DE LORME (SALOMON DE), reçu le 12 février 1783.

CARDEVACQ D'AVRINCOURT (CHARLES-GABRIEL-DOMINIQUE DE), reçu le 26 octobre 1723, et depuis commandeur en 1778.

CARONDELET (JEAN-AMÉLIE-CÉSAR DE), reçu le 21 juin 1771.

CASTELLANE (CHARLES-BONIFACE DE), admis le 11 juin 1765.

CASTELLANE (ESPRIT-BONIFACE DE), admis le 22 décembre 1763.

CASTELLANE LAURIS (LOUIS-THÉOPHILE DE), admis le 24 juin 1785.

CASTRACANE (LOUIS-GABRIEL-ALEXANDRE), admis le 11 décembre 1784.

CAULAINCOURT (AUGUSTIN-JEAN-GABRIEL DE), reçu le 24 mars 1779.

CAULAINCOURT (JEAN-FRANÇOIS-CAMILLE DE), admis le 5 septembre 1779.

CHAMBON D'ARBOUVILLE (JEAN-BAPTISTE-LOUIS-POLLUX DE), reçu le 31 mars 1775.

CHAMPIGNELLES (N.....DE), commandeur de Louviers et Vaumont, en.....

CHAMPIGNELLES (N....DE), grand trésorier, en 1783.

CHANTILLY (N..... DE), grand hospitalier, le 6 décembre 1784.

CHAPELLE DE JUMILHAC (JOSEPH-LOUIS-MARIE), admis le 27 mars 1774.

CHAPT (ANNE-VICTOR DE), admis le 10 janvier 1773.

CHAPT DE RASTIGNAC (ALEXANDRE-HYACINTHE DE), admis le 4 juillet 1778.

CHAPT DE RASTIGNAC (CHARLES-PARFAIT DE), admis le 17 mai 1776.

CHASSEPOT DE BEAUMONT (FRANÇOIS-THIMOLÉON), admis le 27 juin 1781.

CHASSEPOT DE BEAUMONT (GABRIEL-MARIE-CAMILLE DE), admis le 22 mai 1778.

CHASSEPOT DE BEAUMONT DE PISSY (ADAM-CHARLES-GUSTAVE DE), reçu le 5 avril 1774.

CHASTEIGNER (RENÉ-SILVESTRE DE), admis le 25 novembre 1786.

CHAUMONT (JACQUES-GUI DE), admis le 4 janvier 1777.

CHOISEUL (FÉLIX-LOUIS-RAOUL DE), admis le 30 avril 1780.

CHOISEUL D'AILLECOURT (ANDRÉ-MAXIMILIEN DE), admis le 29 décembre 1782.

CHOISEUL D'AILLECOURT (AUGUSTIN-LOUIS-HILAIRE-EUGÈNE DE), admis le 22 mai 1784.

CHOISEUL D'AILLECOURT (EDME-GABRIEL DE), admis le 1er février 1781.

CHOISEUL D'AILLANCOURT (MAXIME-ANDRÉ DE), le .....

CIRESME DE BAUVILLE, (CHARLES-FRANÇOIS DE), admis le 17 février 1774.

CLARAC (GUSTAVE-MAURICE-PHILIPPE-OTTON DE), admis le 26 juin 1787.

CLERC (JOSEPH-FRANÇOIS LE), admis le 22 juillet 1775.

CLERMONT MONTOISON (PHILIBERT-HENRI-JULES DE), admis le 2 juin 1782.

CLERMONT MONT-SAINT-JEAN (N.....DE), admis le 16 mai 1785.

CLERMONT TONNERRE (N...DE), admis le 10 décembre 1781.

COLBERT MAULEVRIER (EDOUARD-CHARLES DE), reçu le 9 mai 1777.

COMPASSEUR CREQUY MONTFORT DE COURTIVON (LOUIS-PAUL LE), admis le 26 août 1781.

COMTE (THÉODORE LE), admis le 7 mai 1778.

COQUEREL (FRANÇOIS-CLAUDE DE), admis le 28 juillet 1787.

COQUEREL LE CERF DE QUELON (HERCULE), admis le 23 septembre 1781.

CORNET (FRANÇOIS-HENRI DE), reçu le 14 mai 1778.

CORNET DE BRIQUEFART (JACQUES-ALEXANDRE-MARIN DE), reçu page le 28 mai 1767.

COSTARD DE MÉRY (NICOLAS-FRANÇOIS DE), reçu le 29 décembre 1764.

COURTARVEL (JEAN-LOUIS-RENÉ DE), reçu le 4 août 1769.

COURTARVEL (JULES-HONORÉ-CÉSAR DE), reçu le 18 septembre 1768.

COURTARVEL DE PEZÉ (CLAUDE-RENÉ-CÉSAR DE), reçu le 24 mai 1761.

COUTURIER D'ARMENONVILLE (CLAUDE-ANDRÉ LE), admis le 12 juillet 1783.

CROISMARE (ALEXANDRE DE), admis le 25 novembre 1786.

CROISMARE (AMÉDÉE DE), admis le 29 novembre 1784.

CROIX DE CHEVRIER (ANNE-FÉLIX LA), reçu le 25 mai 1775.

CROIX PISANÇON (GABRIEL-ALEXANDRE-MATHIEU DE LA), reçu le 17 octobre 1761.

CROIX DE SEYVE (JOSEPH-LOUIS-JULES DE LA), admis le 31 juillet 1784.

CROIX DE TALERANDE (CHARLES DE LA), reçu page le 2 juin 1776.

CRUSSOL (N..... DE), commandeur de Chantraine en 1787.

CRUSSOL (ALEXANDRE-EMMANUEL DE), reçu le 15 septembre 1763.

CULANT (HUBERT-LOUIS DE), reçu le 23 août 1723, et depuis commandeur en 1778.

CUSSY (CHARLES-FRANÇOIS DE), admis le 4 décembre 1775.

CUSSY (FRANÇOIS-AUGUSTIN DE), admis le 8 décembre 1767.

D

DAMAS (CHARLES-ALEXANDRE DE), admis le 4 mai 1766.

DAMAS D'ANLEZY (LOUIS-ALEXANDRE-VICTOR DE), reçu le 18 mai 1757.

DAMOISEAU DE PROVENCY (LOUIS-CHARLES), reçu le 8 juin 1774.

DAMPIERRE (Charles-Jacques-Pierre de), admis le 5 septembre 1779.

DARAGONA (Louis-Marie--Milano-Franco), reçu le 18 février 1743, et depuis commandeur en 1784.

DAUVET (Adrien-Louis-Nicolas), reçu le 26 avril 1765.

DEJEAN SAINT-PROJECT (N...), admis le 22 avril 1786.

DESNOS (Nicolas-Pierre), admis le 26 juillet 1783, et depuis commandeur en 1778.

DESQUES de la POMMERAYE (Armand), admis le 5 mai 1787.

DESRÉAUX (Pierre-Marie-Philippe), reçu le 28 juillet 1768.

DOMANGEVILLE (Antoine-François-Thomas), reçu le 23 juillet 1768.

DOYNEL de MONTECOT (Charles-Théophile), admis le 6 février 1787.

DRAECK LEOPARCHE de ROUSSELLE (Maximilien-Louis), admis le 19 août 1771.

DRAMMONDE de MELFORT (Louis-Édouard de), reçu le 5 février 1777.

DUBOS (Benjamin-Pierre), admis le 29 septembre 1782.

DUBOS (Fortuné-Louis), admis le 29 septembre 1782.

DUBOSCH-D'HERMIVAL (Louis), admis le 5 mars 1782.

DULAC de VICE COMTAT (Charles-Grégoire)....

DULAC de VICE COMTAT (Grégoire-Catherine), reçu le 27 avril 1767.

DULAC de VICE COMTAT (Nicolas-Charles), reçu le 10 janvier 1773.

DUMESNIL de MARICOURT (Charles-Louis)...

DUTERTRE (Charles-Emmanuel-Maximilien), admis le 29 septembre 1782.

E.

ECOTAIS de CHANTILLY Anne-Guy-Louis-Roland des), admis le 22 août 1774.

ECUYER-D'HAGNECOURT (Pierre-Marc l'), admis le 21 mai 1781.

EGMONT PIGNATELLI (Alphonse d'), admis le 11 mars 1781.

EGMONT PIGNATELLI (Paul-Constant d'), admis le 12 mars 1781.

ELIOT (Eleonor-Joseph d'), admis le 7 août 1779.

ENNETIÈRES (Balthazard-Alexandre d'), reçu le 8 mai 1752.

ESGLAIBESC d'HUST (Charles-Joseph d'), admis le 16 septembre 1782.

ESNOS (Nicolas-Pierre d'), reçu le 24 mai 1720.

ESPARRE (Marie-Claude-Gustave d'), reçu le 22 octobre 1766.

ESPINCHAL (Alexis d'), admis le 10 juillet 1776.

ESPINCHAL (Hippolyte d'), admis le 14 octobre 1777.

ESSON (Marie d'), admis le 15 octobre 1785.

ESTAMPES (Armand-Marie d'), admis le 22 juin 1778.

ESTERNO Anne-Ferdinand d'), admis le 22 juin 1773.

ESTOURMEL (Alexandre-César Louis d'), admis le 9 mai 1780.

ESTOURMEL (Louis-Marie-Auguste d'), reçu le 6 mars 1755.

ESTUD d'ASSAY (Gabriel-Alphonse-François d'), reçu le 13 octobre 1766.

EVERLANGE WITRY (Robert-Joseph d'), reçu le 21 septembre 1780.

F

FAILLY Alexandre-François-Guy-Abdon de), admis le 30 mai 1768.

FAY (Charles-Anne-Auguste de), reçu le 12 février 1784.

FAY (Philippe-Jean-Charles de), reçu le 27 janvier 1778.

FAY de la TOUR-MAUBOURG (Marie-Louis-Florimond de), admis le 22 mai 1784.

FEVRE de LATRE (Dominique-Ferdinand-Maximilien le), reçu le 19 février 1776.

FEVRE de LATRE (Pierre-François le), reçu le 6 juin 1777.

FICTE de SOUCY (Charles-Philippe de), admis le 4 janvier 1784.

FILLEUL (Alexandre-Emmanuel le), admis le 10 juillet 1785.

FILLEUL de la CHAPELLE (Alexandre-Marie-Emmanuel le), reçu le 17 juin 1777.

FITZ-JAMES (Edouard de), admis le 14 décembre 1777.

FONTENAY (N... de), grand-prieur de Champagne, en 1786.

FORBIN de JANSON (Charles-Joseph-M.-Auguste de), admis le 26 décembre 1785.

FORESTIER (Armand-Henri-Augustin le), admis le 8 octobre 1786.

FORESTIER (Pierre Henri le), admis le 8 octobre 1786.

FORESTIER (Théodore le), admis le 1er février 1781.

FORESTIER-d'OSSEVILLE (Louis le), admis le 29 décembre 1784.

FORGES PARNY (Amédée-Paul-Julien de), admis le 15 octobre 1785.

FORGET (Claude-Adam-Edouard de), admis le 26 juin 1787.

FORGET (Jean-Claude de), reçu le 20 novembre 1757.

FOUCAUD (Jean-François de), admis le 14 mars 1775.

FLAVIGNY de MONAMPTEUIL (Louis-Ange de), reçu le 4 mai 1782.

FRAGUIER (Armand-Pierre), admis le 11 mars 1781.

FRANQUETOT de COIGNY (Jean-Philippe de), reçu le 12 janvier 1756.

FREIL (Joseph-Louis-M.-Alexandre de), admis le 1er juillet 1786.

FRESLON (N...de), commandeur de Piéton, en 1785.

G

GALLARD de BEARN (André-Hector-Marie de), admis le 22 mai 1778.

GALLIC d'HYBOUVILLE (Marie-François-Gabriel), admis le 11 avril 1785.

GASTEL (Claude-Charles-Joseph), admis le 12 juin 1779.

GAUD le BLANC du ROULLET (François-Louis), reçu le 17 juillet 1761.

GAUDECHART de GUÉRIEUX (Albert-Louis-Marie-Aimé de), reçu le 12 juin 1765.

GEORGETTE de SALENCY (Marie-Noel-Pierre), admis le 23 septembre 1787.

GERALDIN (François-Thérèse de), reçu page le 17 août 1732, et depuis commandeur en 1783.

GESTAS (Armand-M. de), admis le 28 février 1787.

GODARD-BELBOEUF (Alexandre-Pierre-Pompée), reçu le 17 septembre 1768.

GODARD de BELBOEUF (Antoine-Joseph de), admis le 23 avril 1773.

GODEGRAND de CAULAINCOURT (Louis-Marie-Barthel), admis le 16 septembre 1774.

GONNIVIÈRE (Edouard-Anne-Hervé de la), admis le 4 décembre 1780.

GOUBERVILLE (Charles-François-Casimir de), reçu le 3 décembre 1772.

GOUBERVILLE (Louis-Constant de), reçu le 18 avril 1786.

GOUJON de DIZIERS (Casimir-Marie-Victor de), reçu le 29 octobre 1772.

GOUJON de DIZIERS de MONTLIVEAUX (Eléonor-Jacques-François de Salles de), reçu le 29 avril 1768.

GOUJON de THUISY (Charles-François de), reçu le 3 février 1761.

GOUJON de THUISY (Charles-François-Emnanuel-Louis de), admis le 3 juillet 1784.

GOUJON de THUISY (Louis-Jérôme de), reçu le 13 juin 1749.

GOURGUE de VAYRE PINON (N... de), admis le 15 juillet 1782.

GRANGE (Prosper-Amauri-Louis de la), admis le 30 janvier 1787.

GRANGES (Emmanuel-Antoine des), admis le 4 avril 1783.

GRASSE (Jacques de), admis le 4 septembre 1774.

GRASSE (Louis-Vespasien de), admis le 5 février 1781.

GRASSE (Louis - Vespasien - François - Augustin-César - Xavier de), reçu de minorité en 1780.

GRAVE (Pierre-Marie de), reçu le 30 juin 1764.

GRÉGOIRE des NOZIÈRES (Pierre), admis le 30 juin 1764.

GREISCHE (N... de), commandeur de Valenciennes en 1786.

GRIEUX d'ESTIMAUVILLE (François-Paul Alexandre de), reçu le 11 septembre 1771.

GRIMONVILLE (Gustave-Gabriel de), admis le 21 janvier 1786.

GRIMOULT de VILLEMOTTE (Jacques-Jean-Baptiste-Philippe-Louis de), reçu le 12 septembre 1785.

GROUCHY (Henri-François de), reçu le 12 décembre 1773.

GUÉRIN de TOURVILLE (Alexandre-Maximilien-Emmanuel), reçu le 16 septembre 1766.

GUÉROUST (Ange-M. de), admis le 28 juillet 1787.

GUIGOURLUY (Louis-Florian-Paul de), admis le 18 avril 1779.

GUILAIN de LALAING (François-Joseph), admis le 23 mai 1778.

GUY (Marie-Yves-Athanase-François de), admis le 21 janvier 1785.

GYEMARE (Louis-Auguste de), reçu le 5 février 1781.

H

HALLOT de GOUSSONVILLE (Louis-Auguste de), reçu le 11 mai 1771.

HARCOURT (Claude-Emmanuel de), admis le 24 juillet 1774.

HAUTEFEUILLE (N... de), commandeur de Slyppe en 1787.

HAVRINCOURT (N... d'), commandeur d'Oisemont, en 1778.

HENNIN (N... d'), grand-prieur d'Aquitaine en 1772.

HENNIN (N...), commandeur de Laon et Castillon en 1752.

HENNIN-LIÉTARD (d'Alsace d'), reçu le 26 mars 1755.

HENNIN-LIÉTARD (Philippe-Louis d'), reçu le 19 juillet 1756.

HÉRICY (Alphonse-Robert d'), admis le 25 décembre 1781.

HÉRICOURT (Antoine d'), admis le 9 décembre 1781.

HESPEL d'HONERON (Albéric-Charles-Henri d'), reçu le 8 février 1779.

HINNISDAL (Silvain-Armand d'), admis le 25 décembre 1781.

HOCQUART (Gilles-Toussaint de), admis le 11 juillet 1774.

HOCQUART (Jules-Toussaint de), admis le 9 avril 1770.

HUE DE CALIGNY (ALBERT-FRANÇOIS-CHRÉTIEN), admis le 13 juillet 1786.

HUE DE CALIGNY (CHARLES-ALBERT-MARIE), reçu le 10 juillet 1760.

HUE DE MIROMÉNIL (BERNARD-FRANÇOIS-THOMAS), admis le 11 décembre 1769.

HUMIÈRES (LOUIS-JOSEPH D'), admis le 17 juillet 1784.

HURAULT (ANNE-MAXIMILIEN), admis le 29 novembre 1783.

I

IRISSON (MICHEL-ÉDOUARD-RENÉ D'), admis le 19 mai 1787.

J

JOUFFROY (AGRICOLA-LOUIS-VINCENT DE), admis le 10 août 1785.

L

LALAING (JEAN-AUGUSTE-JOSEPH DE), admis le 21 octobre 1773.

LAMETH (ALEXANDRE-THÉODORE-VICTOR DE), reçu le 9 novembre 1756.

LAMETH (ALEXANDRE-THÉODORE-VICTOR DE), reçu le 13 avril 1761.

LAMETH (CHARLES-MALO-FRANÇOIS DE), reçu le 17 avril 1757.

LAMIRAULT (ANTOINE-CHARLES DE), admis le 19 mai 1787.

LAMYRE DE MORY (CLAUDE-GABRIEL-FRANÇOIS DE), reçu le 22 mai 1767.

LAMOIGNON DE BASVILLE (MARIE-CHARLES-GUILLAUME), reçu le 29 septembre 1771.

LANCRY (MAXIMILIEN DE), admis le 1er juillet 1786.

LANFRANCHY (JEAN-FRANÇOIS-MARIE DE), reçu le 24 janvier 1782.

LANFRANCHY (JOSEPH-MARIE-MAXIMILIEN DE), reçu le 24 janvier 1782.

LANNOY (FERDINAND-JOSEPH DE), admis le 10 janvier 1773.

LANNOY DE CLERVAUX (FLORENT-AMOUR DE), reçu le 15 juin 1781.

LAU (Louis-Hubert-Camille du), admis le 13 mars 1774.

LEFEBVRE de CAUMARTIN (Alexandre-Louis-François), reçu le 13 juin 1759.

LÉFÈVRE de la GRANGE (Auguste-François), admis le 1er juillet 1780.

LEFEVRE du QUESNOY (Hervé-Hyacinthe), reçu le 3 août 1757.

LEFEVRE du QUESNOY (Jean-Henri), reçu le 10 juillet 1763.

LENS de MORNAN (Achille-Joseph-Abdon de), admis le 12 septembre 1784.

LEREBOURS (Ambroise-François-Hippolyte), reçu le 14 octobre 1777.

LICHTERVELDE (Marie-Joseph-Augustin-Guillaume de), reçu le 7 février 1780.

LIGNERIS PINON (Augustin-Louis-François-Jean des), reçu le 15 juin 1782.

LIONS de BARIMONT (François de Sales-Léon-Maxime de), admis le 26 juin 1787.

LIVET de BARVILLE (Alexandre-Marie-Armand de), reçu le 6 mars 1786.

LIVET de BARVILLE (Marc-Louis-Charles de), reçu le 15 mai 1784.

LOMBELON (N..... de), commandeur de Channut, en 1787.

LOMBELON des ESSARTS (François-Louis-Marc de), reçu le 17 mai 1749, et depuis commandeur en 1784.

LOSTANGES (Armand-Louis-Charles-Rose de), reçu le 11 août 1760.

LOUVENCOURT (Marie-Aloph de), admis le 11 décembre 1781.

LOUVENCOURT (Marie-François de), admis le 11 décembre 1781.

LUNET (Adolphe-Victor de), admis le 2 mars 1786.

LUR (Charles-Philippe de), admis le 6 décembre 1778.

LUZERNE (Anne-César de la), reçu le 17 janvier 1742.

M

MACMAHON (Maurice de), reçu le 18 octobre 1761.

MAILLY COURONEL (Charles-Louis-François de), reçu le 10 août 1776.

MALLARD (Augustin-Louis de), reçu page le 4 février 1749, et depuis commandeur en 1777.

MALLET de GRAVILLE (Robert-Louis), admis le 14 octobre 1777.

MARIA (Ossorio-Bellet de), admis le 1er mars 1784.

MARTELLIÈRE (Alexandre-Louis de la), reçu le 23 novembre 1786.

MASCRANY (Louis de), reçu le 13 décembre 1737, et depuis commandeur en 1779.

MAULÉON de SAVAILLAN (Pierre de), reçu le 19 juillet 1712, depuis commandeur en 1765.

MAUMIGNY (Charles-Jean-Louis-Guy de); admis le 11 janvier 1779.

MAUMIGNY (Louis-François-Marie de), admis le 11 janvier 1779.

MAUPEOU (Alexandre-René de), reçu page le 30 avril 1773.

MENOU (René de), admis le 22 septembre 1777.

MERLO (Nicolas-Pierre-Bonaventure de), admis le 6 juin 1764.

MESGRIGNY (Adrien-Charles-Marie de), admis le 1er août 1778.

MESGRIGNY (Marie-Pierre-François de); admis le 29 novembre 1783.

MESGRIGNY de VILLEBERTIN (Jean-Charles-Louis de); reçu le 16 janvier 1746, et depuis commandeur en 1778.

MESGRIGNY de VILLEBERTIN (Pierre-Antoine-Charles de), reçu le 31 janvier 1749, commandeur en 1783.

MESNILDOT (Auguste-Félix-Jules du), admis le 21 octobre 1786.

MONTAGU (Auguste-Louis-Sophie de), reçu le 20 mars 1780.

MONTBEL (Athanase-Charles-René-Louis de), admis le 1er juin 1776.

MONTCANISY (Guillaume-René de), reçu page le 12 août 1751, et depuis commandeur en 1784.

MONTEYNARD (Guy-Paul-Amédée de), admis le 18 avril 1780.

MONTEYNARD (Louis-François-Raymond de), admis le 18 septembre 1774.

MONTHOLON (Louis-Désiré de), admis le 21 mai 1786.

MONTIGNY (Guillaume-Louis de), reçu le 4 avril 1780.

MONTMORT (Armand-Louis-Renaud de), admis le 23 septembre 1777.

MOREL DE THAN (François-Henri de), reçu le 14 mai 1779.

MOREL DE THAN (Jacques-Gaspard de), reçu le 16 avril 1774.

MORETON CHABRILLANT (Pierre-Charles-Fortuné de), admis le 6 septembre 1771.

MORIN DE VAUVILLÉ (Armand-Edouard-François), reçu le 21 octobre 1777.

MOUCHERON (Auguste-Ferdinand de), admis le 6 février 1781.

N

NÉEL DE SAINTE-MARIE (Henri-Aimé), reçu le 14 juillet 1759.

NÉEL DE SAINTE-MARIE (René-Constantin) reçu le 26 juillet 1776.

NICOLAY (Aimard-François-Chrétien de), admis le 4 avril 1780.

NIEULANT (Charles-Alexandre-Fort-Marie-Hubert-Colette-Guilain de), reçu le 3 février 1785.

NIEULANT (Désiré-Hubert-Jean-Nép.-Colette-Guilain de), reçu le 3 février 1785.

NIEUPORT (N...... de), commandeur de Vaillampont, en 1787.

NOUE (Charles-Gabriel-Louis de), admis le 15 juillet 1786.

P

PASQUIER DE FRANCLIEU (Antoine-Claude de), reçu le 16 mai 1775.

PASQUIER DE FRANCLIEU (Jean-Baptiste de), reçu le 13 mai 1775.

PECOU (Amédée-Jacques-Georges), admis le premier juillet 1786.

PELLETIER (Louis-Étienne-Victor le), admis le 14 janvier 1778.

PELLETIER (Louis-Honoré-Félix le), admis le 15 juillet 1782.

PERUSSE d'ESCARS (Gabriel-Louis-François de), admis le 27 mars 1787.

PHELIPPEAUX d'HERBAULT (Louis-Balthasar de), reçu le 22 septembre 1731.

PICOT DE DAMPIERRE (Augustin-Louis), admis le premier février 1781.

PICOT DE DAMPIERRE (Charles), reçu le 7 octobre 1760.

PIERRE DE BERNIS (François-Jacques de), admis le 28 septembre 1781.

PIERRE DE BERNIS (Henri-Benoit de), admis le 29 mars 1779.

PIERRE DE BERNIS (Jacques-Hippolyte de), admis le 16 septembre 1780.

PINIEUX (Pierre-François-Joseph du Bouexic de), en 1778.

PLEURRE (Amédée-Adélaïde-Claude de), admis le 15 octobre 1785.

PLOTHO d'INGEL MUNSTER (Eustache-Guitan-Maurice-Guillaume de), reçu le 8 octobre 1778.

PLOTHO d'INGEL MUNSTER (Ferdinand-maximilien-Auguste de), reçu le 6 juin 1764.

POIGNY DE PAMÈLE (Jean-François-Hubert de), admis le 29 avril 1780.

POMMEREU (Michel-Marie de), admis le 16 janvier 1780.

POUILLY (Louis de), admis le 26 décembre 1785.

PRACOMTAL (Charles-Antoine-Oliva de), admis le 3 février 1777.

PRAEL (Jean-Baptiste-Bernardin du), reçu le 9 janvier 1761.

PRÊTRE DE CHATEAU GIRON (Auguste-Pierre le), admis le 8 août 1772.

PRUD'HOMME d'AILLY (Charles-Alexandre-Antoine de), reçu le 21 septembre 1781.

PRUD'HOMME DE NIEUPORT (Charles-François-Ferdinand-Florent de), reçu le 4 juin 1747.

R

RANCHER Charles-Louis de), reçu le 9 juin 1759.

RASSENT (Hercule-Alexandre de), reçu le 16 février 1751, et depuis commandeur en 1783.

REBOURS (Jean-Chrysostôme-Antoine le), reçu le 23 janvier 1780.

REYMOND de MODÈNE (Armand-Jean-Baptiste-Ernest de), reçu le 7 février 1780.

RIENCOURT (Claude-Dominique de), admis le 2 mars 1786.

RIENCOURT (Louis-Fortuné de), reçu page le 6 octobre 1780.

RINDSMAUL (Emmanuel - Joseph - Vinceslas - Guilain de), reçu le 21 juin 1778.

RIQUET de CARAMAN (Maurice-Gabriel-Joseph de), reçu le 7 septembre 1774.

RIQUETTI MIRABEAU(André-Boniface-Louis de), reçu le 5 juillet 1755.

RIVIÈRE (François - Hippolyte - Charles de), admis le 21 août 1779.

RIVIÈRE (Marc-René-Charles de la), admis le 4 septembre 1785.

ROBERT (Joseph-Maximilien de), admis le 30 juillet 1786.

ROBERT de CHOISY de ROBERSART (Alexis-Joseph-Constant de), reçu le 16 octobre 1782.

ROCHE-AYMOND (Antoine-M.-Paul-Casimir de la), admis le 17 mars 1785.

ROCHE-DRAGON (Anselme-François-M.-Hen. de la), admis le 4 octobre 1783.

ROCHEFOUCAULD (Frédéric-Gaytan de la), admis le 29 mars 1779.

ROCHELAMBERT (Alphonse-Michel de la), admis le 6 février 1786.

ROGRES de CHAMPIGNELLES (Jacques-Armand de), reçu le 25 mai 1714.

ROHAN (Eugène-Hercule-Camille-de), reçu le 28 avril 1739, et depuis commandeur en 1767.

ROHAN ROCHEFORT (Louis-Henri de), admis le 1er mai 1779.

ROISIN (Ferdinand-Joseph-Guilain de), admis le 3 août 1769.

ROISIN de RONGY (Guillaume de), admis le 1er février 1781.

ROMÉ FREQUIENNES (Gilles-Amable de), reçu le 10 octobre 1778.

ROQUIGNY (Auguste de), reçu le 7 septembre 1783.

ROSSET (Anne-Joseph-Auguste de), admis le   17 juillet
1784.

ROSSET de l'ETOURVILLE(Anne-François de), admis le 7 mai 1778.

ROTHE (Antoine-Edmond-Joseph de), reçu le 16 juin
1769.

ROUVROY de SAINT-SIMON SANDRICOURT (N...
de), admis le 16 septembre 1774.

ROUVROY de SAINT-SIMON SANDRICOURT(André-
Louis de), reçu le 26 juillet 1771.

ROUVROY   de   SAINT-SIMON   SANDRICOURT
(Claude de), reçu le 27 juillet 1724.

ROUVROY SAINT-SIMON SANDRICOURT (Claude-
Jean-Louis de), reçu le 11 septembre 1769.

ROUX (Charles-Marie-François de), reçu le 17 août
1764.

ROUX (Marie le), admis le 24 juin 1785.

ROUX d'ESNEVAL (Henri-Marie-Robert de), admis
le 30 avril 1780.

ROUX de VARENNES (Claude-Marie de), reçu le 19
mars 1736, et depuis commandeur en 1784.

ROY de BARBES (Alexis-Hilarion le), admis le 20
mai 1781.

ROY de VALANGLART (Marie-Charles le), admis le
16 février 1784.

ROY de VILLE (Alexandre-Joseph-Adolphe le), reçu
le 24 février 1753.

RUE (François de la), reçu, le 26 avril 1723, et depuis
commandeur en 1774.

S

SADES (Auguste-Louis-Hippolyte de), admis le 24
mars 1779.

SADES (Donatien-Claude-Armand de), reçu le 28 février 1771.

SAILLY (Arnaud-Joseph de), admis le 28 juillet 1787.

SAINT-CHAMANS (Amable-Charles-Marie de), admis
le 24 juin 1781.

SAINT-CHAMANS (Charles-Marie-François de), admis
le 14 novembre 1777.

SAINT-CHAMANS (Louis-Marie-Joseph de), admis le
11 juillet 1779.

SAINT-MARTIN (Amédée-Gabriel de), admis le 1er juillet 1786.

SAINT-MARTIN (Armand-Louis-Auguste de), admis le 16 juin 1777.

SAINT-QUENTIN de GRAINVILLE (Augustin-Bon de), admis le 31 mai 1783.

SAINT-SIMON (N... de) ; commandeur de la Croix en Brie, en 1783.

SAINT-SIMON COURTEMER (Louis-Charles-Antoine de), reçu le 10 juin 1732.

SANGUIN de LIVRY (Hippolyte), admis le 26 avril 1765.

SAVOYE CARIGNAN (Joseph-Marie de), admis le 16 juillet 1786.

SAXE (Joseph-Xavier-Charles-Raph.-Philippe-Benit. de), reçu le 23 avril 1784.

SÉGUR (Philippe Paul de), admis le 16 février 1784.

SENOT de la LONDE (Marie-Auguste-Pierre), reçu le 2 mai 1781.

SENZEILLE SOUMAGNE (Michel-Joseph de), admis le 11 septembre 1784.

SERVINS (Charles-François-Joseph de), admis le 21 octobre 1786.

SESMAISONS (Alexandre-Pierre-Louis-Gabriel-Rogatien de), admis le 4 septembre 1785.

SESMAISONS (Claude-Gabriel-Clément de), admis le 11 juillet 1779.

SIGNIER (Alexandre-Fidèle-Amant de), admis le 10 juillet 1785.

SIGNIER (Alexandre-François-Magloire de), reçu le 11 janvier 1779.

SIGNIER (Alexandre-Jacques de), reçu le 30 septembre 1781.

SILVE (Jean de), admis le 15 octobre 1785.

SIMIANE (François-Louis-Joseph de), admis le 27 avril 1767.

SOUDEILLES (Antoine-Marc-Pierre de), admis le 24 décembre 1775.

SPANGEN (Charles-Joseph de), reçu le 26 février 1784.

SUFFREN (N... de), commandeur de Froye en 1787, mort en 1788.

T

TALLEYRAND (Louis de), reçu le 26 avril 1736.

TARRAGON (Anne-Eugène de), admis le 14 août 1784.

TARTERON de MONTIERS (Alexandre-Jacques de), admis le 30 octobre 1779.

TARTERON de MONTIERS (Antoine-Jérome), reçu le 25 septembre 1747, et depuis commandeur en 1783.

TESSON (Adrien-Charles-Germain de), admis le 22 janvier 1785.

TEXIER d'HAUTEFEUILLE (Marie-Gabriel-Louis de), reçu le 23 juillet 1735, et depuis commandeur en 1776.

TEXIER d'HAUTEFEUILLE (Eugène-Gabriel de), admis le 5 décembre 1779.

THUISY (N... de), commandeur de Ville-Dieu en Drugesin en 1787.

TILLET (N... du), commandeur de Ville-Dieu la Montagne en 1787.

TILLET (N... du), commandeur d'Ivry le Temple, en 1778.

TILLET (Charles-Louis-Edouard du), reçu le 18 décembre 1573, et depuis commandeur en 1778.

TILLY BLARU (Charles-Henri de), admis le 2 mai 1781.

TOUR du PIN CHAMBLY (Alexandre-Louis-Henri de la), admis le 31 mai 1783.

TOUR SAINT QUENTIN (Charles-Antoine-François-Guillaume de la), reçu 13 août 1798, et depuis commandeur en 1784.

TRAMECOURT (Marie-Albert-Eugène-Régis de), reçu le 30 mars 1775.

TRAMECOURT (Marie-Alexandre-Joseph-Léon de), admis le 30 mars 1776.

TRÉMOUILLE (Louis-Stanislas-Kastka de la), reçu le 15 septembre 1770.

TRÉSOR de BACLOS (Eugène-Hercule le), admis le 21 janvier 1777.

TULLE de VILLEFRANCHE (Louis-Gaspard de), reçu le 3 mars 1763, et depuis commandeur en 1764.

TURPIN CRISSEY (Lancelot-Maurice de), reçu le 14 juillet 1770.

V

VAL DE L'ESCAUDE (CHARLES-HENRI DU), reçu le 19 mars 1772.

VAL DE L'ESCAUDE (MARIE-JOSEPH DU), admis le 30 octobre 1779.

VALLÉE DE PIMODAN (ADELAÏDE-CHARLES-JOSEPH DE LA), reçu le 5 novembre 1768.

VALLON DE BOUCHERON D'AMBRUGEAC (LOUIS-ALEXANDRE-MARIE DE), reçu le 10 décembre 1771.

VALLON DE BOUCHERON D'AMBRUGEAC (PIERRE-MARIE DE), reçu le 9 juillet 1780.

VALORY (CHARLES-LOUIS-GUI DE), reçu le 23 octobre 1753.

VALORY (CASIMIR-LOUIS DE), reçu le 3 août 1760.

VALORY (ALPHONSE-FRANÇOIS DE), admis le 11 avril 1785.

VALORY (N... DE), commandeur de Beauvais en Gâtinais, en 1787.

VANDERBURCH (LOUIS-CHARLES-BENJAMIN-JOSEPH DE), admis le 8 octobre 1786.

VANDERLINDEN (JOSEPH-MARIE), admis le 28 juillet 1787.

VANDERSTRATEN (LOUIS-MARIE-JOSEPH DE), reçu le 13 août 1773.

VANDERSRICHELS (LOUIS-HENRI-JOSEPH), admis le 3 janvier 1787.

VASSAN (ALPHONSE-ARM.-AUGUSTIN DE), admis le 21 octobre 1786.

VASSAN (BENJAMIN-CASIMIR-ZACH. DE), admis le 15 octobre 1785.

VAUQUELIN (FRANÇOIS-MARIE-JACQUES-GABRIEL DE), reçu le 14 décembre 1777.

VAUQUELIN (N... DE), commandeur de Villers au Liége en 1787.

VAUQUELIN (EUSTACHE DE), reçu le 20 avril 1733, et depuis commandeur en 1774.

VAURÉAL (FRANÇOIS-LOUIS DE), reçu le 11 juillet 1777.

VAN VOLDEN (FERDINAND-MARIE-JOSEPH-GUILAIN DE), reçu le 22 octobre 1782.

VENEUR (ARNAULD-CHARLES-HECTOR-HENRI LE), admis le 3 janvier 1787.

VENEUR (Alban-François-Julien le), admis le...

VENEUR (Michel-Charles-Hubert le), frère· des précédents, admis le 11 septembre 1781.

VERDUN (Félix-Jules-Antoine de), admis le 21 octobre 1786.

VERDUN (Théodore-Louis-Bon de), admis le 21 octobre 1786.

VERNETTE (Anne-François-Léon de la), admis le 11 juin 1785.

VICOMTE de BLANGY (Maximil ien-Pierre-Bon le), admis le 25 août 1707.

VIDARD de SAINT CLAIR (Maximilien-René), admis le 31 août 1773.

VILLEBERTIN (N... de), commandeur de Saint-Vaubourg en 1783.

VINCENS MAULÉON d'ASTAUD de CAUSANS (Marie-Joseph-Eutrope), reçu le 18 avril 1768.

VINCENT (Aloph de), admis le 9 septembre 1786.

VION de GAILLON (Charles de), reçu le 22 mars 1733, et depuis commandeur en 1784.

VION (Isidore-Louis de), admis le 9 mai 1778.

VIRIEUX (Louis-Gustave-Alexandre de), admis le 16 janvier 1780.

VISCHER (Jean-François-Paule de), admis le 18 mars 1780.

W

WHYTE de LEIALIP (Nicolas), reçu le 10 septembre 1774.

WICQUET de L'ENCLOS (Louis-Joseph-Auguste du), admis le 26 septembre 1787.

WICQUET d'ORDRE (Claude-Guillaume-Vict.-Jean-Baptiste du), reçu le 15 mai 1784.

WIGNACOURT (Adrien-Antoine-Marie de), reçu le 20 mars 1780.

WIGNACOURT (Albert-Emmanuel-Charles-Aloph de), reçu le 9 mai 1778.

WITASSE de GAUCOURT (Jacques-Louis de), reçu le 6 juillet 1761, et depuis commandeur en 1778.

CHEVALIERS DE MALTE

DU PRIEURÉ D'AQUITAINE.

A

AIMERY DE CHOISY (JEAN-JACQUES-FRANÇOIS L'), reçu le 12 septembre 1735.

ALOGNY DE ROCHEFORT (GUY D'), reçu page le 28 juillet 1771.

ANDIGNÉ (CHARLES-FRANÇOIS D'), reçu le 16 juin 1769.

ARSAC DE THERNAY (CHARLES-FRANÇOIS D'), reçu page le 22 octobre 1738, et depuis commandeur en 1782.

AUBERY DU MAURICE (LOUIS-FRANÇOIS-MARIE D'), reçu le 26 avril 1765.

AUBERY DU MAURICE (THIMOLÉON-FRANÇOIS-MARIE D'), reçu le 26 avril 1765.

AURAY DE SAINT-POIX (LOUIS-CHARLES-HONORÉ D'), reçu le 2 août 1739, et depuis commandeur en 1782.

B

BAILLEHACHE (ARMAND-SÉBASTIEN DE), admis le 2 septembre 1780.

BAILLY DE FRESNAY (ARMAND-JEAN DE), reçu le premier mars 1789.

BAILLY (ANNE-CHARLES DE), reçu le 9 mars 1771.

BALATHIER DE LANTAGE (N...... DE), admis le 13 juin 1770.

BARBIER DE LESCOET (ALEXANDRE-CLAUDE-MARIE LE), reçu page le 30 avril 1742.

BARDIN (CHARLES-HENRI-MARCEL DE), admis le 27 juin 1780.

BARDIN (HENRI-HIPPOLYTE DE), admis le 21 octobre 1783.

BEAUCORPS (Auguste-François de), admis le 8 mai 1779.

BEAUCORPS (Henri-Charles de), admis le 8 mai 1779.

BEC de LIÈVRE (Louis-Marie-Christophe, marquis de) , reçu le 11 décembre 1784.

BEJARRY (Achille-Balda-Hen.-Louis de), reçu le 13 septembre 1784.

BEJARRY (Anne-César-Bonnaventure de) , reçu le 5 février 1781.

BEJARRY (Armand-Charles de), reçu page le 22 décembre 1784.

BINTHINAYE (Jean-Baptiste-Simon-Marie), reçu le 22 janvier 1780.

BISIEN (Claude-Toussaint-Marie) , reçu le 21 mars 1753.

BOISGELIN (Alexandre-Joseph de) , reçu page le 2 mars 1784.

BOISGELIN (Pierre-Louis-Marie de) , reçu le 8 août 1781.

BOIS JOURDAN (Lancelot-Jacques-Marin de), admis le 8 octobre 1786.

BONNEFOY de BRETAUVILLE (Théodore de), reçu le 19 avril 1774.

BONNINIÈRE (Armand de la) , admis le 22 avril 1785.

BONNINIÈRE (Jules de la), admis le 11 janvier 1779.

BONNINIÈRE (Octave de la), admis le 22 avril 1786.

BORGNE (Alexandre-Guillaume-Mar. le), admis le 12 mars 1787.

BOUETIER (Charles-Anne du), reçu le 1er septembre 1759.

BOURDONNAYE (Esprit-Louis-Barthélemy de la) , reçu le 22 septembre 1757.

BOURDONNAYE (Mont-Luc de la), reçu le 23 février 1751, et depuis commandeur de la Guerche, en 1786.

BREMOND (Jacques de), reçu le 28 octobre 1726, et depuis commandeur en 1781.

BRILHAC (René-Anne-Hippolyte), reçu le 23 juin 1711, et depuis commandeur en 1767.

BROCHARD de la ROCHE BROCHARD (François-Xavier-Fid.-Amat.), reçu le 2 décembre 1779.

BROUE (Victor-Jean-François-René de la), reçu le 26 mars 1783.

BRUE (Claude-Marie-Lambert de la), admis le 10 juin 1776.

BRUSSE (Charles-César-Hector de), reçu le 23 juillet 1775.

BRUSSE (Charles-Dieudonné de), reçu le 4 avril 1780.

BUAT (Louis-Jean de), reçu le 1er avril 1775.

C

CALAN (François-Jacques de), reçu le 6 septembre 1727, et depuis bailli et commandeur en 1776.

CHABOT (Louis-Anne de), reçu le 22 août 1753.

CHAFFAULT (Charles-Augustin du), reçu le 21 juin 1773.

CHAFFAULT (Julien-Alexis du), reçu le 15 juillet 1751.

CHAFFAULT (Pierre-Gilbert du), reçu le 4 décembre 1775.

CHANTILLY (N... de), bailli et commandeur de les Epaux en 1786.

CHARETTE de la COLINIÈRE (Louis), reçu le 6 octobre 1762.

CHARETTE de la COLINIÈRE (Louis-François), admis le 7 septembre 1776.

CHASTRE (Charles-Louis de la), reçu le 2 mars 1768.

CHASTRE (Louis-Auguste de la), reçu le 6 septembre 1774.

CHASTRE (Pierre-Philippe-François de la), reçu le 25 septembre 1772.

CHASTEIGNER (Charles-Louis de), reçu le 17 avril 1758.

CHATEL (Jean-René de), reçu le 23 août 1755.

CHATTONS (César-Thomas), reçu le 21 septembre 1779.

CHATTONS (César-Thomas), reçu le 21 septembre 1780.

CHÊNE de SAINT-LÉGER (Jean-Baptiste du), reçu le 9 mai 1778.

CHÊNE de SAINT-LÉGER (Philippe du), reçu le 16 juillet 1738, et depuis commandeur en 1779.

CHÊNE (N... du), commandeur de Balan en 1786.

CHÊNE de SAINT-LÉGER (Philippe du), admis le 11 juin 1786.

CHILLAU (Dimanche-Paschal-Philippe du), reçu page le 12 août 1767.

CONTADES (François-Jules-Gaspard de), reçu le 19 août 1771.

CONTADES (Louis-Marie-Gabriel de), reçu le 19 août 1771.

CORNULIER (Jean-Baptiste de), reçu le 20 juillet 1764, et depuis commandeur en 1774.

CROCHARD (Armand-Michel de), reçu le 9 mai 1778.

D

DESMIERS de DERCIE d'ARCHIAC (Louis-François), reçu le 11 juillet 1766.

DESPRÉS D'AMBBEUIL (Quentin-Joseph), reçu le 23 décembre 1784.

E

ÉCOTAIS de CHANTILLY (Louis-Joseph des), reçu le 15 mai 1717, et depuis bailli et commandeur en 1775.

ESMIERS (Étienne-Louis-Marie d'), reçu le 13 juin. 1762.

F

FAUCHIER de VAUGELY (Alexis-Pierre-André de), reçu le 21 avril 1785.

FRESLON de la FRESLONIÈRE (Alexandre-Louis Hugues de), reçu le 5 juin 1769, et depnis bailli et commandeur en 1781.

FRESLON de la FRESLONIÈRE (Amateur-Hippolyte de), reçu le 12 juillet 1768.

FRESLON de la FRESLONIÈRE (Jean-Baptiste-Gabriel de), reçu le 12 juillet 1756, et depuis bailli et commandeur en 1781.

FRANÇOIS (Paul-Pierre le), admis le 3 octobre 1785.

G

GOUJON de VAUROUAULT (Claude-Hyacinthe de), reçu le 13 avril 1768.

GRESLIER (Charles-Gédéon-Aimé de), admis le 10 juillet
1776.

GRESLIER (Fidèle-Armand-Célestin de), reçu le 1er
décembre 1758.

GRESLIER de CONCISE (Philippe de), reçu le 14 janvier 1768.

GRIMAUDET (Jean-François de), admis le 30 juillet
1786.

GRIMAUDET (Jean-François-Prosper de), admis le 4
octobre 1783.

GRIMAUDET de ROCHEBOUET (N..... de), admis le
5 février 1776.

GRIMAUDET de ROCHEBOUET (François de), admis
le 14 octobre 1777.

GUERRY (Gilbert-Alexis-Aimé), reçu le 21 mai
1776.

GUERRY de BEAUREGARD (Charles-François de),
reçu le 14 mai 1779.

GUIGNARD de CHAMPSAVOY (Louis-Henri), reçu
le 14 mars 1774.

GUINNEBAUD de la GROSTIÈRE (Constant de),
reçu le 26 décembre 1768.

GUINNEBAUD de la GROSTIÈRE (Henri-Auguste
de), admis le 22 mars 1779.

H

HARDAX (Charles-Louis du), admis le 24 mars 1779.

HARDOUIN de la GIROUARDIÈRE (Louis-François),
reçu le 3 avril 1775.

HAYE-MONTBAULT (Alexis de la), reçu le 31 juillet
1729.

HAYEUX de KERANNEVEL (Jean-Marie des), reçu
page le 13 janvier 1779.

HERBIERS de L'ETENDUÈRE (Charles-César Séraphin des), reçu le 29 août 1754.

HOUSSAYE (Augustin-Louis-Joseph de la), reçu le 29
juillet 1779.

HOUSSAYE (Hyacinthe-Laurent-Victor de la), reçu
le 16 juin 1783.

HOUSSAYE (Vincent-Marie-François de la), reçu le 29
juillet 1779.

J

JANVRE (Amable-Louis de), reçu le 14 août 1779.

JANVRE (Gédéon-Amable-Parfait de), admis le 25 février 1783.

JOUFFREY (Paul-Julien de), reçu le 21 janvier 1780.

JOURDAIN de VILLIERS (Jacques-Léon), reçu le 13 août 1773.

JOURDAIN de VILLIERS (Philippe-Daniel), reçu le 23 juillet 1774.

JUMEAU de BLON (Claude-Rolland) , reçu le 6 décembre 1751.

K

KERGU (Claude-Mathurin-Louis de), reçu le 18 janvier 1781.

KERGU (Louis-Agathe-Marie de) , reçu le 21 septembre 1779.

L

LANJALET (N....) , commandeur de Thevalle en 1786.

LANTIVY (Camille-Philippe de), reçu le 18 août 1778.

LANTIVY (Guy-Félicité de) , reçu le 18 août 1778.

LANTIVY (Louis-Georges-Maurice de), reçu le 22 décembre 1763.

LAURENCIE (Charles-Gilbert de la) , admis le 29 septembre 1781.

LAURENCIE (François de la) ; reçu page le 15 novembre 1747, et depuis commandeur en 1786.

LAURENCIE (Jean-Henri de la), reçu le 23 octobre 1737, et depuis commandeur en 1776.

LAURENS (Charles-Joseph de), admis le 1er février 1781.

LEFÈVRE de la FALUÈRE (Antoine-Marc), admis le 11 janvier 1779.

LINGIER de SAINT-SULPICE (Léon-Hyacinthe) , reçu le 2 avril 1733, et depuis commandeur en 1763.

LINIERS (Marc-Antoine de), reçu le 17 mars 1777.

LINIERS (Philippe de), reçu page le 27 novembre 1737, et depuis commandeur en 1781.

M

MARTEL (Joseph-Roch-Sophie de), reçu le 5 août 1775.

MAUCLERC DE MARCONNAY (Henri-Romain-Armand de), admis le 16 octobre 1781.

MAUPEON (Auguste-René de), reçu le 22 décembre 1778.

MAZIS (Athanase-Paul-des), reçu le 13 juin 1771.

MAZIS (Henri des), reçu page le 8 octobre 1756.

MÉAUSSÉ (Jean-Charles de), reçu page le 26 août 1733, et depuis commandeur en 1768.

MENOU (Philippe-François-Denis de), reçu le 14 mai 1757.

MENOU du JON (Michel de), admis le 25 avril 1778.

MESNARD (Aimé-Benjamin de), admis le 14 décembre 1777.

MESNARD (Louis-Charles-Bonaventure-Pierre de), reçu le 21 août 1774.

MESNARD-BONAVENTURE (Jacques-Fidèle de), admis le 14 décembre 1777.

MESSEMÉ (Réné-Dominique de), reçu le 4 avril 1764.

MONDION (Marc-Félicité de), reçu page le 13 juin 1771.

MOTTE BORACÉ (N... de la), commandeur de Nantes en 1786.

MOTTE BORACÉ (Alexandre de la), reçu le 13 janvier 1740.

MOUILLEBERT (Marie-Louis-Henri de), reçu page le 3 avril 1783.

MOUSSAYE (Edouard-Marie-Ferdinand de la), reçu le 14 octobre 1767.

MOUSSAYE (Joseph-Marie de la), reçu le 22 mars 1762.

MURAT (Michel-Hebert-Louis de), reçu le 18 septembre 1740, et depuis commandeur en 1785.

O

OMONVILLE (Charles-Henri-Eustache d'), reçu le 3 avril 1757.

4. 38

ORFEUILLE (Arthur-Marie-Edouard d'), admis le 11 octobre 1784.

ORFEUILLE (Auguste - Marie-Pierre d'), admis le 29 septembre 1781.

ORLEANS (Auguste - Charles-Joseph d'), admis le premier février 1780.

ORLÉANS (Auguste - Charles - Jules d'), admis le 27 mars 1782.

P

PENFENTENYO de CHEFFONTAINES (Achile-Guy-M.-Michel de), reçu le 19 octobre 1784.

PENFENTENYO de CHEFFONTAINES (Amant-Louis-Marc-Urbain de), reçu le 19 octobre 1784.

PENFENTENYO de CHEFFONTAINES (Ambroise-Joseph-Etienne-Marie de), reçu le 19 octobre 1784.

PENFENTENYO de CHEFFONTAINES (Georges-Marie René de), reçu le 4 mai 1783.

PERRIN de la COURBEJOTIÈRE (Jean-Amaury), reçu le 19 février 1776.

PIN de la GUÉRIVIÈRE (Jean-François du), reçu le 9 mai 1777.

PIN de la GUERIVIÈRE (Pierre-René du), reçu page le 3 février 1776.

PONT d'AUBÉVOYE (André - Charles - Théodore du), admis le 9 septembre 1786.

PREVOST de TOUCHIMBERT (Jean-Gabriel), reçu le 11 juillet 1771.

R

RECHIGNE VOISIN (Charles-Louis de), reçu page le 17 avril 1755.

RIVIÈRE BEUIL (Honoré-Grégoire de la), reçu le 8 juillet 1774.

RIVIÈRE BEUIL (Hilaire-Charles-René de la), reçu le 14 septembre 1784.

RIVIÈRE BEUIL (Jacques-François-Marie de la), reçu le 8 juillet 1774.

ROBIN de la TREMBLAYE (César-Casimir), reçu le 5 mai 1775.

ROBIN de la TREMBLAYE (Claude-Amable-François), reçu le 9 janvier 1764.

ROBIN de la TREMBLAYE (François-Marie), reçu le 6 octobre 1762.

ROBINEAU (Daniel-Alexandre de), admis le 25 août 1787.

ROCHEBROCHARD (François-Xavier de la), reçu le 22 septembre 1779.

ROCHE SAINT-ANDRÉ (Augustin-Joseph de la), reçu le 23 février 1774.

ROCHE SAINT-ANDRÉ (Charles-Gabriel de la), reçu le 7 octobre 1774.

ROCHE SANT-ANDRÉ (Gabriel-Marie de la), reçu le 22 septenbre 1757.

ROFFIGNAC (Charles-Philippe de), admis le 3 juin 1786.

ROUX de COETTAND (Jean-Jacques-Félix-Auguste de), admis le 3 janvier 1787.

S

SAINT-POIS (N... de), commandeur d'Artheims en 1782.

SAINT-SIMON (N... de), bailli et commandeur en 1760.

SAINT-SULPICE (N...), commandeur de Blisson en 1782.

SARCE (Pierre-Henri de), admis le 6 février 1780.

SECILLON (Marie-René-Patrice de), reçu page le 11 octobre 1779.

SEGUIN de BRILHAC (Charles), reçu le 6 octobre 1738.

SOULANGE (François-Paris de), reçu le 31 juillet 1729, et depuis commandeur en 1779.

SURINEAU (Charles-Alexis-René de), reçu le 30 mai 1767.

T

TERNAY (N... de), commandeur d'Amboise en 1782.

TIGNÉ (Jean-Jacob de), reçu le 31 juillet 1786.

TIGNÉ (René-Jacob de), reçu le 5 novembre 1764, et depuis bailli et commandeur en 1775.

TIGNÉ (René-Jacob de), reçu le 23 août 1723.

TREMBLAYE (N... DE LA), commandeur de la Rochelle en 1785.

TUDERT (JOSEPH-LOUIS-INNOCENT DE), reçu page le 12 août 1736, et depuis bailli et commandeur en 1754.

V

VALORY (ADOLPHE-PIERRE DE), admis le 11 avril 1785.

VAUCOULEUR DE LANJAMET (LOUIS-FRANÇOIS-GEÓR-GES DE), reçu le 31 août 1749.

VERGIER (AUGUSTE DU), admis le 11 septenbre 1784.

VERGIER DE LA ROCHE JACQUELIN (LOUIS DU), reçu le 30 août 1778.

VERNEUIL (N... DE), commandeur en 1780.

VILLEDON (ANTOINE DE), admis le 28 mars 1775.

VILLEDON(HUGUES-GABRIEL DE), reçu page le 2 juillet 1755.

VILLEDON (LOUIS-VINCENT-ALEXIS DE), reçu le 22 août 1786.

VILLEDON DE GOURNAY (CHARLES-MARIE DE), reçu le 9 avril 1781.

VISDELOU DE VILLÉTEHORT (ISIDORE-AGATHON), reçu le 3 février 1777.

CHEVALIERS DE MALTE

DU PRIEURÉ DE CHAMPAGNE.

A

ALENÇON (ALEXIS-LOUIS D'), reçu le 24 juillet 1757.

ALSACE D'HENNIN LIÉTARD (JOSEPH-ANTOINE-BEAU-DOUIN D'), admis le 8 octobre 1786.

ALSACE D'HENNIN LIÉTARD (PIERRE D'), reçu le 19 août 1708, et depuis commandeur en 1752.

ALSACE D'HENNIN LIÉTARD (PIERRE-SIMON D'), admis le 30 mai 1772.

B

BALATIER DE LANTAGE (HENRI-ÉLIE-VICTOR DE), reçu le 3 avril 1751.

BALATIER DE L'ANTAGE (LOUIS-PIERRE DE), reçu le 30 octobre 1754.

BALIVY DE MARIGNY (CLAUDE-MARIE-DIEUDONNÉ DE), reçu le 13 août 1752.

BARRES (JACQUES-PHILIPPE-GABRIEL DES), reçu page le 12 novembre 1736, et depuis commandeur en 1776.

BARRES (PAUL-HENRI-FRANÇOIS DES), reçu page le 15 avril 1738.

BATAILLE DE DAMPIERRE (FRANÇOIS-CHARLES), reçu le 25 avril 1754.

BATAILLE DE MANDELOT (ANDRÉ-ADOLPHE-FRANÇOIS DE), admis le 26 décembre 1785.

BATAILLE DE MANDELOT (CHARLES-CLAUDE DE), reçu le 21 mars 1757.

BEAUFORT (LOUIS-EDOUARD DE), admis le 26 juin 1787.

BEAUREPAIRE (JOSEPH-FRANÇOIS-XAVIER DE), reçu le 10 juillet 1779.

BEAUREPAIRE (Philippe-Amédée de), reçu le 27 juin 1780.

BERNARD de MONTESSUS de BALLOSE (Gabriel-Philippe), admis le 17 juillet 1771.

BERNARD MONTESSUS de RULLY (Pierre-Gabriel de), reçu le 25 mai 1762.

BERNARD de SASSENAY (Gaspard Étienne), reçu le 22 avril 1767.

BERNARD de SASSENAYE (Paul-Étienne), admis le 23 juin 1771.

BERCHENY (François-Antoine de), reçu le 23 février 1752.

BERHISY (Charles-Théophile Albert de), reçu le 31 août 1773.

BOUVET (Jean-Joseph de), reçu le 24 décembre 1781.

BRACHET (Louis-M. de), reçu le 11 (juillet 1767.

BRIE (Claude-Joseph de), admis le 6 décembre 1778.

BRISAY (Achille-Louis de), admis le 27 septembre 1771.

BRUNET (Charles-Hyacinthe de), admis le 15 juin 1782.

BURGES (Adrien-Louis de), admis le 3 janvier 1787.

BUSSELOT (Charles-Anne de), admis le 4 août 1769.

C

CANON de VILLE (Nicolas-Jean-Pierre-Gabriel-Théodore-Léger de), reçu le 8 mai 1779.

CANON de VILLE (Philippe-Antoine-Auguste-François de), reçu le 8 mai 1779.

CHASTENAY (Louis-Hubert-Placéard de), reçu le 31 août 1773.

CIRCOURT (Jean-Baptiste de), reçu page le 26 janvier 1740.

CLUGNY (Charles de), reçu le 24 décembre 1727, et depuis commandeur en 1776.

CLUGNY (Charles-François de), reçu le 15 juillet 1731, et depuis commandeur en 1783.

CLUGNY de LESPERVIER (Charles-Antoine de), reçu le 13 septembre 1755.

COMPASSEUR de COURTIVRON (César-Louis-Maximilien-Gabriel le), reçu le 3 mai 1772.

COMPASSEUR CRÉQUY de MONTFORT de COURTIVRON (Gaspard-François le), reçu le 3 avril 1763.

COMPASSEUR CREQUY MONTFORT de COURTI-VRON (Louis-Antoine-François-M. le), admis le 12 mars 1787.

D

DAMOISEAU (Alphonse-François de), admis le 25 novembre 1786.
DUGON (Élie-Louis-Henri), admis le 11 décembre 1782.

F

FOLLIN (Achille-Maurice de), reçu le 10 avril 1776.
FOLLIN de VILLECOMTE (Louis-Victor de), reçu le 27 juillet 1763.
FOLLIN de VILLECOMTE (Louis-Victor de), reçu le 4 juillet 1778.

G

GESTAS de LESPEROUX (David-Georges de), reçu le 5 juillet 1755.
GONDRECOURT (Charles-Joseph de), reçu page le 23 février 1763.
GONDRECOURT de COUSANCE (Charles-Joseph-Marie de), reçu le 20 août 1774.
GOURCY (Ignace-Jean de), reçu page le 26 juin 1745.
GRAISCHES d'AGNEVILLE (Charles-Thomas-Paschal de), reçu page le 28 février 1766.
GRAISCHES d'AGNEVILLE (Mansuy-René de), reçu le 24 mars 1765.
GRAISCHES de JALLAUCOURT (Henri-Dieudonné-François de), reçu le 19 janvier 1764.

H

HOUX de DOMBASLE (Claude-Louis-Cécile du), reçu le 2 décembre 1779.

L

LAMBERTY (Charles-Philippe de), reçu le 3 février 1750.

LAURENCIN de BEAUFORT (Charles-Gabriel-François de), reçu le 18 février 1763.

LAURENCIN de BEAUFORT (Claude-Marie-Antoine de), reçu le 19 janvier 1764.

M

MACHECO de PRÉMAUX (Claude-Palamède-Louis de), admis le 27 février 1777.

MACHECO de PRÉMAUX (François-Pierre de), reçu le 16 juin 1769.

MAGDELEINE de RAGNY (François-Pierre la), reçu le 27 octobre 1734, et depuis commandeur en 1778.

MAILLET (Philippe-Aimé de), reçu le 30 avril 1780.

MASSOL (François-Louis-Antoine-Jean-Baptiste-Gaspard de), reçu le 10 janvier 1787.

MASSOL (Georges-Marc-Antoine de), reçu le 10 janvier 1787.

MASSOL de REBETZ (Jean-Claude-Charles de), reçu le 26 juin 1757.

MONTARBY (Louis-Charles-Marie de), admis le 6 mars 1772.

MOYRIA CHATILLON (Antoine-Gaspard de), reçu le 11 avril 1749.

N

NETTANCOURT (Jean-Baptiste-Louis de), reçu le 24 mars 1757.

O

OFFELIZE (Christophe-Thibaut d'), reçu le 17 août 1785.

ORMY de VESVRES (Désiré-François d'), reçu le 22 décembre 1775.

P

PICOT DE DAMPIERRE (CHARLES), reçu le 27 février 1745, et depuis commandeur en 1769.

PLEURE (CHARLES-CÉSAR-AUGUSTE-DÉSIRÉ DE), reçu le 31 janvier 1755.

PLEURE (CHARLES-LOUIS-ANTOINE-DÉSIRÉ DE), reçu le 31 janvier 1755.

PONT (CHARLES-LÉOPOLD-JOSEPH DE), reçu le 17 avril 1758.

PONT DE COMPIÈGNE (ARMAND-HENRI DE), admis le 23 juillet 1785.

PONT PRASLIN (CLAUDE-ALEXANDRE-LOUIS DE), reçu le 5 décembre 1773.

POUILLY DES CHOUFFOURS (LOUIS-JOSEPH), admis le 20 août 1785.

PRÊTRE DE VAUBAN (PIERRE-FRANÇOIS DE), reçu le 17 avril 1758.

PRUD'HOMME DE FONTENOY (CHARLES-LOUIS LE), reçu le 3 mars 1715, et depuis commandeur en 1783.

PRUD'HOMME DE FONTENOY (BLAISE-LÉOPOLD LE), reçu le 3 mars 1715, et depuis commandeur en 1776, et grand hospitalier en 1782.

R

RAYGECOURT ED GOURNAY (JOSEPH-VANNE-AUGUSTE-LEVIER DE), reçu le 13 décembre 1776.

ROSE (PIERRE-FRANÇOIS-MI.-VICT.), reçu le 8 décembre 1779.

ROY DE CHAVIGNY DE MONT-LUC (ANNE-CHARLES LE), reçu le 17 décembre 1768.

ROY DE CHAVIGNY DE MONT-LUC (JACQUES-PLACÉARD LE), reçu le 4 octobre 1771.

ROZIÈRES D'EUVESIN (ALEXANDRE-ANTOINE-NICOLAS DE), reçu le 10 août 1748, et depuis commandeur en 1775.

ROZIÈRES D'EUVESIN (CAMILLE-ALEXANDRE DE), reçu le 3 août 1769.

ROZIÈRES D'EUVESIN (FRANÇOIS-PHILIPPE-GASTON DE), reçu le 7 août 1776.

S

SASSENAY (Joseph-Étienne-Bernard de), reçu le 9 juillet 1763.

T

THUMMERY (Philippe de), reçu le 26 août 1785.

TOULONGEON (Anne-Aimé de), reçu le 25 février 1761.

TOUSSAINT (Louis-Gabriel-Antoine de), reçu page le 24 septembre 1781.

U

USSELOT (Anne-Pierre-Alexandre d'), admis le 4 août 1769.

V

VALLÉE de PIMODAN (Louis-Auguste de la), reçu le 30 mai 1735, et depuis commandeur en 1783.

VALLÉE de PIMODAN (Pierre-Christophe de la), reçu le 16 avril 1744.

VILLERS la FAYE (Casimir-Henri de), admis le 10 décembre 1781.

W

WIGNACOURT (François-Louis de), reçu le 13 juin 1756.

CHEVALIERS

Qui, sans avoir été reçus, ont la faculté de porter la croix de l'Ordre, par décret du Sacré-Conseil, ou par permission du Grand-Maître.

Lardenois, comte de Ville (Jean-Baptiste de), le 14 octobre 1747.

Chambray (Louis-François, marquis de), le 18 juin 1755.

Montmain de Tennarre, marquise de Beaufremont (Susanne-Marie-Ferdinande de), le 3 juin 1756.

Fontaine, comte de Raigécourt (N...), le 18 mars 1757.

Faye, comte de Maulevrier (Claude-Bernard-Antoine de), le 18 mars 1759.

Désiré de la Bourdonnaye (N...), le 4 janvier 1761.

Basquiat, baron de la Houze (Mathieu de), le 3 juillet 1761.

Feline, comte de la Renaudie (Jean-Baptiste de), le 4 août 1761.

Albert Saint-Hippolyte (Paschal d'), le 27 août 1764.

Laure, dame de Cîteaux, abbesse de Fauve-Beniste (Marguerite), le 9 juillet 1767.

Crequy (N.... marquis de), le 8 décembre 1767.

Simon... (Jean-Baptiste), le 31 janvier 1768.

Viry Laforest (Jean-Marie, comte de), en novembre 1769.

Boudart, marquis de Couturelle (Charles-Marie-Joseph de), le 13 janvier 1772.

Pelet, comte de Narbonne (N....), le 15 juillet 1772.

Gain de Montaignac (Jean-Marie de), le 15 juillet 1772.

Gain de Montaignac (Louis-Léonard de), le 23 août 1772.

Dugaric d'Orch, dame de Cîteaux, abbesse de Leyme (N....), le 16 mars 1774.

Wignacourt (Marie-Louise-Antoinette-Charlotte-Françoise-Constance de), morte en 1778, épouse d'Hyacinthe-Hugues-Thimoléon, comte de Cossé Brissac, le 16 mars 1774.

Delatreille, comte de Fossières (Jean-Hercule), le 30 août 1775.

Belmont (N...., marquis de), le 25 décembre 1775.

Guerrier (Faure-Benoît), le 28 févrièr 1776.

Blacas Carros (Alexandre-Bonnaventure de), le 1ᵉʳ juillet 1776.

Crussol Montauzier, duchesse du Caylus (Marie-Adélaïde de), le 3 juillet 1776.

Beaufremont, princesse de Listenois (Anne-Marie-Adélaïde de), le 5 juillet 1776.

Wignacourt, (Balthazar-Philippe-Emmanuel-Charles, comte de), le 11 juillet 1776.

Fricon (Augustin, comté de), le 11 juillet 1776.

Foix, comte de Paules (Marc de), le 11 juillet 1776.

Cailles (Anne-Madelaine, marquise de), le 17 juillet 1776.

Randas, comtesse de Paule (Marie-Elisabeth de), le 14 août 1776.

Puget Barbantanne (Marc-Auguste-Hyacinthe de), le 7 octobre 1776.

Gain, aumônier du roi (N.... de), le 12 décembre 1776.

Caradeuc de la Chalotais (Louis-René de), le 31 janvier 1777.

Méallet, comte de Fargues (Jean-Philippe de), le 23 février 1777.

Clermont (François-Jean-Baptiste, marquis de), le 17 mars 1777.

Mailly, marquis de Nesle (N.... de), le 27 mars 1777.

Cossé de Brissac, duc de Cossé (Hyacinthe-Hugues-Thimoléon de), le 29 mars 1777, à cause de la dame de Wignacourt son épouse.

Gain de Montaignac (Joseph-Raymond de), le 10 avril 1777.

Bosredon (Claude de), le 5 mai 1777.

Lutter, abbé de Bayanne, auditeur de Rote (Alphonse-Hubert de), le 12 juin 1777.

Pierre, abbé de Bernis coadjuteur d'Alby (François de), le 27 septembre 1777.

Montmorenci, marquise de Serrens (N.... de), le 21 janvier 1778.

Lac du Cluzel (Claude, comte du), le 26 août 1778.

Bernard, marquis d'Espagne (Henri), le 15 septembre 1778.

Roche, comtesse de Montmorenci (Anne-Thérèse de), le 26 septembre 1778.

Damas, comte de Thianges (N.... de), le 25 décembre 1778.

Charette-la-Colinière (François de), le 27 décembre 1778.

Hautpoul (Alexandre-Jean de), le 9 février 1779.

Taleyran, duchesse de Mailly (Anne-Marie de), le 1er juillet 1779.

Vento, marquis Despennes (Jean-Louis-Paul de), le 11 juillet 1779.

Gayardon de Fenouil, comtesse de Loras (Charlotte-Claudine de), le 18 octobre 1779.

Maison de Cronis (N.... de), le 21 janvier 1780.

Roque (N... de la), le 5 avril 1780.

Chapoux de Verneuil (Eusèbe-Félix), le 30 août 1780.

Valette Parisot (Barthélemi, marquis de la), le 5 décembre 1780.

Lastic (Anne-François de), le 9 janvier 1781.

Lastic, marquise de Montesquiou (Louise-Augustine de), le 9 janvier 1781.

Mesgrygny (Louis-Marie, marquis de), le 16 octobre 1781.

Monts, comte de Vallois (Jean-Baptiste-Jacques de), le 25 septembre 1782.

Seytres Caumont (Philippe, comte de), le 10 août 1783.

Aurel (François-Dominique, marquis d'), le 21 octobre 1783.

Bonal, évêque de Clermont (François-Jean-Népomucène de), le 26 mai 1784.

Caucabanne de Baudignan (Henri de), le 30 octobre 7784.

Gayardon de Fenouil, abbesse de l'Argentière (N... de), le 19 septembre 1785.

Caradeuc de la Chalotais (N.... de), le 10 octobre 1786.

Houssaye (Charles-Eustache-Louis de la), le 28 mars 1787.

CHEVALIERS

Qui, après avoir renoncé à l'Ordre, ont obtenu d'en porter la croix, par décret du Sacré-Conseil, ou par permission du Grand-Maître.

Froissard (Bernard-Angélique de), comte de Broissia, ancien officier aux gardes françaises.
Meallet de Fargues (Jean-Joseph-André).
Lamotte Lamire (Jean-François de).
Robin Beauregard (Henri-Joseph de).
Croismare (Louis-Eugène de).
Lefèvre (Charles).
Bon (Ignace de).
Seystres Caumont (Joseph-François-Xavier de).
Chambray (Louis-François de).
Marcieu (Pierre-Aimé de).
Hirbouville (N.... d').
Soudeilles (Louis de).
Grace du Bar (Pierre de).
Isnards (Henri-Joseph des).
Seveyrac (Claude-Gilbert de).
Andigné (Charles-René-François d').
Guines (Louis-Gui de).
Poulpiquet (Louis-Constant de).
Castellanne-Majastre (Henri-César de).
Gleon d'Urban (Jean-Baptiste-François de).
Corn-Caissac (Joseph-François de).
Vallin (Laurent de).
Gaulet-Grammont (Tristan de).
Gaillard-Pourrières (Henri de).
Barral (Pierre-François de).
Veynes du Prajet (Jean-Frédéric de).
Pontual (Marie-Toussaint de).
Loras (Louis-Catherine de).
Maupeou (Charles-Victor-René de .
Hautpoul (Jean-Henri de).

Bonvoust (Benoît-Melchior de).

Roche-Dragon (François de la).

Tour-du-Pin (Jean-Frédéric de la).

Fleurigny (Claude-Edouard de).

Tudert (François-Geneviève de).

Foudras (Alexandre-Henri de).

· *Turenne d'Ainac* (Pierre-Joseph-Marie de)

Choisy (Jean-François-Joseph-Emeric de)

Chevalier de la Coindardière (Jean).

Cassaignes de Beaufort-Miramont (Louis-Alexandre de).

Savary (Louis François de).

Moustier (Eléonòre-Élie-François de).

Lecomte de Nonant (Marie-Bonaventure-Jean-Joseph-Augustin).

Saint-Mauris (Charles-Emmanuel de).

Guignard de Saint-Priest (François-Emmanuel de).

Nettancourt (Joseph de).

Regnault de Lastic (Charles-Antoine de).

Pommeru (Armand-Michel de).

Hautpoul de la Tenasse (François-Pierre d').

Vauchier du Decheaux (Georges-Simon de).

Toulongeon (Anne-Edme de).

Guinebaud (Alexandre-Luc de).

Vaulx (Claude-Philippe-Gabriel de).

Villeneuve Beauregard (Antoine-César de).

Marche (Claude-Silvain de la).

Gouyon de Varoualt (N... de).

Grammond Vachères (André-Joseph-Hippolyte de).

Cottette d'Angouaert (François-Robert de).

Carondelet (François-Hector de).

Raimond d'Eaulx (Antoine-Secret de).

Bourdonnaye (Charles-Esprit de la).

Dugon (Elie).

Guyon de Thuisy (Charles-Jean-Baptiste de).

Chambray (Jacques, vicomte de).

Lameth (Louis-Charles de).

Bataille Mandelot (Charles-Claude de).

Esson Douville (François Charles d').

Foucauld Lardimalie (Louis de).

Sibut Beausemblant (Lazare de).

Pelletier de Rosambo (Charles-David le).

Hennequin d'Ecquevilly (Amable-Charles d').

Liniers (Jacques de).

Biet de Messey (Paul-Simon de).

Nettancourt (Marc-Pierre de).

Varenne (Joseph de).

Romé Feuquières (Adrien-Louis de).

Grasse du Bar (Pierre-Marie de).

Haye Montbault (Charles-Gabriel de ,la).

Escalopier (Anne-Regis-Joachim d').

Duperrier de Lassan (Jean-Baptiste-Germain).

Baume Pluvinel (Joseph-Antoine-Tertulle de la).

Beauclère (Anne-Charles-Frédéric-Ambroise de).

Suffren Saint-Tropez (Louis-Victor de).

Desbarres (Paul-Henri).

Armand de Chastenay (Louis-Robert).

Rancher (Charles-Louis de).

Lacroix Chevriers Saint-Vallier (Jean-Denis de)

Labroue de Vareilles (Charles-François de).

Guibert (Guillaume-Aimé-Marthe de).

Dehautier (Henri).

Bos de Siant-Félins (Abdon-François de).

Contades Montgeoffroy (Louis-Gabriel-Marie de).

Demardols la Palu (Jean-Gaspard de).

O'Mahony (Barthélemi comte d').

GRANDS-CROIX HONORAIRES.

Arpajon (Anne-Claude-Louise d'), épouse du maréchal duc de Mouchy, reçue le 23 février 1745.

Noailles (Philippe, comte de), maréchal duc de Mouchy, reçu le 29 avril 1646.

Beauffremont (Louise de), princesse de Listenois, reçue le 9 janvier 1767.

Noailles (Louise-Henriette de), duchesse de Duras, reçue le 4 février 1768, à cause de sa mère.

Saint-Simon (Marie-Catherine de), comtesse de Valentinois, reçue le 25 mars 1773.

Saint-Simon (N... de), comtesse de Saint-Simon, reçue le 25 mars 1773.

Say Montbrun (Jacques, marquis du) reçu le 17 février 1776.

Pimenez, (Auguste-Louis, marquis de) reçu le 16 juillet 1776.

Narbonne Pelet (Catherine - Marie - Thérèse), marquise du
   Puy Montbrun, reçue le 11 février 1776.
Voyer (Antoine-René de), marquis de Paulmy, reçu le 11
   juillet 1777.
Voyer (Adélaïde-Madeleine - Renée - Susanne de), duchesse de Montmorency - Luxembourg , reçue le 11
   juillet 1777.

Marcieu (Marie-Joséphine-Gabrielle- Victoire- Edmée de),
   marquise de la Porte.

Banyuls de Montferré (Jacques de), commandeur.
Banyuls de Montferré (Joseph de), chevalier.
Banyuls de Montferré (Pierre), chevalier.
Banyuls de Montferré (Raymond), marquis.
Sarret-de-Mont-Marin (Antoine-Gaspard), capitaine de
   frégate, reçu de majorité dans la langue de Provence
   en 1792.
Sarret-de-Coussergues (Joseph- Louis- Henri), frère du
   précédent, capitaine de vaisseau, chevalier honoraire.
Narbonne-Lara (Louis de), reçu de justice dans la langue
   de Provence.

CHEVALIER HONORAIRE.

Guillaumanches du Boscage (Gabriel-Pierre-Isidore de),
   chevalier magistral par bref de 1796.

ADDITIONS ET CORRECTIONS

AU CATALOGUE

DES CHEVALIERS DE MALTE.

A

Page 9, après Aimier d'Arques, *lisez* :
Aire (Alain d'), grand-prieur de Champagne en 1327.

Page 11, après Anglure Bourlemont, *lisez* :
Angoulême (Henri d'), grand-prieur de France en 1567.

Page 12, après Arpajon Brouquiez, *lisez* :
Arquembourg (Jacques d'), grand-hospitalier de l'ordre en 1569.

Page 12, après Astorg de Segreville, *lisez* :
Aube (Robert d'), grand-prieur de France en 15....

B

Page 14, après Balaguier, *lisez* :
Balastrin (Léonard), grand-prieur en 1523.

Page 16, ligne 37, Bazin de Beson, *lisez* :
Bazin de Bezons.

Page 18, après Berger, *lisez* :
Bergettes (Thomas de), grand - hospitalier de l'ordre en 1300.

Page 21, Boinade la Faurie (Jean de), en 1389,
lisez : 1589.

Page 23, après Boulainvilliers de Froville, *lisez* :
Boulard (Adam), grand-prieur de France en 13....

Page 26, après Brulard de Sillery, *lisez* :
Brumiers (Charles), grand-prieur de France en 14....

Page 27, après Buffevent de Percey, *lisez* :
Buisson (Jean du), grand-prieur en 1380.

C

Page 29, après Cariolis d'Espinouze (qu'il faut transporter à la page 37, après la ligne 33, et lire Coriolis Espinouse) *lisez:*

Caritat (Flochet de), grand-commandeur en 1540.

Page 30, après Cauret Dampcourt, *lisez:*

Cavaillon Romey (Jean de), grand-commandeur en 1440.

Page 31, après Challemaison, *lisez:*

Challus (Robert de), grand-prieur d'Auvergne en 1360, lieutenant du grand-maître.

Page 34, après Chevron la Villette, *lisez:*

Chevry (Jean de), grand-prieur de France en 11...

Page 35, après Cirier de Semeur, *lisez:*

Citry (Guillaume de), grand-prieur de France en 12...

Page 35, après Clapiers Seguiran, *lisez:*

Claret (Jean de), grand-commandeur en 1437.

Page 36, après Cluix, *lisez:*

Cluys (Bertrand de), grand-prieur de France en 1480.

Page 38, après Corn d'Ampard, *lisez:*

Cornate (Louis de), grand-commandeur de Provence en 1543.

Page 38, Cotteblanche, *lisez:*

Cottet (Jean), maréchal de l'ordre en 1450.

Page 40, après Cugnac d'Ismonville, *lisez:*

Culant (Pierre de), grand-prieur d'Auvergne en 1380, lieutenant-général de l'ordre.

D

Page 41, après Doiron-Saint-Jeu, *lisez:*

Domaigne (Gui de), grand-hospitalier de l'ordre en 1444.

Page 42, après Duval de Couppeauville, *lisez:*

Duyson (Jean de), grand-prieur de France en 13...

E

Page 43, après Entraigues, *lisez*:
Erard (Louis), en 15...

Page 43, ligne 16, Escottez de la Chevallerie, *lisez*:
Escotais de la Chevalerie.

Page 44, après Estendard de Bully, *lisez*:
Estinguiers (Claude d'), grand-prieur d'Auvergne en
1622.

F

Page 46, après Flossat, *lisez*:
Flotte (Bertrand de), grand-commandeur en 13...

Page 48, après Fougasse-la-Batie, *lisez*:
Fougerolles (Frédéric de), grand-prieur d'Auvergne en
1340.

Page 48, après Franqueville, *lisez*:
Fransures (Jean de), grand-prieur d'Aquitaine en 14...

G

Page 51, après Gerente Carré, *lisez*:
Geresme (Bernard de), grand-prieur de France en 1393.

Page 52, après Girard-Saint-Paul, *lisez*:
Giraud (Hugues), grand-commandeur en 1390.

Page 53, après Gondrin d'Antin, *lisez*:
Gongiant (Pierre), grand-hospitalier de l'ordre en 1527.

Page 56, après Guerand-de-Grousteau, *lisez*:
Guerchy (Georges-Regnier de), grand-prieur de France
en 1602.

H

Page 58, après Harville de Villennes, *lisez*:
Harzillemont (Michel de), grand-hospitalier de l'ordre
en 1528.

L

Page 62, après Lange-la-Chenault, *lisez*:
Langle (Pierre de), grand-prieur de Toulouse en 1332.

Page 64, après Levesque-de-Marconnay, *lisez* :
Levis (Philippe de), grand-prieur d'Aquitaine en 14...

V

Page 104, Villemontel, *lisez* :
Villemontée.

ADDITIONS ET CORRECTIONS

AU CATALOGUE DES CHEVALIERS DE MALTE

PUBLIÉ EN 1789.

Page 112, lignes 7 et 9, CORIOLIS SPINOUSE, *lisez*:
ESPINOUSE.

Page 112, lignes 11 et 13, CORNE CAISSAC, *lisez*:
CORN CAISSAC.

Page 130, dernière ligne, et page 131, ligne 1re BEGON
DE LA ROUSSIÈRE, *lisez*:
BEGON DE LA ROUSIÈRE.

Page 123, après PONTEVÈS, *lisez*:
PONTVÈS-GIEN (le marquis de), capitaine de vaisseau.

Nota. L'auteur prévient le public que les fautes qui pourront se rencontrer dans cet ouvrage ne sont pas de
lui; il en a beaucoup rectifiées, et celles qui ont pu
échapper à son attention appartiennent aux auteurs
qu'il a consultés, tels que *Vertot*, *Goussencourt* et
Waroquier.